## BERLITZ POCKET DICTIONARIES FOR TRAVELLERS

 Danish, Dutch, Finnish, French, German, Italian, Norwegian, Spanish, Spanish (Latin-American), Swedish

 Allemand, Anglais, Danois, Espagnol, Finlandais, Italien, Néerlandais, Norvégien, Suédois

 Dänisch, Englisch, Finnisch, Französisch, Italienisch, Niederländisch, Norwegisch, Spanisch, Schwedisch

 Duits, Engels, Frans, Italiaans, Spaans

Danese, Finlandese, Francese, Inglese, Norvegese, Olandese, Spagnolo, Svedese, Tedesco

 Alemán, Danés, Finés, Francés, Holandés, Inglés, Italiano, Noruego, Sueco

Engelsk, Fransk, Italiensk, Spansk, Tysk

Englanti, Espanja, Italia, Ranska, Ruotsi, Saksa

Engelsk, Fransk, Italiensk, Spansk, Tysk

Engelska, Finska, Franska, Italienska, Spanska, Tyska

# BERLITZ®

## engelsk-norsk
## norsk-engelsk
### ordbok

## english-norwegian
## norwegian-english
### dictionary

By the Staff of Editions Berlitz S.A., Lausanne, Switzerland

Library of Congress Catalog Card Number: 74-1985

First Printing
Printed in France
Imprimerie Bussière
18200 – St-Amand (481).

Editions Berlitz S.A.
8, avenue Bellefontaine
1003 Lausanne, Switzerland

# INNHOLD

# CONTENTS

## FORORD

Når vi nå har kommet ut med en ny serie ordbøker i lommeformat, har Berlitz villet gjøre en praktisk bok for reisende turister, studenter og forretningsfolk. Vår serie inneholder omtrent alt hva De venter å finne i et leksikon, innebefattende grammatikk og uregelmessige verb. Som en bonus vil Berlitz også gi Dem følgende:

* En imitert uttale av hvert utenlandsk ord, satt opp slik at det er nesten like lett å lese som Deres eget språk.
* Et stort tillegg som vil hjelpe Dem til å forstå en utenlandsk restaurantmeny, – et nytt og meget nyttig trekk i en lommeordbok. I de franske, tyske, italienske og spanske ordbøkene, har Berlitz også tegnet opp kart over de viktigste vinområdene.
* Praktiske opplysninger om åpnings- og lukningstider, offentlige høytidsdager, klokkeslett, togtyper, veiskilt, hvordan benytte en telefon, nyttige ord og fraser. Og på omslaget, for hurtig orientering, finnes en tabell over drikkepenger.

Ordboken inneholder såvel idiomer som noen hverdagsuttrykk og enkle ord. Som enhver ordbok med idiomatiske uttrykk, kan disse ofte settes opp under det første ordet av uttrykket, som regel en preposisjon.

I valget av omtrent 9000 ord eller uttrykk for hvert språk, holdt redaktørene hele tiden den reisende i friskt minne. Derfor er denne boken – som forøvrig også vår populære serie reisehåndbøker – laget slik at De lett kan stikke den i en lomme eller ned i en håndveske, et verdifullt trekk i jumbojetens tidsalder. På samme tid tilbyr den studenten et grunnleggende ordforråd som han sannsynligvis vil få nytte av.

Vanligvis er det vanskelig og kostbart å holde en reisehåndbok à jour, og derfor finner man sjelden nyreviderte utgaver. Dette er imidlertid ikke tilfelle med Berlitz. Nettopp fordi at disse ordbøkene er blitt laget med hjelp av en data-maskin-bank, er vi i stand til å revidere dem både kvikt og regelmessig. Skulle De derfor på en av Deres reiser komme bort i et ord De mener hører hjemme i en Berlitz ordbok, vennligst si det til oss. Skriv bare ned ordet på et postkort, og send det til våre redaktører. På forhånd takk!

Vi er meget takknemlige for at hr. Alan R. Beesley har hjulpet oss med å gjøre grunnarbeidet for ord-listene og menyforklaringene, og at dosent T.J.A. Bennett har villet være ansvarlig for det fonetiske arbeidet. Vi vil også gjerne takke de ansatte ved Keter Publishing House Ltd., Jerusalem for deres uvurderlige redaksjonelle og tekniske hjelp og Marie-Françoise Allard, Elisabeth Færøvik, Roger Haigh, Bjørn Hetland, Inger Nordbak og Marianne Torp for deres assistanse.

# PREFACE

In creating a new pocket dictionary series, Berlitz was particularly eager to make each book highly practical for travellers, tourists, students, businessmen. Our series contains just about everything you normally find in dictionaries, including grammar and irregular verbs. But as a bonus Berlitz has also provided:

* Imitated pronunciation next to each foreign-word entry in a script almost as easy to read as your own language.
* A major supplement to help you read a restaurant menu – a novel and very useful feature in a pocket dictionary. In French, German, Italian and Spanish dictionaries, Berlitz has also added maps of principal wine regions.
* Practical information on opening and closing hours, public holidays, telling time, trains, road signs, using the telephone, basic phrases. And on the cover for quick reference, there's a tipping chart.

The dictionary contains idioms and some colloquial expressions as well as simple words. As in a glossary of idiomatic expressions, these may often be listed under the first word of the expression, usually a preposition.

In selecting approximately 9,000 words or expressions in each language for this dictionary, the editors had a traveller's needs in mind. Thus, this book – which like our successful phrase-book series is designed to slip into your pocket or purse easily – should prove valuable in the jumbo-jet age we live in. By the same token, it also offers a student the basic vocabulary he is most likely to encounter and use.

Usually, it is quite difficult and costly to update a pocket dictionary, and revisions are hence infrequent. This is not the case with Berlitz. Because these dictionaries were created with the aid of a computer data bank, we are able to revise rapidly and regularly. Thus, if you run into a word on your trip which you feel belongs in a Berlitz dictionary, tell us. Just write the word on a postcard and mail it to our editors. We thank you in advance.

We are most grateful to Mr. Alan R. Beesley for the basic research on the word list and menu reader, and to Dr. T.J.A. Bennett who devised the phonetic transcription. We also wish to thank the staff of Keter Publishing House Ltd., Jerusalem, for their invaluable editorial and technical aid and Marie-Françoise Allard, Elisabeth Færøvik, Roger Haigh, Bjørn Hetland, Inger Nordback and Marianne Torp for their assistance.

engelsk-norsk
___

english-norwegian

# VEILEDNING FOR UTTALE

Hvert ord i denne ordboken følges av en parentes med den fonetiske omskrivning som viser hvordan man uttaler det fremmede ordet. Den fonetiske omskrivningen leses som om den var på norsk.

Symbolene for lyder som ikke eksisterer på norsk blir uttalt som beskrevet nedenfor.
Vennligst merk følgende:
1) alle bokstavene i den fonetiske omskrivningen blir uttalt.
2) bindestreken blir brukt for å antyde delingen mellom stavelsene.
3) store bokstaver viser at man legger trykket på denne stavelsen.
4) to like vokaler i den fonetiske omskrivningen antyder at uttalen er lang.

Lydene i to forskjellige språk er selvsagt aldri helt like men hvis De nøye følger retningslinjene i vår veiledning for uttale skulle De ikke ha noen vanskeligheter med å lese den fonetiske omskrivningen slik at De kan gjøre Dem forstått.

I tillegg vil De ved å lytte til innfødte og ved stadig øvelse forbedre Deres aksent.

| Bokstaver | Tilnærmet uttale | Symbol | | Eksempel |
|---|---|---|---|---|
| **Konsonanter** | | | | |
| b, f, h, m, p, v | som på norsk | | | |
| c | 1) foran e, i og y som s i sol | s | cycle | SAI-khøl |
| | 2) ellers som k i ku | kh | can | khæn |
| ch | som tsj i rutsjebane | tsj | chicken | TSJI-khin |
| d | som i det | d | do | duu |
| g | 1) foran e, i, og y, omtrent som dzj i den italienske tempobetegnelsen adagio | dʒ | gin | dʒin |
| | 2) ellers som i gate | gh | go | ghåu |
| j | omtrent som dzj i den italienske tempo-betegnelsen adagio | dʒ | jug | dʒag |
| k | som i ku | kh | king | khing |
| l | som i land | l | long | lång |
| n | som i ned | n | no | nåu |
| qu | som k fulgt av trykksvak o | khw | quick | khwik |
| r | omtrent som stemt sj-lyd, men uttalt med munnen litt mer åpen | r | red | rɛd |
| s | 1) mellom vokaler og i slutten av et ord som stemt s-lyd | z | these | ðiiz |
| | 2) ellers som i se | s | say | sei |
| t | som i takk | t | time | taim |
| sh | som sj i sjø | sj | show | sjåu |
| th | 1) fulgt av en vokal, vanligvis som stemt s-lyd, men med tungespissen mellom tennene | ð | this | ðis |
| | 2) ellers som s, men med tungespissen | θ | through | θruu |

| | | | | |
|---|---|---|---|---|
| w | som trykksvak **o** i **o**ase (hurtigere sammentrekning) | w | **week** | wiik |
| x | som **ks** i kj**eks** | ks | **six** | siks |
| y | som **j** i **j**a | j | **yes** | jɛs |
| z | som stemt **s**-lyd | z | **zoo** | zuu |

**Vokaler**

| | | | | |
|---|---|---|---|---|
| a | 1) vanligvis som **æ** in l**æ**re foran alle konsonanter unntatt **r** | æ | **hat** | hæt |
| | 2) fulgt av to endekonsanter eller en **r** som lang **a** som i t**a**k | ar | **glass** **car** | glars khar |
| | 3) foran en konsonant fulgt av en vokal som **ei** i v**ei** | ei | **safe** | seif |
| e | 1) foran minst en endekonsonant eller to konsonanter, som i **e**nn | ɛ | **better** | Bɛ-tø |
| | 2) foran en konsonant fulgt av en vokal, som **i** i t**i**, men med litt mer avspent uttale | ii | **these** | ðiiz |
| i | 1) foran to konsonanter eller minst en endekonsonant, som i l**i**tt, men med tungen lenger bak i munnen | i | **Miss** | mis |
| | 2) foran en konsonant fulgt av en vokal, som trykksterk **a** fulgt av trykksvak **i** (hurtig sammentrekning) | ai | **fine** | fain |
| o | 1) foran konsonanter, som **å** i m**å**tte | å | **not** | nåt |
| | 2) foran en konsonant fulgt av en vokal, som trykksterk **å** fulgt av trykksvak **o** (hurtig sammentrekning) | åu | **note** | nåut |
| | 3) bokstavene **or** uttales som lang **å** i l**å**t | åå | **port** | pååt |
| u | 1) foran konsonanter, vanligvis som **a** i t**a**kk | a | **much** | matsj |
| | 2) i noen enstavelsesord, som sterkt **u**-farget **o** | u | **put** | put |
| | 3) foran en konsonant fulgt av en vokal, ofte som **jo** | juu | **tune** | tjuun |
| y | 1) i noen enstavelsesord, omtrent som diftongen **ai** | ai | **my** | mai |
| | 2) ellers vanligvis som **i** i l**i**tt | i | **heavy** | Hɛ-vi |

**Lyder skrevet med to (eller flere) bokstaver**

| | | | | |
|---|---|---|---|---|
| ai, ay | som **ei** i v**ei** | ei | **day** | dei |
| aw | som lang **å** i l**å**t | åå | **raw** | råå |
| ea, ee, ie, (c)ei | vanligvis som **i** i f**i**n | i | **receipt** | ri-SIIT |
| ew | som **jo** | juu | **new** | njuu |
| er, ir, ur | som **ø** i s**ø**t, men med leppene mer atskilte | øø | **fur** | føø |
| igh | som trykksterk **a** fulgt av trykksvak **i** | ai | **high** | hai |

| oo | vanligvis som o i god | | uu | **spoon** | spuun |
| **ou, ow** | vanligvis som trykksterk **a** fulgt av trykksvak **o** | | au | **now** | nau |
| **oi, oy** | som trykksterk **å** fulgt av trykksvak **i** | åi | | **boy** | båi |

**N.B.**
Vokalen i en ubetonet stavelse blir på engelsk vanligvis uttalt med meget svak betoning og får derfor en mer eller mindre nøytral lyd, som **e** i gate (omskrevet som **ø**).

# ENKEL ENGELSK GRAMMATIKK

## Artiklene

Den bestemte artikkel har kun en form på engelsk: *the*.

> *the room   the rooms*
> *the father   the fathers*
> *the mother   the mothers*

Den ubestemte artikkel har to former: *a* blir brukt foran en konsonant: *an* blir brukt foran en vokal eller stum *h*.
**Men:**

> *a coat   a week   an umbrella*
> *an hour   (h ikke uttalt)*
> *a house   (h uttalt)*

I flertall sløyfer man den ubestemte artikkel:

> *people*
> *small houses*

*Some* blir brukt for å angi en ubestemt mengde eller et ubestemt antall. Det blir brukt foran ubestemte substantiv i entall, likeledes som i flertall.

> *I'd like some coffee, please.*
> Jeg ville gjerne ha litt kaffe.
> *Bring me some cigarettes, please.*
> Vennligst bring meg noen sigaretter.

*Any* blir brukt i stedet for *some* i nektende setninger. Det blir også ofte brukt i spørrende setninger.

> *There isn't any soap.*
> Det finnes ikke noe såpe.
> *Have you any stamps?*
> Har De noen frimerker?

**Merk!** I Storbritannia foretrekker man å si *have you any*, mens i U.S.A. brukes helst *do you have*. *Have you got* kan brukes på begge steder.

## Substantiv

**Flertall** av de fleste substantiv dannes ved å føye *-(e)s* til entalls-formen. Avhengig av endelyden på entalls-formen uttales flertallsformen som *-s, -z* eller *-iz*. I det siste tilfelle blir en ekstra stavelse tilføyet.

> *cup—cups*
> *car—cars*
> *dress—dresses*

**Merk!** Når et substantiv ender på *-y*, og en konsonant står foran denne, blir flertalls-endingen *-ies*. Derimot når en vokal står foran *y*'en, skjer det ingen forandring.

> *lady—ladies   key—keys*

**Uforandret er:**

> *salmon, deer, sheep, trout,*
> *swine, grouse*

Substantiv som ender på *-fe* og noen på *-f*

> *calf, loaf, self, sheaf,*
> *shelf, thief, wolf*

får endingen *-ves* i flertall:

> *knife—knives   wolf—wolves*

Følgende substantiv får uregelmessig endelse i flertall:

> *man—men   woman—women*
> *child—children   foot—feet*
> *tooth—teeth   mouse—mice*

### Genitiv

**I forbindelse med personer:** For substantiv, både entall og flertall, som ikke ender på -s, dannes genitivs-formen ved å føye til apostrof og -s.

*The boy's room.*
Guttens værelse.
*Anne's dress.*
Annes kjole.
*The children's clothes.*
Barnas klær.

Når substantivet ender på s, som er vanlig i flertall, dannes genitiv ved å tilføye apostrof.

*The boys' room.*
Guttenes' værelse.

**I forbindelse med gjenstander** brukes preposisjonen of.

*The key of the door.*
Nøkkelen til døren.
*The end of the journey.*
Slutten på reisen.

### This/that (dette, denne, det):

*This* (flertall *these*) bruker man om noe som er tidsmessig eller stedsmessig nært. *That* (flertall *those*) bruker man når man skal beskrive noe fjerntliggende. Begge står samtidig som adjektiv og pronomen.

*Is this seat taken?*
Er denne plassen opptatt?
*That's my seat.*
Det er min plass.
*These aren't my suitcases.*
Det er ikke mine kofferter.

## Adjektiv

Adjektivet står som regel foran substantivet.

*A large brown suitcase.*
En stor, brun koffert.

### Komparativ og superlativ

Disse former kan dannes på to måter.

1. Alle **enstavelses** og mange tostavelses adjektiv tilføyes -(e)r og -(e)st:

*small—smaller—smallest*
*busy—busier—busiest*
*large—larger—largest*

2. **Tre-eller flerstavelses** adjektiv, og **enkelte tostavelses** adjektiv (f. eks. de med endelsen *-ful* eller *-less*) blir ikke bøyet. Her dannes komparativ og superlativ ved hjelp av ordene *more* og *most*.

*expensive—more expensive—most expensive*
*useful—more useful—most useful*

Følgende adjektiv får **uregelmessig bøyning:**

*good—better—best*
*bad—worse—worst*
*little—less—least*
*much*\
*many*}*—more—most*

## Pronomen

| Entall | Nominativ | Akkusativ | Genitiv 1 | 2 |
|---|---|---|---|---|
| 1. person | *I* | *me* | *my* | *mine* |
| 2. person | *you* | *you* | *your* | *yours* |
| 3. person | | | | |
| (hankj.) | *he* | *him* | *his* | *his* |
| (hunkj.) | *she* | *her* | *her* | *hers* |
| (intetkj.) | *it* | *it* | *its* | |

**Flertall**

| | | | | |
|---|---|---|---|---|
| 1. person | *we* | *us* | *our* | *ours* |
| 2. person | *you* | *you* | *your* | *yours* |
| 3. person | *they* | *them* | *their* | *theirs* |

**Merk:**

1. *You*—formen er den samme både i entall og flertall. Høflighetsformen *De* forekommer ikke.
2. **Dativ** har samme form som akkusativ.

*Give it to me.* Gi det til meg.
*He came with us.*
Han kom med oss.

3. **Genitiv**, form 1 blir brukt foran substantiv. Genetiv, form 2 står alene.

*Where's my key?*
Hvor er nøkkelen min?
*That's not mine.*
Den er ikke min.
*It's yours.*
Den er din.

## Adverb

Disse dannes ved å tilføye *-ly* til adjektivet, hvis ikke dette allerede har denne endingen. Adverbsformen av adjektiver som slutter på *-y* (unntatt de som ender på *-ly*), former adverb ved endingen *-ily*.

**Merk:**

*quick—quickly*
*easy—easily*

*good—well* god— godt
*fast—fast* hurtig— hurtigt

## Verb

Verb på engelsk beholder infinitivsformen i alle personer i **presens**, unntatt i tredje person entall, hvor man tilføyer *-s*.

*He walks.* Han går.
*He proposes.* Han foreslår.

**Fortid og perfektum partisipp** av regulære verb dannes ved å tilføye *-d* eller *-ed*.

*I walked.* Jeg gikk.
*I have walked.* Jeg har gått.
*I proposed.* Jeg foreslo.
*I have proposed.*
Jeg har foreslått.

**Presens partisipp** dannes ved å føye endelsen *-ing* til infinitiv.

*walking* gående

Når verbet ender med en kort trykksterk vokal, etterfulgt av en konsonant, blir endekonsonanten fordoblet i perfektum og i presens partisipp, og i fortid.

*stopped* stoppet
*stopping* stoppende

Verb som slutter på en konsonant etterfulgt av *-y* danner 3. person entall presens med endingen *-ies*, og fortid med *-ied*.

*he satisfies* han tilfredsstiller
*he satisfied* han tilfredsstilte
*satisfied* tillfredsstilt

**Futurum** dannes ved bruk av hjelpeverbene (*shall* og *will*) og infinitiv. Som regel brukes *shall* for første person, og *will* for de andre.

*I shall see.* Jeg skal se.
*You will give.* Du skal gi.
*We shall go.* Vi skal gå.
*They will arrive.*
De skal (vil) komme.

| | |
|---|---|
| *Will* brukt i første person uttrykker besluttsomhet eller viljestyrke. | *I will go.*<br>Jeg vil (skal) gå (ønske). |
| *Shall* brukt i andre eller tredje person betyr en befaling, en forpliktelse. | *You shall leave.*<br>De må forsvinne, forsvinn! |
| Uttrykket *I am going to* tilsvarer på norsk jeg vil, fulgt av infinitiv. | *He's going to leave.*<br>Han vil dra bort. |
| Andre person av den bydende form er den samme som i infinitiv. | *Go!* Gå! |
| Første og tredje person dannes ved hjelp av *let*, etterfulgt av det personlige pronomen og infinitiv av verbet. | *Let us go.* La oss gå!<br>*Let him speak.* La ham snakke! |
| **Kondisjonalis** dannes ved bruk av to hjelpeverb, *should* for første person og *would* for de andre. | *I should say.* Jeg skulle si.<br>*He would answer.*<br>Han ville svare. |
| **De ufullstendige** verb har to former: | *can—could may—might*<br>*will—would shall—should* |
| *Ought* og *must* har bare en form. Hvor disse ikke kan brukes, blir de erstattet med andre verb: *can* med *to be able to*; *may* med *to be allowed to, to be permitted to*; *must* med *to have to, to be obliged to.* | *He was able to move.*<br>Han kunne bevege seg.<br>*I had to go.*<br>Jeg måtte gå. |
| **Spørrende og nektende form** dannes ved bruk av hjelpeverbet *to do.*<br>Presens: | *We do not (don't) like this hotel.*<br>Vi liker ikke dette hotellet.<br>*Does he like this hotel?*<br>Liker han dette hotellet? |
| Fortid: | *We didn't like this hotel.*<br>Vi likte ikke dette hotellet.<br>*Did he like this hotel?*<br>Likte han dette hotellet? |
| I andre tider blir den nektende og spørrende form dannet ved bruk av de respektive hjelpeverbene (*have, shall, will, should,* etc.) Den spørrende form av verbet *to be* dannes ved å sette verbet (predikatet) først, deretter subjektet. Nektende form blir dannet ved hjelp av ordet *not.* | *Are you merry?*<br>Er du glad?<br>*I'm not merry.*<br>Jeg er ikke glad. |

## Hjelpeverbene

**To be** (å være)

| Presens | Sammentrukket form |
|---|---|
| *I am* | *I'm* |
| *you are* | *you're* |
| *he is* | *he's* |
| *she is* | *she's* |
| *it is* | *it's* |
| *we are* | *we're* |
| *they are* | *they're* |

17

| Nektende form | Nektende sammentrukket form |
|---|---|
| *I am not* | *I'm not* |
| *you are not* | *you're not* eller *you aren't* |
| *he is not* | *he's not* *he isn't* |
| etc. | *she's not* *she isn't* |
| | *it's not* *it isn't* |
| | *we're not* *we aren't* |
| | *they're not* *they aren't* |

På engelsk finner man to former for "det finnes", nemlig *there is (there's)* foran et substantiv i entall; *there are* foran et substantiv i flertall.

Nektende:                            *There isn't    There aren't.*
Spørrende:                         *Is there?    Are there?*

**To have** (å ha)

| Presens | Sammentrukket form | | |
|---|---|---|---|
| *I have* | *I've* | | |
| *you have* | *you've* | | |
| *he has* | *he's* | | |
| *she has* | *she's* | Nektende: | *I have not* |
| *it has* | *it's* | | *(I haven't)* |
| *we have* | *we've* | Spørrende: | *Have you?* |
| *they have* | *they've* | | *Has he?* |

**To do** (å gjøre)

| Presens | | |
|---|---|---|
| *I do* | | |
| *you do* | | |
| *he does* | | |
| *she does* | Nektende: | *I do not (I don't)* |
| *it does* | | *He does not (he doesn't)* |
| *we do* | Spørrende: | *Do you? Does he?* |
| *they do* | | |

**Merk:** I talespråket brukes nesten bestandig de sammentrukkede formene.

**Sammensatte tider og pluskvamperfektum**

For å danne disse tidene, bruker man bestandig hjelpeverbet *to have*, uansett hvilket verb som skal bøyes sammen med dette.

                                   *She's seen him.*
                                   Hun har sett ham.
                                   *I've cut myself.*
                                   Jeg har skåret meg.

**Progressiv form**

Denne formen forekommer ikke på norsk. Den dannes ved å kombinere den riktige formen av verbet *to be* med presens partisipp.

                                   *We've gone.*
                                   Vi har gått.

| Infinitiv | Presens part. | Progressiv form |
|---|---|---|
| *to read* | *reading* | *I'm reading* etc. |
| *to write* | *writing* | *I'm writing* etc. |

Uttrykket *would (used to)* brukes for å indikere en tidligere vane.

                                   *I would drink (I'd drink)*
                                   *coffee now and then.*
                                   Jeg pleide å drikke kaffe nå og da.
                                   *I used to take the train every day.*
                                   Jeg pleide å ta toget hver dag.

# ENGELSKE UREGELRETTE VERB

Bare de irregulære formene blir nevnt.

| Infinitiv | Imperfektum | Perfektum partisipp |
|---|---|---|
| arise | arose | arisen |
| awake | awoke | awoke (awaked el. awoken) |
| be *(se bøyning)* | was | been |
| bear | bore | borne (born = født) |
| beat | beat | beaten |
| become | became | become |
| begin | began | begun |
| bend | bent | bent |
| beseech | besought | besought |
| bid | bade | bid (bidden) |
| bind | bound | bound |
| bite | bit | bit (bitten) |
| bleed | bled | bled |
| blow | blew | blown |
| break | broke | broken |
| breed | bred | bred |
| bring | brought | brought |
| build | built | built |
| burn | burnt | burnt |
| burst | burst | burst |
| buy | bought | bought |
| cast | cast | cast |
| catch | caught | caught |
| choose | chose | chosen |
| cling | clung | clung |
| come | came | come |
| cost | cost | cost |
| creep | crept | crept |
| cut | cut | cut |
| deal | dealt | dealt |
| dig | dug | dug |
| do (he does) | did | done |
| draw | drew | drawn |
| dream | dreamt | dreamt |
| drink | drank | drunk |
| drive | drove | driven |
| dwell | dwelt | dwelt |
| eat | ate | eaten |
| fall | fell | fallen |
| feed | fed | fed |
| feel | felt | felt |
| fight | fought | fought |
| find | found | found |
| flee | fled | fled |
| fly | flew | flown |
| forbid | forbade | forbidden |
| forget | forgot | forgotten |

| *Infinitiv* | *Imperfektum* | *Perfektum partisipp* |
|---|---|---|
| **forgive** | forgave | forgiven |
| **freeze** | froze | frozen |
| **get** | got | got |
| **give** | gave | given |
| **go** | went | gone |
| **grow** | grew | grown |
| **hang** | hung | hung |
| **have** | had | had |
| **hear** | heard | heard |
| **hide** | hid | hid (hidden) |
| **hit** | hit | hit |
| **hold** | held | held |
| **hurt** | hurt | hurt |
| **keep** | kept | kept |
| **kneel** | knelt | knelt |
| **knit** | knit | knit |
| **know** | knew | known |
| **lay** | laid | laid |
| **lead** | led | led |
| **lean** | leant | leant |
| **leap** | leapt | leapt |
| **learn** | learnt | learnt |
| **leave** | left | left |
| **lie** | lay | lain |
| **light** | lit | lit |
| **lose** | lost | lost |
| **make** | made | made |
| **mean** | meant | meant |
| **meet** | met | met |
| **mistake** | mistook | mistaken |
| **pay** | paid | paid |
| **prove** | proved | proved (proven) |
| **put** | put | put |
| **read** | read | read |
| **rend** | rent | rent |
| **ride** | rode | ridden |
| **ring** | rang | rung |
| **rise** | rose | risen |
| **run** | ran | run |
| **saw** | sawed | sawn |
| **say** | said | said |
| **see** | saw | seen |
| **seek** | sought | sought |
| **sell** | sold | sold |
| **send** | sent | sent |
| **set** | set | set |
| **sew** | sewed | sewn |
| **shake** | shook | shaken |
| **shape** | shaped | shaped |
| **shave** | shaved | shaved (shaven) |

| *Infinitiv* | *Imperfektum* | *Perfektum partisipp* |
|---|---|---|
| shine | shone | shone |
| shoot | shot | shot |
| show | showed | shown |
| shrink | shrank | shrunk |
| shut | shut | shut |
| sing | sang | sung |
| sink | sank | sunk |
| sit | sat | sat |
| sleep | slept | slept |
| slide | slid | slid |
| sling | slung | slung |
| smell | smelt | smelt |
| sow | sowed | sown |
| speak | spoke | spoken |
| speed | sped | sped |
| spell | spelt | spelt |
| spend | spent | spent |
| spill | spilt | spilt |
| spin | spun | spun |
| spit | spit | spit |
| split | split | split |
| spoil | spoilt | spoilt |
| spread | spread | spread |
| spring | sprang | sprung |
| stand | stood | stood |
| steal | stole | stolen |
| stick | stuck | stuck |
| sting | stung | stung |
| strike | struck | struck |
| string | strung | strung |
| swear | swore | sworn |
| sweat | sweat | sweat |
| sweep | swept | swept |
| swell | swelled | swollen |
| swim | swam | swum |
| take | took | taken |
| teach | taught | taught |
| tear | tore | torn |
| tell | told | told |
| think | thought | thought |
| throw | threw | thrown |
| understand | understood | understood |
| upset | upset | upset |
| wear | wore | worn |
| weave | wove | woven |
| win | won | won |
| wind | wound | wound |
| withdraw | withdrew | withdrawn |
| write | wrote | written |

## TEGNFORKLA-RINGER

| | | |
|---|---|---|
| adjektiv | **adj** | adjective |
| adverb | **adv** | adverb |
| artikkel | **art** | article |
| felleskjønn | **c** | common gender |
| bindeord | **conj** | conjunction |
| hunkjønn | **f** | feminine |
| uforanderlig | **inv** | invariable |
| hankjønn | **m** | masculine |
| substantiv | **n** | noun |
| intetkjønn | **nt** | neuter |
| fortid (imperfektum) | **p** | past tense (preterite) |
| flertall | **pl** | plural |
| perfektum partisipp | **pp** | past participle |
| presens partisipp | **ppr** | present participle |
| presens | **pr** | present tense |
| forstavelse | **pref** | prefix |
| preposisjon | **prep** | preposition |
| pronomen | **pron** | pronoun |
| entall | **sing** | singular |
| endelse (ending) | **suf** | suffix |
| verb, sammensatte verb | **v** | verb, compound verb |
| uregelmessig verb | **\*** | irregular verb |
| se (henvisning) | **→** | see (cross-reference) |

N.B. Sammensatte ord forklares i denne ordbok som enkle.

# engelsk-norsk

a [ei] *art* **(an)** en
a little [ø LIT-øl] *n* litegrann *nt*
abbey [ÆB-i] *n* abbedi *nt*
abbreviation [ø-brii-vi-EI-sjøn] *n* forkortelse *c*
ability [ø-BIL-i-ti] *n* dyktighet *c*
able [EI-bøl] *adj* dyktig
aboard [ø-BÅÅD] *adv* ombord
about [ø-BAUT] *prep* om; *adv* omkring
above [ø-BAV] *prep* ovenfor; *adv* ovenfor
abroad [ø-BRÅÅD] *adv* utenlands
absence [ÆB-søns] *n* fravær *nt*
absent [ÆB-sønt] *adj* fraværende
absolutely [ÆB-søl-uut-li] *adv* absolutt
abstract [ÆB-strækht] *adj* abstrakt
absurd [øb-SØØD] *adj* urimelig
academy [ø-KHÆD-ø-mi] *n* akademi *nt*
accelerate [ækh-SɛL-ør-eit] *v* øke farten
accelerator [ækh-SɛL-ør-ei-tø] *n* gasspedal *c*
accent [ÆKH-sønt] *n* aksent *c*
accept [økh-SɛPT] *v* motta
access [ÆKH-sɛs] *n* tilgang *c*

accessary [ækh-Sɛs-ør-i] *n* medskyldig *c*
accessories [ækh-Sɛs-ør-iz] *pl* tilbehør *nt*
accident [ÆKH-si-dønt] *n* ulykke *c*
accidental [ækh-si-DɛNT-øl] *adj* tilfeldig
accommodate [ø-KHÅM-ø-deit] *v* skaffe husrom
accommodations [ø-khåm-ø-DEI-sjønz] *pl* husrom *nt*
accompany [ø-KHAM-pø-ni] *v* følge
accomplish [ø-KHÅM-plisj] *v* fullende
according to [ø-KHÅÅ-ding tuu] *prep* i følge
account [ø-KHAUNT] *n* beretning *c*; konto *c*
account for [ø-KHAUNT fåå] *v* avlegge regnskap for
accurate [ÆKH-ju-rit] *adj* nøyaktig
accuse [ø-KHJUUZ] *v* anklage
accustomed [ø-KHAS-tømd] *adj* vant
ace [eis] *n* ess *nt*
ache [eikh] *n* verk *c*; *v* verke

**achieve** [ø-TSJIIV] v oppnå

**achievement** [ø-TSJIIV-mønt] n prestasjon c

**acknowledge** [økh-NÅL-idʒ] v erkjenne

**acquaintance** [ø-KHWEIN-tøns] n bekjent c

**acquire** [ø-KHWAIØ] v erverve

**across** [ø-KHRÅS] adv på den andre siden; prep på den andre siden av

**act** [ækht] v oppføre seg; n akt c; handling c

**action** [ÆKH-sjøn] n handling c

**active** [ÆKH-tiv] adj aktiv

**activity** [ækh-TIV-i-ti] n aktivitet c

**actor** [ÆKH-tø] n skuespiller c

**actress** [ÆKH-tris] n skuespillerinne c

**actual** [ÆKH-tju-øl] adj virkelig

**acute** [ø-KHJUUT] adj akutt

**add** [æd] v summere

**addition** [ø-DISJ-øn] n addisjon c

**additional** [ø-DISJ-øn-øl] adj ekstra

**address** [ø-DRɛS] n adresse c; v adressere; tale til

**addressee** [æ-drɛ-SII] n adressat c

**adequate** [ÆD-i-khwit] adj tilstrekkelig

**adhesive tape** [ød-HIIS-iv teip] n heftplaster nt

**adjective** [ÆDʒ-ikh-tiv] n adjektiv nt

**adjust** [ø-DʒAST] v tilpasse

**admiration** [æd-mø-REI-sjøn] n beundring c

**admire** [ød-MAIØ] v beundre

**admission** [ød-MISJ-øn] n adgang c

\* **admit** [ød-MIT] v slippe inn

**admittance** [ød-MIT-øns] n adgang c

**adopt** [ø-DÅPT] v adoptere

**adult** [ÆD-alt] adj voksen; n voksen c

**advance** [ød-VARNS] n forskudd nt; v betale på forskudd

**advantage** [ød-VARNT-idʒ] n fordel c

**advantageous** [æd-vøn-TEI-dʒøs] adj fordelaktig

**adventure** [ød-VɛN-tsjø] n eventyr nt

**adverb** [ÆD-vøøb] n adverb nt

**advertisement** [ød-VØØT-is-mønt] n annonse c

**advice** [ød-VAIS] n råd nt

**advise** [ød-VAIZ] v rå

**aerial** [ɛØR-i-øl] n antenne c

**aeroplane** [ɛØR-ø-plein] n fly nt

**affair** [ø-FɛØ] n forhold nt; anliggende nt

**affect** [ø-FɛKHT] v påvirke

**affectionate** [ø-FɛKH-sjøn-it] adj kjærlig

**affirmative** [ø-FØØM-ø-tiv] adj bekreftende

**afford** [ø-FÅÅD] v ha råd til

**afraid** [ø-FREID] adj redd

**Africa** [ÆF-ri-khø] n Afrika nt

**African** [ÆF-ri-khøn] n afrikaner c; adj afrikansk

**after** [ARF-tø] prep etter; conj etter at

**afternoon** [ARF-tø-nuun] n ettermiddag c

**aftershave lotion** [ARF-tø-sjeiv LÅU-sjøn] n barbervann nt

**afterwards** [ARF-tø-wødz] adv etterpå

**again** [ø-GHɛN] adv igjen

**against** [ø-GHɛNST] prep mot

**age** [eidʒ] n alder c

**aged** [EIDʒ-id] adj eldre

**agency** [EI-dʒøn-si] n agentur nt

**agent** [EI-dʒønt] *n* agent *c*

**agree** [ø-GHRII] *v* være enig; gå med på

**agreeable** [ø-GHRII-ø-bøl] *adj* behagelig

**agreed** [ø-GHRIID] *adj* avtalt

**agreement** [ø-GHRII-mønt] *n* avtale *c*

**agriculture** [ÆGH-ri-khal-tsjø] *n* jordbruk *nt*

**ahead** [ø-HED] *adv* foran

**ahead of** [ø-HED åv] *foran*

**aid** [eid] *n* hjelp *c; v* hjelpe

**ailment** [EIL-mønt] *n* lidelse *c*

**aim** [eim] *v* sikte; *n* sikte *nt*

**air** [εø] *v* lufte; *n* luft *c*

**air conditioned** [εø khøn-DISJ-ønd] *adj* luftkondisjonert

**air conditioner** [εø khøn-DISJ-øn-ø] *n* luftkondisjoneringsapparat *nt*

**air mail** [εø meil] *n* luftpost *c*

**air sickness** [εø SIKH-nis] *n* luftsyke *c*

**aircraft** [εø-khrarft] *n* fly *nt*

**airfield** [εø-fiild] *n* flyplass *c*

**airline** [εø-lain] *n* flyselskap *nt*

**airplane** [εø-plein] *n* fly *nt*

**airport** [εø-påått] *n* flyhavn *c*

**aisle** [ail] *n* gang *c*

**alarm** [ø-LARM] *v* forurolige; *n* alarm *c*

**alarm clock** [ø-LARM khlåkh] *n* vekkerklokke *c*

**alcohol** [ÆL-khø-hål] *n* alkohol *c*

**alcoholic** [æl-khø-HÅL-ikh] *adj* alkoholholdig

**alien** [EIL-jøn] *adj* utenlandsk

**alike** [ø-LAIKH] *adj* lik; *adv* likedan

**alive** [ø-LAIV] *adj* levende

**all** [åål] *adj* all

**all in** [åål in] medregnet

**all right** [åål rait] fint

**alley** [ÆL-i] *n* smug *nt*

**allow** [ø-LAU] *v* tillate

**allowed** [ø-LAUD] *adj* tillatt

**almond** [AR-mønd] *n* mandel *c*

**almost** [ÅÅL-måust] *adv* nesten

**alone** [ø-LÅUN] *adv* alene

**along** [ø-LÅNG] *prep* langs

**aloud** [ø-LAUD] *adv* høyt

**already** [ååll-RED-i] *adv* allerede

**also** [ÅÅL-såu] *adv* også

**altar** [ÅÅL-tø] *n* alter *nt*

**alter** [ÅÅL-tø] *v* forandre

**alteration** [åål-tø-REI-sjøn] *n* forandring *c*

**alternate** [åål-TØØ-nit] *adj* vekslende

**alternating current** [ÅÅL-tø-neit-ing KHAR-ønt] *n* vekselstrøm *c*

**alternative** [åål-TØØ-nø-tiv] *n* alternativ *nt*

**although** [åål-ðAU] *conj* skjønt

**altitude** [ÆL-ti-tjuud] *n* høyde *c*

**altogether** [åål-tø-GHèð-ø] *adv* i det hele

**always** [ÅÅL-wøz] *adv* alltid

**am** [æm] *v* (*pr* be)

**amaze** [ø-MEIZ] *v* forbause

**ambassador** [æm-BÆS-ø-dø] *n* ambassadør *c*

**ambitious** [æm-BISJ-øs] *adj* ærgjerrig

**ambulance** [ÆM-bju-løns] *n* ambulanse *c*

**amenities** [ø-MIIN-i-tiz] *pl* elskverdighet *c*

**America** [ø-MER-i-khø] *n* Amerika *nt*

**American** [ø-MER-i-khøn] *n* amerikaner *c; adj* amerikansk

**amethyst** [ÆM-i-Θist] *n* ametyst *c*

**amidst** [ø-MIDST] *prep* blant

**ammonia** [ø-MÅUN-jø] *n* ammoniakk *c*

**among** [ø-MANG] *prep* blant

**amount** [ø-MAUNT] *v* beløpe seg
til; *n* mengde *c*; sum *c*

**amuse** [ø-MJUUZ] *v* more;
underholde seg

**amusing** [ø-MJUUZ-ing] *adj*
morsom

**an** [æn] *art* (→ **a**)

**anaemia** [ø-NIIM-jø] *n* anemi *c*

**anaesthetic** [æn-is-ΘET-ikh] *n*
bedøvelsesmiddel *nt*

**analyse** [ÆN-ø-laiz] *v* analysere

**analysis** [ø-NÆL-ø-sis] *n* (*pl* -ses)
analyse *c*

**analyst** [ÆN-ø-list] *n*
psykoanalytiker *c*

**ancestor** [ÆN-sis-tø] *n* stamfar *c*

**anchovy** [ÆN-tsjøv-i] *n* ansjos *c*

**ancient** [EIN-sjønt] *adj*
eldgammel

**and** [ænd] *conj* og

**and so on** [ønd såu ån] og så
videre

**angel** [EIN-dʒøl] *n* engel *c*

**anger** [ÆNG-ghø] *n* raseri *nt*

**angry** [ÆNG-ghri] *adj* sint

**animal** [ÆN-i-møl] *n* dyr *nt*

**ankle** [ÆNG-khøl] *n* ankel *c*

**annex** [ÆN-ekhs] *n* anneks *nt*

**anniversary** [æn-i-VØØS-ø-ri] *n*
årsdag *c*

**announce** [ø-NAUNS] *v* kunngjøre

**announcement** [ø-NAUNS-mønt] *n*
kunngjøring *c*

**annoy** [ø-NÅi] *v* irritere

**annoying** [ø-NÅi-ing] *adj*
irriterende

**anonymous** [ø-NÅN-i-møs] *adj*
anonym

**another** [ø-NAð-ø] *adj* en annen;
en til

**answer** [ARN-sø] *n* svar *nt*; *v*
svare

**ant** [ænt] *n* maur *c*

**antibiotic** [ÆN-ti-bai-AT-ikh] *n*

**antibiotikum** *nt*

**anticipate** [æn-TIS-i-peit] *v*
foregripe

**antifreeze** [ÆN-ti-FRIIZ] *n*
frysevæske *c*

**antique** [æn-TIIKH] *n* antikvitet *c*;
*adj* antikk

**antiquities** [æn-TIKH-wi-tiz] *pl*
antikviteter

**antiquity** [æn-TIKH-wi-ti] *n* oldtid
*c*

**antiseptic** [æn-ti-SEP-tikh] *n*
antiseptisk middel *nt*

**anxious** [ÆNGKH-sjøs] *adj*
engstelig; ivrig

**any** [EN-i] *adj* noen

**anybody** [EN-i-båd-i] *pron* noen

**anyhow** [EN-i-hau] *adv* på noen
som helst måte

**anyone** [EN-i-wan] *pron* noen

**anything** [EN-i-Θing] *pron* noe

**anyway** [EN-i-wei] *adv* i hvert fall

**anywhere** [EN-i-wεø] *adv* hvor
som helst

**apart** [ø-PART] *adv* for seg

**apartment** [ø-PART-mønt] *n*
leilighet *c*

**apartment house** [ø-PART-mønt
haus] *n* boligblokk *c*

**aperitif** [ø-PER-i-tiv] *n* aperitif *c*

**apologize** [ø-PÅL-ø-dʒaiz] *v* be
om unnskyldning

**apology** [ø-PÅL-ø-dʒi] *n*
unnskyldning *c*

**apparent** [ø-PÆR-ønt] *adj* klar

**appeal** [ø-PIIL] *n* appell *c*

**appear** [ø-PIØ] *v* vise seg; se ut til

**appearance** [ø-PIØR-øns] *n*
utseende *nt*

**appendicitis** [ø-pεn-di-SAI-tis] *n*
blindtarmbetennelse *c*

**appetiser** [ÆP-i-taiz-ø] *n*
appetittvekker *c*

**appetising** [ÆP-i-taiz-ing] *adj*

delikat
**appetite** [ÆP-i-tait] *n* appetitt *c*
**applause** [ø-PLÅÅz] *n* bifall *nt*
**apple** [ÆP-øl] *n* eple *nt*
**appliance** [ø-PLAI-øns] *n* apparat *nt*
**apply** [ø-PLAI] *v* anvende
**appointment** [ø-PÅINT-mønt] *n* avtale *c*
**appreciate** [ø-PRII-sji-eit] *v* verdsette
**appreciation** [ø-pri-sji-EI-sjøn] *n* verdsettelse *c*
**approach** [ø-PRÅUTSJ] *n* vei *c*; *v* nærme seg
**appropriate** [ø-PRÅU-pri-it] *adj* passende
**approval** [ø-PRUUV-øl] *n* godkjennelse *c*
**approve** [ø-PRUUV] *v* godkjenne
**approximately** [ø-PRÅKHS-im-øt-li] *adv* tilnærmelsesvis
**apricot** [EI-pri-khåt] *n* aprikos *c*
**April** [EI-prøl] *n* april *c*
**apron** [EI-prøn] *n* forkle *nt*
**Arab** [ÆR-øb] *n* araber *c*; *adj* arabisk
**arcade** [ar-KHEID] *n* arkade *c*
**arch** [artsj] *n* hvelving *c*
**archbishop** [ARTSJ-bisj-øp] *n* erkebiskop *c*
**arched** [artsjt] *adj* hvelvet
**architect** [ARKH-i-tɛkht] *n* arkitekt *c*
**architecture** [ARKH-i-tɛkh-tsjø] *n* arkitektur *c*
**are** [ar] *v* (*pr* be)
**area** [ɛø-ri-ø] *n* område *nt*
**area code** [ɛø-ri-ø khåud] *n* fjernvalgnummer *nt*
**argue** [AR-ghjuu] *v* trette
**argument** [AR-ghju-mønt] *n* trette *c*
**arid** [ÆR-id] *adj* gold

***arise** [ø-RAIZ] *v* oppstå
**arisen** [ø-RIZ-øn] *v* (*pp* arise)
**arithmetic** [ø-RIƟ-mø-tikh] *n* regning *c*
**arm** [arm] *n* arm *c*
**armchair** [ARM-tsjɛø] *n* lenestol *c*
**arms** [armz] *pl* våpen *nt*
**army** [ARM-i] *n* armé *c*
**arose** [ø-RÅUZ] *v* (*p* arise)
**around** [ø-RAUND] *adv* rundt; *prep* rundt
**arrange** [ø-REINDƷ] *v* arrangere; ordne
**arrangements** [ø-REINDƷ-mønts] *pl* plan *c*
**arrest** [ø-RɛST] *n* arrestasjon *c*; *v* arrestere
**arrival** [ø-RAIV-øl] *n* ankomst *c*
**arrive** [ø-RAIV] *v* ankomme
**arrow** [ÆR-åu] *n* pil *f*
**art** [art] *n* dyktighet *c*; kunst *c*
**art collection** [art khø-LɛKH-sjøn] *n* kunstsamling *c*
**art exhibition** [art ɛkhs-i-BISJ-øn] *n* kunstutstilling *c*
**art gallery** [art GHÆL-ø-ri] *n* kunstgalleri *nt*
**artery** [AR-tø-ri] *n* arterie *c*
**artichoke** [AR-ti-tsjåukh] *n* artisjokk *c*
**article** [AR-ti-khøl] *n* gjenstand *c*; artikkel *c*
**artificial** [ar-ti-FISJ-øl] *adj* kunstig
**artist** [AR-tist] *n* kunstner *c*
**artistic** [ar-TIS-tikh] *adj* kunstnerisk
**as** [æz] *conj* som
**as a matter of fact** [æz ø MÆT-ø øv fækht] faktisk
**as a rule** [æz ø ruul] som regel
**as from** [æz fråm] fra og med
**as if** [æz if] som om
**as regards** [æz ri-GHARDZ] med

hensyn til

**as soon as** [æz suun æz] så snart som

**as well** [æz wɛl] også

**ascend** [ø-SɛND] v stige opp

**ascent** [ø-SɛNT] n oppstigning c

**ashamed** [ø-SJEIMD] adj skamfull

**ashes** [ÆSJ-iz] pl aske c

**ashtray** [ÆSJ-trei] n askebeger nt

**Asia** [EISJ-ø] n Asia nt

**Asian** [EISJ-øn] n asiat c; adj asiatisk

**aside** [ø-SAID] adv til side

**ask** [arskh] v invitere; be; spørre

**asleep** [ø-SLIIP] adj sovende

**asparagus** [øs-PÆR-ø-ghøs] n asparges c

**aspirin** [ÆS-pø-rin] n aspirin c

**ass** [æs] n esel nt

**assembly** [ø-SɛM-bli] n forsamling c

**assets** [ÆS-ɛts] pl aktiva pl

**assist** [ø-SIST] v hjelpe

**assistant** [ø-SIS-tønt] n assistent c

**associate** [ø-SÅU-sji-eit] v omgås; n kompanjong c

**association** [ø-såu-si-EI-sjøn] n forening c

**assorted** [ø-SÅÅT-id] adj assortert

**assortment** [ø-SÅÅT-mønt] n utvalg nt

**assume** [ø-SJUUM] v formode

**assure** [ø-SJUØ] v forsikre

**asthma** [ÆS-mø] n astma

**astonish** [øs-TÅN-isj] v forbause

**astonishing** [øs-TÅN-isj-ing] adj forbausende

**at all** [æt åål] overhodet

**at any rate** [æt ɛN-i reit] i hvert fall

**at any time** [æt ɛN-i taim] til enhver tid

**at best** [æt bɛst] i beste fall

**at first** [æt føøst] til å begynne med

**at home** [æt håum] hjemme

**at last** [æt larst] endelig

**at least** [æt liist] i det minste

**at once** [æt wans] straks

**at the latest** [æt ðø LEIT-ist] senest

**ate** [ɛt] v (p eat)

**athletics** [æΘ-Lɛт-ikhs] pl friidrett c

**Atlantic** [æt-LÆN-tikh] n Atlanterhavet

**atmosphere** [ÆT-møs-fiø] n atmosfære c; stemning c

**atomic bomb** [ø-TÅM-ikh båm] n atombombe c

**atomizer** [ÆT-øm-aiz-ø] n sprøyteflaske c

**attach** [ø-TÆTSJ] v feste

**attaché-case** [ø-TÆSJ-i-kheis] n dokumentmappe c

**attack** [ø-TÆKH] v angripe

**attempt** [ø-TɛMPT] v forsøke

**attend** [ø-TɛND] v ta hånd om; være til stede ved

**attendant** [ø-TɛND-ønt] n vakt c

**attention** [ø-TɛN-sjøn] n oppmerksomhet c

**attitude** [ÆT-i-tjuud] n holdning c

**attorney** [ø-TØØ-ni] n sakfører c

**attract** [ø-TRÆKHT] v tiltrekke

**attraction** [ø-TRÆKH-sjøn] n tiltrekning c

**attractive** [ø-TRÆKH-tiv] adj tiltrekkende

**auction** [ÅÅKH-sjøn] n auksjon c

**auctioneer** [åÅkh-sjø-NIØ] n auksjonarius c

**audience** [ÅÅD-i-øns] n publikum nt

**August** [ÅÅ-ghøst] n august c

**aunt** [arnt] n tante c

**Australia** [ås-TREIL-jø] *n*
Australia *nt*

**Australian** [ås-TREIL-jøn] *n*
australier *c; adj* australsk

**Austria** [AS-tri-ø] *n* østerrike *nt*

**Austrian** [AS-tri-øn] *n* østerriker
*c; adj* østerriksk

**authentic** [oo-ΘENT-ikh] *adj* ekte

**author** [AAΘ-ø] *n* forfatter *c*

**authority** [åå-ΘAR-it-i] *n*
autoritet *c*

**automat** [AA-tø-mæt] *n* automat *c*

**automatic** [åå-tø-MÆT-ikh] *adj*
automatisk

**automobile** [AA-tø-mø-biil] *n* bil
*c*

**automobile club** [AA-tø-mø-biil
khlab] *n* bilklubb *c*

**autonomous** [åå-TAN-øm-øs] *adj*
autonom

**autumn** [AA-tøm] *n* høst *c*

**available** [ø-VEIL-ø-bøl] *adj*
tilgjengelig

**avalanche** [ÆV-ø-larnsj] *n*
snøskred *nt*

**avenue** [ÆV-i-njuu] *n* allé *c*

**average** [ÆV-ør-idʒ] *n*
gjennomsnitt *nt; adj*
gjennomsnittlig

**avoid** [ø-VÅID] *v* unngå

**await** [ø-WEIT] *v* vente

**awake** [ø-WEIKH] *adj* våken; *v*
vekke

**award** [ø-wAAd] *n* belønning *c*

**aware** [ø-wEø] *adj* oppmerksom

**away** [ø-WEI] *adv* bort

**awful** [AA-ful] *adj* forferdelig

**awkward** [AAKH-wød] *adj*
ubehagelig; klosset

**awoke** [ø-WÅUKH] *v* (*p* awake)

**axe** [ækhs] *n* øks *c*

**axle** [ÆKHS-øl] *n* aksel *c*

**baby** [BEI-bi] *n* baby *c*

**babysitter** [BEI-bi-SIT-ø] *n*
barnevakt *c*

**bachelor** [BÆTSJ-øl-ø] *n* ungkar *c*

**back** [bækh] *n* rygg *c; adv* tilbake

**backache** [BÆKH-eikh] *n*
ryggsmerter

**background** [BÆKH-ghraund] *n*
bakgrunn *c*

**backwards** [BÆKH-wødz] *adv*
baklengs

**bacon** [BEI-khøn] *n* bacon *nt*

**bad** [bæd] *adj* dårlig

**bag** [bægh] *n* pose *c;* håndveske
*c;* koffert *c*

**baggage** [BÆGH-idʒ] *n* bagasje *c*

**baggage office** [BÆGH-idʒ ÅF-1s] *n*
bagasjekontor *nt*

**bail** [beil] *n* kausjon *c*

**bait** [beit] *n* agn *nt*

**bake** [beikh] *v* bake

**baker** [BEIKH-ø] *n* baker *c*

**bakery** [BEIKH-ør-i] *n* bakeri *nt*

**balance** [BÆL-øns] *n* balanse *c*

**balance sheet** [BÆL-øns sjiit] *n*
status *c*

**balcony** [BÆL-khø-ni] *n* balkong
*c*

**bald** [bååld] *adj* skallet

**ball** [båål] *n* ball *nt*

**ballet** [BÆL-ei] *n* ballett *c*

**ballpoint-pen** [BÅÅL-påint-pEN] *n*
kulepenn *c*

**ballroom** [BÅÅL-ruum] *n* ballsal *c*

**banana** [bø-NAR-nø] *n* banan *c*

**band** [bænd] *n* orkester *nt;* bånd
*nt*

**bandage** [BÆND-idʒ] *n* bandasje *c*

**Band-Aid** [BÆND-eid] *n* plaster *nt*

**bandit** [BÆN-dit] *n* banditt *c*

**bank** [bængkh] *v* sette i banken;
*n* skråning *c;* bank *c*

**bank account** [bængkh ø-
KHAUNT] *n* bankkonto *c*

**banker** [BÆNGKH-ø] n bankier c
**bank-note** [BÆNGKH-nåut] n
pengeseddel c
**bank-rate** [BÆNGKH-reit] n
diskonto c
**banquet** [BÆNGKH-wit] n bankett
c
**banqueting-hall** [BÆNGKH-wit-
ing-håål] n bankettsal c
**bar** [bar] n stang c; bar c
**barber** [BARB-ø] n barber c
**bare** [bɛø] adj bar
**barely** [BɛØ-li] adv knapt
**bargain** [BAR-ghin] n godt kjøp
nt; v kjøpslå
**barley** [BAR-li] n bygg nt
**barmaid** [BAR-meid] n barpike c
**barman** [BAR-møn] n (pl -men)
bartender c
**barn** [barn] n låve c
**barometer** [bø-RÁM-i-tø] n
barometer nt
**barracks** [BÆR-økhs] pl kaserne
c
**barrel** [BÆR-øl] n tønne c
**barrier** [BÆR-i-ø] n barriere c
**barrister** [BÆR-is-tø] n advokat c
**bartender** [BAR-tønd-ø] n
bartender c
**base** [beis] n basis c
**baseball** [BEIS-båål] n baseball
**basement** [BEIS-mønt] n kjeller c
**basic** [BEIS-ikh] adj
grunnleggende
**basin** [BEI-søn] n
vaskevannsbolle c
**basis** [BEI-sis] n (pl -ses) basis c
**basket** [BARS-khit] n kurv c
**bass** [bæs] n åbor c
**batch** [bætsj] n bunke c
**bath** [barΘ] n bad nt
**bath salts** [barΘ såålts] n
badesalt nt
**bath towel** [barΘ TAU-øl] n

badehåndkle nt
**bathe** [beið] v bade
**bathing cap** [BEIð-ing khæp] n
badehette c
**bathing suit** [BEIð-ing suut] n
badedrakt c
**bathrobe** [BARΘ-råub] n
badekåpe c
**bathroom** [BARΘ-ruum] n
badeværelse c
**battery** [BÆT-ør-i] n batteri nt
**battle** [BÆT-øl] n slag nt
**bay** [bei] n bukt c
\* **be** [bii] v være
**beach** [biitsj] n strand c
**beads** [biidz] pl perlekjede nt
**bean** [biin] n bønne c
\* **bear** [bɛø] v tåle; bære
**beard** [biød] n skjegg nt
**bearer** [BɛØR-ø] n innehaver c
\* **beat** [biit] v slå
**beaten** [BIIT-øn] v (pp beat)
**beautiful** [BJUU-tø-full] adj vakker
**beauty parlour** [BJUU-ti PAR-lø] n
skjønnhetssalong c
**beauty salon** [BJUU-ti SÆL-ångng]
n skjønnhetssalong c
**beauty treatment** [BJUU-ti TRIIT-
mønt] n skjønnhetspleie c
**became** [bi-KHEIM] v (p become)
**because** [bi-KHÁZ] conj fordi
**because of** [bi-KHÁZ åv] på grunn
av
\* **become** [bi-KHAM] v bli
**bed** [bɛd] n seng f
**bed and board** [bɛd ønd bååd]
kost og losji
**bed and breakfast** [bɛd ønd
BRɛKH-føst] rom med frokost
**bedding** [BɛD-ing] n sengetøy pl
**bedroom** [BɛD-ruum] n
soveværelse nt
**bee** [bii] n bi c
**beef** [biif] n oksekjøtt nt

**been** [biin] v (pp be)
**beetroot** [BIIT-ruut] n rødbete c
**before** [bi-FAA] adv tidligere; prep foran; før; conj før
**beg** [bεgh] v tigge
**began** [bi-GHÆN] v (p begin)
**beggar** [BEGH-ø] n tigger c
* **begin** [bi-GHIN] v begynne
**beginner** [bi-GHIN-ø] n nybegynner c
**beginning** [bi-GHIN-ing] n begynnelse c
**begun** [bi-GHAN] v (pp begin)
**behave** [bi-HEIV] v oppføre seg
**behaviour** [bi-HEIV-jø] n oppførsel c
**behind** [bi-HAIND] prep bak; adv bak
**beige** [bei3] adj beige
**being** [BI-ing] n vesen nt
**Belgian** [BEL-d3øn] n belgier c; adj belgisk
**Belgium** [BEL-d3am] n Belgia nt
**belief** [bi-LIIF] n tro c
**believe** [bi-LIIV] v tro
**bell** [bεl] n klokke c
**bellboy** [BEL-båi] n pikkolo c
**belong** [bi-LÅNG] v tilhøre
**belongings** [bi-LÅNG-ingz] pl eiendeler pl
**below** [bi-LÅU] adv nede; prep under
**belt** [bεlt] n belte nt
**bench** [bεntsj] n benk c
* **bend** [bεnd] v bøye; n bøyning c
**beneath** [bi-NIIΘ] adv under
**benefit** [BEN-i-fit] n nytte c
**bent** [bεnt] v (p, pp bend)
**beret** [BER-ei] n alpelue c
**berry** [BER-i] n bær nt
**berth** [bøøΘ] n køye c
**beside** [bi-SAID] prep ved siden av
**besides** [bi-SAIDZ] adv dessuten

**best** [bεst] adj best
**bet** [bεt] n veddemål nt
**better** [BET-ø] adj bedre
**betting office** [BET-ing AF-is] n totalisator c
**between** [bi-TWIIN] prep mellom
**beverage** [BEV-ør-id3] n drikk c
**beware** [bi-WEØ] v ta seg i vare
**beyond** [bi-JÅND] prep på den andre siden av; adv bortenfor
**Bible** [BAI-bøl] n bibel c
**bicycle** [BAI-si-khøl] n sykkel c
**big** [bigh] adj stor
**bigger** [BIGH-ø] adj større
**biggest** [BIGH-ist] adj størst
**bill** [bil] v gi en regning; n regning c
**billiards** [BIL-jødz] n biljard c
* **bind** [baind] v binde
**binding** [BAIND-ing] n innbinding c
**binoculars** [bi-NÅKH-ju-løz] pl kikkert c
**biology** [bai-ÅL-ø-d3i] n biologi c
**birch** [bøøtsj] n bjørk f
**bird** [bøød] n fugl c
**Biro** [BAI-råu] n kulepenn c
**birth** [bøøΘ] n fødsel c
**birth certificate** [bøøΘ sø-TIF-i-khit] n fødselsattest c
**birthday** [BØØΘ-dei] n fødselsdag c
**birthplace** [BØØΘ-pleis] n fødselssted nt
**biscuit** [BIS-khit] n kjeks c
**bishop** [BISJ-øp] n biskop c
**bit** [bit] v (p bite); n bit c
* **bite** [bait] v bite; n bit c; stikk nt
**bitten** [BIT-øn] v (pp bite)
**bitter** [BIT-ø] adj bitter
**black** [blækh] adj svart
**black market** [blækh MAR-khit] n svartebørs c
**blackberry** [BLÆKH-bø-ri] n

bjørnebær nt
**black-currant** [BLÆKH-KHAR-ønt] n solbær nt
**blacksmith** [BLÆKH-smiΘ] n grovsmed c
**blade** [bleid] n blad nt
**blame** [bleim] n skyld c; v klandre
**blank** [blængkh] adj blank
**blanket** [BLÆNGKH-it] n teppe nt
**blazer** [BLEIZ-ø] n blazer c
**bleach** [bliitsj] v bleke
**bled** [blɛd] v (p, pp **bleed**)
*  **bleed** [bliid] v blø
**bless** [blɛs] v velsigne
**blessing** [BLɛs-ing] n velsignelse c
**blew** [bluu] v (p **blow**)
**blind** [blaind] adj blind; n persienne c
**blister** [BLIS-tø] n blemme c
**blizzard** [BLIZ-ød] n snøstorm c
**block** [blåkh] v blokkere; n kloss c; kvartal nt
**block of flats** [blåkh øv flæts] boligblokk c
**blonde** [blånd] n blondine c
**blood** [blad] n blod nt
**blood-poisoning** [BLAD-påiz-øn-ing] n blodforgiftning c
**blood-pressure** [BLAD-prɛsj-ø] n blodtrykk nt
**blood-vessel** [BLAD-vɛs-øl] n blodkar nt
**blot** [blåt] n flekk c
**blouse** [blauz] n bluse c
* **blow** [blåu] v blåse; n slag nt
**blown** [blåun] v (pp **blow**)
**blow-out** [BLÅU-aut] n punktering c
**blue** [bluu] adj blå
**blunt** [blant] adj sløv
**board** [bååd] n planke c; styre nt
**board and lodging** [bååd ønd LÅDʒ-ing] kost og losji

**boarder** [BÅÅD-ø] n pensjonær c
**boarding house** [BÅÅD-ing haus] n pensjonat nt
**boat** [båut] n båt c
**boatman** [BÅUT-møn] n (pl -men) båtfører c
**bobby-pin** [BÅB-i-pin] n hårspenne c
**body** [BÅD-i] n kropp c
**boil** [båil] v koke; n byll c
**boiled** [båild] adj kokt
**boiling water** [BÅIL-ing WÅÅ-tø] kokende vann nt
**bold** [båuld] adj dristig
**bomb** [båm] n bombe c
**bone** [båun] n knokkel c
**bonnet** [BÅN-it] n bilpanser nt
**book** [bukh] n bok c; v bestille
**booking** [BUKH-ing] n bestilling c
**bookmaker** [BUKH-meikh-ø] n veddemålsagent c
**bookseller** [BUKH-sɛl-ø] n bokhandler c
**bookstand** [BUKH-stænd] n aviskiosk c
**bookstore** [BUKH-ståå] n bokhandel c
**boot** [buut] n bagasjerom nt; støvel c
**booth** [buuð] n boks c
**border** [BÅÅD-ø] n grense c
**bore** [båå] v kjede
**boring** [BÅÅR-ing] adj kjedelig
**born** [båån] adj født
**borne** [båån] v (pp **bear**)
**borough** [BAR-ø] n by c
**borrow** [BÅR-åu] v låne
**boss** [bås] n sjef c
**botanical garden** [bo-TÆN-ikh-øl GHAR-døn] n botanisk have c
**botany** [BÅT-øn-i] n botanikk c
**both** [båuΘ] adj begge
**bother** [BÅð-ø] n bry nt; v bry

**bottle** [BOT-øl] n flaske c
**bottle opener** [BÅT-øl ÅU-pøn-ø] n flaskeåpner c
**bottom** [BÅT-øm] n bunn c
**bought** [bååt] v (p, pp buy)
**boulder** [BÅUL-dø] n rullestein c
**bound** [baund] v (p, pp bind)
**boundary** [BAUND-ør-i] n grense c
**boutique** [bu-TIIKH] n boutique c
**bow tie** [båu tai] n sløyfe c
**bowels** [BAU-ølz] pl innvoller pl
**bowl** [båul] n skål c
**bowling** [BÅUL-ing] n bowling c
**bowling alley** [BÅUL-ing ÆL-i] n bowlingbane c
**box** [båkhs] n eske c; v bokse
**box office** [båkhs ÅF-is] n billettkontor nt
**boxing match** [BÅKHS-ing mætsj] n boksekamp c
**boy** [båi] n gutt c
**bra** [brar] n brystholder c
**bracelet** [BREIS-lit] n armbånd nt
**brain** [brein] n hjerne c
**brake** [breikh] n bremse c
**brake lights** [breikh laits] pl bremselys nt
**branch** [brarntsj] n gren c
**branch off** [brarntsj åf] v forgrene seg
**brand** [brænd] n merke nt
**brass** [brars] n messing c
**brassiere** [bræs-i-ø] n brystholder c
**brave** [breiv] adj modig
**Brazil** [brø-ZIL] n Brasil nt
**Brazilian** [brø-ZIL-jøn] adj brasiliansk; n brasilianer c
**bread** [bred] n brød nt
**breadth** [bredΘ] n bredde c
* **break** [breikh] v slå i stykker
**break down** [breikh daun] v få motorstopp
**breakdown** [BREIKH-daun] n

motorstopp nt
**breakfast** [BREKH-føst] n frokost c
**bream** [briim] n brasme c
**breast** [brest] n bryst nt
**breath** [breΘ] n pust c
**breathe** [briið] v puste
**breathing** [BRIIð-ing] n åndedrag nt
**breed** [briid] n rase nt
**breeze** [briiz] n bris c
**brewery** [BRUU-ør-i] n bryggeri nt
**brick** [brikh] n teglstein c
**bride** [braid] n brud c
**bridge** [bridʒ] n bro c; bru c; bridge
**brief** [briif] adj kort
**briefcase** [BRIIF-kheis] n dokumentmappe c
**briefs** [briifs] pl truser pl
**bright** [brait] adj oppvakt; lys
**brill** [bril] n slettvar c
**brilliant** [BRIL-jønt] adj briljant
**brilliantine** [BRIL-jøn-tiin] n briljantine
* **bring** [bring] v bringe
* **bring back** [bring bækh] v bringe tilbake
* **bring up** [bring ap] v fremsette
**brisk** [briskh] adj livlig
**British** [BRIT-isj] adj britisk
**broad** [bråd] adj bred
**broadcast** [BRÅAD-kharst] n radiosending c
**brocade** [bro-KHEID] n brokade c
**brochure** [bråu-SJUØ] n brosjyre c
**broke** [bråukh] v (p break)
**broken** [BRÅUKH-øn] v (pp break)
**bronchitis** [brån-KHAIT-is] n bronkitt c
**bronze** [brånz] n bronse c
**brooch** [bråutsj] n brosje c
**brook** [brukh] n bekk c

**brother** [BRAð-ø] *n* bror *c*

**brother-in-law** [BRAð-ør-in-låå] *n* svoger *c*

**brought** [bråått] *v* (*p, pp* bring)

**brown** [braun] *adj* brun

**bruise** [bruuz] *n* blått merke *nt; v* få et blått merke

**brunette** [bruu-NET] *n* brunette *c*

**brush** [brasj] *v* børste; *n* børste *c*

**Brussels-sprouts** [BRAS-øl-SPRAUTS] *n* rosenkål *c*

**bucket** [BAKH-it] *n* spann *nt*

**buckle** [BAKH-øl] *n* spenne *c*

**bud** [bad] *n* knopp *c*

**budget** [BADƷ-it] *n* budsjett *nt*

**buffet** [BU-fei] *n* koldtbord *nt*

**bug** [bagh] *n* veggedyr *nt*

* **build** [bild] *v* bygge

**building** [BILD-ing] *n* bygning *c*

**built** [bilt] *v* (*p, pp* build)

**bulb** [balb] *n* lyspære *c*

**bulk** [balkh] *n* masse *c*

**bulky** [BALKH-i] *adj* svær

**bull** [bul] *n* tyr *c*

**bullfight** [BUL-fait] *n* tyrefektning *c*

**bull-ring** [BUL-ring] *n* tyrefektningsarena *c*

**bump** [bamp] *v* støte; *n* støt *nt*

**bumper** [BAMP-ø] *n* støtfanger *c*

**bumpy** [BAMP-i] *adj* humpet

**bun** [ban] *n* hvetebolle *c*

**bunch** [bantsj] *n* bukett *c;* flokk *c*

**bunch of keys** [bantsj øv khiiz] *n* nøkkelknippe *nt*

**bundle** [BAN-døl] *n* bunt *c*

**bureau** [bjuø-RÅU] *n* kommode *c*

**bureaucracy** [bjuø-RÅKH-rø-si] *n* byråkrati *nt*

**burial** [BER-i-øl] *n* begravelse *c*

* **burn** [bøøn] *v* brenne; *n* brannsår *nt*

**burnt** [bøønt] *v* (*p, pp* burn)

* **burst** [bøøst] *v* sprekke

**bury** [BER-i] *v* begrave

**bus** [bas] *n* buss *c*

**bush** [busj] *n* busk *c*

**business** [BIZ-nis] *n* yrke *nt*

**business hours** [BIZ-nis auøz] *pl* åpningstid *c*

**business suit** [BIZ-nis suut] *n* dress *c*

**business trip** [BIZ-nis trip] *n* forretningsreise *c*

**businessman** [BIZ-nis-møn] *n* (*pl* -men) forretningsmann *c*

**bustle** [BAS-øl] *n* travelhet *c*

**busy** [BIZ-i] *adj* travel

**but** [bat] *conj* men

**butcher** [BUTSJ-ø] *n* slakter *c*

**butter** [BAT-ø] *n* smør *nt*

**butterfly** [BAT-ø-flai] *n* sommerfugl *c*

**button** [BAT-øn] *n* knapp *c*

**buttonhole** [BAT-øn-håul] *n* knapphull *nt*

* **buy** [bai] *v* kjøpe

**buyer** [BAI-ø] *n* kjøper *c*

**by air** [bai eø] med fly

**by bus** [bai bas] med buss

**by chance** [bai tsjarns] tilfeldigvis

**by day** [bai dei] om dagen

**by far** [bai far] uten sammenligning

**by heart** [bai hart] utenat

**by night** [bai nait] om natten

**by no means** [bai nåu miinz] på ingen måte

**by oneself** [bai wan-SELF] alene

**by sea** [bai sii] sjøveien

**by the way** [bai ðø wei] forresten

**by train** [bai trein] med toget

**bypass** [BAI-pars] *n* omvei *c; v* omgå

**cab** [khæb] *n* drosje *c*

**cabaret** [KHÆB-ø-rei] n kabaret c
**cabbage** [KHÆB-idʒ] n kål c
**cabdriver** [KHÆB-draiv-ø] n
 drosjesjåfør c
**cabin** [KHÆB-in] n hytte c
**cable** [KHEI-bøl] v telegrafere; n
 telegram nt
**café** [khæ-FEI] n kaffe c; kafé c
**cafeteria** [khæf-i-TIØR-i-ø] n
 kafeteria c
**caffeine** [KHÆF-iin] n koffein c
**cake** [kheikh] n kake c
**calculate** [KHÆL-khju-leit] v
 kalkulere
**calculation** [khæl-khju-LEI-sjøn]
 n beregning c
**calendar** [KHÆL-in-dø] n
 kalender c
**calf** [kharf] n kalv c
**calfskin** [KHARF-skhin] n
 kalveskinn nt
**call** [khåål] v rope; ringe opp; n
 rop nt; oppringning c; visitt c
**call on** [khåål ån] v besøke
**call up** [kharl ap] v ringe opp
**calm** [kharm] adj rolig
**calm down** [kharm daun] v falle
 til ro
**calorie** [KHÆL-ør-i] n kalori c
**came** [kheim] v (p **come**)
**camera** [KHÆM-ør-ø] n kamera nt
**camera store** [KHÆM-ør-ø ståå] n
 fotoforretning c
**camp** [khæmp] n leir c; v slå leir
**camp-bed** [KHÆMP-bɛd] n
 feltseng c
**camping** [KHÆMP-ing] n camping
 c
**camping site** [KHÆMP-ing sait] n
 campingplass c
* **can** [khæn] v kunne; n kanne c
**can opener** [khæn ÅU-pøn-ø] n
 bokseåpner c
**Canada** [KHÆN-ø-dø] n Kanada

nt
**Canadian** [khø-NEI-di-øn] n
 kanadier c; adj kanadisk
**canal** [khø-NÆL] n kanal c
**cancel** [KHÆN-søl] v annullere
**cancellation** [khæn-sɛ-LEI-sjøn]
 n annullering c
**cancer** [KHÆN-sø] n kreft c
**candle** [KHÆN-døl] n stearinlys nt
**candy** [KHÆN-di] n søtsaker c
**canned** [khænd] adj hermetisk
**cannot** [KHÆN-åt] v (**can not**)
**canoe** [khø-NUU] n kano c
**cap** [khæp] n lue c
**capable** [KHEIP-ø-bøl] adj
 kompetent
**capacity** [khø-PÆS-i-ti] n
 kapasitet c
**cape** [kheip] n cape c; kapp
**capital** [KHÆP-it-øl] n kapital c;
 hovedstad c
**capsule** [KHÆP-sjuul] n kapsel c
**captain** [KHÆP-tin] n kaptein c
**car** [khar] n bil c
**car hire** [khar haiø] n bilutleie c
**car park** [khar parkh] n
 parkeringsplass c
**carafe** [khø-RARF] n karaffel c
**caramel** [KHÆR-ø-mɛl] n
 karamell c
**carat** [KHÆR-øt] n karat c
**carbolic soap** [khar-BÅL-ikh
 såup] n karbolsåpe c
**carbon paper** [KHAR-bøn PEI-pø]
 n karbonpapir nt
**carburettor** [KHAR-bju-rɛt-ø] n
 forgasser c
**card** [khard] n brevkort nt; kort
 nt; visittkort nt
**cardboard** [KHARD-bååd] n papp c
**cardigan** [KHAR-di-ghøn] n
 strikkejakke
**cards** [khardz] pl kortspill nt
**care** [khøø] v bekymre seg; n

bekymring c
**care for** [khɛø fåå] v bry seg om
**career** [khø-RIØ] n karrière c
**careful** [KHɛø-full] adj forsiktig
**carfare** [KHAR-fɛø] n billettpris c
**cargo** [KHAR-ghåu] n last c
**carnival** [KHAR-ni-vøl] n
karneval nt
**carp** [kharp] n karpe c
**carpenter** [KHAR-pin-tø] n
snekker c
**carpet** [KHAR-pit] n gulvteppe nt
**carriage** [KHÆR-idʒ] n barnevogn
c
**carrot** [KHÆR-øt] n gulrot c
**carry** [KHÆR-i] v bære
**carry on** [KHÆR-i ån] v fortsette
**carry out** [KHÆR-i aut] v utføre
**cart** [khart] n kjerre c
**carton** [KHAR-tøn] n kartong c
**cartridge** [KHAR-tridʒ] n patron c
**carve** [kharv] v meisle; skjære
**carving** [KHARV-ing] n skurd c
**case** [kheis] n tilfelle nt; sak c;
koffert c
**cash** [khæsj] n kontanter pl; v
heve
**cash on delivery** [khæsj ån di-
LIV-ør-i] etterkrav nt
**cashier** [khæ-SJIØ] n kasserer c
**cashmere** [KHÆSJ-miø] n kasjmir
c
**casino** [khø-SII-nåu] n kasino nt
**cask** [kharskh] n fat nt
* **cast** [kharst] v kaste
**cast-iron** [KHARST-AI-øn] n
støpejern nt
**castle** [KHARS-øl] n borg c
**castor-oil** [KHARS-tør-ÅIL] n
lakserolje c
**casual** [KHÆʒ-ju-øl] adj uformell
**casualty** [KHÆʒ-ju-øl-ti] n offer
nt
**cat** [khæt] n katt c

**catacomb** [KHÆT-ø-khåum] n
katakombe c
**catalogue** [KHÆT-ø-lågh] n
katalog c
**catarrh** [khø-TAR] n katarr c
* **catch** [khætsj] v fange
**category** [KHÆT-i-ghør-i] n
kategori c
**cathedral** [khø-ΘII-drøl] n
katedral c
**Catholic** [KHÆΘ-ø-likh] adj
katolsk
**cattle** [KHÆT-øl] n kveg nt
**caught** [khååt] v (p, pp catch)
**cauliflower** [KHÅL-i-flau-ø] n
blomkål c
**cause** [khååz] n årsak c; v
forårsake
**causeway** [KHÅÅZ-wei] n landevei
c
**caution** [KHÅÅ-sjøn] v advare; n
forsiktighet c
**cave** [kheiv] n hule c
**caviar** [KHÆV-i-ar] n kaviar c
**cease** [siis] v opphøre
**ceiling** [SIIL-ing] n tak nt
**celebrate** [SɛL-i-breit] v feire
**celebration** [sɛl-i-BREI-sjøn] n
feiring c
**celery** [SɛL-ør-i] n selleri c
**cell** [sɛl] n celle c
**cellar** [SɛL-ø] n kjeller c
**cement** [si-MɛNT] n sement c
**cemetery** [SɛM-i-tri] n gravlund c
**censor** [SɛN-sø] n sensor c
**censorship** [SɛN-sø-sjip] n sensur
c
**centigrade** [SɛN-ti-ghreid] adj
grad celsius c
**centimetre** [SɛN-ti-mii-tø] n
centimeter
**central** [SɛN-trøl] adj sentral
**central heating** [sɛN-trøl HIIT-
ing] n sentralfyring c

**central station** [SɛN-trøl STEI-sjøn] *n* hovedstasjon *c*

**centralize** [SɛN-trøl-aiz] *v* sentralisere

**centre** [SɛN-tø] *n* sentrum *nt*

**century** [SɛN-tsju-ri] *n* århundre *nt*

**ceramics** [si-RÆM-ikhs] *pl* keramikk *c*

**cereal** [SIØR-i-øl] *n* corn flakes *c*

**ceremony** [SɛR-i-mø-ni] *n* seremoni *c*

**certain** [SØØ-tøn] *adj* sikker

**certificate** [sø-TIF-i-khit] *n* bevis *nt*

**chain** [tsjein] *n* lenke *c*

**chain-store** [TSJEIN-ståå] *n* kjedeforretning *c*

**chair** [tsjeø] *n* stol *c*

**chairman** [TSJEØ-møn] *n* (*pl*-men) ordfører *c*

**chalet** [SJÆL-ei] *n* hytte *c*

**chambermaid** [TSJEIM-bø-meid] *n* værelsespike *c*

**chance** [tsjarns] *n* tilfelle *nt*

**change** [tsjeind3] *n* vekslepenger; forandring *c*; *v* veksle; forandre

**channel** [TSJÆN-øl] *n* kanal *c*

**chapel** [TSJÆP-øl] *n* kapell *nt*

**character** [KHÆR-ikh-tø] *n* karakter *c*

**characteristic** [khær-ikh-tø-RIS-tikh] *adj* karakteristisk

**characterize** [KHÆR-ikh-tø-raiz] *v* karakterisere

**charcoal** [TSJAR-khåul] *n* trekull *nt*

**charge** [tsjard3] *v* forlange; *n* omkostning *c*

**charge account** [tsjard3 ø-KHAUNT] *n* kundekonto *c*

**charge plate** [tsjard3 pleit] *n* kredittkort *nt*

**charm** [tsjarm] *n* amulett *c*

**chart** [tsjart] *n* diagram *nt*

**charter** [TSJART-ø] *v* chartre

**charter flight** [TSJART-ø flait] *n* charterflyvning *c*

**chase** [tsjeis] *v* forfølge

**chassis** [SJÆS-i] *inv* chassis *nt*

**chat** [tsjæt] *n* prat *c*

**chauffeur** [SJÅU-fø] *n* sjåfør *c*

**cheap** [tsjiip] *adj* billig

**cheaper** [TSJIIP-ø] *adj* billigere

**cheapest** [TSJIIP-ist] *adj* billigst

**cheat** [tsjiit] *v* snyte

**check** [tsjɛkh] *v* sette inn; *n* regning *c*; sjekk *c*

**check in** [tsjɛkh in] *v* skrive seg inn; kontrollere

**check out** [tsjɛkh aut] *v* flytte ut

**check-book** [TSJɛKH-bukh] *n* sjekkhefte *nt*

**check-room** [TSJɛKH-ruum] *n* garderobe *c*

**check-up** [TSJɛKH-ap] *n* undersøkelse

**cheek** [tsjiikh] *n* kinn *nt*

**cheek-bone** [TSJIIKH-båun] *n* kinnben *nt*

**cheer** [tsjiø] *v* oppmuntre

**cheerful** [TSJIØ-ful] *adj* munter

**cheese** [tsjiiz] *n* ost *c*

**chef** [sjɛf] *n* kjøkkensjef *c*

**chemist** [KHɛM-ist] *n* apoteker *c*

**chemistry** [KHɛM-is-tri] *n* kjemi *c*

**cheque** [tsjɛkh] *n* sjekk *c*

**cheque-book** [TSJɛKH-bukh] *n* sjekkhefte *nt*

**cherry** [TSJɛR-i] *n* kirsebær *nt*

**chess** [tsjɛs] *n* sjakk *c*

**chest** [tsjɛst] *n* brystkasse *c*; kiste *c*

**chestnut** [TSJɛs-nat] *n* kastanjenøtt *c*

**chew** [tsjuu] *v* tygge

**chewing gum** [TSJUU-ing gham] *n*

tyggegummi c

**chicken** [TSJIKH-in] n kylling c

**chicken-pox** [TSJIKH-in-påkhs] n
vannkopper pl

**chief** [tsjiif] adj hoved-

**chilblain** [TSJIL-blein] n
frostknute c

**child** [tsjaild] n (pl **-ren**) barn nt

**chill** [tsjil] n kulde c

**chilly** [TSJIL-i] adj kjølig

**chimney** [TSJIM-ni] n skorstein c

**chin** [tsjin] n hake c

**china** [TSJAI-nø] n porselen nt

**China** [TSJAI-nø] n Kina-nt

**Chinese** [tsjai-NIIZ] inv kineser c;
adj kinesisk

**chip** [tsjip] n spillemerke nt

**chiropodist** [khi-RÅP-ø-dist] n
fotpleier c

**chisel** [TSJIZ-øl] n meisel c

**chives** [tsjaivz] pl gressløk c

**chocolate** [TSJÅKH-ø-lit] n
sjokolade c

**choice** [tsjåis] n valg nt

**choir** [khwaiø] n kor nt

**choke** [tsjåukh] n choker c

*** choose** [tsjuuz] v velge

**chose** [tsjåuz] v (p **choose**)

**chosen** [TSJÅUZ-øn] v (pp **choose**)

**Christ** [khraist] Kristus c

**Christian** [KHRIST-jøn] n kristen
c

**Christian name** [KHRIST-jøn
neim] n fornavn nt

**Christmas** [KHRIS-møs] n jul c

**chromium** [KHRÅu-mi-øm] n
krom c

**chronic** [KHRÅN-ikh] adj kronisk

**church** [tsjøøtsj] n kirke c

**churchyard** [TSJØØTSJ-jard] n
kirkegård c

**cigar** [si-GHAR] n sigar c

**cigarette** [sigh-ø-Rɛt] n sigarett c

**cigarette-case** [sigh-ø-Rɛt-

kheis] n sigarettetui nt

**cigarette-holder** [sigh-ø-Rɛt-
håuld-ø] n
sigarettmunnstykke nt

**cigarette-lighter** [sigh-ø-Rɛt-
lait-ø] n sigarettenner c

**cigar-store** [si-GHAR-ståå] n
sigarbutikk c

**cinema** [SIN-i-mø] n kino c

**circle** [søø-khøl] v omslutte; n
balkong c

**circulation** [søø-khju-LEI-sjøn] n
sirkulasjon c

**circumstances** [søø-khøm-støns-
iz] pl omstendigheter pl

**circus** [søø-khøs] n sirkus nt

**citizen** [SIT-i-zøn] n statsborger c

**citizenship** [SIT-i-zøn-sjip] n
statsborgerskap nt

**city** [SIT-i] n by c

**civic** [SIV-ikh] adj borgerlig

**civil** [SIV-il] adj høflig; sivil

**civil servant** [SIV-il søø-vønt] n
statstjenestemann c

**civil service** [SIV-il søø-vis] n
statsadministrasjon c

**civilian** [si-VIL-jøn] n sivilperson
c

**civilization** [siv-il-ai-ZEI-sjøn] n
sivilisasjon c

**claim** [khleim] n krav nt; v kreve

**clamp** [khlæmp] n skruestikke c

**clams** [khlæmz] pl musling c

**clap** [khlæp] v klappe

**clarify** [KHLÆR-i-fai] v klargjøre

**class** [khlars] n klasse c

**classical** [KHLÆS-ikh-øl] adj
klassisk

**classroom** [KHLARS-ruum] n
klasseværelse nt

**claw** [khlåå] n klo c

**clay** [khlei] n leire c

**clean** [khliin] adj ren; v rense

**cleaning** [KHLIIN-ing] n

rengjøring c
**cleaning fluid** [KHLIIN-ing FLUU-id] *n* rengjøringsmiddel *nt*
**clear** [khliø] *adj* klar
**clearing** [KHLIØR-ing] *n* rydding c
**clergyman** [KHLØØ-dʒi-møn] *n* (*pl* -men) prest c
**clerk** [khlarkh] *n* kontorist c
**clever** [KHLɛV-ø] *adj* flink
**client** [KHLAI-ønt] *n* klient c
**cliff** [khlif] *n* klippe c
**climate** [KHLAI-mit] *n* klima *nt*
**climb** [khlaim] *n* klatring c; *v* klatre
**clinic** [KHLIN-ikh] *n* klinikk c
**cloak** [khlåukh] *n* kappe c
**cloak-room** [KHLÅUKH-ruum] *n* garderobe c
**clock** [khlåkh] *n* klokke c
**close** [khlåuz] *v* lukke; *adj* trang
**closed** [khlåuzd] *adj* lukket
**closet** [KHLÅZ-it] *n* garderobeskap *nt*
**closing time** [KHLÅUz-ing taim] *n* stengetid c
**cloth** [khlåϴ] *n* tøy *nt*
**clothes** [khlåuðz] *pl* klær
**clothes-brush** [KHLÅUz-brasj] *n* klesbørste c
**cloud** [khlaud] *n* sky c
**cloudburst** [KHLAUD-bøøst] *n* skybrudd *nt*
**cloudy** [KHLAUD-i] *adj* skyet
**club** [khlab] *n* klubbe c; klubb c; kløver *pl*
**clumsy** [KHLAM-zi] *adj* klosset
**clutch** [khlatsj] *n* clutch c
**coach** [khåutsj] *n* buss c; jernbanevogn c
**coagulate** [khåu-ÆGH-ju-leit] *v* koagulere
**coal** [khåul] *n* kull *nt*
**coast** [khåust] *n* kyst c
**coat** [khåut] *n* frakk c

**coat-hanger** [KHÅUT-hæng-ø] *n* kleshenger c
**cockles** [KHÅKH-ølz] *pl* hjertemuslinger *pl*
**cocktail** [KHÅKH-teil] *n* cocktail c
**cocoa** [KHÅU-khåu] *n* kakao c
**coconut** [KHÅU-khø-nat] *n* kokosnøtt c
**cod** [khåd] *n* torsk c
**codeine** [KHÅU-diin] *n* kodein c
**coffee** [KHÅF-i] *n* kaffe c
**coin** [khåin] *n* mynt c
**coke** [khåukh] *n* koks c
**cold** [khåuld] *n* kulde c; forkjølelse c; *adj* kald
**cold buffet** [khåuld BU-fei] *n* koldtbord *nt*
**cold cream** [khåuld khriim] *n* koldkrem c
**collapse** [khø-LÆPS] *v* bryte sammen
**collar** [KHÅL-ø] *n* krage c
**collar-bone** [KHÅL-ø-båun] *n* krageben *nt*
**colleague** [KHÅL-iigh] *n* kollega c
**collect** [khø-LɛKHT] *v* samle
**collection** [khø-LɛKH-sjøn] *n* samling c
**collector** [khø-LɛKHT-ø] *n* samler c
**college** [KHÅL-idʒ] *n* høyere læreinstitusjon c
**collide** [khø-LAID] *v* kollidere
**collision** [khø-LIʒ-øn] *n* kollisjon c
**colony** [KHÅL-øn-i] *n* koloni c
**colour** [KHAL-ø] *n* farge c
**colourant** [KHAL-ør-ønt] *n* fargemiddel *nt*
**coloured** [KHAL-ød] *adj* farget
**colour-film** [KHAL-ø-film] *n* fargefilm c
**colourful** [KHAL-ø-ful] *adj* fargerik

**column** [KHÅL-øm] *n* søyle *c*
**coma** [KHÅU-mø] *n* koma *nt*
**comb** [khåum] *n* kam *c; v*
 kjemme
**combination** [khåm-bi-NEI-sjøn]
 *n* kombinasjon *c*
**combine** [khåm-BAIN] *v*
 kombinere
* **come** [kham] *v* komme
* **come across** [kham ø-KHRÅS] *v*
 støte på
**comedian** [khø-MII-di-øn] *n*
 komiker *c*
**comedy** [KHÅM-i-di] *n* komedie *c*
**comfort** [KHAM-føt] *n* velvære *nt*
**comfortable** [KHAM-føt-ø-bøl] *adj*
 bekvem
**comic** [KHÅM-ikh] *adj* komisk
**command** [khø-MARND] *v*
 kommandere
**commence** [khø-MENS] *v*
 begynne
**comment** [KHÅM-ønt] *n*
 kommentar *c; v* kommentere
**commerce** [KHÅM-øøs] *n* handel *c*
**commercial** [khø-MØØ-sjøl] *n*
 reklame *c; adj* kommersiell
**commission** [khø-MISJ-øn] *n*
 kommisjon *c*
**commit** [khø-MIT] *v* betro
**committee** [khø-MIT-il] *n* komité *c*
**common** [KHÅM-øn] *adj* felles
**commune** [KHÅM-juun] *n*
 kommune *c*
**communicate** [khø-MJUU-ni-
 kheit] *v* meddele
**communication** [khø-mjuu-ni-
 KHEI-sjøn] *n* meddelelse *c*
**communism** [KHÅM-ju-nizm] *n*
 kommunisme *c*
**communist** [KHÅM-ju-nist] *n*
 kommunist *c*
**community** [khø-MJUUN-it-i] *n*
 samfunn *nt*

**compact** [KHÅM-pækht] *n*
 pudderdåse *c*
**company** [KHAM-pø-ni] *n* selskap
 *nt*
**compare** [khøm-PEØ] *v*
 sammenlikne
**comparison** [khøm-PÆR-i-søn] *n*
 sammenlikning *c*
**compartment** [khøm-PART-mønt]
 *n* avdeling *c*
**compass** [KHAM-pøs] *n* kompass
 *nt*
**compel** [khøm-PEL] *v* tvinge
**competition** [khåm-pi-TISJ-øn] *n*
 konkurranse *c*
**competitor** [khåm-PET-it-ø] *n*
 konkurrent *c*
**complain** [khøm-PLEIN] *v* klage
**complaint** [khøm-PLEINT] *n* klage
 *c*
**complete** [khøm-PLIIT] *adj*
 fullstendig
**complex** [KHÅM-plekhs] *n*
 kompleks *nt; adj* innviklet
**complexion** [khøm-PLEKH-sjøn]
 *n* hud *c*
**compliment** [khåm-pli-MENT] *v*
 lykkønske; *n* kompliment *c*
**composer** [khøm-PÅUZ-ø] *n*
 komponist *c*
**composition** [khåm-pø-ZISJ-øn] *n*
 komposisjon *c*
**comprise** [khøm-PRAIZ] *v* omfatte
**compulsory** [khøm-PAL-sø-ri] *adj*
 obligatorisk
**concentrate** [KHÅN-sen-treit] *v*
 konsentrere
**concentration** [khån-sen-TREI-
 sjøn] *n* konsentrasjon *c*
**concern** [khøn-SØØN] *v* gjelde; *n*
 foretagende *nt; v* bekymring *c*
**concerned** [khøn-SØØND] *adj*
 bekymret
**concerning** [khøn-SØØN-ing]

*prep* angående
**concert** [KHÁN-søt] *n* konsert *c*
**concert hall** [KHÁN-søt håål] *n*
konsertsal *c*
**concierge** [khång-si-εɔȝ] *n*
vaktmester *c*
**conclusion** [khøn-KHLUU-ȝøn] *n*
slutning *c*
**concussion** [khøn-KHASJ-øn] *n*
hjernerystelse *c*
**condensed milk** [khøn-DεNST
milkh] *n* kondensert melk *c*
**condenser** [khøn-DεNS-ø] *n*
kondensator *c*
**condition** [khøn-DISJ-øn] *n* vilkår
*nt*
**conditional** [khøn-DISJ-øn-øl] *adj*
betinget
**conditions** [khøn-DISJ-ønz] *pl*
forhold *nt*
**conduct** [khøn-DAKHT] *v* dirigere
**conducted tour** [khøn-DAKHT-id
tuø] *n* selskapsreise *c*
**conductor** [khøn-DAKHT-ø] *n*
konduktør *c;* dirigent *c*
**confectioner** [khøn-FεKH-sjøn-ø]
*n* konditor *c*
**confession** [khøn-FεSJ-øn] *n*
tilståelse *c*
**confident** [KHÁN-fi-dønt] *adj*
tillitsfull
**confidential** [khån-fi-DεN-sjøl]
*adj* konfidensiell
**confirm** [khøn-FØØM] *v* bekrefte
**confirmation** [khån-fø-MEI-sjøn]
*n* bekreftelse *c*
**confused** [khøn-FJUUZD] *adj*
forvirret
**confusion** [khøn-FJUU-ȝøn] *n*
forvirring *c*
**congratulate** [khøn-GHRÆT-ju-
leit] *v* gratulere
**congratulations** [khøn-ghræt-
ju-LEI-sjønz] *pl*

lykkønskninger *pl*
**congregation** [khång-ghri-GHEI-
sjøn] *n* menighet *c*
**congress** [KHÁNG-ghrεs] *n*
kongress *c*
**connect** [khø-NεKHT] *v* binde
sammen
**connected with** [khø-NεKHT-id
wið] i forbindelse med
**connection** [khø-NεKH-sjøn] *n*
forbindelse *c*
**connections** [khø-NεKH-sjønz] *pl*
forbindelser *pl*
**conscience** [KHÁN-sjøns] *n*
samvittighet *c*
**conscious** [KHÁN-sjøs] *adj* bevisst
**conscript** [KHÁN-skhript] *n*
vernepliktig
**consent** [khøn-SεNT] *n* samtykke
*nt; v* samtykke
**consequently** [KHÁN-si-khwønt-
li] *adv* altså
**conservative** [khøn-SØØ-vø-tiv]
*adj* konservativ
**consider** [khøn-SID-ø] *v* overveie
**considerate** [khøn-SID-ør-it] *adj*
hensynsfull
**considering** [khøn-SID-ør-ing]
*prep* med hensyn til
**consignment** [khøn-SAIN-mønt] *n*
forsendelse *c*
**consist** [khøn-SIST] *v* bestå av
**constipated** [khån-sti-PEIT-id]
*adj* forstoppet
**constipation** [khån-sti-PEI-sjøn]
*n* forstoppelse *c*
**construct** [khøn-STRAKHT] *v*
konstruere
**construction** [khøn-STRAKH-sjøn]
*n* konstruksjon *c*
**consul** [KHÁN-søl] *n* konsul *c*
**consulate** [KHÁN-sjul-it] *n*
konsulat *nt*
**consult** [khøn-SALT] *v* rådspørre

**consultation** [khån-søl-TEI-sjøn] *n* konsultasjon *c*

**consumer** [khøn-SJUUM-ø] *n* forbruker *c*

**contact** [KHÅN-tækht] *v* kontakte

**contact lenses** [KHÅN-tækht LENZ-iz] *pl* kontaktlinser *pl*

**contagious** [khøn-TEI-dʒøs] *adj* smittsom

**contain** [khøn-TEIN] *v* inneholde

**container** [khøn-TEIN-ø] *n* beholder *c*

**contemporary** [khøn-TEM-pør-ør-i] *adj* samtidig

**content** [khøn-TENT] *adj* tilfreds

**contented** [khøn-TENT-id] *adj* fornøyd

**contents** [KHÅN-tents] *pl* innhold *nt*

**contest** [KHÅN-test] *n* tevling *c*

**continent** [KHÅN-tin-ønt] *n* kontinent *nt*

**continental** [khån-ti-NEN-tøl] *adj* fastlands-

**continue** [khøn-TIN-juu] *v* fortsette

**continuous** [khøn-TIN-ju-øs] *adj* uavbrutt

**contraceptive** [khån-trø-SEP-tiv] *n* prevensjonsmiddel *nt*

**contract** [KHÅN-trækht] *n* kontrakt *c*

**contradict** [khån-trø-DIKHT] *v* motsi

**contrary** [KHÅN-trør-i] *adj* motsatt

**contrast** [KHÅN-træst] *n* kontrast *c*

**contribute** [khøn-TRIB-juut] *v* bidra

**contribution** [khån-tri-BJUU-sjøn] *n* bidrag *nt*

**control** [khøn-TRÅUL] *n* kontroll *c; v* kontrollere

**controls** [khøn-TRÅULZ] *pl* styreanordning *c*

**controversial** [khån-trø-VØØ-sjøl] *adj* omstridd

**convenient** [khøn-VIIN-jønt] *adj* passende

**convent** [KHÅN-vønt] *n* kloster *nt*

**conversation** [khån-vø-SEI-sjøn] *n* samtale *c*

**convict** [khøn-VIKHT] *v* finne skyldig

**conviction** [khøn-VIKH-sjøn] *n* overbevisning *c*

**convince** [khøn-VINS] *v* overbevise

**cook** [khukh] *v* lage mat; *n* kokk *c*

**cooked** [khukhd] *adj* tillaget

**cooker** [KHUKH-ø] *n* komfyr *c*

**cookery-book** [KHUKH-ør-i-bukh] *n* kokebok *c*

**cooking** [KHUKH-ing] *n* matlagning *c*

**cool** [khuul] *adj* kjølig

**co-operation** [khåu-åp-ø-REI-sjøn] *n* samarbeid *c*

**co-operative** [khåu-AP-ør-ø-tiv] *adj* samarbeidsvillig

**copper** [KHÅP-ø] *n* kobber *nt*

**copy** [KHÅP-i] *n* kopi *c;* eksemplar *nt*

**coral** [KHÅR-øl] *n* korall *c*

**cordial** [KHÅÅ-di-øl] *adj* hjertelig

**corduroy** [KHÅÅ-dø-råi] *n* kordfløyel *c*

**cork** [khåågh] *n* kork *c*

**corkscrew** [KHÅÅKH-skhruu] *n* korketrekker *c*

**corn** [khåån] *n* liktorn *c*

**corner** [KHÅÅ-nø] *n* hjørne *c*

**cornfield** [KHÅÅN-fiild] *n* kornåker *c*

**cornflakes** [KHÅÅN-fleikhs] *pl* cornflakes *pl*

**corn-on-the-cob** [khåån-ån-ðø-KHÅB] maiskolbe c

**correct** [khø-REKHT] adj riktig; v rette

**correspond** [khår-i-SPÅND] v brevveksle

**correspondence** [khår-i-SPÅND-øns] n brevveksling c

**corridor** [KHÅR-i-dåål] n korridor c

**corset** [KHÅÅ-sit] n korsett nt

**cosmetics** [khåz-MET-ikhs] pl kosmetikk c

* **cost** [khåst] v koste; n kostnad c

**costume jewellery** [KHÅs-tjuum DЗUU-øl-ri] n similismykker pl

**cosy** [KHÅU-zi] adj koselig

**cot** [khåt] n feltseng c

**cottage** [KHÅT-idз] n hytte c

**cotton** [KHÅT-øn] n bomull c

**cotton-wool** [KHÅT-øn-WUL] n vatt c

**couch** [khautsj] n sofa c

**cough** [khåf] v hoste; n hoste c

**cough-drops** [KHÅF-dråps] pl halspastiller pl

**cough-lozenges** [KHÅF-LÅZ-indз-iz] pl halspastiller pl

**cough-mixture** [KHÅF-mikhs-tsjø] n hostemikstur c

**could** [khud] v (p can)

**council** [KHAUN-søl] n råd nt

**count** [khaunt] v telle

**counter** [KHAUNT-ø] n disk c

**counterfoil** [KHAUN-tø-fåil] n talong c

**country** [KHAN-tri] n land nt; landet nt

**country house** [KHAN-tri haus] n landsted nt

**countryman** [KHAN-tri-møn] n (pl -men) landsmann c

**countryside** [KHAN-tri-said] n landet nt

**couple** [KHAP-øl] n par nt

**couple of** [KHAP-øl åv] et par

**coupon** [KHUU-pån] n kupong c

**courage** [KHAR-idз] n mot nt

**courageous** [khø--REI-dзøs] adj modig

**course** [khåås] n løp nt; veddeløpsbane c; rett c

**court** [khååt] n tennisbane c; domstol c

**cousin** [KHAZ-øn] n kusine f

**cover** [KHAV-ø] n perm c; v dekke

**cover charge** [KHAV-ø tsjardз] n tilleggsavgift c

**cow** [khau] n ku f

**coward** [KHAU-ød] n feiging c

**crab** [khræb] n krabbe c

**crack** [khrækh] n sprekk c

**cracker** [KHRÆKH-ø] n kjeks c

**cradle** [KHREI-døl] n vugge c

**cramp** [khræmp] n krampe c

**crash** [khræsj] v knuse; n kollisjon c

**crayfish** [KHREI-fisj] n kreps c

**crazy** [KHREI-zi] adj gal

**cream** [khriim] n fløte c; krem c; adj kremgul

**creamy** [KHRIIM-i] adj fløteaktig

**crease** [khriis] v skrukke; n fold c

**create** [khri-EIT] v skape

**creature** [KHRII-tsjø] n skapning c

**credentials** [khri-DEN-sjølz] pl anbefalingsbrev nt

**credit** [KHRED-it] n kreditt c; v godskrive

**credit card** [KHRED-it khard] n kredittkort nt

**creek** [khriikh] n bukt c

* **creep** [khriip] v krype

**crept** [khrept] v (p, pp creep)

**crescent** [KHRES-ønt] adj halvmåneformet

crew [khruu] *n* mannskap *nt*

cricket [KHRIKH-it] *n* cricket *c*

cried [khraid] *v (p, pp* cry)

crime [khraim] *n* forbrytelse *c*

criminal [KHRIM-in-øl] *n*
forbryter *c*

crimson [KHRIM-zøn] *adj* høyrød

crisp [khrisp] *adj* sprø

critic [KHRIT-ikh] *n* kritiker *c*

critical [KHRIT-ikh-øl] *adj* kritisk

criticize [KHRIT-i-saiz] *v*
bedømme

crockery [KHRÅKH-ør-i] *n* stentøy
*nt*

crooked [KHRUKH-id] *adj* uærlig

crop [khråp] *n* avling *c*

cross [khrås] *n* kors *nt*

cross over [khrås ÅUV-ø] *v* gå
over

crossing [KHRÅS-ing] *n*
fotgjengerovergang *c*

cross-roads [KHRÅS-råudz] *n*
veikryss

cross-walk [KHRÅS-wååkh] *n*
overgang *c*

crowd [khraud] *n* mengde *c*

crowded [KHRAUD-id] *adj*
tettpakket

crown [khraun] *n* krone *c*

crucifix [KHRUU-si-fikhs] *n*
krusifiks *nt*

cruise [khruuz] *n* cruise *nt*

crumb [khram] *n* smule *c*

crush [khrasj] *v* knuse

crust [khrast] *n* skorpe *c*

cry [khrai] *v* skrike; gråte;
skrik *nt*

crystal [KHRIS-tøl] *n* krystall *c*

cube [khjuub] *n* terning *c*

cucumber [KHJUU-khøm-bø] *n*
agurk *c*

cuff-links [KHAF-lingkhs] *pl*
mansjettknapper

cuffs [khafs] *pl* mansjetter *pl*

cul-de-sac [KHUL-dø-SÆKH] *n*
blindgate *c*

cultivate [KHAL-ti-veit] *v* dyrke

cultivated [KHAL-ti-veit-id] *adj*
dyrket

culture [KHAL-tsjø] *n* kultur *c*

cultured [KHAL-tsjød] *adj*
kultivert

cup [khap] *n* kopp *c*

cupboard [KHAB-ød] *n* skap *nt*

curator [khjuø-REIT-ø] *n*
konservator *c*

curb [khøøb] *v* tøyle; *n*
fortauskant *c*

cure [khjuø] *n* kur *c; v* helbrede

curio [KHJUØR-i-åu] *n* kuriositet *c*

curious [KHJUØ-ri-øs] *adj*
nysgjerrig; merkverdig

curl [khøøl] *n* krøll *c; v* krølle

curlers [KHØØL-iz] *pl* hårruller *pl*

curly [KHØØL-i] *adj* krøllet

currant [KHAR-ønt] *n* korint *c*

currency [KHAR-øn-si] *n* valuta *c*

current [KHAR-ønt] *n* strøm *c; adj*
nåværende

curry [KHAR-i] *n* karri *c*

curse [khøøs] *n* ed *c; v* banne

curtain [KHØØ-tøn] *n* gardin *nt*

curve [khøøv] *n* bue *c*

curved [khøøvd] *adj* buet

cushion [KHUSJ-øn] *n* pute *c*

custody [KHAS-tø-di] *n* forvaring
*c*

custom [KHAS-tøm] *n* vane *c*

customary [KHAS-tøm-ør-i] *adj*
vanlig

customer [KHAS-tøm-ø] *n* kunde *c*

Customs [KHAS-tømz] *pl* toll *c*

Customs duty [KHAS-tømz DJUU-
ti] *n* tollavgift *c*

Customs examination [KHAS-
tømz igh-zæm-i-NEI-sjøn] *n*
tollkontroll *c*

Customs house [KHAS-tømz

**define**

haus] n tollkammer nt
**Customs officer** [KHAS-tømz ÅF-is-ø] n tollinspektør c
* **cut** [khat] v skjære; n snittsår nt
* **cut off** [khat åf] v stenge av
**cutlery** [KHAT-lør-i] n bestikk nt
**cycle** [SAI-khøl] n syklus c
**cyclist** [SAI-khlist] n syklist c
**cylinder** [SIL-in-dø] n sylinder c

**dad** [dæd] n far c
**daddy** [DÆD-i] n pappa c
**daily** [DEI-li] adj daglig
**dairy** [DEØ-ri] n meieri c
**dam** [dæm] n demning c
**damage** [DÆM-idʒ] n skade c; v skade d
**damaged** [DÆM-idʒd] adj skadet
**damp** [dæmp] adj fuktig
**dance** [darns] n dans c; v danse
**dancer** [DARNS-ø] n danser c
**dandruff** [DÆN-drøf] n flass nt
**Dane** [dein] n danske c
**danger** [DEIN-dʒø] n fare c
**dangerous** [DEIN-dʒør-øs] adj farlig
**Danish** [DEIN-isj] adj dansk
**dare** [deø] v våge
**daren't** [deønt] v (dare not)
**dark** [darkh] adj mørk
**darling** [DAR-ling] n elskling c
**darn** [darn] v stoppe
**darning wool** [DARN-ing wul] n stoppegarn nt
**dash-board** [DÆSJ-bååd] n instrumentbord nt
**date** [deit] n avtale c; datum nt; daddel c
**daughter** [DÅÅ-tø] n datter c
**dawn** [dåån] n daggry nt
**day** [dei] n dag c
**day trip** [dei trip] n dagstur c

**daybreak** [DEI-breikh] n daggry nt
**daylight** [DEI-lait] n dagslys nt
**dead** [dɛd] adj død
**deaf** [dɛf] adj døv
* **deal** [diil] v dele ut; n forhandlinger pl
* **deal with** [diil wið] v ta seg av
**dealer** [DIIL-ø] n forhandler c
**dealt** [dɛlt] v (p, pp deal)
**dear** [diø] adj kjær; dyr
**debit** [DEB-it] n debet c
**debt** [dɛt] n gjeld c
**December** [di-SEM-bø] n desember c
**decent** [DII-sønt] adj anstendig
**decide** [di-SAID] v bestemme
**decided** [di-SAID-id] adj bestemt
**decision** [di-SIʒ-øn] n beslutning c
**deck** [dɛkh] n kortstokk c; dekk nt
**deck-cabin** [DEKH-khæb-in] n dekkslugar c
**deck-chair** [DEKH-tsjeø] n fluktstol c
**declaration** [dɛkh-lø-REI-sjøn] n tolldeklarasjon c
**declare** [di-KHLEØ] v fortolle
**decor** [DEI-khåå] n dekorasjon c
**decrease** [dii-KHRIIS] v minske; n nedgang c
**deduct** [di-DAKHT] v trekke fra
**deed** [diid] n handling c
**deep** [diip] adj dyp
**deer** [diø] inv hjort c
**defeat** [di-FIIT] v overvinne
**defective** [di-FEKHT-iv] adj mangelfull
**defence** [di-FENS] n forsvar nt
**defend** [di-FEND] v forsvare
**deficit** [DEF-i-sit] n underskudd nt
**define** [di-FAIN] v definere

**defined** [di-FAIND] *adj* definert

**definite** [DEF-i-nit] *adj* bestemt

**definition** [dæf-i-NISJ-øn] *n* definisjon *c*

**degree** [di-GHRII] *n* eksamensgrad *c*; grad *c*

**delay** [di-LEI] *v* utsette; *n* utsettelse *c*

**deliberately** [di-LIB-ør-øt-li] *adv* veloverveid

**delicacy** [DEL-i-khø-si] *n* lekkerbisken *c*

**delicate** [DEL-i-khit] *adj* delikat

**delicatessen** [dæl-i-khø-TES-øn] *n* delikatesse *c*

**delicious** [di-LISJ-øs] *adj* deilig

**delight** [di-LAIT] *n* glede *c*

**delighted** [di-LAIT-id] *adj* henrykt

**delightful** [di-LAIT-full] *adj* henrivende

**delirious** [di-LIR-i-øs] *adj* forvirret

**deliver** [di-LIV-ø] *v* levere

**delivery** [di-LIV-ør-i] *n* levering *c*

**demand** [di-MARND] *v* kreve

**democracy** [di-MÅKH-rø-si] *n* demokrati *c*

**democratic** [dæm-o-KHRÆT-ikh] *adj* demokratisk

**demonstration** [dæm-øn-STREI-sjøn] *n* demonstrasjon *c*

**Denmark** [DEN-markh] *n* Danmark *nt*

**denomination** [di-nåm-i-NEI-sjøn] *n* kategori *c*

**dense** [dæns] *adj* tett

**dentist** [DEN-tist] *n* tannlege *c*

**denture** [DEN-tsjø] *n* tannprotese *c*

**deny** [di-NAI] *v* nekte

**deodorant** [dii-AU-dør-ønt] *n* deodorant *nt*

**depart** [di-PART] *v* forlate

**department** [di-PART-mønt] *n* avdeling *c*

**department store** [di-PART-mønt ståå] *n* varemagasin *nt*

**departure** [di-PAR-tsjø] *n* avreise *c*

**depend** [di-PEND] *v* bero på

**deposit** [di-PÅz-it] *n* avleiring *c*; depositum *nt*; *v* deponere

**depot** [DEP-åu] *n* stasjon *c*

**depression** [di-PRESJ-øn] *n* depresjon *c*

**depth** [dæpϴ] *n* dybde *c*

**deputy** [DEP-ju-ti] *n* stedfortreder *c*

**descend** [di-SEND] *v* gå ned

**descent** [di-SENT] *n* nedstigning *c*

**describe** [di-SKHRAIB] *v* beskrive

**description** [dis-KHRIP-sjøn] *n* beskrivelse *c*

**desert** [DEZ-øt] *n* ørken *c*

**deserve** [di-ZØØV] *v* fortjene

**design** [di-ZAIN] *v* skissere; *n* utkast *nt*

**desirable** [di-ZAIØR-ø-bøl] *adj* ønskelig

**desire** [di-ZAIØ] *v* ønske

**desk** [dæskh] *n* skrivebord *nt*

**despatch** [dis-PÆTSJ] *n* ilmelding *c*

**desperate** [DES-pør-it] *adj* fortvilt

**despise** [dis-PAIZ] *v* forakte

**despite** [dis-PAIT] *prep* tross

**dessert** [di-ZØØT] *n* dessert *c*

**destination** [dæs-ti-NEI-sjøn] *n* bestemmelsessted *nt*

**destroy** [dis-TRÅI] *v* ødelegge

**destruction** [dis-TRAKH-sjøn] *n* ødeleggelse *c*

**detach** [di-TÆSJ] *v* løse

**detail** [DII-teil] *n* detalj *c*

**detailed** [DII-teild] *adj* utførlig

**detained** [di-TEIND] *adj* oppholdt

**detect** [di-TEKHT] *v* oppdage

**detective story** [di-TɛKHT-iv STÅÅ-ri] *n* detektivroman *c*

**detergent** [di-TØØ-dʒønt] *n* rengjøringsmiddel *nt*

**determined** [di-TØØ-mind] *adj* bestemt

**detour** [di-TUØ] *n* omvei *c*

**devaluation** [dii-væl-ju-EI-sjøn] *n* devaluering *c*

**devalue** [dii-VÆL-juu] *v* devaluere

**develop** [di-VɛL-øp] *v* utvikle; framkalle

**development** [di-VɛL-øp-mønt] *n* utvikling *c*

**devil** [DɛV-øl] *n* djevel *c*

**devote** [di-VÅUT] *v* vie

**devoted** [di-VÅUT-id] *adj* hengiven

**dew** [djuu] *n* dugg *c*

**diabetes** [dai-ø-BII-tiiz] *n* sukkersyke *c*

**diabetic** [dai-ø-BɛT-ikh] *n* diabetiker *c*

**diagnose** [DAI-øgh-nåuz] *v* stille diagnose

**diagnosis** [dai-øgh-NÅU-sis] (*pl* - ses) diagnose *c*

**diagonal** [dai-ÆGH-ø-nøl] *adj* diagonal

**diagram** [DAI-ø-ghræm] *n* diagram *nt*

**dial** [DAI-øl] *n* tallskive *c*; *v* slå et nummer

**dialect** [DAI-ø-lɛkht] *n* dialekt *c*

**diamond** [DAI-ø-mønd] *n* diamant *c*

**diamonds** [DAI-ø-møndz] *pl* ruter *pl*

**diaper** [DAI-ø-pø] *n* bleie *c*

**diarrhoea** [dai-ø-RI-ø] *n* diaré *c*

**diary** [DAI-ø-ri] *n* dagbok *c*

**dice** [dais] *n* terning *c*

**dictaphone** [DIKH-tø-fåun] *n* diktafon *c*

**dictate** [dikh-TEIT] *v* diktere

**dictation** [dikh-TEI-sjøn] *n* diktat *c*

**dictionary** [DIKH-sjøn-ø-ri] *n* ordbok *c*

**did** [did] *v* (*p* do)

**die** [dai] *v* dø

**died** [daid] *v* (*p* die)

**diesel** [DIIZ-øl] *n* dieselmotor *c*

**diet** [DAI-øt] *n* diett *c*

**differ** [DIF-ø] *v* være forskjellig

**difference** [DIF-ør-øns] *n* forskjell *c*

**different** [DIF-ør-ønt] *adj* forskjellig

**difficult** [DIF-i-khølt] *adj* vanskelig

**difficulty** [DIF-i-khøl-ti] *n* vanskelighet *c*

**\*dig** [digh] *v* grave

**digest** [di-DʒɛST] *v* fordøye

**digestible** [di-DʒɛST-ø-bøl] *adj* fordøyelig

**digestion** [di-Dʒɛs-tsjøn] *n* fordøyelse *c*

**dilute** [dai-LJUUT] *v* fortynne

**diluted** [dai-LJUUT-id] *adj* fortynnet

**dim** [dim] *adj* uklar

**dine** [dain] *v* spise middag

**dinghy** [DING-ghi] *n* jolle *c*

**dining car** [DAIN-ing khar] *n* spisevogn *c*

**dining room** [DAIN-ing ruum] *n* spisestue *c*

**dinner** [DIN-ø] *n* middag *c*

**dinner jacket** [DIN-ø DʒÆKH-it] *n* smoking *c*

**diphtheria** [dif-ΘIØR-i-ø] *n* difteri *c*

**diplomat** [DIP-lø-mæt] *n* diplomat *c*

**direct** [di-RɛKHT] *v* lede; *adj*

direkte

**direct current** [di-RɛKHT KHAR-ønt] n likestrøm c

**direction** [di-RɛKH-sjøn] n retning c

**directions** [di-RɛKH-sjønz] pl anvisning c

**director** [di-RɛKH-tø] n direktør c

**directory** [di-RɛKH-tø-ri] n katalog c

**dirt** [døøt] n skitt c

**dirty** [DØØT-i] adj skitten

**disadvantage** [dis-ød-VARN-tidʒ] n ulempe c

**disagree** [dis-ø-GHRII] v være uenig

**disagreeable** [dis-ø-GHRII-ø-bøl] adj ubehagelig

**disappear** [dis-ø-PIØ] v forsvinne

**disappoint** [dis-ø-PÅINT] v skuffe

**disappointed** [dis-ø-PÅINT-id] adj skuffet

**disapprove** [dis-ø-PRUUV] v misbillige

**disaster** [diz-ARS-tø] n katastrofe c

**disc** [diskh] n grammofonplate c

**discharge** [dis-TSJARDʒ] v losse

**discoloured** [dis-KHAL-ød] adj misfarget

**disconnect** [dis-khø-NɛKHT] v utkoble

**discontented** [dis-khøn-TɛNT-id] adj misfornøyd

**discontinued** [dis-khøn-TIN-juud] adj avbrutt

**discount** [DIS-khaunt] n rabatt c

**discover** [dis-KHAV-ø] v oppdage

**discovery** [dis-KHAV-ø-ri] n oppdagelse c

**discuss** [dis-KHAS] v diskutere

**discussion** [dis-KHASJ-øn] n diskusjon c

**disease** [di-ZIIZ] n sykdom c

**disembark** [dis-im-BARKH] v gå i land

**disgusted** [dis-GHAST-id] adj fylt av avsky

**disgusting** [dis-GHAST-ing] adj motbydelig

**dish** [dif] n tallerken c; rett c

**dishonest** [dis-ÅN-ist] adj uærlig

**disinfect** [dis-in-FɛKHT] v desinfisere

**disinfectant** [dis-in-FɛKHT-ønt] n desinfiserende middel nt

**dislike** [dis-LAIKH] v mislike

**dislocated** [dis-lo-KHEIT-id] adj gått av ledd

**dismiss** [dis-MIS] v sende bort

**dispatch** [dis-PÆTSJ] v sende av sted

**display** [dis-PLEI] v vise; n fremvisning c

**displease** [dis-PLIIZ] v mishage

**displeased** [dis-PLIIZD] adj misfornøyd

**disposable** [dis-PÅUZ-ø-bøl] adj engangs-

**dispute** [dis-PJUUT] n disputt c

**dissatisfied** [dis-SÆT-is-faid] adj utilfredsstilt

**distance** [DIS-tøns] n avstand c

**distant** [DIS-tønt] adj fjern

**distilled water** [dis-TILD WÅÅ-tø] n destillert vann nt

**distinct** [dis-TINGKHT] adj forskjellig

**distinguish** [dis-TING-ghwisj] v skjelne

**distressing** [dis-TRɛs-ing] adj smertelig

**distributor** [dis-TRIB-ju-tø] n fordeler

**district** [DIS-trikht] n distrikt nt

**disturb** [dis-TØØB] v forstyrre

**disturbance** [dis-TØØB-øns] n forstyrrelse c

ditch [ditsj] n grøft c
dive [daiv] v dukke
diversion [dai-vøø-sjøn] n
adspredelse c
divide [di-VAID] v dele
division [di-VIƷ-øn] n deling c
divorce [di-VÅÅs] n skilsmisse c
divorced [di-VÅÅst] adj skilt
dizzy [DIZ-i] adj svimmel
*do [duu] v gjøre
*do without [duu wi-ðAUT] v
klare seg uten
dock [dåkh] v dokksette
docks [dåkhs] pl havneanlegg nt
doctor [DÅKH-tø] n lege c
document [DÅKH-ju-mønt] n
dokument nt
dog [dågh] n hund c
doll [dål] n dukke c
dome [dåum] n kuppel c
domestic [dø-MES-tikh] adj
innenlandsk
domicile [DÅM-i-sail] n hjemsted
nt
donation [do-NEI-sjøn] n
donasjon c
done [dan] v (pp do)
donkey [DÅNG-khi] n esel nt
don't [dåunt] v (do not)
door [dåål] n dør c
door-bell [DÅÅ-bøl] n
ringeklokke c
door-keeper [DÅÅ-khiip-ø] n
portier c
doorman [DÅÅ-møn] n (pl -men)
dørvakt c
dormitory [DÅÅM-i-tri] n sovesal c
dose [dåus] n dosis c
double [DAB-øl] n det dobbelte nt
double bed [DAB-øl bed] n
dobbeltseng c
double room [DAB-øl ruum] n
dobbeltværelse nt
doubt [daut] v tvile

doubtful [DAUT-ful] adj tvilsom
dough [dåu] n deig c
down [daun] adv nedover
downhill [daun-HIL] adv nedover
bakke
downpour [DAUN-påå] n øsregn nt
downstairs [daun-STEØZ] adv
nedenunder
downstream [daun-STRIIM] adv
med strømmen
downwards [DAUN-wødz] adv
nedover
dozen [DAZ-øn] n dusin nt
draft [drarft] n veksel c
drain [drein] n kloakkrør nt
drama [DRARM-ø] n drama nt
dramatic [drø-MÆT-ikh] adj
dramatisk
dramatist [DRÆM-ø-tist] n
dramatiker c
drank [drængkh] v (p drink)
draper [DREIP-ø] n
manufakturhandler c
drapery [DREIP-ør-i] n
manufakturvarer
drapes [dreips] pl gardin nt
draught [drarft] n trekk c
draughts [drarfts] pl dam c
*draw [dråå] v tegne; trekke;
heve; n trekning c
drawer [DRÅÅ-ø] n skuff c
drawing [DRÅÅ-ing] n tegning c
drawing pin [DRÅÅ-ing pin] n
tegnestift c
drawn [dråån] v (pp draw)
*dream [driim] v drømme
dress [dres] v kle på; n kjole c
dress up [dres ap] v pynte seg
dressing gown [DRES-ing ghaun]
n morgenkåpe c
dressmaker [DRES-meikh-ø] n
dameskredder c
drew [druu] v (p draw)
dried [draid] adj tørket

**drink** [dringkh] *n* drikk *c; v*
drikke

**drinking fountain** [DRINGKH-ing
FAUN-tin] *n* drikkefontene *c*

**drinking water** [DRINGKH-ing
WÅÅ-tø] *n* drikkevann

**drip-dry** [DRIP-drai] *adj* strykefri

**drive** [draiv] *n* kjøretur *c;* vei *c; v*
kjøre

**driven** [DRIV-øn] *v* (*pp* drive)

**driver** [DRAIV-ø] *n* fører *c*

**driving** [DRAIV-ing] *n* kjøring *c*

**driving licence** [DRAIV-ing LAI-
søns] *n* førerkort *nt*

**driving-wheel** [DRAIV-ing-wiil] *n*
drivhjul *nt*

**drop** [dråp] *n* dråpe *c; v* slippe

**drop in** [dråp in] *v* stikke innom

**drops** [dråps] *pl* dråper *pl*

**drought** [draut] *n* tørke *c*

**drove** [dråuv] *v* (*p* drive)

**drown** [draun] *v* drukne

**drug** [dragh] *n* medisin *c*

**druggist** [DRAGH-ist] *n* apoteker *c*

**drugstore** [DRAGH-ståå] *n* apotek
*nt*

**drunk** [drangkh] *v* (*pp* drink)

**drunken** [DRANGKH-øn] *adj* full

**dry** [drai] *v* tørre; *adj* tørr

**dry-clean** [DRAI-khliin] *v*
tørrense

**dry-cleaner** [drai-KHLIIN-ø] *n*
renseri *c*

**dryer** [DRAI-ø] *n* tørreapparat *c*

**dual carriage-way** [DJUU-øl
KHÆR-idʒ-wei] *n* todelt
kjørebane *c*

**duck** [dakh] *n* and *c*

**due** [djuu] *adj* ventet

**dues** [djuuz] *pl* avgift *c*

**dug** [dagh] *v* (*p, pp* dig)

**dull** [dal] *adj* kjedelig; matt

**dumb** [dam] *adj* stum

**during** [DJUØR-ing] *prep* under

**dusk** [daskh] *n* skumring *c*

**dust** [dast] *n* støv *nt*

**dusty** [DAST-i] *adj* støvet

**Dutch** [datsj] *adj* hollandsk;
nederlandsk

**Dutchman** [DATSJ-møn] *n* (*pl -
men*) hollender *c*

**dutiable** [DJUU-ti-ø-bøl] *adj*
tollpliktig

**duty** [DJUU-ti] *n* toll *c*

**duty-free** [DJUU-ti-frii] *adj* tollfri

**dye** [dai] *n* farge *c; v* farge

**dynamo** [DAIN-ø-måu] *n* dynamo
*c*

**dysentery** [DIS-øn-tri] *n*
dysenteri *c*

**each** [iitsj] *adj* hver

**each one** [iitsj wan] *pron* enhver

**each other** [iitsj Að-ø] hverandre

**eager** [IIGH-ø] *adj* ivrig

**ear** [iø] *n* øre *nt*

**earache** [IØR-eikh] *n* øreverk *c*

**early** [ØØ-li] *adj* tidlig; *adv* tidlig

**earn** [øøn] *v* tjene

**earnings** [ØØN-ingz] *pl* inntekt *c*

**earplug** [IØ-plagh] *n* ørepropp *c*

**earrings** [IØR-ingz] *n* øredobber
*pl*

**earth** [øøΘ] *n* jord *c*

**Earth** [øøΘ] *n* jorden *c*

**earthenware** [ØØΘ-øn-wɛø] *n*
stengods *nt*

**earthquake** [ØØΘ-khweikh] *n*
jordskjelv *nt*

**east** [iist] *n* øst *c*

**Easter** [IIST-ø] *n* påske *c*

**eastern** [IIST-øn] *adj* østlig

**easy** [IIZ-i] *adj* lett

**easy chair** [IIZ-i tsjɛø] *n* lenestol
*c*

**\* eat** [iit] *v* spise

**eat out** [iit aut] spise ute

**eaten** [IIT-øn] (*pp* eat)

**ebony** [EB-øn-i] *n* ibenholt *c*

**echo** [EKH-åu] *n* ekko *nt*

**economic** [ii-khø-NÅM-ikh] *adj* økonomisk

**economical** [ii-khø-NÅM-ikh-øl] *adj* økonomisk

**economist** [i-KHÅN-ø-mist] *n* økonom *c*

**economize** [i-KHÅN-ø-maiz] *v* spare

**economy** [i-KHÅN-ø-mi] *n* økonomi *c*

**edge** [Edʒ] *n* kant *c*

**edible** [ED-i-bøl] *adj* spiselig

**edition** [i-DISJ-øn] *n* utgave *c*

**educate** [ED-ju-kheit] *v* utdanne

**education** [Ed-ju-KHEI-sjøn] *n* utdannelse *c*

**eel** [iil] *n* ål *c*

**effect** [i-FEKHT] *n* virkning *c*

**effective** [i-FEKH-tiv] *adj* effektiv

**efficient** [i-FISJ-ønt] *adj* virksom

**effort** [EF-øt] *n* anstrengelse *c*

**egg** [Egh] *n* egg *nt*

**egg-cup** [EGH-khap] *n* eggeglass *nt*

**egg-plant** [EGH-plarnt] *n* aubergine *c*

**Egypt** [II-dʒipt] *n* Egypt *nt*

**Egyptian** [i-DʒIP-sjøn] *n* egypter *c*; *adj* egyptisk

**eiderdown** [AI-dø-daun] *n* dundyne *c*

**eight** [eit] *adj* åtte

**eighteen** [EI-tiin] *adj* atten

**eighteenth** [EI-tiinΘ] *adj* attende

**eighth** [eitΘ] *adj* åttende

**eighty** [EI-ti] *adj* åtti

**either** [AI-ðø] *pron* den ene eller den andre

**either... or** [AI-ðø åå] *conj* enten.â.â.âeller

**elastic** [i-LÆS-tikh] *n* elastikk *c*

**elbow** [EL-båu] *n* albue *c*

**elder** [ELD-ø] *adj* eldre

**elderly** [ELD-ø-li] *adj* eldre

**eldest** [ELD-ist] *adj* eldst

**elect** [i-LEKHT] *v* velge

**election** [i-LEKH-sjøn] *n* valg *nt*

**electric** [i-LEKH-trikh] *adj* elektrisk

**electric razor** [i-LEKH-trikh REIZ-ø] *n* barbermaskin *c*

**electrician** [El-ikh-TRISJ-øn] *n* elektriker *c*

**electricity** [El-ikh-TRIS-i-ti] *n* elektrisitet *c*

**elegance** [EL-i-ghøns] *n* eleganse *c*

**elegant** [EL-i-ghønt] *adj* elegant

**element** [EL-i-mønt] *n* element *nt*

**elevator** [EL-i-veit-ø] *n* heis *c*

**eleven** [i-LEV-øn] *adj* elleve

**eleventh** [i-LEV-ønΘ] *adj* ellevte

**elm** [Elm] *n* alm *c*

**else** [Els] *adv* ellers

**elsewhere** [Els-WEø] *adv* annetsteds

**embankment** [im-BÆNGKH-mønt] *n* voll *c*

**embark** [im-BARKH] *v* gå ombord

**embarkation** [Em-bar-KHEI-sjøn] *n* innskipning *c*

**embarrass** [im-BÆR-øs] *v* gjøre brydd

**embarrassed** [im-BÆR-øst] *adj* brydd

**embassy** [EM-bø-si] *n* ambassade *c*

**embrace** [im-BREIS] *v* omfavne

**embroidery** [im-BRÅID-ør-i] *n* broderi *nt*

**emerald** [EM-ør-øld] *n* smaragd *c*

**emergency** [i-MØØ-dʒøn-si] *n* nødstilfelle *nt*

**emergency exit** [i-MØØ-dʒøn-si EKHS-it] *n* nødutgang *c*

**emigrant** [ɛM-i-ghrønt] *n*
emigrant *c*

**emigrate** [ɛM-i-ghreit] *v*
utvandre

**emotion** [i-MÅu-sjøn] *n* følelse *c*

**emphasize** [ɛM-fø-saiz] *v*
understreke

**empire** [ɛM-paiø] *n* imperium *nt*

**employ** [im-PLÅI] *v* beskjeftige;
bruke

**employee** [ɛm-plåi-II] *n*
lønnstager *c*

**employer** [im-PLÅI-ø] *n*
arbeidsgiver *c*

**employment** [im-PLÅI-mønt] *n*
beskjeftigelse *c*

**empty** [ɛMP-ti] *adj* tom

**enable** [i-NEI-bøl] *v* sette i stand
til

**enamel** [i-NÆM-øl] *n* emalje *c*

**enchanting** [in-TSJARNT-ing] *adj*
henrivende

**encircle** [in-SØØ-khøl] *v* omgi

**enclose** [in-KHLÅUZ] *v* vedlegge

**enclosure** [in-KHLÅUƷ-ø] *n*
vedlegg *nt*

**encounter** [in-KHAUNT-ø] *v* møte

**encyclopaedia** [ɛn-sai-khlo-PII-
di-ø] *n* leksikon *nt*

**end** [ɛnd] *v* slutte; *n* slutt *c*; ende
*c*

**ending** [ɛND-ing] *n* avslutning *c*

**endive** [ɛN-div] *n* endivie *c*

**endorse** [in-DÅÅs] *v* skrive bakpå

**enemy** [ɛN-i-mi] *n* fiende *c*

**energetic** [ɛn-ø-DƷɛT-ikh] *adj*
energisk

**energy** [ɛN-ø-dƷi] *n* energi *c*

**engage** [in-GHEIDƷ] *v* bestille

**engaged** [in-GHEIDƷD] *adj* opptatt;
forlovet

**engagement** [in-GHEIDƷ-mønt] *n*
avtale *c*

**engagement ring** [in-GHEIDƷ-

mønt ring] *n* forlovelsesring *c*

**engine** [ɛN-dƷin] *n* motor *c*

**engineer** [ɛn-dƷi-NIØ] *n* ingeniør
*c*

**England** [ING-ghlønd] *n* England
*nt*

**English** [ING-ghlisj] *n* engelsk

**English Channel** [ING-ghlisj
TSJÆN-øl] *n* Den engelske
kanal *c*

**Englishman** [ING-ghlisj-møn] *n*
(*pl* -men) engelskmann *c*

**engrave** [in-GHREIV] *v* gravere

**engraving** [in-GHREIV-ing] *n* stikk
*nt*

**enjoy** [in-DƷÅI] *v* nyte

**enjoyable** [in-DƷÅI-ø-bøl] *adj*
morsom

**enlarge** [in-LARDƷ] *v* forstørre

**enlargement** [in-LARDƷ-mønt] *n*
forstørrelse *c*

**enormous** [i-NÅÅ-møs] *adj* enorm

**enough** [i-NAF] *adj* tilstrekkelig

**enquire** [in-KHWAIØ] *v* spørre

**enquiry** [in-KHWAIØR-i] *n*
spørsmål *nt*

**enquiry-office** [in-KHWAIØR-i-åf-
is] *n* opplysningen

**enter** [ɛN-tø] *v* gå inn

**enterprise** [ɛN-tø-praiz] *n*
foretagende *nt*

**enterprising** [ɛN-tø-praiz-ing]
*adj* foretagsom

**entertain** [ɛn-tø-TEIN] *v* beverte

**entertaining** [ɛn-tø-TEIN-ing] *adj*
underholdende

**entertainment** [ɛn-tø-TEIN-mønt]
*n* underholdning *c*

**enthusiastic** [in-Θjuu-zi-Æs-
tikh] *adj* entusiastisk

**entire** [in-TAIØ] *adj* fullstendig

**entirely** [in-TAIØ-li] *adv*
fullstendig

**entrance** [ɛN-trøns] *n* selv

**entry** [ɛN-tri] n notat nt; inngang c

**envelope** [ɛN-vil-åup] n konvolutt c

**envy** [ɛN-vi] n misunnelse c

**epidemic** [ɛp-i-DɛM-ikh] n epidemi

**epilepsy** [ɛP-i-lɛp-si] n epilepsi

**equal** [IIKH-wØl] adj samme

**equality** [i-KHWÅL-i-ti] n likhet c

**equator** [i-KHWEI-tØ] n ekvator

**equip** [i-KHWIP] v utstyre

**equipment** [i-KHWIP-mØnt] n tilbehør nt

**equivalent** [i-KHWIV-ø-lønt] adj tilsvarende

**eraser** [i-REIZ-Ø] n viskelær nt

**erect** [i-RɛKHT] v sette opp

**err** [øø] v feile

**errand** [ɛR-ønd] n ærend nt

**error** [ɛR-ø] n feil c

**escalator** [ɛs-khø-leit-ø] n rulletrapp c

**escape** [is-KHEIP] v unnslippe

**escort** [is-KHÅÅT] v eskortere; n eskorte c

**especially** [is-PɛSJ-øl-i] adv især

**esplanade** [ɛs-plø-NARD] n esplanade c

**essay** [ɛs-ei] n essay nt

**essence** [ɛs-øns] n kjerne c

**essential** [i-SɛN-sjøl] adj uunnværlig

**estate** [is-TEIT] n eiendom c

**estimate** [ɛs-ti-meit] v vurdere; n vurdering c

**estuary** [ɛs-tju-ør-i] n elvemunning c

**Europe** [JUØR-øp] n Europa

**European** [juør-ø-PII-øn] adj europeer c; europeisk

**evaluate** [i-VÆL-ju-eit] v vurdere

**evaporate** [i-VÆP-ør-eit] v fordunste

**even** [IIV-øn] adv endog

**evening** [IIV-ning] n kveld c

**evening dress** [IIV-ning drɛs] n selskapsantrekk nt

**event** [i-VɛNT] n begivenhet c

**eventually** [i-VɛN-tju-øl-i] adv endelig

**every** [ɛV-ri] adj hver

**everybody** [ɛV-ri-båd-i] pron enhver

**everyday** [ɛV-ri-dei] adj daglig

**everyone** [ɛV-ri-wan] pron enhver

**everything** [ɛV-ri-Θing] pron alt

**everywhere** [ɛV-ri-wɛø] adv overalt

**evident** [ɛV-i-dønt] adj tydelig

**evil** [II-vil] adj ond

**exact** [igh-ZÆKHT] adj nøyaktig

**exactly** [igh-ZÆKHT-li] adv nøyaktig

**exaggerate** [igh-ZÆDʒ-ør-eit] v overdrive

**examination** [igh-zæm-i-NEI-sjøn] n eksamen

**examine** [igh-ZÆM-in] v undersøke

**example** [igh-ZARM-pøl] n eksempel nt

**excavation** [ɛkhs-khø-VEI-sjøn] n utgravning c

**exceed** [ikh-SIID] v overskride

**excellent** [ɛKHS-øl-ønt] adj utmerket

**except** [ikh-SɛPT] prep unntagen

**exception** [ikh-SɛP-sjøn] n unntak c

**exceptional** [ikh-SɛP-sjøn-øl] adj usedvanlig

**excess baggage** [ikh-SɛS BÆGH-idʒ] n overvekt c

**exchange** [ikhs-TSJEINDʒ] n telefonsentral c; v bytte

**exchange office** [ikhs-TSJEINDʒ

AF-is] *n* vekslekontor *nt*

**exchange rate** [ikhs-TSJEIND3 reit] *n* kurs *c*

**excite** [ikh-SAIT] *v* pirre

**excitement** [ikh-SAIT-mønt] *n* opphisselse *c*

**exciting** [ikh-SAIT-ing] *adj* opphissende

**exclaim** [ikhs-KHLEIM] *v* utbryte

**exclamation** [ɛkhs-khlø-MEI-sjøn] *n* utrop *nt*

**exclude** [ikhs-KHLUUD] *v* utelukke

**exclusive** [ikhs-KHLUUS-iv] *adj* utelukkende

**excursion** [ikhs-KHØØ-sjøn] *n* utflukt *c*

**excuse** [ikhs-KHJUUZ] *v* unnskylde

**executive** [igh-ZƐKH-ju-tiv] *n* directør *c*

**exempt** [igh-ZƐMPT] *v* frita

**exemption** [igh-ZƐMP-sjøn] *n* fritakelse *c*

**exercise** [ƐKHS-ø-saiz] *n* øving *c*

**exhaust** [igh-ZÅÅst] *n* eksos *c*

**exhausted** [igh-ZÅÅst-id] *adj* utmattet

**exhibit** [igh-ZIB-it] *v* utstille

**exhibition** [ɛkhs-i-BISJ-øn] *n* utstilling *c*

**exist** [igh-ZIST] *v* eksistere

**exit** [ƐKHS-it] *n* utgang *c*

**expand** [ikhs-PÆND] *v* utbre

**expect** [ikhs-PƐKHT] *v* vente

**expedition** [ɛkhs-pi-DISJ-øn] *n* ekspedisjon *c*

**expenditure** [ikhs-PƐND-i-tsjø] *n* utgifter

**expense** [ikhs-PƐNS] *n* utgift *c*

**expensive** [ikhs-PƐNS-iv] *adj* dyr

**experience** [ikhs-PIØR-i-øns] *n* erfaring *c*; *v* erfare

**experienced** [ikhs-PIØR-i-ønst] *adj* erfaren

**experiment** [ikhs-PƐR-i-mɛnt] *v* eksperimentere; *n* eksperiment *nt*

**expert** [ƐKHS-pøøt] *n* ekspert *c*

**expire** [ikhs-PAIØ] *v* opphøre

**expiry** [ikhs-PAIØr-i] *n* utløp *nt*

**explain** [ikhs-PLEIN] *v* forklare

**explanation** [ɛkhs-plø-NEI-sjøn] *n* forklaring *c*

**explode** [ikhs-PLÅUD] *v* eksplodere

**explore** [ikhs-PLÅÅ] *v* utforske

**explosive** [ikhs-PLÅUs-iv] *n* sprengstoff *nt*

**export** [ɛkhs-PÅÅT] *v* eksportere

**exports** [ƐKHS-pååts] *pl* eksportvarer

**exposure** [ikhs-PÅU-3ø] *n* eksponering *c*

**exposure metre** [ikhs-PÅU-3ø MII-tø] *n* eksponeringsmåler *c*

**express** [ikhs-PRƐS] *adj* ekspress-; *v* uttrykke

**express letter** [ikhs-PRƐS LƐT-ø] *n* ekspressbrev *nt*

**express train** [ikhs-PRƐS trein] *n* hurtigtog *nt*

**expression** [ikhs-PRƐSJ-øn] *n* uttrykk *nt*

**exquisite** [ƐKHS-khwiz-it] *adj* utsøkt

**extend** [ikhs-TƐND] *v* strekke ut

**extension** [ikhs-TƐN-sjøn] *n* linje *c*

**extension cord** [ikhs-TƐN-sjøn khååd] *n* strekning *c*

**extensive** [ikhs-TƐNS-iv] *adj* omfattende

**exterior** [ikhs-TIØR-i-ø] *adj* ytre

**extinguish** [ikhs-TING-ghwisj] *v* utslette

**extinguisher** [ikhs-TING-ghwisj-ø] *n* brannslokker *c*

**extra** [ɛKHS-trø] *adj* ekstra
**extract** [ikhs-TRÆKHT] *v* trekke ut
**extraction** [ikhs-TRÆKH-sjøn] *n* uttrekning *c*
**extraordinary** [ikhs-TRÅÅD-nør-i] *adj* usedvanlig
**extras** [ɛKHS-trøz] *pl* tillegg *nt*
**extravagant** [ikhs-TRÆV-i-ghønt] *adj* overdreven
**extreme** [ikhs-TRIIM] *adj* ytterliggående
**eye** [ai] *n* øye *nt*
**eyeball** [AI-båål] *n* øye-eple *nt*
**eyebrow** [AI-brau] *n* øyebryn *nt*
**eyelash** [AI-læsj] *n* øyevipper *cpl*
**eye-liner** [AI-lain-ø] *n* eye-liner *c*
**eye-pencil** [AI-pɛn-søl] *n* øiebrynsstift *c*
**eye-shadow** [AI-sjæd-åu] *n* øyeskygge *c*

**fabric** [FÆB-rikh] *n* stoff *nt*
**facade** [fø-SARD] *n* fasade *c*
**face** [feis] *v* vende mot; *n* ansikt *nt*
**face cream** [feis khriim] *n* ansiktskrem *c*
**face massage** [feis mø-SARƷ] *n* ansiktsmassasje *c*
**face pack** [feis pækh] *n* ansiktsmaske *c*
**face powder** [feis PAU-dø] *n* ansiktspudder *nt*
**facilities** [fø-SIL-i-tiz] *pl* mulighet *c*
**fact** [fækht] *n* faktum *nt*
**factory** [FÆKH-tør-i] *n* fabrikk *c*
**factual** [FÆKH-tju-øl] *adj* faktisk
**faculty** [FÆKH-øl-ti] *n* begavelse *c;* fakultet *nt*
**fad** [fæd] *n* døgnflue *c*
**fade** [feid] *v* falme
**faience** [fei-JANGS] *n* fajanse *c*

**fail** [feil] *v* mislykkes
**failure** [FEIL-jø] *n* fiasko *c*
**faint** [feint] *adj* svimmel; *v* besvime
**fair** [fɛø] *adj* rettferdig; *n* varemesse *c*
**fairhaired** [FEØ-hɛød] *adj* lyshåret
**fairly** [FEØ-li] *adv* ganske
**faith** [feiΘ] *n* tro *c*
**faithful** [FEIΘ-ful] *adj* trofast
**fall** [fåål] *n* fall *nt;* *v* falle
**fallen** [FÅÅL-øn] *v* (*pp* **fall**)
**false** [fååls] *adj* feilaktig
**false teeth** [fååls tiiΘ] *pl* gebiss *nt*
**fame** [feim] *n* berømmelse *c*
**familiar** [fø-MIL-jø] *adj* velkjent
**family** [FÆM-il-i] *n* familie *c*
**family name** [FÆM-il-i neim] *n* etternavn *nt*
**famous** [FEIM-øs] *adj* berømt
**fan** [fæn] *n* vifte *c*
**fan-belt** [FÆN-bɛlt] *n* vifterem *c*
**fancy** [FÆN-si] *n* lune *nt;* *v* like godt
**fantastic** [fæn-TÆS-tikh] *adj* fantastisk
**far** [far] *adj* fjern
**faraway** [FARR-ø-wei] *adj* fjern
**fare** [fɛø] *n* billettpris *c*
**farm** [farm] *n* gård *c*
**farmer** [FARM-ø] *n* bonde *c*
**farmhouse** [FARM-haus] *n* våningshus *nt*
**far-off** [FARR-åf] *adj* fjern
**farther** [FAR-ðø] *adj* lenger borte
**farthest** [FAR-ðist] *adj* fjernest
**fashion** [FÆSJ-øn] *n* mote *c*
**fashionable** [FÆSJ-øn-ø-bøl] *adj* moderne
**fast** [farst] *adj* hurtig
**fasten** [FARS-øn] *v* feste
**fastener** [FARS-øn-ø] *n*

festeinnretning c

**fat** [fæt] n fett nt; adj fet; tykk

**fatal** [FEIT-øl] adj fatal

**fate** [feit] n skjebne c

**father** [FAR-ðø] n far c

**father-in-law** [FAR-ðør-in-låå] n svigerfar c

**fatty** [FÆT-i] adj fettholdig

**faucet** [FÅÅ-sit] n vannkran c

**fault** [fåålt] n feil c

**faulty** [FÅÅLT-i] adj defekt

**favour** [FEIV-ø] n tjeneste c

**favourable** [FEIV-ør-ø-bøl] adj gunstig

**favourite** [FEIV-ør-it] n yndling c

**fawn** [fåån] adj gulbrun

**fear** [fiø] v frykte; n frykt c

**feast** [fiist] n fest c

**feather** [Fɛð-ø] n fjær c

**feature** [FII-tsjø] n ansiktstrekk nt

**February** [FɛB-ru-ør-i] n februar c

**fed** [fɛd] v (p, pp **feed**)

**federal** [FɛD-ør-øl] adj forbunds-

**federation** [fɛd-ø-REI-sjøn] n forbund nt

**fee** [fii] n honorar nt

**feeble** [FII-bøl] adj svak

* **feed** [fiid] v mate

* **feel** [fiil] v føle

**feeling** [FIIL-ing] n følelse c

**fell** [fɛl] v (p **fall**)

**felt** [fɛlt] n filt c

**female** [FII-meil] adj hun-

**feminine** [FɛM-in-in] adj kvinnelig

**fence** [fɛns] n stakitt nt

**fender** [FɛN-dø] n støtdemper c; skvettskjerm c

**ferry boat** [FɛR-i båut] n ferje c

**fertile** [FØØ-tail] adj fruktbar

**festival** [FɛS-tøv-øl] n festival c

**festive** [FɛS-tiv] adj festlig

**fetch** [fɛtsj] v hente

**feudal** [FJUUD-øl] adj føydal

**fever** [FII-vø] n feber c

**fever blister** [FII-vø BLIS-tø] n febersår nt

**feverish** [FII-vør-isj] adj feberaktig

**few** [fjuu] adj få

**fiancé** [fi-ANGN-sei] n forlovede c

**fiancée** [fi-ANGN-sei] n forlovede c

**fibre** [FAI-bø] n fiber c

**fiction** [FIKH-sjøn] n oppdiktning c

**field** [fiild] n mark c

**field glasses** [fiild GHLARS-iz] pl feltkikkert c

**fierce** [fiøs] adj vill

**fifteen** [FIF-tiin] adj femten

**fifteenth** [FIF-tiinƟ] adj femtende

**fifth** [fifƟ] adj femte

**fifty** [FIF-ti] adj femti

**fig** [figh] n fiken c

**fight** [fait] n kamp c; v kjempe

**figure** [FIGH-ø] n skikkelse c

**file** [fail] n fil c; rekke c

**fill** [fil] v fylle

**fill in** [fil in] v fylle ut

**fill out** [fil aut] v fylle ut

**fill up** [fil ap] v fylle

**filling** [FIL-ing] n fyll c; plombering c

**filling station** [FIL-ing STEI-sjøn] n bensinstasjon c

**film** [film] n kino c; film c; v filme

**filter** [FIL-tø] n filter nt

**filter tip** [FIL-tø tip] n sigarettfilter nt

**filthy** [FILƟ-i] adj skitten

**final** [FAI-nøl] adj endelig

**financial** [fai-NÆN-sjøl] adj finansiell

* **find** [faind] v finne

**fine** [fain] *adj* fin; *n* bot *c*

**finger** [FING-ghø] *n* finger *c*

**finish** [FIN-isj] *v* slutte; *n* slutt *c*

**Finland** [FIN-lønd] *n* Finland *nt*

**Finn** [fin] *n* finne *c*

**Finnish** [FIN-isj] *adj* finsk

**fire** [sjaiø] *v* gi sparken; *n* ild *c*

**fire alarm** [faiør ø-LARM] *n* brannalarm *c*

**fire escape** [faiø is-KHEIP] *n* brannstige *c*

**fire extinguisher** [faiø ikhs-TING-ghwisj-ø] *n* brannslukkingsapparat *nt*

**fire hydrant** [faiø HAI-drønt] *n* brannhydrant *c*

**fireplace** [FAIØ-pleis] *n* ildsted *nt*

**fireproof** [FAIØ-pruuf] *adj* brannsikker

**firm** [føøm] *adj* fast; *n* firma *nt*

**first** [føøst] *adj* først

**first aid** [føøst eid] *n* førstehjelp *c*

**first name** [føøst neim] *n* fornavn *nt*

**first-aid kit** [FØØST-eid khit] *n* førstehjelpsutstyr *nt*

**first-aid post** [FØØST-eid påust] *n* førstehjelpsstasjon *c*

**first-rate** [FØØST-reit] *adj* førsterangs

**fish** [fisj] *v* fiske; *n* fisk *c*

**fish shop** [fisj sjåp] *n* fiskeforretning *c*

**fisherman** [FISJ-ø-møn] *n* (*pl*-men) fisker *c*

**fishing** [FISJ-ing] *n* fiske *nt*

**fishing hook** [FISJ-ing hukh] *n* fiskekrok *c*

**fishing licence** [FISJ-ing LAI-søns] *n* fiskekort *nt*

**fishing line** [FISJ-ing lain] *n* fiskesnøre *nt*

**fishing net** [FISJ-ing nɛt] *n* fiskegarn *nt*

**fishing rod** [FISJ-ing råd] *n* fiskestang *c*

**fishing tackle** [FISJ-ing TÆKH-øl] *n* fiskeredskap *nt*

**fist** [fist] *n* knyttneve *c*

**fit** [fit] *v* passe

**fitting** [FIT-ing] *n* prøving *c*

**fitting room** [FIT-ing ruum] *n* prøverom *nt*

**five** [faiv] *adj* fem

**five hundred** [faiv HAN-drød] *adj* fem hundre

**fix** [fikhs] *v* reparere

**fixed** [fikhst] *adj* fast

**fixed price** [fikhst prais] *n* fast pris *c*

**fjord** [fjåurd] *n* fjord *c*

**flag** [flægh] *n* flagg *nt*

**flame** [fleim] *n* flamme *c*

**flannel** [FLÆN-øl] *n* flanell *c*

**flash-bulb** [FLÆSJ-balb] *n* blitzlampe *c*

**flash-light** [FLÆSJ-lait] *n* lommelykt *c*

**flat** [flæt] *adj* flat; *n* punktering *c*; leilighet *c*

**flavour** [FLEI-vø] *v* sette smak på; *n* smak *c*

**fleet** [fliit] *n* flåte *c*

**flesh** [flɛsj] *n* kjøtt *nt*

**flew** [fluu] *v* (*p* fly)

**flex** [flɛkhs] *n* ledning *c*

**flight** [flait] *n* flyvning *c*

**flint** [flint] *n* flintsten *c*

**float** [flåut] *v* flyte

**flock** [flåkh] *n* flokk *c*

**flood** [flad] *n* oversvømmelse *c*

**floor** [flåå] *n* gulv *nt*; etasje *c*

**floor-show** [FLAA-shåu] *n* floor show *nt*

**florist** [FLÅR-ist] *n* blomsterhandler *c*

**flour** [flauø] *n* mel *nt*

**flow** [flåu] v flyte
**flower** [FLAU-ø] n blomst c
**flower-shop** [FLAU-ø-sjåp] n blomsterforretning c
**flown** [flåun] v (pp fly)
**flu** [fluu] n influensa
**fluent** [FLUU-ønt] adj flytende
**fluid** [FLUU-id] n væske c
**fly** [flai] n flue c; v fly
**focus** [FÅU-khøs] n fokus nt
**fog** [fågh] n tåke c
**foggy** [FAGH-i] adj tåket
**fold** [fåuld] v folde
**folk** [fåukh] n folk nt
**folk-dance** [FÅUKH-darns] n folkedans c
**folklore** [FÅUKH-låå] n folklore c
**folk-song** [FÅUKH-sång] n folkevise c
**follow** [FÅL-åu] v følge
**following** [FÅL-åu-ing] adj følgende
**food** [fuud] n mat c
**food poisoning** [fuud PÅIZ-øn-ing] n matforgiftning c
**food-stuffs** [FUUD-stafs] pl matvarer
**foolish** [FUUL-isj] adj tåpelig
**foot** [fut] n (pl feet) fot c
**foot powder** [fut PAU-dø] n fotpudder nt
**football** [FUT-båål] n fotball c
**football match** [FUT-båål mætsj] n fotballkamp c
**foot-brake** [FUT-breikh] n fotbremse c
**footpath** [FUT-parΘ] n fortau nt
**footwear** [FUT-wɛø] n skotøy nt
**for** [fåå] prep for
**for example** [før igh-ZARM-pøl] til eksempel
**for hire** [fø haiø] til leie
**for instance** [før IN-støns] til eksempel

**for sale** [fø seil] til salgs
**forbade** [fø-BEID] v (p forbid)
\* **forbid** [fø-BID] v forby
**forbidden** [fø-BID-øn] v (pp forbid)
**force** [fåås] n kraft c; v tvinge
**ford** [fååd] n vadested nt
\* **forecast** [fåå-KHARST] v forutsi; n forutsigelse c
**foreground** [FÅÅ-ghraund] n forgrunn c
**forehead** [FÅR-id] n panne c
**foreign** [FÅR-in] adj utenlandsk
**foreign currency** [FÅR-in KHAR-øn-si] n fremmed valuta c
**foreigner** [FÅR-in-ø] n utlending c
**foreman** [FÅÅ-møn] n (pl -men) formann c
**forest** [FÅR-ist] n skog c
**forgave** [fø-GHEIV] v (p forgive)
\* **forget** [fø-GHET] v glemme
\* **forgive** [fø-GHIV] v tilgi
**forgiven** [fø-GHIV-øn] v (pp forgive)
**forgot** [fø-GHÅT] v (p forget)
**forgotten** [fø-GHÅT-øn] v (pp forget)
**fork** [fååkh] v dele seg; n gaffel c; skillevei c
**form** [fååm] v forme; n form c; blankett c
**formal** [FÅÅM-øl] adj formell
**formality** [fåå-MÆL-i-ti] n formalitet c
**former** [FÅÅM-ø] adj tidligere
**formerly** [FÅÅM-ø-li] adv tidligere
**formula** [FÅÅM-ju-lø] n formel
**fortnight** [FÅÅT-nait] n fjorten dager pl
**fortress** [FÅÅ-tris] n festning c
**fortunate** [FÅÅ-tsjø-nit] adj heldig
**fortune** [FÅÅ-tsjøn] n skjebne c

forty [FÅÅ-ti] *adj* førti

forward [FÅÅ-wød] *adv* fremover; *v* ettersende

fought [fååt] *v* (*p, pp* fight)

found [faund] *v* (*p, pp* find)

found [faund] *v* grunnlegge

foundation [faun-DEI-sjøn] *n* stiftelse *c*

foundation cream [faun-DEI-sjøn khriim] *n* underlagskrem *c*

fountain [FAUN-tin] *n* fontene *c*

fountain pen [FAUN-tin pɛn] *n* fyllepenn *c*

four [fåål] *adj* fire

fourteen [FÅÅ-tiin] *adj* fjorten

fourteenth [FÅÅ-tiinƟ] *adj* fjortende

fourth [fååƟ] *adj* fjerde

fowl [faul] *n* fjærkre *nt*

fox [fåkhs] *n* rev *c*

foyer [FÅi-jø] *n* foajé *c*

fraction [FRÆKH-sjøn] *n* del *c*

fracture [FRÆKH-tsjø] *n* brudd *nt; v* brekke

fragile [FRÆ-dʒail] *adj* skjør

frame [freim] *n* ramme *c*

frames [freimz] *pl* innfatning *c*

France [frarns] *n* Frankrike *nt*

fraud [frååd] *n* svik *nt*

free [frii] *adj* fri

free of charge [frii øv tsjardʒ] gratis

free ticket [frii TIKH-it] *n* fribillett *c*

freedom [FRII-døm] *n* frihet *c*

*freeze [friiz] *v* fryse

freezing [FRIIZ-ing] *adj* iskald

freezing point [FRIIZ-ing påint] *n* frysepunkt *nt*

freight [freit] *n* frakt *c*

French [frɛntsj] *adj* fransk

Frenchman [FRɛNTSJ-møn] *n* (*pl - men*) franskmann *c*

frequency [FRII-khwøn-si] *n*

hyppighet *c*

frequent [FRII-khwønt] *adj* hyppig

fresh [frɛsj] *adj* fersk

fresh water [frɛsj WÅÅ-tø] *n* ferskvann *nt*

Friday [FRAI-di] *n* fredag *c*

fridge [fridʒ] *n* kjøleskap *nt*

fried [fraid] *adj* stekt

friend [frɛnd] *n* venn *c*

friendly [FRɛND-li] *adj* vennlig

friendship [FRɛND-sjip] *n* vennskap *nt*

fright [frait] *n* redsel *c*

frighten [FRAIT-øn] *v* skremme

frightened [FRAIT-ønd] *adj* skremt

frightful [FRAIT-ful] *adj* forferdelig

frock [fråkh] *n* kjole *c*

frog [frågh] *n* frosk *c*

from [fråm] *prep* fra

front [frant] *n* forside *c*

frontier [FRAN-tiø] *n* grense *c*

frost [fråst] *n* frost *c*

frozen [FRÅUZ-øn] *adj* frosset

frozen food [FRÅUZ-øn fuud] *n* dypfryst mat *c*

fruit [fruut] *n* frukt *c*

fry [frai] *v* steke

fuel [FJU-øl] *n* brensel *nt;* bensin *c*

full [ful] *adj* full

full board [ful bååd] *n* full kost *c*

full stop [ful ståp] *n* punktum *nt*

full up [ful ap] fullsatt

fun [fan] *n* moro *c*

function [FANGKH-sjøn] *n* funksjon *c*

funeral [FJUUN-ør-øl] *n* begravelse *c*

funnel [FAN-øl] *n* trakt *c*

funny [FAN-i] *adj* merkelig; morsom

**fur** [føø] *n* pelsverk *nt*

**fur coat** [føø khåut] *n* pels *c*

**furious** [FJUØR-i-øs] *adj* rasende

**furnish** [FØØ-nisj] *v* møblere

**furnished flat** [FØØ-nisjt flæt] *n* møblert leilighet

**furnished room** [FØØ-nisjt ruum] *n* møblert rom *nt*

**furniture** [FØØ-ni-tsjø] *n* møbler *pl*

**furrier** [FAR-i-ø] *n* pelsvarehandler *c*

**further** [FØØ-ðø] *adj* videre

**furthermore** [FØØ-ðø-måå] *adv* dessuten

**furthest** [FØØ-ðist] *adj* fjernest

**fuse** [fjuuz] *n* sikring *c*

**fuss** [fas] *n* bråk *nt*

**future** [FJUU-tsjø] *n* framtid *c*

**gable** [GHEI-bøl] *n* gavl *c*

**gadget** [GHÆDƷ-it] *n* tingest *c*

**gaiety** [GHEI-ø-ti] *n* munterhet *c*

**gain** [ghein] *n* fortjeneste *c; v* oppnå

**gale** [gheil] *n* storm *c*

**gallery** [GHÆL-ø-ri] *n* kunstgalleri *nt;* galleri *nt*

**gamble** [GHÆM-bøl] *v* spille om penger

**gambling** [GHÆM-bling] *n* hasardspill *nt*

**game** [gheim] *n* vilt *nt;* spill *nt*

**gangway** [GHÆNG-wei] *n* landgang *c*

**gaol** [dƷeil] *n* fengsel *nt*

**gap** [ghæp] *n* åpning *c*

**garage** [GHÆR-arƷ] *n* garasje *c; v* sette i garasje

**garbage** [GHAR-bidƷ] *n* søppel *nt*

**garden** [GHAR-døn] *n* hage *c*

**gardener** [GHAR-døn-ø] *n* gartner *c*

**gargle** [GHAR-ghøl] *v* gurgle

**garlic** [GHAR-likh] *n* hvitløk *c*

**gas** [ghæs] *n* bensin *c;* gass *c*

**gas cooker** [ghæs KHUKH-ø] *n* gasskomfyr *c*

**gas station** [ghæs STEI-sjøn] *n* bensinstasjon *c*

**gas stove** [ghæs ståuv] *n* gassovn *c*

**gasoline** [GHÆS-ø-liin] *n* bensin *c*

**gastric** [GHÆS-trikh] *adj* mage-

**gastric ulcer** [GHÆS-trikh UL-sø] *n* magesår *nt*

**gasworks** [GHÆS-wøøkhs] *n* gassverk *nt*

**gate** [gheit] *n* port *c*

**gather** [GHÆð-ø] *v* samles

**gauge** [gheidƷ] *n* måler *c*

**gauze** [ghååz] *n* gas *nt*

**gave** [gheiv] *v (p* give)

**gay** [ghei] *adj* munter

**gaze** [gheiz] *v* stirre

**gazetteer** [ghæz-i-TIØ] *n* geografisk leksikon *nt*

**gear** [ghiø] *n* utstyr *nt;* gear *nt*

**gear-box** [GHIØ-båkhs] *n* gearkasse *c*

**gear-lever** [GHIØ-liiv-ø] *n* gearspak *c*

**gem** [dƷɛm] *n* edelstein *c*

**gender** [DƷƐN-dø] *n* kjønn *nt*

**general** [DƷƐN-ør-øl] *n* general *c; adj* alminnelig

**general practitioner** [DƷƐN-ør-øl prækh-TISJ-øn-ø] *n* almenpraktiserende lege *c*

**generate** [DƷƐN-ør-eit] *v* avle

**generation** [dƷɛn-ø-REI-sjøn] *n* generasjon *c*

**generator** [DƷƐN-ør-eit-ø] *n* generator *c*

**generous** [DƷƐN-ør-øs] *adj* gavmild

**gentle** [DƷƐN-tøl] *adj* mild

**gentleman** [DƷƐN-tøl-møn] n (pl - men) herre c

**genuine** [DƷƐN-ju-in] adj ekte

**geography** [dƷi-ÅGH-rø-fi] n geografi c

**geology** [dƷi-ÅL-ø-dƷi] n geologi c

**geometry** [dƷi-ÅM-i-tri] n geometri c

**germ** [dƷøøm] n basill c

**German** [DƷØØ-møn] n tysker c; adj tysk

**Germany** [DƷØØ-møn-i] n Tyskland nt

* **get** [ghɛt] v få

* **get back** [ghɛt bækh] v komme tilbake

* **get off** [ghɛt åf] v stige av

* **get on** [ghɛt ån] v lykkes; stige på

* **get up** [ghɛt ap] v stå opp

**ghost** [ghåust] n spøkelse nt

**giddiness** [GHID-i-nis] n svimmelhet c

**giddy** [GHID-i] adj svimmel

**gift** [ghift] n gave c

**gifted** [GHIFT-id] adj begavet

**gilt** [ghilt] adj forgylt

**ginger** [DƷIN-dƷø] n ingefær c

**girdle** [GHØØ-døl] n hofteholder c

**girl** [ghøøl] n pike c

* **give** [ghiv] v gi

* **give in** [ghiv in] v gi etter

* **give up** [ghiv ap] v oppgi

**given** [GHIV-øn] v (pp give)

**glacier** [GHLÆS-i-ø] n isbre c

**glad** [ghlæd] adj glad

**glamorous** [GHLÆM-ør-øs] adj betagende

**glance** [ghlarns] n blikk nt; v kaste et blikk

**gland** [ghlænd] n kjertel c

**glare** [ghlɛø] n blendende lys nt

**glass** [ghlars] n glass nt

**glasses** [GHLARS-iz] pl briller pl

**glaze** [ghleiz] v glasere

**glen** [ghlɛn] n bergkløft c

**glide** [ghlaid] v gli

**glider** [GHLAID-ø] n seilfly nt

**glimpse** [ghlimps] n glimt nt; v få glimt av

**global** [GHLÅUB-øl] adj global

**globe** [ghlåub] n klode c

**gloom** [ghluum] n mørke nt

**gloomy** [GHLUUM-i] adj dyster

**glorious** [GHLÅÅ-ri-øs] adj strålende

**glory** [GHLÅÅ-ri] n prakt c

**glossy** [GHLÅS-i] adj blank

**glove** [ghlav] n hanske c

**glow** [ghlåu] n glød c; v gløde

**glue** [ghluu] n lim nt

* **go** [ghåu] v gå

* **go ahead** [ghåu ø-HɛD] v fortsette

* **go away** [ghåu ø-WEI] v gå bort

* **go back** [ghåu bækh] v vende tilbake

* **go home** [ghåu håum] v gå hjem

* **go in** [ghåu in] v gå inn

* **go on** [ghåu ån] v fortsette

* **go out** [ghåu aut] v gå ut

* **go through** [ghåu Ɵruu] v gå gjennom

**goal** [ghåul] n mål nt

**goalkeeper** [GHÅUL-khiip-ø] n målmann c

**goat** [ghåut] n geit f

**God** [ghåd] n Gud

**goggles** [GHÅGH-ølz] pl beskyttelsesbriller pl

**gold** [ghåuld] n gull nt

**gold leaf** [ghåuld liif] n bladgull nt

**golden** [GHÅUL-døn] adj gyllen

**goldmine** [GHÅULD-main] n gullgruve c

**goldsmith** [GHÅULD-smiƟ] n

gullsmed *c*

**golf** [ghålf] *n* golf *c*

**golf-club** [GHÅLF-khlab] *n*
golfkølle *c*

**golf-course** [GHÅLF-khåås] *n*
golfbane *c*

**golf-links** [GHÅLF-lingkhs] *n*
golfbane *c*

**gondola** [GHÅN-dø-lø] *n* gondol *c*

**gone** [ghån] *v* (*pp* go)

**good** [ghud] *adj* bra

**good-humoured** [ghud-HJUU-mød] *adj* godlyndt

**good-looking** [GHUD-lukh-ing] *adj* pen

**good-natured** [ghud-NEI-tsjød] *adj* godhjertet

**goods** [ghudz] *pl* gods *pl*

**goods-train** [GHUDZ-trein] *n* godstog *nt*

**good-tempered** [ghud-TƐM-pød] *adj* godmodig

**good-will** [ghud-WIL] *n* godvilje *c*

**goose** [ghuus] *n* (*pl* geese) gås *c*

**gooseberry** [GHUZ-bø-ri] *n* stikkelsbær *nt*

**gorgeous** [GHÅÅ-dʒøs] *adj* praktfull

**gossip** [GHÅS-ip] *n* sladder *c*; *v* sladre

**got** [ghåt] *v* (*p,pp* get)

**gout** [ghaut] *n* gikt *c*

**govern** [GHAV-øn] *v* regjere

**governess** [GHAV-ø-nøs] *n* guvernante *c*

**government** [GHAV-ø-mønt] *n* regjering *c*

**governor** [GHAV-øn-ø] *n* guvernør *c*

**gown** [ghaun] *n* aftenkjole *c*

**grace** [ghreis] *n* gratie *c*

**graceful** [GHREIS-ful] *adj* grasiøs

**grade** [ghreid] *v* gradere; *n* grad *c*

**gradient** [GHREID-i-ønt] *n* helling *c*

**gradual** [GHRÆD-ju-øl] *adj* gradvis

**graduate** [GHRÆD-ju-eit] *v* ta eksamen

**grain** [ghrein] *n* korn *nt*

**gram** [ghræm] *n* gram *nt*

**grammar** [GHRÆM-ø] *n* grammatikk *c*

**grammar school** [GHRÆM-ø skhuul] *n* gymnas *nt*

**grammatical** [ghrø-MÆT-ikh-øl] *adj* grammatisk

**gramophone** [GHRÆM-ø-fåun] *n* grammofon *c*

**grand** [ghrænd] *adj* storslått

**granddaughter** [GHRÆN-dåå-tø] *n* sønnedatter; datterdatter *c*

**grandfather** [GHRÆN-far-ðø] *n* bestefar *c*

**grandmother** [GHRÆN-mað-ø] *n* bestemor *c*

**grandparents** [GHRÆN-pɐør-ønts] *pl* besteforeldre *pl*

**grandson** [GHRÆN-san] *n* sønnesønn *c*; dattersønn

**granite** [GHRÆN-it] *n* granitt *c*

**grant** [ghrarnt] *v* bevilge; *n* bevilgning *c*

**grapefruit** [GHREIP-fruut] *n* grapefrukt *c*

**grapes** [ghreips] *pl* druer *pl*

**graph** [ghræf] *n* diagram *nt*

**graphic** [GHRÆF-ikh] *adj* grafisk

**grasp** [ghrarsp] *v* gripe

**grass** [ghrars] *n* gress *nt*

**grassy** [GHRARS-i] *adj* gresskledd

**grate** [ghreit] *v* skrape

**grateful** [GHREIT-ful] *adj* takknemlig

**grating** [GHREIT-ing] *n* gitter *nt*

**gratis** [GHRÆ-tis] *adv* gratis

**gratitude** [GHRÆT-i-tjuud] *n*

takknemlighet c
**gratuity** [ghrø-TJUU-i-ti] n
drikkepenger pl
**grave** [ghreiv] adj alvorlig; n
grav c
**gravel** [GHRÆV-øl] n grus c
**gravestone** [GHREIV-ståun] n
gravstein c
**graveyard** [GHREIV-jard] n
gravlund c
**graze** [ghreiz] v beite
**grease** [ghriis] n fett nt; v smøre
**greasy** [GHRIIS-i] adj oljet
**great** [ghreit] adj stor
**Great Britain** [ghreit BRIT-øn] n
Storbritannia nt
**Greece** [ghriis] n Hellas
**greed** [ghriid] n begjær nt
**greedy** [GHRIID-i] adj begjærlig
**Greek** [ghriikh] n greker c; adj
gresk
**green** [ghriin] adj grønn
**green card** [ghriin khard] n
bilforsikring c
**greengrocer** [GHRIIN-ghråus-ø] n
grønnsakshandler c
**greenhouse** [GHRIIN-haus] n
drivhus nt
**greens** [ghriinz] pl grønnsaker pl
**greet** [ghriit] v hilse
**greetings** [GHRIIT-ingz] pl hilsen c
**grew** [ghruu] v (p grow)
**grey** [ghrei] adj grå
**grief** [ghriif] n sorg c
**grill** [ghril] v grille; n grill c
**grilled** [ghrild] adj grillet
**grill-room** [GHRIL-ruum] n
grillbar c
**grin** [ghrin] v flire; n flir nt
\* **grind** [ghraind] v male
**grip** [ghrip] n håndveske c; v
gripe
**grocer** [GHRÅUS-ø] n
matvarehandler c

**groceries** [GHRÅUS-ør-iz] pl
matvarer pl
**grocery** [GHRÅUS-ør-i] n
matvareforretning c
**groove** [ghruuv] n rille c
**gross** [ghråus] adj brutto
**grotto** [GHRÅT-åu] n grotte c
**ground** [ghraund]·n jord c
**ground-floor** [GHRAUND-flåå] n
første etasje c
**grounds** [ghraundz] pl mark c
**group** [ghruup] n gruppe c
**grouse** [ghraus] inv rype c
**grove** [ghråuv] n lund c
\* **grow** [ghråu] v vokse
**grown** [ghråun] v (pp grow)
**grown-up** [GHRÅUN-ap] n voksen
**growth** [ghråuΘ] n vekst c
**grumble** [GHRAM-bøl] v knurre
\* **guarantee** [ghær-øn-TII] v
garantere; n garanti c
**guarantor** [ghær-øn-TÅÅ] n
garantist c
**guard** [ghard] v bevokte; n vakt c
**guess** [ghɛss] v gjette; n gjetning c
**guest** [ghɛst] n gjest c
**guest-house** [GHɛST-haus] n
pensjonat nt
**guest-room** [GHɛST-ruum] n
gjesteværelse c
**guide** [ghaid] n guide c; v lede
**guidebook** [GHAID-bukh] n
reisehåndbok c
**guilty** [GHIL-ti] adj skyldig
**guitar** [ghi-TAR] n gitar c
**gulf** [ghalf] n bukt c
**gum** [gham] n lim c; tyggegummi
c; tannkjøtt nt
**gun** [ghan] n kanon c; revolver c
**gust** [ghast] n vindstøt nt
**gusty** [GHAS-ti] adj blåsende
**gutter** [GHAT-ø] n rennestein c
**gym shoes** [dʒim sjuuz] pl
turnsko pl

**gymnasium** [dʒim-NEI-zi-øm] *n*
gymnastikksal *c*

**gymnast** [DʒIM-næst] *n* turner *c*

**gymnastics** [dʒim-NÆS-tikhs] *pl*
gymnastikk *c*

**gynaecologist** [ghain-i-KHÅL-ø-
dʒist] *n* gynekolog *c*

**gypsy** [DʒIP-si] *n* sigøyner *c*

**haberdasher** [HÆB-ø-dæsj-ø] *n*
kortvarehandler *c*

**haberdashery** [HÆB-ø-dæsj-ør-i]
*n* kortvarehandel *c*

**habit** [HÆB-it] *n* vane *c*

**habitable** [HÆB-it-ø-bøl] *adj*
beboelig

**habitual** [hø-BIT-ju-øl] *adj* vane-

**had** [hæd] *v* (*p,pp* have)

**haddock** [HÆD-økh] *n* kolje *c*

**hadn't** [HÆD-ønt] *v* (had not)

**haemorrhage** [HEM-ør-idʒ] *n*
blødning *c*

**haemorrhoids** [HEM-ør-åidz] *pl*
hemorroider *pl*

**hail** [heil] *n* hagl *nt*

**hair** [hɛø] *n* hår *nt*

**hair cream** [hɛø khriim] *n*
hårkrem *c*

**hair piece** [hɛø piis] *n* postisj *c*

**hair rollers** [hɛø RÅUL-ɛz] *pl*
hårruller *pl*

**hair set** [hɛø sɛt] *n* frisyre *c*

**hair tonic** [hɛø TÅN-ikh] *n*
hårvann *nt*

**hairbrush** [HɛØ-brasj] *n*
hårbørste *c*

**haircut** [HɛØ-khat] *n* hårklipp *c*

**hairdresser** [HɛØ-drɛs-ø] *n* frisør
*c*

**hair-dryer** [HɛØ-drai-ø] *n*
hårtørreapparat *nt*

**hairgrip** [HɛØ-ghrip] *n*
hårspenne *c*

**hairnet** [HɛØ-nɛt] *n* hårnett *nt*

**hair-oil** [HɛØR-åil] *n* hårolje *c*

**hairpin** [HɛØ-pin] *n* hårnål *c*

**half** [harf] *adv* halvt; *n* halvdel *c;
adj* halv

**half fare** [harf fɛø] *n* halv takst *c*

**half price** [harf prais] *n* halv pris
*c*

**halibut** [HÆL-i-bøt] *n* kveite *c*

**hall** [håål] *n* vestibyle *c;* sal *c*

**halt** [håålt] *v* stanse

**halve** [harv] *v* halvere

**ham** [hæm] *n* skinke *c*

**hamlet** [HÆM-lit] *n* liten landsby
*c*

**hammer** [HÆM-ø] *n* hammer *c*

**hammock** [HÆM-økh] *n*
hengekøye *c*

**hamper** [HÆM-pø] *n* kurv *c*

**hand** [hænd] *n* hånd *c*

**hand baggage** [hænd BÆGH-idʒ]
*n* håndbagasje *c*

**hand cream** [hænd khriim] *n*
håndkrem *c*

**handbag** [HÆND-bægh] *n*
håndveske *c*

**handbook** [HÆND-bukh] *n*
håndbok *c*

**hand-brake** [HÆND-breikh] *n*
håndbrems *c*

**handful** [HÆND-ful] *n* håndfull *c*

**handicraft** [HÆN-di-khrarft] *n*
håndverk *nt*

**handkerchief** [HÆNG-khø-tsjif] *n*
lommetørkle *nt*

**handle** [HÆN-døl] *v* håndtere; *n*
håndtak *nt*

**handmade** [HÆND-meid] *adj*
håndlaget

**handsome** [HÆN-søm] *adj* pen

**handwork** [HÆND-wøøkh] *n*
håndarbeide *nt*

**handwriting** [HÆND-wrait-ing] *n*
håndskrift *c*

**handy** [HÆN-di] *adj* hendig

**\* hang** [hæng] *v* henge

**hanger** [HÆNG-ø] *n* henger *c*

**happen** [HÆP-øn] *v* hende

**happening** [HÆP-øn-ing] *n* hendelse *c*

**happiness** [HÆP-i-nis] *n* lykke *c*

**happy** [HÆP-i] *adj* lykkelig

**harbour** [HAR-bø] *n* havn *c*

**hard** [hard] *adv* hardt; *adj* hard

**hardly** [HARD-li] *adv* neppe

**hardware** [HARD-WEØ] *n* jernvarer *pl*

**hardware store** [HARD-WEØ ståå] *n* jernvarehandel *c*

**harm** [harm] *v* skade; *n* skade *c*

**harmful** [HARM-ful] *adj* skadelig

**harmless** [HARM-lis] *adj* harmløs

**harsh** [harsj] *adj* streng

**harvest** [HAR-vist] *n* avling *c*

**has** [hæz] *v* (*pr* have)

**hasn't** [HÆZ-ønt] *v* (**has not**)

**haste** [heist] *n* hast *c*

**hasten** [HEIS-øn] *v* skynde seg

**hasty** [HEIS-ti] *adj* hurtig

**hat** [hæt] *n* hatt *c*

**hate** [heit] *v* hate; avsky; *n* hat *nt*

**\* have** [hæv] *v* ha

**\* have to** [hæv tu] *v* måtte

**haven't** [HÆV-ønt] *v* (**have not**)

**haversack** [HÆV-ø-sækh] *n* ryggsekk *c*

**hay** [hei] *n* høy *nt*

**hay-fever** [HEI-fiiv-ø] *n* høysnue *c*

**haze** [heiz] *n* dis *c*

**hazy** [HEIZ-i] *adj* disig

**he** [hii] *pron* han

**head** [hɛd] *n* hode *nt*

**headache** [HɛD-eikh] *n* hodepine *c*

**heading** [HɛD-ing] *n* overskrift *c*

**headlamp** [HɛD-læmp] *n* lyskaster *c*

**headland** [HɛD-lønd] *n* nes *nt*

**headlight** [HɛD-lait] *n* lyskaster *c*

**headline** [HɛD-lain] *n* overskrift *c*

**headlong** [HɛD-lång] *adv* hodekulls

**headmaster** [HɛD-mars-tø] *n* rektor *c*

**headquarters** [HɛD-khwåå-tøz] *n* hovedkvarter *nt*

**head-waiter** [hɛd-WEIT-ø] *n* hovmester *c*

**heal** [hiil] *v* helbrede

**health** [hɛlΘ] *n* helse *c*

**health certificate** [hɛlΘ sø-TIF-i-khit] *n* helseattest *c*

**healthy** [HɛLΘ-i] *adj* sunn

**heap** [hiip] *n* haug *c*

**\* hear** [hiø] *v* høre

**heard** [høød] *v* (*p, pp* hear)

**hearing** [HIØR-ing] *n* hørsel *c*

**heart** [hart] *n* hjerte *nt*

**heartburn** [HART-bøøn] *n* kardialgi *c*

**hearth** [harΘ] *n* ildsted *nt*

**hearts** [harts] *pl* hjerter *pl*

**hearty** [HART-i] *adj* hjertelig

**heat** [hiit] *v* varme opp; *n* varme *c*

**heater** [HIIT-ø] *n* varmeovn *c*

**heath** [hiiΘ] *n* hede *c*

**heather** [HɛÐ-ø] *n* lyng *c*

**heating** [HIIT-ing] *n* oppvarming *c*

**heating pad** [HIIT-ing pæd] *n* varmepute *c*

**heaven** [HɛV-øn] *n* himmel *c*

**heavenly** [HɛV-øn-li] *adj* himmelsk

**heavy** [HɛV-i] *adj* tung

**Hebrew** [HII-bruu] *n* hebraisk *nt*

**hedge** [hɛdʒ] *n* hekk *c*

**heel** [hiil] *n* hæl *c*

**height** [hait] *n* høyde *c*

**held** [hɛld] *v* (*p, pp* **hold**)

**helicopter** [HEL-i-khåp-tø] n
helikopter nt
**he'll** [hiil] v (he will)
**hell** [hɛl] n helvete nt
**help** [hɛlp] v hjelpe; n hjelp c
**helper** [HELP-ø] n assistent c
**helpful** [HELP-ful] adj hjelpsom
**helping** [HELP-ing] n porsjon c
**hem** [hɛm] n fald c
**hen** [hɛn] n høne f
**her** [høø] pron henne; adj
hennes
**herb** [høøb] n urt c
**herd** [høød] n hjord c
**here** [hiø] adv her
**hernia** [HØØ-ni-ø] n brokk c
**hero** [HIØR-åu] n helt c
**herring** [HER-ing] n sild f
**herself** [høø-SELF] pron selv; seg
**he's** [hiiz] v (he is, he has)
**hesitate** [HEZ-i-teit] v nøle
**hiccup** [HIKH-ap] n hikke c
**hid** [hid] v (p,pp hide)
* **hide** [haid] v gjemme
**hideous** [HID-i-øs] adj avskyelig
**hi-fi** [HAI-FAI] n hi-fi-
**high** [hai] adj høy
**high season** [hai SIIZ-øn] n
høysesong c
**high tide** [hai taid] n høyvann nt
**highway** [HAI-wei] n riksvei c
**hijack** [HAI-dʒækh] v kapre
**hike** [haikh] v gå fottur
**hill** [hil] n bakke c
**hillock** [HIL-økh] n liten haug
**hillside** [HIL-said] n li c
**hilltop** [HIL-tåp] n bakketopp c
**hilly** [HIL-i] adj bakket
**him** [him] pron ham
**himself** [him-SELF] pron seg; selv
**hinder** [HIN-dø] v hindre
**hinge** [hindʒ] n hengsel nt
**hip** [hip] n hofte c
**hire** [haiø] v leie

**hire-purchase** [haiø-PØØ-tsjøs] n
avbetalingskjøp nt
**his** [hiz] adj hans
**historian** [his-TÅU-ri-øn] n
historiker c
**historic** [his-TÅR-ikh] adj
historisk
**historical** [his-TÅR-ikh-øl] adj
historisk
**history** [HIS-tør-i] n historie c
* **hit** [hit] v slå; n slager c
**hitchhike** [HITSJ-haikh] v haike
**hitchhiker** [HITSJ-haikh-ø] n
haiker c
**hoarse** [håås] adj hes
**hobby** [HÅB-i] n hobby c
**hockey** [HÅKH-i] n hockey c
* **hold** [håuld] v beholde; holde; n
lasterom nt
* **hold on** [håuld ån] v holde fast
ved
* **hold up** [håuld ap] v holde oppe
**hole** [håul] n hull nt
**holiday** [HÅL-ø-dei] n helligdag c
**holiday camp** [HÅL-ø-dei
khæmp] n ferieleir c
**holidays** [HÅL-ø-deiz] pl ferie c
**Holland** [HÅL-ønd] n Holland nt
**hollow** [HÅL-åu] adj hul
**holy** [HÅU-li] adj hellig
**home** [håum] n hjem nt
**home-made** [HÅUM-meid] adj
hjemmelaget
**homesickness** [HÅUM-sikh-nis] n
hjemlengsel
**honest** [ÅN-ist] adj ærlig
**honestly** [ÅN-ist-li] adv ærlig
**honesty** [ÅN-is-ti] n ærlighet c
**honey** [HAN-i] n honning c
**honeymoon** [HAN-i-muun] n
hvetebrødsdager pl
**honorable** [ÅN-ør-ø-bøl] adj
ærede
**honour** [ÅN-ø] n ære c

**hood** [hud] n motorhjelm c
**hook** [hukh] n krok c
**hoot** [huut] v tute
**hooter** [HUUT-ø] n bilhorn nt
**hop** [håp] v hoppe
**hope** [håup] v håpe; n håp nt
**hopeful** [HÅUP-ful] adj håpefull
**hops** [håps] pl humle c
**horizon** [hø-RAI-zøn] n horisont c
**horizontal** [hår-i-zÅN-tøl] adj
　horisontal
**horn** [håån] n signalhorn nt
**horrible** [HÅR-ø-bøl] adj
　redselsfull
**hors-d'œuvre** [] n forrett c
**horse** [håås] n hest c
**horse-power** [HÅÅs-pau-ø] n
　hestekrefter pl
**horse-race** [HÅÅs-reis] n
　hesteveddeløp nt
**horse-radish** [HÅÅs-ræd-isj] n
　pepperrot c
**hosiery** [HÅU-zør-i] n trikotasje c
**hospitable** [HÅs-pit-ø-bøl] adj
　gjestfri
**hospital** [HÅs-pit-øl] n sykehus
　nt
**hospitality** [hås-pi-TÆL-i-ti] n
　gjestfrihet c
**host** [håust] n vert c
**hostel** [HÅs-tøl] n herberge nt
**hostess** [HÅUs-tis] n vertinne c
**hot** [håt] adj het
**hotel** [håu-TɛL] n hotell nt
**hot-water bottle** [håt-WÅÅ-tø BÅt-
　øl] n varmeflaske c
**hour** [auø] n time c
**hourly** [AUØ-li] adj hver time
**house** [haus] n hus nt
**house-agent** [HAUs-ei-dʒønt] n
　eiendomsmegler c
**household** [HAUs-håuld] n
　husstand c
**housekeeper** [HAUs-khiip-ø] n

　husholderske c
**housekeeping** [HAUs-khiip-ing] n
　husholdning c
**housemaid** [HAUs-meid] n
　hushjelp c
**housewife** [HAUs-waif] n husmor
　c
**housework** [HAUs-wøøkh] n
　husarbeid nt
**hovercraft** [HÅv-ø-khrarft] n
　luftputefartøy nt
**how** [hau] adv hvordan
**however** [hau-ɛv-ø] conj
　imidlertid
**hug** [hagh] v omfavne
**huge** [hjuudʒ] adj svær
**human** [HJUU-møn] adj
　menneskelig
**human being** [HJUU-møn BII-ing]
　n menneske nt
**humanity** [hju-MÆN-it-i] n
　menneskehet c
**humble** [HAM-bøl] adj ydmyk
**humid** [HJUU-mid] adj fuktig
**humorous** [HJUU-mør-øs] adj
　humoristisk
**humour** [HJUU-mø] n humor c
**hundred** [HAN-drød] n hundre
**hung** [hang] v (p, pp hang)
**Hungarian** [hang-GHØR-i-øn] n
　ungarer c; adj ungarsk
**Hungary** [HANG-ghør-i] n Ungarn
**hunger** [HANG-ghø] n sult c
**hungry** [HANG-ghri] adj sulten
**hunt** [hant] v jage; n jakt c
**hunt for** [hant fåå] v lete etter
**hunter** [HAN-tø] n jeger c
**hurricane** [HAR-i-khøn] n orkan c
**hurricane lamp** [HAR-i-khøn
　læmp] n stormlykt c
**hurry** [HAR-i] n hastverk c; v
　skynde seg
**\* hurt** [høøt] v skade
**hurtful** [HØØT-ful] adj skadelig

**husband** [HAZ-bønd] *n* ektemann
c

**hut** [hat] *n* hytte c

**hydrogen** [HAI-dri-dʒøn] *n*
vannstoff *nt*

**hygienic** [hai-DʒIIN-ikh] *adj*
hygienisk

**hymn** [him] *n* salme c

**hyphen** [HAI-føn] *n* bindestrek c

**hysterical** [his-TɛR-ikh-øl] *adj*
hysterisk

**I** [ai] *pron* jeg

**ice** [ais] *n* is c

**icebag** [AIS-bægh] *n* ispose c

**ice-cream** [AIS-khriim] *n* iskrem
c

**iced drink** [aist dringkh] *n*
isdrikk c

**Iceland** [AIS-lønd] *n* Island *nt*

**ice-water** [AIS-wåå-tø] *n* isvann
*nt*

**I'd** [aid] *v* (**I should, I would, I
had**)

**I'd rather** [aid RAR-ðø] *v* (**I would
rather**)

**idea** [ai-DI-ø] *n* idé c

**ideal** [ai-DI-øl] *adj* ideell; *n* ideal
*nt*

**identical** [ai-DɛN-tikh-øl] *adj*
identisk

**identification** [ai-dɛn-ti-fi-KHEI-
sjøn] *n* identifisering c

**identity** [ai-DɛN-ti-ti] *n* identitet
c

**identity card** [ai-DɛN-ti-ti khard]
*n* identitetskort *nt*

**idiom** [ID-i-øm] *n* idiom *nt*

**idiomatic** [id-i-ø-MÆT-ikh] *adj*
idiomatisk

**idiot** [ID-i-øt] *n* idiot c

**idle** [AI-døl] *adj* uvirksom

**if** [if] *conj* hvis

**ignition** [igh-NISJ-øn] *n* tenning c

**ignorant** [IGH-nør-ønt] *adj*
uvitende

**ignore** [igh-NÅÅ] *v* ignorere

**ill** [il] *adj* syk

**I'll** [ail] *v* (**I shall, I will**)

**illegal** [i-LIIGH-øl] *adj* illegal

**illegible** [i-LɛDʒ-ø-bøl] *adj*
uleselig

**illness** [IL-nis] *n* sykdom c

**illuminate** [i-LUU-min-eit] *v*
opplyse

**illumination** [i-luu-mi-NEI-sjøn]
*n* opplysning c

**illustrate** [IL-øs-treit] *v* illustrere

**illustration** [il-øs-TREI-sjøn] *n*
illustrasjon c

**I'm** [aim] *v* (**I am**)

**imaginary** [i-MÆDʒ-in-ør-i] *adj*
innbilt

**imagination** [i-mædʒ-i-NEI-sjøn]
*n* fantasi c

**imagine** [i-MÆDZ-in] *v* forestille
seg

**imitate** [IM-i-teit] *v* etterlikne

**imitation** [im-i-TEI-sjøn] *n*
etterlikning c

**immediate** [i-MII-djøt] *adj*
øyeblikkelig

**immediately** [i-MII-djøt-li] *adj*
straks

**immense** [i-MɛNS] *adj* enorm

**immersion heater** [i-MØØ-sjøn
HIIT-ø] *n* dyppekoker c

**immigrant** [IM-i-ghrønt] *n*
immigrant c

**immigrate** [IM-i-ghreit] *v*
immigrere

**immunity** [i-MJUUN-it-i] *n*
immunitet c

**immunize** [IM-juu-naiz] *v* gjøre
immun

**impassable** [im-PARS-ø-bøl] *adj*
uframkommelig

**impatient** [im-PEI-sjønt] *adj*
utålmodig

**imperfect** [im-PØØ-fikht] *adj*
ufullkommen

**imperial** [im-PIØR-i-øl] *adj* riks-

**impertinence** [im-PØØ-tin-øns] *n*
uforskammethet *c*

**impertinent** [im-PØØ-tin-ønt] *adj*
uforskammet

**implement** [IM-pli-mønt] *n*
redskap *nt*

**imply** [im-PLAI] *v* antyde

**impolite** [im-pø-LAIT] *adj* uhøflig

**import** [im-PÅÅT] *v* importere

**import duty** [IM-påått DJUU-ti] *n*
importavgift *c*

**importance** [im-PÅÅT-øns] *n*
betydning *c*

**important** [im-PÅÅT-ønt] *adj*
viktig

**imported** [im-PÅÅT-id] *adj*
importert

**importer** [im-PÅÅT-ø] *n* importør
*c*

**imports** [IM-pååts] *pl*
importvarer *pl*

**imposing** [im-PÅUz-ing] *adj*
imponerende

**impossible** [im-PÅS-i-bøl] *adj*
umulig

**impress** [im-PRɛS] *v* imponere

**impression** [im-PRɛSJ-øn] *n*
inntrykk *nt*

**impressive** [im-PRɛS-iv] *adj*
imponerende

**imprison** [im-PRIZ-øn] *v* fengsle

**imprisonment** [im-PRIZ-øn-
mønt] *n* fengsel *nt*

**improbable** [im-PRÅB-ø-bøl] *adj*
usannsynlig

**improper** [im-PRÅP-ø] *adj*
upassende

**improve** [im-PRUUV] *v* forbedre

**improved** [im-PRUUVD] *adj*
forbedret

**improvement** [im-PRUUV-mønt] *n*
forbedring *c*

**impudent** [IM-pju-dønt] *adj*
nesevis

**impulse** [IM-pals] *n* impuls *c*

**impulsive** [im-PALS-iv] *adj*
impulsiv

**in** [in] *adv* inn; *prep* i

**in a hurry** [in ø HAR-i] i full fart

**in advance** [in ød-VARNS] på
forskudd

**in fact** [in fækht] faktisk

**in front of** [in frant åv] *prep*
foran

**in general** [in DƷɛN-ør-øl] som
regel

**in love** [in lav] forelsket

**in order** [in AA-dø] i orden

**in particular** [in pø-TIKH-ju-lø]
særskilt

**in reply** [in ri-PLAI] som svar

**in spite of** [in spait åv] *prep* trass
i

**in the meantime** [in ðø MIIN-
taim] imens

**in time** [in taim] i tide

**in writing** [in RAIT-ing] skriftlig

**inaccessible** [in-ækh-Sɛs-ø-bøl]
*adj* utilgjengelig

**inaccurate** [in-ÆKH-jur-it] *adj*
unøyaktig

**inadequate** [in-ÆD-i-khwit] *adj*
utilstrekkelig

**incapable** [in-KHEIP-ø-bøl] *adj*
ute av stand

**incident** [IN-si-dønt] *n* hendelse *c*

**incidental** [in-si-DɛNT-øl] *adj*
tilfeldig

**incline** [in-KHLAIN] *n* helling *c*

**include** [in-KHLUUD] *v* omfatte

**included** [in-KHLUUD-id] *adj*
inkludert

**inclusive** [in-KHLUUS-iv] *adj*

inklusive
**income** [IN-khøm] n inntekt c
**income-tax** [IN-khøm-tækhs] n
  inntektsskatt c
**incoming** [IN-kham-ing] adj
  innkommende
**incompetent** [in-KHÅM-pi-tønt]
  adj inkompetent
**incomplete** [in-khøm-PLIIT] adj
  ufullstendig
**inconvenience** [in-khøn-VIIN-
  jøns] n uleilighet c
**inconvenient** [in-khøn-VIIN-jønt]
  adj ubeleilig
**incorrect** [in-khø-RεKHT] adj
  ukorrekt
**increase** [IN-khriis] n økning c; v
  øke
**incredible** [in-KHRεD-i-bøl] adj
  utrolig
**incurable** [in-KHJUØR-ø-bøl] adj
  uhelbredelig
**indeed** [in-DIID] adv faktisk
**indefinite** [in-DEF-i-nit] adj
  ubestemt
**indemnity** [in-DεM-ni-ti] n
  skadeserstatning c
**independence** [in-di-PεND-øns] n
  uavhengighet c
**independent** [in-di-PεND-ønt] adj
  selvstendig
**index** [IN-dεkhs] n register nt
**India** [IN-di-ø] n India nt
**Indian** [IN-di-øn] n inder c
**indicate** [IN-di-kheit] v antyde
**indication** [in-di-KHEI-sjøn] n
  tegn nt
**indicator** [in-di-KHEIT-ø] n
  retningsviser c
**indigestion** [in-di-Dʒεs-tsjøn] n
  dårlig fordøyelse c
**indirect** [in-di-RεKHT] adj
  indirekte
**indistinct** [in-dis-TINGKHT] adj

uklar
**individual** [in-di-VID-ju-øl] adj
  individuell; n individ nt
**indoor** [IN-dåå] adj innendørs
**indoors** [in-DÅÅZ] adv inne
**industrial** [in-DAS-tri-øl] adj
  industriell
**industrious** [in-DAS-tri-øs] adj
  flittig
**industry** [IN-døs-tri] n industri c
**inedible** [in-εD-i-bøl] adj
  uspiselig
**inefficient** [in-i-FISJ-ønt] adj
  udugelig
**inexact** [in-igh-ZÆKHT] adj
  unøyaktig
**inexpensive** [in-ikhs-PεNS-iv] adj
  billig
**inexperienced** [in-ikhs-PIØR-i-
  ønst] adj uerfaren
**infant** [IN-fønt] n spebarn nt
**infantry** [IN-fønt-ri] n infanteri
  nt
**infect** [in-FεKHT] v smitte
**infection** [in-FεKH-sjøn] n smitte
  c
**infectious** [in-FεKH-sjøs] adj
  smittsom
**inferior** [in-FIØR-i-ø] adj
  underlegen
**infinitive** [in-FIN-i-tiv] n infinitiv
  c
**infirmary** [in-FØØM-ør-i] n
  sykestue c
**inflammable** [in-FLÆM-ø-bøl] adj
  ildsfarlig
**inflammation** [in-flø-MEI-sjøn] n
  betennelse c
**inflatable** [in-FLEIT-ø-bøl] adj
  oppblåsbar
**inflate** [in-FLEIT] v blåse opp
**inflation** [in-FLEI-sjøn] n
  inflasjon c
**influence** [IN-flu-øns] n

innflytelse *c; v* påvirke

**influential** [in-flu-ɛN-sjøl] *adj*
innflytelsesrik

**influenza** [in-flu-ɛN-zø] *n*
influensa *c*

**inform** [in-FÅÅM] *v* informere

**informal** [in-FÅÅM-øl] *adj*
uformell

**information** [in-fø-MEI-sjøn] *n*
informasjon *c*

**infra-red** [IN-frø-RɛD] *adj*
infrarød

**infrequent** [in-FRIIKH-wønt] *adj*
sjelden

**ingredient** [in-GHRIID-i-ønt] *n*
ingrediens *c*

**inhabit** [in-HÆB-it] *v* bebo

**inhabitable** [in-HÆB-it-ø-bøl] *adj*
beboelig

**inhabitant** [in-HÆB-it-ønt] *n*
innbygger *c*

**inhospitable** [in-HÅS-pit-ø-bøl]
*adj* ugjestfri

**initial** [i-NISJ-øl] *v* merke med
forbokstaver; *n* forbokstav *c;*
*adj* opprinnelig

**inject** [in-DʒɛKHT] *v* sprøyte inn

**injection** [in-DʒɛKH-sjøn] *n*
injeksjon *c*

**injure** [IN-dʒø] *v* skade

**injured** [IN-dʒød] *adj* skadet

**injury** [IN-dʒør-i] *n* skade *c*

**injustice** [in-DʒAS-tis] *n* urett *c*

**ink** [ingkh] *n* blekk *nt*

**inlet** [IN-lɛt] *n* vik *c*

**inn** [in] *n* vertshus *nt*

**inner** [IN-ø] *adj* indre

**inner tube** [IN-ø tjuub] *n* slange *c*

**innkeeper** [IN-khiip-ø] *n*
vertshusholder *c*

**innocent** [IN-ø-sønt] *adj* uskyldig

**inoculate** [i-NÅKH-ju-leit] *v*
vaksinere

**inoculation** [i-nåkh-ju-LEI-sjøn]
*n* vaksinering *c*

**inquire** [in-KHWAIØ] *v* forhøre seg

**inquiry** [in-KHWAIØR-i] *n*
spørsmål *nt*

**inquiry office** [in-KHWAIØR-i ÅF-
is] *n* informasjonskontor *nt*

**inquisitive** [in-KHWIZ-i-tiv] *adj*
nysgjerrig

**insane** [in-SEIN] *adj* vanvittig

**insanitary** [in-SÆN-i-tør-i] *adj*
usunn

**inscription** [in-SKHRIP-sjøn] *n*
inskripsjon *c*

**insect** [IN-sɛkht] *n* insekt *nt*

**insect bite** [IN-sɛkht bait] *n*
insektstikk *nt*

**insect repellent** [IN-sɛkht ri-pɛL-
ønt] *n* insektmiddel *nt*

**insecticide** [in-SɛKH-ti-said] *n*
insektsdrepende middel *nt*

**insensible** [in-SɛN-sø-bøl] *adj*
følelsesløs

**insert** [in-SØØT] *v* innskyte

**inside** [IN-said] *adj* indre; *adv*
inne

**insides** [IN-saidz] *pl* innvoller *pl*

**insignificant** [in-sigh-NIF-i-
khønt] *adj* ubetydelig

**insincere** [in-sin-SIØ] *adj*
uoppriktig

**insist** [in-SIST] *v* insistere

**insolent** [IN-søl-ønt] *adj* frekk

**insomnia** [in-SÅM-ni-ø] *n*
søvnløshet *c*

**inspect** [in-SPɛKHT] *v* inspisere

**inspection** [in-SPɛKH-sjøn] *n*
inspeksjon *c*

**inspector** [in-SPɛKH-tø] *n*
inspektør *c*

**install** [in-STÅÅL] *v* installere

**installation** [in-stø-LEI-sjøn] *n*
installasjon *c*

**instalment** [in-STÅÅL-mønt] *n*
avdrag *nt*

**instance** [IN-støns] n eksempel nt

**instant** [IN-stønt] n øyeblikk nt

**instantly** [IN-stønt-li] adv øyeblikkelig

**instead of** [in-STED åv] istedenfor

**institute** [IN-sti-tjuut] n institutt nt; v opprette

**institution** [in-sti-TJUU-sjøn] n institusjon c

**instruct** [in-STRAKHT] v undervise

**instruction** [in-STRAKH-sjøn] n undervisning c

**instructor** [in-STRAKH-tø] n instruktør c

**instrument** [IN-stru-mønt] n instrument nt

**insufficient** [in-sø-FISJ-ønt] adj utilstrekkelig

**insulate** [IN-sju-leit] v isolere

**insulation** [in-sju-LEI-sjøn] n isolering c

**insulator** [in-sju-LEIT-ø] n isolator c

**insult** [in-SALT] v fornærme; n fornærmelse c

**insurance** [in-SJUØR-øns] n forsikring c

**insurance policy** [in-SJUØR-øns PÅL-i-si] n forsikringsbrev nt

**insure** [in-SJUØ] v forsikre

**intact** [in-TÆKHT] adj intakt

**intellect** [IN-ti-lɛkht] n intellekt nt

**intellectual** [in-ti-LɛKH-tju-øl] adj intellektuell

**intelligence** [in-TɛL-i-dʒøns] n intelligens c

**intelligent** [in-TɛL-i-dʒønt] adj intelligent

**intend** [in-TɛND] v ha til hensikt

**intense** [in-TɛNS] adj intens

**intention** [in-TɛN-sjøn] n hensikt c

**intentional** [in-TɛN-sjøn-øl] adj tilsiktet

**interest** [IN-trist] n rente c; interesse c; v interessere

**interested** [IN-trist-id] adj interessert

**interesting** [IN-trist-ing] adj interessant

**interfere** [in-tø-FIØ] v gripe inn

**interfere with** [in-tø-FIØ wið] v blande seg inn i

**interference** [in-tø-FIØR-øns] n innblanding c

**interim** [IN-tør-im] n mellomtiden c

**interior** [in-TIØR-i-ø] n innside c

**interlude** [IN-tø-luud] n mellomspill nt

**intermission** [in-tø-MISJ-øn] n pause c

**internal** [in-TØØ-nøl] adj indre

**international** [in-tø-NÆSJ-øn-øl] adj internasjonal

**interpret** [in-TØØ-prit] v tolke

**interpreter** [in-TØØ-prit-ø] n tolk c

**interrogate** [in-TɛR-ø-gheit] v spørre ut

**interrogative** [in-tø-RÅGH-ø-tiv] adj spørre-

**interrupt** [in-tø-RAPT] v avbryte

**interruption** [in-tø-RAP-sjøn] n avbrudd nt

**intersection** [in-tø-SɛKH-sjøn] n skjæringspunkt nt

**interval** [IN-tø-vøl] n mellomtid c

**interview** [IN-tø-vjuu] n intervju nt

**intestine** [in-TɛS-tin] n tarm c

**intimate** [IN-ti-mit] adj intim

**into** [IN-tu] prep inn i

**intoxicated** [in-TÅKHS-i-kheit-id] adj beruset

**introduce** [in-trø-DJUUS] v

innføre; presentere
**introduction** [in-trø-DAKH-sjøn] *n*
innføring *c;* presentasjon *c*
**invade** [in-VEID] *v* invadere
**invalid** [in-VÆL-id] *adj* vanfør; *n*
invalid *c*
**invent** [in-VƐNT] *v* oppfinne
**invention** [in-VƐN-sjøn] *n*
oppfinnelse *c*
**inventor** [in-VƐN-tø] *n* oppfinner
*c*
**inventory** [IN-VƐN-tri] *n*
vareopptelling *c*
**invest** [in-VƐST] *v* investere
**investigate** [in-VƐS-ti-gheit] *v*
etterforske
**investment** [in-VƐST-mønt] *n*
investering *c*
**investor** [in-VƐS-tø] *n* investor *c*
**invisible** [in-VIZ-i-bøl] *adj*
usynlig
**invitation** [in-vi-TEI-sjøn] *n*
invitasjon *c*
**invite** [in-VAIT] *v* invitere
**invoice** [IN-våis] *n* faktura *c*
**involve** [in-VÅLV] *v* innblande
**inwards** [IN-wødz] *adv* innover
**iodine** [AI-ø-diin] *n* jod *c*
**Ireland** [AIØ-lønd] *n* Irland *nt*
**Irish** [AIØR-isj] *n* irlender *c; adj*
irsk
**iron** [AI-øn] *n* strykejern *nt;* jern
*nt; v* stryke
**ironworks** [AI-øn-wøkhs] *n*
jernverk *nt*
**irregular** [i-RƐGH-ju-lø] *adj*
uregelmessig
**irritable** [IR-it-ø-bøl] *adj* irritabel
**irritate** [IR-i-teit] *v* irritere
**is** [iz] *v* (*pr* be)
**island** [AI-lønd] *n* øy *f*
**isn't** [IZ-ønt] *v* (**is not**)
**isolated** [ai-sø-LEIT-id] *adj* isolert
**isolation** [ai-sø-LEI-sjøn] *n*

isolasjon *c*
**Israel** [IZ-reil] *n* Israel *nt*
**Israeli** [iz-REIL-i] *n* israeler *c; adj*
israelsk
**issue** [IS-juu] *v* gi ut
**isthmus** [IS-møs] *n* nes *nt*
**it** [it] *pron* det
**Italian** [i-TÆL-jøn] *n* italiener *c;*
*adj* italiensk
**italics** [i-TÆL-ikhs] *pl* kursiv *c*
**Italy** [IT-ø-li] *n* Italia *nt*
**itch** [itsj] *n* kløe *c*
**item** [AIT-øm] *n* artikkel *c*
**itinerant** [i-TIN-ør-ønt] *adj*
omreisende
**itinerary** [ai-TIN-ør-ør-i] *n*
reiserute *c*
**it's** [its] *v* (**it is, it has**)
**I've** [aiv] *v* (**I have**)
**ivory** [AIV-ør-i] *n* elfenben *nt*

**jack** [dʒækh] *n* jekk *c;* knekt *c*
**jacket** [DʒÆKH-it] *n* jakke *c*
**jade** [dʒeid] *n* jade *c*
**jail** [dʒeil] *n* fengsel *nt*
**jam** [dʒæm] *n* trafikkork *c*
**January** [DʒÆN-ju-ør-i] *n* januar
*c*
**Japan** [dʒø-PÆN] *n* Japan *nt*
**Japanese** [dʒæp-ø-NIIZ] *n*
japaner *c; adj* japansk
**jar** [dʒar] *n* krukke *c*
**jaundice** [DʒÅÅN-dis] *n* gulsott *c*
**jaw** [dʒåå] *n* kjeve *c*
**jazz** [dʒæz] *n* jazz *c*
**jealous** [DʒƐL-øs] *adj* sjalu
**jeans** [dʒiinz] *pl* olabukser *pl*
**jeep** [dʒiip] *n* jeep *c*
**jelly** [DʒƐL-i] *n* gelé *c*
**jersey** [DʒØØ-zi] *n* jersey *c;*
genser *c*
**jet** [dʒɛt] *n* jetfly *nt*
**jetty** [DʒƐT-i] *n* molo *c*

**Jew** [dʒuu] n jøde c
**jewel** [DʒUU-øl] n smykke nt
**jeweller** [DʒUU-øl-ø] n gullsmed c
**jewellery** [DʒUU-øl-ri] n smykker pl
**Jewish** [DʒUU-isj] adj jødisk
**job** [dʒåb] n arbeid nt
**jockey** [DʒÅKH-i] n jockey c
**join** [dʒåin] v forene
**joint** [dʒåint] n ledd nt
**jointly** [DʒÅINT-li] adv i fellesskap
**joke** [dʒåukh] n spøk c
**joker** [DʒÅUKH-ø] n joker c
**jolly** [DʒÅL-i] adj lystig
**journal** [DʒØØ-nøl] n tidsskrift nt
**journalism** [DʒØØ-nøl-izm] n journalistikk c
**journalist** [DʒØØ-nøl-ist] n journalist c
**journey** [DʒØØ-ni] n reise c
**joy** [dʒåi] n glede c
**joyful** [DʒÅI-ful] adj glad
**judge** [dʒadʒ] n dommer c; v bedømme
**judgment** [DʒADʒ-mønt] n bedømmelse c
**jug** [dʒagh] n mugge c
**Jugoslav** [juu-ghåu-SLARV] adj jugoslavisk; n jugoslav c
**Jugoslavia** [juu-ghåu-SLARV-jø] n Jugoslavia nt
**juice** [dʒuus] n saft c
**juicy** [DʒUUS-i] adj saftig
**July** [dʒu-LAI] n juli c
**jump** [dʒamp] v hoppe; n hopp nt
**jumper** [DʒAMP-ø] n jumper c
**junction** [DʒANGKH-sjøn] n knutepunkt nt
**June** [dʒuun] n juni c
**jungle** [DʒANG-ghøl] n jungel c
**junk** [dʒangkh] n skrap nt
**jury** [DʒUØR-i] n jury c
**just** [dʒast] adv akkurat; adj rettferdig

**justice** [DʒAS-tis] n rettferdighet c
**juvenile** [DʒUU-vi-nail] adj ungdoms-

**keen** [khiin] adj skarp
* **keep** [khiip] v holde
* **keep off** [khiip åf] v holde seg fra
* **keep on** [khiip ån] v fortsette
* **keep quiet** [khiip KHWAI-øt] v tie
**keg** [khɛgh] n liten tønne c
**kennel** [KHƐN-øl] n kennel c
**kept** [khɛpt] v (p, pp keep)
**kerosene** [KHƐR-ø-siin] n petroleum nt
**kettle** [KHƐT-øl] n kjele c
**key** [khii] n nøkkel c
**keyhole** [KHII-håul] n nøkkelhull nt
**khaki** [KHARKH-i] n kaki c
**kick** [khikh] v sparke
**kick-off** [KHIKH-åf] n avspark nt
**kid** [khid] v drive gjøn med; n unge c; kidskinn nt
**kidney** [KHID-ni] n nyre c
**kill** [khil] v drepe
**kilogram** [KHIL-ø-ghræm] n kilo nt
**kilometre** [KHIL-ø-mii-tø] n kilometer c
**kind** [khaind] adj vennlig; n sort c
**kindergarten** [KHIN-dø-ghar-tøn] n barnehage c
**king** [khing] n konge c
**kingdom** [KHING-døm] n kongerike nt
**kiosk** [KHI-åskh] n kiosk c
**kiss** [khis] n kyss nt; v kysse
**kit** [khit] n utstyr nt
**kitchen** [KHITSJ-in] n kjøkken nt
**kleenex** [KHLIIN-økhs] n

papirlommetørkle *nt*
**knapsack** [NÆP-sækh] *n* ransel *c*
**knave** [neiv] *n* knekt *c*
**knee** [nii] *n* kne *nt*
* **kneel** [niil] *v* knele
**knelt** [nɛlt] *v* (*p, pp* **kneel**)
**knew** [njuu] *v* (*p* **know**)
**knife** [naif] *n* kniv *c*
**knit** [nit] *v* strikke
**knitting** [NIT-ing] *n* strikkearbeid *c*
**knob** [nåb] *n* rundt håndtak *nt*
**knock** [nåkh] *n* banking *nt; v* banke
**knock against** [nåkh ø-GHɛNST] *v* støte på
**knock down** [nåkh daun] *v* slå ned
**knot** [nåt] *n* knute *c*
* **know** [nåu] *v* kjenne; vite
**knowledge** [NÅL-idȝ] *n* kunnskap *c*
**known** [nåun] *v* (*pp* **know**)
**knuckle** [NAKH-øl] *n* knoke *c*

**label** [LEIB-øl] *n* etikett *c; v* sette merkelapp på
**laboratory** [lø-BÅR-ø-ø-tri] *n* laboratorium *nt*
**labour** [LEIB-ø] *n* arbeid *nt*
**labour permit** [LEIB-ø PØØ-mit] *n* arbeidstillatelse *c*
**labourer** [LEIB-ør-ø] *n* arbeider *c*
**labour-saving** [LEIB-ø-seiv-ing] *adj* arbeidsbesparende
**lace** [leis] *n* kniplinger *pl*
**laces** [LEIS-iz] *pl* lisser *c*
**lack** [lækh] *n* mangel *c; v* mangle
**lacquer** [LÆKH-ø] *n* lakk *c*
**lad** [læd] *n* gutt *c*
**ladder** [LÆD-ø] *n* stige *c*
**ladies' room** [LEID-iz ruum] *n* dametoalett *nt*

**lady** [LEID-i] *n* dame *c*
**lain** [lein] *v* (*pp* **lie**)
**lake** [leikh] *n* innsjø *c*
**lakeside** [LEIKH-said] *n* innsjøbredd *c*
**lamb** [læm] *n* lammekjøtt *nt*
**lame** [leim] *adj* lam
**lamp** [læmp] *n* lampe *c*
**lamp-post** [LÆMP-påust] *n* lyktestolpe *c*
**lampshade** [LÆMP-sjeid] *n* lampeskjerm *c*
**land** [lænd] *n* land *nt;* jord *c; v* gå i land
**landing** [LÆN-ding] *n* ilandstigning *c*
**landlady** [LÆND-leid-i] *n* vertinne *c*
**landlord** [LÆND-låd] *n* vert *c*
**landmark** [LÆND-markh] *n* landmerke *nt*
**landscape** [LÆND-skheip] *n* landskap *nt*
**lane** [lein] *n* smal vei *c*
**language** [LÆNG-ghwidȝ] *n* språk *nt*
**lantern** [LÆN-tøn] *n* lykt *c*
**lapel** [lø-PɛL] *n* slag *nt*
**lard** [lard] *n* smult *c*
**larder** [LARD-ø] *n* spiskammer *nt*
**large** [lardȝ] *adj* stor
**last** [larst] *v* vare; *adj* sist
**lasting** [LARST-ing] *adj* varig
**latchkey** [LÆTSJ-khii] *n* portnøkkel *c*
**late** [leit] *adj* sen
**lately** [LEIT-li] *adv* nylig
**later** [LEIT-ø] *adj* senere
**latest** [LEIT-ist] *adj* senest
**Latin America** [LÆT-in ø-MɛR-i-khø] *n* Latin-Amerika *nt*
**Latin American** [LÆT-in ø-MɛR-i-khøn] *adj* latin-amerikansk; *n* Latin-Amerika *nt*

**laugh** [larf] *v* le; *n* latter *c*

**laughter** [LARF-tø] *n* latter *c*

**launch** [lååntsj] *v* sette i gang

**launderette** [låån-dør-ɛт] *n* selvbetjeningsvaskeri *nt*

**laundry** [LÅÅN-dri] *n* vaskeri *nt;* vask *c*

**lavatory** [LÆV-ø-tri] *n* toalett *nt*

**law** [låå] *n* lov *c*

**law courts** [låå khååts] *pl* domstol *c*

**lawful** [LÅÅ-ful] *adj* lovlig

**lawn** [låån] *n* gressplen *c*

**lawyer** [LÅÅ-jø] *n* advokat *c*

**laxative** [LÆKHS-ø-tiv] *n* avføringsmiddel *nt*

*** lay** [lei] *v* legge

**lazy** [LEIZ-i] *adj* doven

**lead** [lɛd] *n* bly *nt;* hunderem *c; v* lede

**leader** [LIID-ø] *n* fører *c*

**leading** [LIID-ing] *adj* ledende

**leaf** [liif] *n* blad *nt*

**leak** [liikh] *v* lekke; *n* lekkasje *c*

*** lean** [liin] *v* lene seg; *adj* mager

*** leap** [liip] *v* springe

*** leap-year** [LIIP-jøø] *n* skuddår *nt*

*** learn** [løøn] *v* lære

**learner** [LØØN-ø] *n* elev *c*

**learnt** [løønt] *v* (*p, pp* learn)

**lease** [liis] *n* leiekontrakt *c*

**least** [liist] *adj* minst; *n* minst

**leather** [Lɛð-ø] *n* lær *nt*

*** leave** [liiv] *v* forlate

*** leave out** [liiv aut] *v* utelate

**lecture** [LɛKH-tsjø] *n* foredrag *nt*

**lecturer** [LɛKH-tsjør-ø] *n* universitetslektor *c*

**led** [lɛd] *v* (*p, pp* lead)

**left** [lɛft] *adj* venstre

**left luggage office** [lɛft LAGH-idʒ ΑF-is] *n* oppbevaring *c*

**left-hand** [LɛFT-hænd] *adj* venstre

**leg** [lɛgh] *n* ben *nt*

**legal** [LIIGH-øl] *adj* legal

**legation** [li-GHEI-sjøn] *n* legasjon *c*

**leisure** [Lɛʒ-ø] *n* fritid *c*

**lemon** [Lɛм-øn] *n* sitron *c*

*** lend** [lɛnd] *v* låne ut

**length** [lɛngΘ] *n* lengde *c*

**lengthen** [LɛNGΘ-øn] *v* forlenge

**lengthways** [LɛNGΘ-weiz] *adv* på langs

**lens** [lɛnz] *n* linse *c*

**lent** [lɛnt] *v* (*p, pp* lend)

**less** [lɛs] *adv* mindre

**lessen** [Lɛs-øn] *v* minske

**lesson** [Lɛs-øn] *n* lekse *c*

*** let** [lɛt] *v* la; slippe

**letter** [Lɛτ-ø] *n* brev *nt*

**letter of credit** [Lɛτ-ør øv KHRɛd-it] *n* akkreditiv *nt*

**letterbox** [Lɛτ-ø-båkhs] *n* postkasse *c*

**lettuce** [Lɛτ-is] *n* bladsalat *c*

**level** [Lɛv-øl] *adj* jevn

**level crossing** [Lɛv-øl KHRÅs-ing] *n* planovergang *c*

**lever** [LIIV-ø] *n* løftestang *c*

**levis** [LII-vaiz] *n* dongeribukser *pl*

**liability** [lai-ø-BIL-i-ti] *n* ansvar *nt*

**liable** [LAI-ø-bøl] *adj* ansvarlig

**liberal** [LIB-ør-øl] *adj* liberal

**liberty** [LIB-ø-ti] *n* frihet *c*

**library** [LAIB-rø-ri] *n* bibliotek *nt*

**licence** [LAI-søns] *n* tillatelse *c*

**license** [LAI-søns] *v* gi tillatelse

**lid** [lid] *n* lokk *nt*

*** lie** [lai] *v* ligge; *n* løgn *c*

*** lie down** [lai daun] *v* legge seg nedpå

**life** [laif] *n* liv *nt*

**life insurance** [laif in-SJUØR-øns] *n* livsforsikring *c*

**lifetime** [LAIF-taim] *n* levetid *c*

**lift** [lift] *v* løfte; *n* heis *c*

**light** [lait] *n* lys *nt; adj* lett; lys; *v* tenne

**light bulb** [lait balb] *n* lyspære *c*

**light meal** [lait miil] *n* lett måltid *nt*

**lighter** [LAIT-ø] *n* lighter *c*

**lighthouse** [LAIT-haus] *n* fyrtårn *nt*

**lighting** [LAIT-ing] *n* belysning *c*

**lightning** [LAIT-ning] *n* lyn *nt*

**like** [laikh] *v* like; *adj* lik; *prep* som

**likely** [LAIKH-li] *adv* sannsynlig

**likewise** [LAIKH-waiz] *adv* likeså

**limb** [lim] *n* lem *c*

**lime** [laim] *n* limon *c*

**limit** [LIM-it] *n* grense *c; v* begrense

**limited** [LIM-it-id] *adj* begrenset

**limp** [limp] *v* halte; *adj* slapp

**line** [lain] *n* linje *c;* kø *c*

**linen** [LIN-in] *n* lintøy *nt;* lin *c*

**liner** [LAIN-ø] *n* passasjerbåt *c*

**lingerie** [LARNG-ʒør-i] *n* dameundertøy *nt*

**lining** [LAIN-ing] *n* fôr *c*

**link** [lingkh] *n* forbindelse *c; v* forbinde

**links** [lingkhs] *pl* mansjettknapper; golfbane *c*

**lip** [lip] *n* leppe *c*

**lipsalve** [LIP-sarv] *n* leppepomade *c*

**lipstick** [LIP-stikh] *n* leppestift *c*

**liquid** [LIKH-wid] *n* flytende

**liquorice** [LIKH-ø-ris] *n* lakris *c*

**list** [list] *n* liste *c;* v innskrive

**listen** [LIS-øn] *v* lytte

**listener** [LIS-nø] *n* lytter *c*

**lit** [lit] *v* (*p, pp* light)

**literary** [LIT-ør-ør-i] *adj* litteratur-

**literature** [LIT-rø-tsjø] *n* litteratur *c*

**litre** [LII-tø] *n* liter *c*

**litter** [LIT-ø] *n* avfall *nt*

**little** [LIT-øl] *adj* liten

**little by little** [LIT-øl bai LIT-øl] litt etter litt

**live** [laiv] *adj* levende; *v* leve

**lively** [LAIV-li] *adj* livlig

**liver** [LIV-ø] *n* lever *c*

**living** [LIV-ing] *n* liv *nt*

**living-room** [LIV-ing-ruum] *n* dagligstue *c*

**load** [låud] *n* last *c; v* laste

**loaf** [låuf] *n* brød *nt*

**loan** [låun] *n* lån *c*

**lobby** [LÅB-i] *n* vestibyle *c*

**lobster** [LÅB-stø] *n* hummer *c*

**local** [LÅUKH-øl] *adj* lokal

**local call** [LÅUKH-øl khåål] *n* lokalsamtale *c*

**local train** [LÅUKH-øl trein] *n* lokaltog *nt*

**locality** [låu-KHÆL-i-ti] *n* trakt *c*

**locate** [låu-KHEIT] *v* lokalisere

**location** [låu-KHEI-sjøn] *n* beliggenhet *c*

**lock** [låkh] *n* lås *c; v* låse

**lock up** [låkh ap] *v* låse inne

**locomotive** [LÅU-khø-måu-tiv] *n* lokomotiv *nt*

**lodge** [lådʒ] *v* huse

**lodger** [LÅDʒ-ø] *n* leieboer *c*

**lodgings** [LÅDʒ-ingz] *pl* losji *nt*

**log** [lågh] *n* kubbe *c*

**logic** [LÅDʒ-ikh] *n* logikk *c*

**lonely** [LÅUN-li] *adj* ensom

**long** [lång] *adj* lang

**long ago** [lång ø-GHÅU] *adv* for lenge siden

**long for** [lång fåå] *v* lengte etter

**longer** [LÅNG-ghø] *adj* lengre

**longing** [LÅNG-ing] *n* lengsel *c*

**longitude** [LÅNG-ghi-tjuud] *n*

lengdegrad *c*

**long-playing record** [LÅNG-plei-ing REKH-åård] *n* LP-plate *c*

**look** [lukh] *v* se; *n* utseende *nt*

**look after** [lukh ARF-tø] *v* passe

**look at** [lukh æt] *v* se på

**look for** [lukh fåå] *v* lete etter

**look out** [lukh aut] *v* se opp

**look up** [lukh ap] *v* slå opp

**looking-glass** [LUKH-ing-ghlars] *n* speil *nt*

**loose** [luus] *adj* løs

**loosen** [LUUS-øn] *v* løsne

**lord** [lååd] *n* lord *c*

**lorry** [LÅR-i] *n* lastebil *c*

* **lose** [luuz] *v* miste

**loss** [lås] *n* tap *nt*

**lost** [låst] *v* (*p, pp* lose)

**lost and found** [låst ønd faund] hittegods *nt*

**lost property office** [låst PRÅP-ø-ti AF-is] *n* hittegodskontor *nt*

**lot** [låt] *n* lodd *c;* masse *c*

**lotion** [LÅU-sjøn] *n* lotion *c*

**lottery** [LÅT-ør-i] *n* lotteri *nt*

**loud** [laud] *adj* høy

**loud-speaker** [LAUD-spiikh-ø] *n* høyttaler *c*

**lounge** [laundʒ] *n* salong *c*

**love** [lav] *n* kjærlighet *c; v* elske

**lovely** [LAV-li] *adj* yndig

**love-story** [LAV-ståå-ri] *n* kjærlighetsfortelling *c*

**low** [låu] *adj* lav

**low season** [låu SIIZ-øn] *n* lavsesong *c*

**low tide** [låu taid] *n* lavvann *nt*

**lower** [LÅU-ø] *adj* nedre

**lower berth** [LÅU-ø bøøΘ] *n* underkøye *c*

**lowland** [LÅU-lønd] *n* lavland *nt*

**loyal** [LÅI-øl] *adj* lojal

**lubricate** [LUU-bri-kheit] *v* smøre

**lubrication** [luu-bri-KHEI-sjøn] *n*

smøring *c*

**lubrication oil** [luu-bri-KHEI-sjøn åil] *n* smøreolje *c*

**lubrication system** [luu-bri-KHEI-sjøn SIS-tim] *n* smøringssystem *nt*

**luck** [lakh] *n* hell *nt*

**lucky** [LAKH-i] *adj* heldig

**lucky charm** [LAKH-i tsjarm] *n* maskott *c*

**luggage** [LAGH-idʒ] *n* bagasje *c*

**luggage rack** [LAGH-idʒ rækh] *n* bagasjehylle *c*

**luggage van** [LAGH-idʒ væn] *n* bagasjevogn *c*

**lukewarm** [LUUKH-wååm] *adj* lunken

**lumbago** [lam-BEI-ghåu] *n* lumbago *c*

**luminous** [LUU-min-øs] *adj* lysende

**lump** [lamp] *n* stykke *nt*

**lump sum** [lamp sam] *n* rund sum *c*

**lumpy** [LAMP-i] *adj* klumpet

**lunch** [lantsj] *n* lunsj *c*

**lunch time** [lantsj taim] *n* lunsjtid *c*

**luncheon** [LANTSJ-øn] *n* lunsj *c*

**lung** [lang] *n* lunge *c*

**luxurious** [lagh-ʒUØR-i-øs] *adj* luksuriøs

**luxury** [LAKH-sjør-i] *n* luksus *c*

**lying** [LAI-ing] *n* løgn *c*


**machine** [mø-SJIIN] *n* maskin *c*

**machinery** [mø-SJIIN-ør-i] *n* maskineri *nt*

**mackerel** [MÆKH-røl] *n* makrell *c*

**mackintosh** [MÆKH-in-tåsj] *n* regnfrakk *c*

**mad** [mæd] *adj* vanvittig

**madam** [MÆD-øm] *n* frue *c*

**made** [meid] *v* (*p, pp* **make**)
**made of** [meid åv] laget av
**made-to-order** [meid-tu-ÅÅ-dø] *adj* laget på bestilling
**magazine** [mægh-ø-ZIIN] *n* tidsskrift *nt*
**magic** [MÆDʒ-ikh] *n* magi *c*
**magistrate** [MÆDʒ-is-treit] *n* dommer *c*
**magnetic** [mægh-NɛT-ikh] *adj* magnetisk
**magneto** [mægh-NII-tåu] *n* tennmagnet *c*
**magnificent** [mægh-NIF-i-sønt] *adj* praktfull
**maid** [meid] *n* hushjelp *c*
**maiden name** [MEID-øn neim] *n* pikenavn *nt*
**mail** [meil] *v* poste; *n* post *c*
**mail-box** [MEIL-båkhs] *n* postkasse *c*
**main** [mein] *adj* hoved-
**main line** [mein lain] *n* hovedlinje *c*
**main road** [mein råud] *n* hovedvei *c*
**main street** [mein striit] *n* hovedgate *f*
**mainland** [MEIN-lønd] *n* fastland *nt*
**maintain** [mɛn-TEIN] *v* opprettholde
**maintenance** [MEIN-tin-øns] *n* vedlikehold *nt*
**maize** [meiz] *n* mais *c*
**major** [MEI-dʒø] *adj* større
**majority** [mø-DʒÅR-it-i] *n* flertall *nt*
**\* make** [meikh] *v* lage
**make-up** [MEIKH-ap] *n* sminke *c*
**malaria** [mø-Lɛøʀ-i-ø] *n* malaria *c*
**male** [meil] *adj* hann-
**mallet** [MÆL-it] *n* kølle *c*

**mammal** [MÆM-øl] *n* pattedyr *nt*
**man** [mæn] *n* (*pl* **men**) mann *c*
**manage** [MÆN-idʒ] *v* bestyre
**management** [MÆN-idʒ-mønt] *n* ledelse *c*
**manager** [MÆN-idʒ-ø] *n* bestyrer *c*
**mandarin** [MÆN-dør-in] *n* mandarin *c*
**manicure** [MÆN-i-khjuø] *v* manikyrere; *n* manikyr *c*
**mankind** [mæn-KHAIND] *n* menneskehet *c*
**mannequin** [MÆN-i-khin] *n* utstillingsdukke *c*
**manner** [MÆN-ø] *n* måte *c*
**manners** [MÆN-øz] *pl* oppførsel *c*
**manor house** [MÆN-ø haus] *n* herregård *c*
**mansion** [MÆN-sjøn] *n* herregård *c*
**manual** [MÆN-ju-øl] *adj* hånd-
**manufacture** [mæn-ju-FÆKH-tsjø] *v* fabrikere
**manufactured** [mæn-ju-FÆKH-tsjød] *adj* fabrikert
**manufacturer** [mæn-ju-FÆKH-tsjør-ø] *n* fabrikant *c*
**manuscript** [MÆN-ju-skhript] *n* manuskript *nt*
**many** [MɛN-i] *adj* mange
**map** [mæp] *n* kart *nt*
**marble** [MAR-bøl] *n* marmor *c*
**march** [martsj] *n* marsj *c*; *v* marsjere
**March** [martsj] *n* mars *c*
**margarine** [MAR-dʒør-iin] *n* margarin *c*
**margin** [MAR-dʒin] *n* rand *c*
**maritime** [MÆR-i-taim] *adj* sjø~
**mark** [markh] *v* merke; *n* merke *nt*
**market** [MAR-khit] *n* marked *nt*
**market place** [MAR-khit pleis] *n*

torv *nt*
**marmalade** [MAR-mø-leid] *n*
marmelade *c*
**marriage** [MÆR-idʒ] *n* ekteskap
*nt*
**married** [MÆR-id] *adj* gift
**married couple** [MÆR-id KHAP-øl]
*n* ektepar *nt*
**marry** [MÆR-i] *v* gifte seg
**marsh** [marsj] *n* sump *c*
**marshy** [MARSJ-i] *adj* sumpet
**marvel** [MAR-vøl] *n* vidunder *nt; v*
undre seg
**marvellous** [MAR-vil-øs] *adj*
vidunderlig
**mascara** [mæs-KHAR-rø] *n*
mascara *c*
**masculine** [MARS-khju-lin] *adj*
maskulin
**mass** [mæs] *n* masse *c*
**Mass** [mæs] *n* messe *c*
**massage** [mø-SARDʒ] *v* massere;
*n* massasje *c*
**masseur** [mæ-SØØ] *n* massør *c*
**massive** [MÆS-iv] *adj* massiv
**mass-production** [mæs-prø-
DAKH-sjøn] *n* masseproduksjon
*c*
**master** [MARS-tø] *n* mester *c; v*
mestre
**masterpiece** [MARS-tø-piis] *n*
mesterverk *nt*
**mat** [mæt] *n* matte *c*
**match** [mætsj] *n* kamp *c;*
fyrstikk *c*
**match-box** [MÆTSJ-båkhs] *n*
fyrstikkeske *c*
**material** [mø-TIØR-i-øl] *n* stoff *nt*
**mathematics** [mæΘ-i-MÆT-ikhs]
*n* matematikk *c*
**matter** [MÆT-ø] *n* materiale *nt;*
sak *c; v* være av betydning
**mattress** [MÆT-ris] *n* madrass *c*
**mature** [mø-TJUØ] *adj* moden

**maturity** [mø-TJUØR-it-i] *n*
modenhet *c*
**mauve** [måuv] *adj* grålilla
* **may** [mei] *v* kunne
**May** [mei] *n* mai *c*
**May Day** [mei dei] *n* første mai *c*
**maybe** [MEI-bii] *adv* kanskje
**mayor** [mæø] *n* borgermester *c*
**me** [mii] *pron* meg
**meadow** [MED-åu] *n* eng *c*
**meal** [miil] *n* måltid *nt*
* **mean** [miin] *v* mene; *n*
gjennomsnitt *nt; adj* simpel
**meaning** [MIIN-ing] *n* mening *c*
**meaningless** [MIIN-ing-lis] *adj*
meningsløs
**means** [miinz] *pl* middel *c;*
midler *pl*
**meant** [mɛnt] *v* (*p, pp* **mean**)
**meanwhile** [MIIN-wail] *adv* i
mellomtiden
**measles** [MII-zølz] *n* meslinger *pl*
**measure** [MEʒ-ø] *v* måle; *n* mål *nt*
**meat** [miit] *n* kjøtt *nt*
**mechanic** [mi-KHÆN-ikh] *n*
mekaniker *c*
**mechanical** [mi-KHÆN-ikh-øl]
*adj* mekanisk
**mechanism** [MEKH-ø-nizm] *n*
mekanisme *c*
**medal** [MED-øl] *n* medalje *c*
**mediaeval** [mɛd-i-II-vøl] *adj*
middelaldersk
**medical** [MED-ikh-øl] *adj*
medisinsk
**medical examination** [MED-ikh-
øl igh-zæm-i-NEI-sjøn] *n*
legeundersøkelse *c*
**medicine** [MED-sin] *n* medisin *c*
**Mediterranean** [mɛd-i-tø-REI-ni-
øn] *n* Middelhavet *nt*
**medium** [MII-di-øm] *adj* middel-
* **meet** [miit] *v* møte
**meeting** [MIIT-ing] *n* møte *nt*

**meeting-place** [MIIT-ing-pleis] *n* møtested *nt*

**mellow** [MEL-åu] *adj* saftig

**melodrama** [MEL-ø-drar-mø] *n* melodrama *nt*

**melody** [MEL-ø-di] *n* melodi *c*

**melon** [MEL-øn] *n* melon *c*

**melt** [mɛlt] *v* smelte

**melted** [MELT-id] *adj* smeltet

**member** [MEM-bø] *n* medlem *nt*

**membership** [MEM-bø-sjip] *n* medlemskap *nt*

**memo** [MEM-åu] *n* opptegnelse *c*

**memorable** [MEM-ør-ø-bøl] *adj* minneverdig

**memorial** [mi-MÅÅ-ri-øl] *n* minnesmerke *nt*

**memorize** [MEM-ø-raiz] *v* huske

**memory** [MEM-ø-ri] *n* hukommelse *c*

**mend** [mɛnd] *v* reparere

**men's room** [mɛnz ruum] *n* herretoalett *nt*

**mental** [MEN-tøl] *adj* mental

**mention** [MEN-sjøn] *n* omtale *c; v* nevne

**menu** [MEN-juu] *n* meny *c*

**merchandise** [MØØ-tsjøn-daiz] *n* varer *pl*

**merchant** [MØØ-tsjønt] *n* grosserer *c*

**merit** [MER-it] *v* fortjene; *n* fortjeneste *nt*

**merry** [MER-i] *adj* munter

**mesh** [mɛsj] *n* nett *nt*

**mess** [mɛs] *n* rot *nt*

**mess up** [mɛs ap] *v* rote

**message** [MES-idʒ] *n* meddelelse *c*

**messenger** [MES-in-dʒø] *n* bud *nt*

**met** [mɛt] *v* (*p, pp* **meet**)

**metal** [MET-øl] *n* metall *nt; adj* metall-

**meter** [MII-tø] *n* måler *c*

**method** [MEƟ-ød] *n* metode *c*

**methodical** [mi-ƟAD-ikh-øl] *adj* metodisk

**methylated spirits** [MEƟ-il-eit-id SPIR-its] *n* (*abbr* **meths**) denaturert sprit *c*

**metre** [MII-tø] *n* meter *c*

**metric** [MET-rikh] *adj* metrisk

**Mexican** [MEKHS-i-khøn] *adj* meksikansk; *n* meksikaner *c*

**Mexico** [MEKHS-i-khåu] *n* Mexico *nt*

**mezzanine** [MEZ-ø-niin] *n* mellometasje *c*

**microphone** [MAIKH-rø-fåun] *n* mikrofon *c*

**midday** [MID-dei] *n* klokken tolv

**middle** [MID-øl] *adj* mellomste

**middle-class** [MID-øl-KHLARS] *n* middelklasse *c*

**midnight** [MID-nait] *n* midnatt *c*

**midsummer** [MID-sam-ø] *n* midtsommer *c*

**midway** [mid-WEI] *adv* halvveis

**might** [mait] *v* (*p* **may**); *n* makt *c*

**mightn't** [MAIT-ønt] *v* (**might not**)

**mighty** [MAIT-i] *adj* mektig

**migraine** [MI-ghrein] *n* migrene *c*

**mild** [maild] *adj* mild

**mile** [mail] *n* mile *c*

**mileage** [MAIL-idʒ] *n* milantall *nt*

**milepost** [MAIL-påust] *n* veiskilt *nt*

**milestone** [MAIL-ståun] *n* milesten *c*

**military** [MIL-i-tør-i] *adj* militær-

**milk** [milkh] *n* melk *c*

**milk-bar** [MILKH-bar] *n* melkebar *c*

**milkman** [MILKH-møn] *n* (*pl* **men**) melkemann *c*

**milk-shake** [MILKH-sjeikh] *n* milk-shake *c*

milky [MILKH-i] *adj* melkeaktig
mill [mil] *n* kvern *c*
miller [MIL-ø] *n* møller *c*
milliner [MIL-in-ø] *n* modist *c*
million [MIL-jøn] *n* million *c*
millionaire [mil-jøn-εø] *n*
millionær *c*
mince [mins] *v* finhakke
mind [maind] *v* passe seg for; bry
seg om; *n* sinn *nt*
mine [main] *n* gruve *c*
miner [MAIN-ø] *n* gruvearbeider *c*
mineral [MIN-ør-øl] *n* mineral *nt*
mineral water [MIN-ør-øl WÅÅ-tø]
*n* mineralvann *nt*
miniature [MIN-jø-tsjø] *n*
miniatyr *c*
minimum [MIN-im-øm] *n*
minimum *nt*
mining [MAIN-ing] *n* gruvedrift *c*
minister [MIN-is-tø] *n* prest *c;*
statsråd *c*
ministry [MIN-is-tri] *n*
departement *nt*
minor [MAIN-ø] *adj* mindre
minority [mai-NÅR-it-i] *n*
mindretall *nt*
mint [mint] *n* mynte *c*
minus [MAIN-øs] *prep* minus
minute [mai-NJUUT] *adj* bitte
liten; *n* minutt *nt*
miracle [MIR-ø-khøl] *n* mirakel
*nt*
miraculous [mi-RÆKH-ju-løs] *adj*
mirakuløs
mirror [MIR-ø] *n* speil *nt*
miscellaneous [mis-i-LEIN-i-øs]
*adj* diverse
mischief [MIS-tsjif] *n* spilopper
*pl*
mischievous [MIS-tsjiv-øs] *adj*
skøyeraktig
miserable [MIZ-ør-ø-bøl] *adj*
elendig

misery [MIZ-ør-i] *n* elendighet *c*
misfortune [mis-FÅÅ-tsjøn] *n*
uhell *nt*
mislaid [mis-LEID] *v* (*p, pp*
mislay)
* mislay [mis-LEI] *v* forlegge
mispronounce [mis-prø-NAUNS] *v*
uttale galt
miss [mis] *v* savne; frøken
missing [MIS-ing] *adj* manglende
missing person [MIS-ing PØØ-søn]
*n* savnet *c*
mist [mist] *n* dis *c*
* mistake [mis-TEIKH] *v* ta feil; *n*
feiltakelse *c*
mistaken [mis-TEIKH-øn] *adj*
misforstått
mistook [mis-TUKH] *v* (*p* mistake)
misty [MIST-il] *adj* disig
* misunderstand [mis-an-dø-
STÆND] *v* misforstå
misunderstanding [mis-an-dø-
STÆND-ing] *n* misforståelse *c*
mittens [MIT-ønz] *pl* votter *pl*
mix [mikhs] *v* blande
mixed [mikhst] *adj* blandet
mixer [MIKHS-ø] *n* mikser *c*
mixture [MIKHS-tsjø] *n* blanding *c*
mobile [MÅU-bail] *adj* bevegelig
model [MÅD-øl] *n* modell *c*
moderate [MÅD-ør-it] *adj*
moderat
modern [MÅD-øn] *adj* moderne
modest [MÅD-ist] *adj* beskjeden
modify [MÅD-i-fai] *v* modifisere
mohair [MÅU-hεø] *n* mohair *c*
moist [måist] *adj* fuktig
moisten [MÅIS-øn] *v* fukte
moisture [MÅIS-tsjø] *n* fuktighet *c*
moisturizing cream [MÅIS-tsjør-
aiz-ing khriim] *n*
fuktighetskrem *c*
moment [MÅU-mønt] *n* øyeblikk
*nt*

**momentary** [MAU-mən-tør-i] *adj*
øyeblikkelig

**monastery** [MÅN-øs-tri] *n* kloster
*nt*

**Monday** [MAN-di] *n* mandag *c*

**money** [MAN-i] *n* penger

**money exchange** [MAN-i ikhs-
TSJEIND3] *n* vekslekontor *nt*

**money order** [MAN-i AA-dø] *n*
postanvisning *c*

**monk** [mangkh] *n* munk *c*

**monopoly** [mø-NÅP-ø-li] *n*
monopol *nt*

**monotonous** [mø-NÅT-ø-nøs] *adj*
monoton

**month** [manƟ] *n* måned *c*

**monthly** [MANƟ-li] *adj* månedlig

**monument** [MÅN-ju-mønt] *n*
monument *nt*

**mood** [muud] *n* stemning *c*

**moon** [muun] *n* måne *c*

**moonlight** [MUUN-lait] *n*
måneskinn *c*

**moor** [muø] *n* lyngmo *c*

**moral** [MÅR-øl] *adj* moralsk

**morality** [mø-RÆL-it-i] *n* moral *c*

**morals** [MÅR-ølz] *pl* moral *c*

**more** [måå] *adj* flere

**more and more** [måå ønd måå]
mer og mer

**moreover** [måå-RÅU-vø] *adv*
dessuten

**morning** [MÅÅN-ing] *n* morgen *c*

**morphia** [MÅÅ-fi-ø] *n* morfin *c*

**mortgage** [MÅÅ-ghid3] *n*
prioritetslån *nt*

**mosaic** [mø-ZEI-ikh] *n* mosaikk *c*

**mosque** [måskh] *n* moské *c*

**mosquito** [møs-KHII-tåu] *n* mygg
*c*

**mosquito bite** [møs-KHII-tåu bait]
*n* myggestikk *nt*

**mosquito net** [møs-KHII-tåu nɛt]
*n* myggnett *nt*

**most** [måust] *adj* flest

**most of all** [måust øv åål]
allermest

**mostly** [MÅUST-li] *adv* for det
meste

**motel** [måu-TɛL] *n* motell *nt*

**moth** [måƟ] *n* møll *c*

**mother** [MAÒ-ø] *n* mor *c*

**mother country** [MAÒ-ø KHAN-tri]
*n* fedreland *nt*

**mother tongue** [MAÒ-ø tang] *n*
morsmål *nt*

**mother-in-law** [MAÒ-ør-in-låå] *n*
svigermor *c*

**mother-of-pearl** [MAÒ-ør-øv-
pøøl] *n* perlemor *c*

**motion** [MÅU-sjøn] *n* bevegelse *c*

**motor** [MÅU-tø] *v* bile; *n* motor *c*

**motorboat** [MÅU-tø-båut] *n*
motorbåt *c*

**motorcar** [MÅU-tø-khar] *n* bil *c*

**motorcycle** [MÅU-tø-sai-khøl] *n*
motorsykkel *c*

**motoring** [MÅU-tør-ing] *n*
bilkjøring *c*

**motorist** [MÅU-tør-ist] *n* bilist *c*

**mound** [maund] *n* jordvoll *c*

**mount** [maunt] *v* bestige

**mountain** [MAUNT-in] *n* fjell *nt*

**mountain range** [MAUNT-in
reind3] *n* fjellkjede *c*

**mountaineering** [maunt-in-IØR-
ing] *n* fjellklatring *c*

**mountainous** [MAUNT-in-øs] *adj*
fjellrik

**mouse** [maus] *n* (*pl* mice) mus *c*

**moustache** [møs-TARSJ] *n* bart *c*

**mouth** [mauƟ] *n* munn *c*

**mouthwash** [MAUƟ-wåsj] *n*
munnvann *nt*

**movable** [MUUV-ø-bøl] *adj*
flyttbar

**move** [muuv] *n* flytning *c*; *v* flytte

**move in** [muuv in] *v* flytte inn

move out [muuv aut] *v* flytte ut
movement [MUUV-mønt] *n*
  bevegelse *c*
movie [MUUV-i] *n* film *c*
movie camera [MUUV-i KHÆM-ør-
  ø] *n* filmkamera *nt*
much [matsj] *adv* meget
mud [mad] *n* søle *c*
muddle [MAD-øl] *n* rot *c*
muddle up [MAD-øl ap] *v* lage rot
muddy [MAD-i] *adj* sølet
mud-guard [MAD-ghard] *n*
  skvettskjerm *c*
mug [magh] *n* krus *nt*
mulberry [MAL-bø-ri] *n* morbær
  *nt*
mullet [MAL-it] *n* multe *c*
multiplication [mal-ti-pli-KHEI-
  sjøn] *n* multiplikasjon *c*
multiply [MAL-ti-plai] *v*
  multiplisere
mumps [mamps] *n* kusma *c*
municipal [mjuu-NIS-i-pøl] *adj*
  kommunal
municipality [mjuu-nis-i-PÆL-it-
  i] *n* kommunestyre *nt*
murder [MØØ-dø] *v* myrde; *n*
  mord *nt*
muscle [MAS-øl] *n* muskel *c*
museum [mju-ZI-øm] *n* museum
  *nt*
mushroom [MASJ-ruum] *n* sopp *c*
music [MJUU-zikh] *n* musikk *c*
music hall [MJUU-zikh håål] *n*
  revyteater *nt*
music shop [MJUU-zikh sjåp] *n*
  musikkhandel *c*
musical [MJUU-zikh-øl] *adj*
  musikalsk
musical comedy [MJUU-zikh-øl
  KHÅM-i-di] *n* musical *c*
musical instrument [MJUU-zikh-
  øl IN-stru-mønt] *n*
  musikkinstrument *nt*

musician [mju-ZISJ-øn] *n*
  musiker *c*
muslin [MAZ-lin] *n* musselin *c*
mussel [MAS-øl] *n* musling *c*
* must [mast] *v* måtte
mustard [MAS-tød] *n* sennep *c*
mustn't [MAS-ønt] *v* (must not)
mutton [MAT-øn] *n* sauekjøtt *nt*
my [mai] *adj* min
myself [mai-SELF] *pron* selv; meg
mysterious [mis-TIØR-i-øs] *adj*
  mystisk
mystery [MIS-tør-i] *n* mysterium
  *nt*
myth [miΘ] *n* myte *c*

nail [neil] *n* negl *c;* spiker *c*
nail-brush [NEIL-brasj] *n*
  neglebørste *c*
nail-file [NEIL-fail] *n* neglefil *c*
nail-scissors [NEIL-siz-øz] *pl*
  neglesaks *c*
naked [NEIKH-id] *adj* naken
name [neim] *v* nevne; *n* navn *nt*
napkin [NÆP-khin] *n* serviett *c*
nappy [NÆP-i] *n* bleie *c*
narcotic [nar-KHÅT-ikh] *n*
  narkotika *pl*
narrow [NÆR-åu] *adj* trang
nasty [NARS-ti] *adj* vemmelig
nation [NEI-sjøn] *n* nasjon *c*
national [NÆSJ-nøl] *adj* nasjonal
national anthem [NÆSJ-nøl ÆN-
  Θøm] *n* nasjonalsang *c*
national dress [NÆSJ-nøl drɛs] *n*
  nasjonaldrakt *c*
national park [NÆSJ-nøl parkh] *n*
  nasjonalpark *c*
nationality [næsj-ø-NÆL-it-i] *n*
  nasjonalitet *c*
native [NEIT-iv] *adj* innfødt
native country [NEIT-iv KHAN-tri]
  *n* fedreland *nt*

**native language** [NEIT-iv LÆNG-ghwidʒ] *n* morsmål *nt*

**natural** [NÆTSJ-røl] *adj* naturlig

**nature** [NEI-tsjø] *n* natur *c*

**naughty** [NÅÅT-i] *adj* slem

**nausea** [NÅÅ-sjø] *n* kvalme *c*

**navigable** [NÆV-igh-ø-ø-bøl] *adj* seilbar

**navigate** [NÆV-i-gheit] *v* navigere

**navigation** [næv-i-GHEI-sjøn] *n* navigasjon *c*

**navy** [NEI-vi] *n* flåte *c*

**near** [niø] *adj* nær

**nearby** [NIØ-bai] *adj* nærliggende

**nearer** [NIØR-ø] *adj* nærmere

**nearest** [NIØR-ist] *adj* nærmest

**nearly** [NIØ-li] *adv* nesten

**neat** [niit] *adj* ordentlig; bar

**necessary** [NES-is-ør-i] *adj* nødvendig

**necessity** [ni-SES-it-i] *n* nødvendighet *c*

**neck** [nɛkh] *n* hals *c*

**necklace** [NEKH-lis] *n* halsbånd *nt*

**necktie** [NEKH-tai] *n* slips *nt*

**need** [niid] *n* behov *nt;* *v* behøve; måtte

**needle** [NIID-øl] *n* nål *f*

**needlework** [NIID-øl-wøøkh] *n* håndarbeid *nt*

**needn't** [NIID-ønt] *v* (**need not**)

**negative** [NEGH-ø-tiv] *adj* negativ; *n* negativ *nt*

**neglect** [ni-GHLEKHT] *v* forsømme; *n* forsømmelse *c*

**negligee** [NEGH-lii-ʒei] *n* neglisje *c*

**negotiate** [ni-GHÅU-sji-eit] *v* forhandle

**negotiation** [ni-ghåu-sji-EI-sjøn] *n* forhandling *c*

**negro** [NII-ghråu] *n* neger *c*

**neighbour** [NEI-bø] *n* nabo *c*

**neighbourhood** [NEI-bø-hud] *n* nabolag *nt*

**neighbouring** [NEI-bør-ing] *adj* nærliggende

**neither** [NAI-ðø] *pron* ingen av dem

**neither . . . nor** [NAI-Θø nåå] *conj* verken...eller

**neon** [NII-ån] *n* neon *c*

**nephew** [NEV-ju] *n* nevø *c*

**nerve** [nøøv] *n* nerve *c*

**nervous** [NØØV-øs] *adj* nervøs

**nest** [nɛst] *n* reir *nt*

**net** [nɛt] *n* nett *nt*

**Netherlands** [NEð-ø-løndz] *pl* Nederland *nt*

**network** [NET-wøøkh] *n* nettverk *nt*

**neuralgia** [njuø-RÆL-dʒø] *n* neuralgi *c*

**neurosis** [njuø-RÅU-sis] *n* nevrose *c*

**neuter** [NJUU-tø] *adj* intetkjønns

**neutral** [NJUU-trøl] *adj* nøytral

**never** [NEV-ø] *adv* aldri

**nevertheless** [nɛv-ø-ðø-LES] *adv* ikke desto mindre

**new** [njuu] *adj* ny

**New Year** [njuu jøø] *n* nyttår *nt*

**New Year's Day** [njuu jøøz dei] *n* nyttårsdag *c*

**news** [njuuz] *n* nyheter *pl;* nyhet *c*

**news-agent** [NJUUZ-ei-dʒønt] *n* avishandler *c*

**newspaper** [NJUUZ-pei-pø] *n* avis *c*

**news-reel** [NJUUZ-riil] *n* filmjournal *c*

**news-stand** [NJUUZ-stænd] *n* aviskiosk *c*

**next** [nɛkhst] *adj* neste

**next to** [nɛkhst tu] *prep* ved siden av

**next-door** [nɛkhst-DOO] *adv* like ved

**nice** [nais] *adj* pen

**niece** [niis] *n* niese *c*

**night** [nait] *n* natt *c*

**night train** [nait trein] *n* nattog *nt*

**night-club** [NAIT-khlab] *n* nattklubb *c*

**night-cream** [NAIT-khriim] *n* nattkrem *c*

**nightdress** [NAIT-drɛs] *n* nattkjole *c*

**night-flight** [NAIT-flait] *n* nattfly *c*

**nightly** [NAIT-li] *adj* hver natt

**night-rate** [NAIT-reit] *n* nattakst *c*

**nil** [nil] *n* ingenting *c*

**nine** [nain] *adj* ni

**nineteen** [NAIN-tiin] *adj* nitten

**nineteenth** [NAIN-tiinθ] *adj* nittende

**ninety** [NAIN-ti] *adj* nitti

**ninth** [nainθ] *adj* niende

**no** [nåu] nei; *adj* ingen

**no admittance** [nåu ød-MIT-øns] adgang forbudt

**no entry** [nåu ɛn-tri] adgang forbudt

**no longer** [nåu LANG-ghø] ikke lenger

**no more** [nåu måå] ikke mer

**no one** [nåu wan] *pron* ingen

**no overtaking** [nåu åu-vø-TEIKH-ing] forbikjøring forbudt

**no parking** [nåu PARKH-ing] parkering forbudt

**no pedestrians** [nåu pi-DɛS-tri-ønz] ikke for fotgjengere

**no smoking** [nåu SMAUKH-ing] røyking forbudt

**nobody** [NÅU-bød-i] *pron* ingen

**nod** [nåd] *n* nikk *nt*

**noise** [nåiz] *n* støy *c*

**noisy** [NÅIZ-i] *adj* støyende

**none** [nan] *pron* ingen

**nonsense** [NÅN-søns] *n* nonsens *nt*

**noon** [nuun] *n* klokken tolv

**normal** [NÅÅ-møl] *adj* normal

**north** [nååθ] *n* nord *c*

**north-east** [nååθ-IIST] *n* nordøst *c*

**northerly** [NÅÅð-ø-li] *adj* nordlig

**northern** [NÅÅð-øn] *adj* nordlig

**northwards** [NÅÅθ-wødz] *adv* nordover

**north-west** [nååθ-WɛST] *n* nordvest *c*

**Norway** [NÅÅ-wei] *n* Norge *nt*

**Norwegian** [nåå-WII-dʒøn] *n* nordmann *c; adj* norsk

**nose** [nåuz] *n* nese *c*

**nostril** [NÅS-tril] *n* nesebor *nt*

**not** [nåt] *adv* ikke

**not at all** [nåt øt åål] slett ikke

**note** [nåut] *v* notere; *n* pengeseddel *c*; notat *nt*

**notebook** [NÅUT-bukh] *n* notisbok *c*

**noted** [NÅUT-id] *adj* kjent

**notepaper** [NÅUT-pei-pø] *n* notispapir *nt*

**nothing** [NAθ-ing] *n* ingenting *c*

**notice** [NÅU-tis] *v* legge merke til; *n* kunngjøring *c*

**noticeable** [NÅU-tis-ø-bøl] *adj* merkbar

**notify** [NÅU-ti-fai] *v* bekjentgjøre

**noun** [naun] *n* substantiv *nt*

**novel** [NÅV-øl] *n* roman *c*

**novelist** [NÅV-øl-ist] *n* romanforfatter *c*

**November** [no-VɛM-bø] *n* november *c*

**now** [nau] *adv* nå

**now and then** [nau ønd ðen] nå og da

**nowadays** [NAU-ø-deiz] *adv*
nåtildags

**nowhere** [NÅU-wɛø] *adv*
ingensteds

**nozzle** [NÅZ-øl] *n* tut *c*

**nuclear** [NJUU-khliø] *adj* kjerne-

**nuisance** [NJUU-søns] *n* ulempe *c*

**numb** [nam] *adj* valen

**number** [NAM-bø] *n* antall *nt;*
nummer *nt*

**numerous** [NJUU-mør-øs] *adj*
tallrik

**nun** [nan] *n* nonne *c*

**nurse** [nøøs] *n* sykepleierske *c*

**nursery** [NØØS-ri] *n* barneværelse
*nt*

**nut** [nat] *n* mutter *c;* nøtt *c*

**nutmeg** [NAT-mɛgh] *n* muskat *c*

**nutritious** [njuu-TRISJ-øs] *adj*
nærende

**nylon** [NAI-lån] *n* nylon *nt*

**oak** [åukh] *n* eik *c*

**oar** [åå] *n* åre *c*

**oats** [åuts] *pl* havre *c*

**obedience** [o-BII-di-øns] *n*
lydighet *c*

**obedient** [o-BII-di-ønt] *adj* lydig

**obey** [o-BEI] *v* adlyde

**object** [øb-DʒɛKHT] *v* protestere;
*n* gjenstand *c*

**objection** [øb-DʒɛKH-sjøn] *n*
innvending *c*

**obligatory** [å-BLIGH-ø-tør-i] *adj*
obligatorisk

**obliging** [ø-BLAIDʒ-ing] *adj*
imøtekommende

**oblong** [AB-lång] *adj* avlang

**observation** [åb-zøø-VEI-sjøn] *n*
iakttagelse *c*

**observatory** [øb-ZØØV-ø-tri] *n*
observatorium *nt*

**observe** [øb-ZØØV] *v* iaktta

**obstacle** [AB-støkh-øl] *n* hindring
*c*

**obtain** [øb-TEIN] *v* få tak i

**obvious** [AB-vi-øs] *adj* innlysende

**occasion** [ø-KHEI-ʒøn] *n*
anledning *c*

**occasionally** [o-KHEI-ʒøn-øl-i]
*adv* nå og da

**occupant** [ÅKH-ju-pønt] *n* beboer
*c*

**occupation** [åkh-ju-PEI-sjøn] *n*
beskjeftigelse *c*

**occupied** [ÅKH-ju-paid] *adj*
opptatt

**occupy** [ÅKH-ju-pai] *v* ta i
besittelse

**occur** [ø-KHØØ] *v* hende

**occurrence** [ø-KHAR-øns] *n*
hendelse *c*

**ocean** [ÅU-sjøn] *n* osean *nt*

**October** [åkh-TÅU-bø] *n* oktober *c*

**octopus** [ÅKH-tø-pøs] *n*
blekksprut *c*

**oculist** [ÅKH-ju-list] *n* øyenlege *c*

**odd** [åd] *adj* ulike; rar

**odds** [ådz] *pl* sjanser *pl*

**odour** [ÅU-dø] *n* lukt *c*

**of** [åv] *prep* av

**of course** [øv khåås] naturligvis

**off season** [åf siIZ-øn] utenfor
sesongen

**offence** [o-FØNS] *n* forseelse *c*

**offend** [o-FØND] *v* forgå seg

**offensive** [o-FØN-siv] *adj*
krenkende

**offer** [AF-ø] *v* tilby; *n* tilbud *nt*

**office** [AF-is] *n* kontor *nt*

**office hours** [AF-is auøz] *pl*
kontortid *c*

**office work** [AF-is wøøkh] *n*
kontorarbeide *nt*

**officer** [AF-is-ø] *n* offiser *c*

**official** [ø-FISJ-øl] *adj* offisiell

**off-licence** [AF-lai-søns] *n*

vinmonopol *nt*
**often** [AA-føn] *adv* ofte
**oil** [åil] *n* olje *c*
**oil fuel** [åil FJU-øl] *n* brenselolje *c*
**oil pressure** [åil PRESJ-ø] *n*
oljetrykk *nt*
**oil-painting** [AIL-peint-ing] *n*
oljemaleri *nt*
**oil-well** [AIL-wel] *n* oljekilde *c*
**oily** [AIL-i] *adj* oljet
**ointment** [AINT-mønt] *n* salve *c*
**old** [åuld] *adj* gammel
**older** [AUL-dø] *adj* eldre
**oldest** [AUL-dist] *adj* eldst
**old-fashioned** [AULD-fæsj-ønd]
*adj* gammeldags
**olive** [AL-iv] *n* oliven *c*
**olive oil** [AL-iv åil] *n* olivenolje *c*
**omit** [o-MIT] *v* utelate
**on account of** [ån ø-KHAUNT åv]
på grunn av
**on approval** [ån ø-PRUUV-øl] på
prøve
**on behalf of** [ån bi-HARF åv] på
vegne av
**on business** [ån BIZ-nis] i
forretninger
**on credit** [ån KHRED-it] på kreditt
**on foot** [ån fut] til fots
**on holiday** [ån HAL-ø-dei] på
ferie
**on the average** [ån ði ÆV-ør-idʒ]
gjennomsnittlig
**on time** [ån taim] presis
**on top of** [ån tåp åv] *prep* oppe på
**once** [wans] *adv* engang
**once more** [wans måå] *adv* en
gang til
**oncoming** [AN-kham-ing] *adj*
kommende
**one** [wan] *adj* en; *pron* man
**oneself** [wan-SELF] *pron* selv
**one-way traffic** [WAN-wei TRÆF-
ikh] *n* enveiskjøring *c*

**onion** [AN-jøn] *n* løk *c*
**only** [AUN-li] *adv* bare; *adj* eneste
**onwards** [AN-wødz] *adv* fremover
**opal** [AU-pøl] *n* opal *c*
**open** [AU-pøn] *v* åpne; *adj* åpen
**open air** [AU-pøn eø] *n* frilufts-
**opener** [AU-pøn-ø] *n* bokseåpner
*c*
**opening** [AU-pøn-ing] *n* åpning *c*
**opera** [AP-ør-ø] *n* opera *c*
**opera house** [AP-ør-ø haus] *n*
opera *c*
**operate** [AP-ø-reit] *v* virke
**operation** [åp-ø-REI-sjøn] *n*
operasjon *c*; funksjon *c*
**operator** [AP-ø-reit-ø] *n*
sentralborddame *c*
**operetta** [åp-ø-RET-ø] *n* operette
*c*
**opinion** [ø-PIN-jøn] *n* mening *c*
**opportunity** [åp-ø-TJUUN-it-i] *n*
anledning *c*
**oppose** [ø-PÅUZ] *v* motsette seg
**opposite** [AP-ø-zit] *adj* motsatt;
*prep* like overfor
**optician** [åp-TISJ-øn] *n* optiker *c*
**optional** [AP-sjøn-øl] *adj* valgfri
**or** [åå] *conj* eller
**oral** [AU-røl] *adj* muntlig
**orange** [AR-indʒ] *n* appelsin *c*;
*adj* oransje
**orchard** [AA-tsjød] *n* frukthage *c*
**orchestra** [AA-khis-trø] *n*
orkester *nt*
**orchestra seat** [AA-khis-trø siit] *n*
orkesterplass *c*
**order** [AA-dø] *n* bestilling *c*; *v*
bestille; befale
**ordinary** [AAD-nør-i] *adj* vanlig
**organic** [åå-GHÆN-ikh] *adj*
organisk
**organisation** [åå-ghæn-ai-ZEI-
sjøn] *n* organisasjon *c*
**organize** [AA-ghæn-aiz] *v*

organisere

**Orient** [AU-ri-ønt] n Orienten

**Oriental** [åu-ri-ɛNT-øl] adj orientalsk

**orientate** [AU-ri-ɛn-teit] v orientere seg

**origin** [AR-i-dʒin] n opprinnelse c

**original** [ø-RIDʒ-øn-øl] adj original

**orlon** [AA-lån] n orlon c

**ornament** [AA-nø-mønt] n ornament nt

**ornamental** [åå-nø-MENT-øl] adj ornamental

**orthodox** [AA-Θø-dåkhs] adj ortodoks

**other** [Aծ-ø] adj andre

**otherwise** [Aծ-ø-waiz] adv annerledes; conj ellers

\* **ought** [ååt] v burde

**oughtn't** [AAT-ønt] v (ought not)

**our** [auø] adj vår

**ourselves** [auø-sɛLVZ] pron selv; oss

**out** [aut] adv ut

**out of date** [aut øv deit] umoderne

**out of order** [aut øv AA-dø] i uorden

**out of sight** [aut øv sait] ute av syne

**out of the way** [aut øv ծø wei] ute av veien

**outboard** [AUT-bååd] adj utenbords

**outdoors** [aut-DAAz] adv ute

**outfit** [AUT-fit] n utrustning c

**outlook** [AUT-lukh] n syn nt

**output** [AUT-put] n produksjon c

**outside** [aut-SAID] adv utenfor

**outsize** [AUT-saiz] n stor størrelse c

**outskirts** [AUT-skhøøts] pl utkant c

**outstanding** [aut-STÆND-ing] adj fremtredende

**outwards** [AUT-wødz] adv utad

**oval** [AU-vøl] adj oval

**oven** [AV-øn] n stekeovn c

**over** [AU-vø] prep over; adv over; adj over

**over there** [AU-vø ծɛø] der borte

**overalls** [AU-vør-åålz] pl overall c

**overboard** [åu-vø-BÅÅD] adv overbord

**overcharge** [åu-vø-TSJARDʒ] v kreve for meget

**overcoat** [AU-vø-khåut] n ytterfrakk c

**overdue** [åu-vø-DJUU] adj forfallen

\* **overeat** [åu-vør-IIT] v forspise seg

**overhaul** [åu-vø-HÅÅL] v overhale

**overhead** [åu-vø-HED] adv ovenpå

**overlook** [åu-vø-LUKH] v overse

**overnight** [åu-vø-NAIT] adv i løpet av natten

**overseas** [åu-vø-SIIZ] adv oversjøisk

**oversight** [AU-vø-sait] n forglemmelse c

\* **oversleep** [åu-vø-SLIIP] v forsove seg

\* **overtake** [åu-vø-TEIKH] v kjøre forbi

**overtime** [AU-vø-taim] n overtid c

**overtired** [AU-vø-taiød] adj overtrett

**overture** [AU-vø-tsjø] n ouverture c

**overweight** [AU-vø-weit] n overvekt c

**overwork** [åu-vø-WØØKH] v overanstrenge

**owe** [åu] v skylde

**owing to** [AU-ing tu] prep på

grunn av
**own** [åun] *adj* egen; *v* eie
**owner** [ÅUN-ø] *n* eier *c*
**ox** [åkhs] *n* okse *c*
**oxygen** [ÅKHS-i-dʒøn] *n* surstoff *nt*
**oyster** [ÅIS-tø] *n* østers *pl*

**pace** [peis] *n* skritt *nt*
**Pacific Ocean** [pø-SIF-ikh ÅU-sjøn] *n* Stillehavet *nt*
**pack** [pækh] *v* pakke inn
**pack of cards** [pækh øv khardz] *n* kortstokk *c*
**pack up** [pækh ap] *v* pakke sammen
**package** [PÆKH-idʒ] *n* pakke *c*
**packet** [PÆKH-it] *n* liten pakke *c*
**packing** [PÆKH-ing] *n* innpakning *c*
**packing case** [PÆKH-ing kheis] *n* pakkasse *c*
**pad** [pæd] *n* pute *c*
**paddle** [PÆD-øl] *v* padle; *n* padleåre *c*
**padlock** [PÆD-låkh] *n* hengelås *c*
**page** [peidʒ] *n* side *c*
**pageboy** [PEIDʒ-båi] *n* piccolo *c*
**paid** [peid] *v* (*p, pp* pay)
**pail** [peil] *n* spann *nt*
**painful** [PEIN-ful] *adj* smertefull
**painless** [PEIN-lis] *adj* smertefri
**pains** [peinz] *pl* umake *c*
**paint** [peint] *n* maling *c*
**paintbox** [PEINT-båkhs] *n* malerkasse *c*
**paintbrush** [PEINT-brasj] *n* pensel *c*
**painted** [PEINT-id] *adj* malt
**painter** [PEINT-ø] *n* maler *c*
**painting** [PEINT-ing] *n* maleri *nt*
**pair** [pɛø] *n* par *nt*
**Pakistan** [pækh-i-STÆN] *n*

Pakistan *c*
**Pakistani** [pækh-i-STÆN-i] *n* pakistaner *c*
**palace** [PÆL-is] *n* palass *nt*
**pale** [peil] *adj* blek
**palm** [parm] *n* palme *c*; håndflate *c*
**pan** [pæn] *n* panne *c*
**panties** [PÆN-tiz] *pl* underbukser *pl*
**pants** [pænts] *pl* bukser *pl*
**pantsuit** [PÆNT-suut] *n* buksedrakt *c*
**panty-girdle** [PÆN-ti-ghøød-øl] *n* panty *c*
**panty-hose** [PÆN-ti-håuz] *n* strømpebukse *c*
**paper** [PEI-pø] *n* avis *c*; papir *nt*
**paper napkin** [PEI-pø NÆP-khin] *n* papirserviett *c*
**paper-back** [PEI-pø-bækh] *n* heftet bok *c*
**paper-bag** [PEI-pø-bægh] *n* papirpose *c*
**papers** [PEI-pøz] *pl* papirer *pl*
**parade** [pø-REID] *n* parade *c*
**paraffin** [PÆR-ø-fin] *n* parafin *c*
**paragraph** [PÆR-ø-ghrarf] *n* avsnitt *nt*
**parallel** [PÆR-øl-ɛl] *adj* parallell
**paralyse** [PÆR-ø-laiz] *v* lamme
**paralysed** [pær-ø-laizd] *adj* lam
**parcel** [PAR-søl] *n* pakke *c*
**pardon** [PAR-døn] *n* tilgivelse *c*
**parents** [PƐØR-ønts] *pl* foreldre *pl*
**parents-in-law** [PƐØR-ønts-in-låål] *pl* svigerforeldre *pl*
**parish** [PÆR-isj] *n* sogn *nt*
**park** [parkh] *v* parkere; *n* parkeringsplass *c*; park *c*
**parking** [PARKH-ing] *n* parkering *c*
**parking time** [PARKH-ing taim] *n* parkeringstid *c*

**parking fee** [PARKH-ing fii] *n*
parkeringsavgift *c*

**parking light** [PARKH-ing lait] *n*
parkeringslys *c*

**parking meter** [PARKH-ing MII-tø]
*n* parkometer *nt*

**parking zone** [PARKH-ing zåun] *n*
parkeringssone *c*

**parliament** [PAR-lø-mønt] *n*
parlament *nt*

**parsley** [PARS-li] *n* persille *c*

**parsnip** [PARS-nip] *n* pastinakk *c*

**parsonage** [PAR-søn-idʒ] *n*
prestegård *c*

**part** [part] *n* del *c*

**participate** [par-TIS-i-peit] *v*
delta

**particular** [pø-TIKH-ju-lø] *adj*
spesiell

**particulars** [pø-TIKH-ju-løz] *pl*
enkeltheter *pl*

**parting** [PART-ing] *n* hårskill *c*;
avreise *c*

**partly** [PART-li] *adv* delvis

**partner** [PART-nø] *n* partner *c*

**party** [PAR-ti] *n* gruppe *c*; selskap
*nt*

**pass** [pars] *v* passere; *n* pass *nt*

**pass through** [pars Θruu] *v* gå
gjennom

**pass by** [pars bai] *v* gå forbi

**passage** [PÆS-idʒ] *n* avsnitt *nt*;
gjennomreise *c*

**passenger** [PÆS-in-dʒø] *n*
passasjer *c*

**passenger train** [PÆS-in-dʒø
trein] *n* persontog *nt*

**passer-by** [pars-ø-BAI] *n*
forbipasserende *c*

**passive** [PÆS-iv] *adj* passiv

**passport** [PARS-pååt] *n* pass *nt*

**passport control** [PARS-pååt
khøn-TRÅUL] *n* passkontroll *c*

**passport photograph** [PARS-pååt

FÅU-tø-ghrarf] *n* passfoto *nt*

**past** [parst] *n* fortid *c*; *adj*
tidligere

**paste** [peist] *n* pasta *c*

**pastry shop** [PEIS-tri sjåp] *n*
konditori *nt*

**patch** [pætsj] *v* lappe; *n* lapp *c*

**path** [parΘ] *n* sti *c*

**patience** [PEI-sjøns] *n*
tålmodighet *c*

**patient** [PEI-sjønt] *n* pasient *c*;
*adj* tålmodig

**patriot** [PEI-tri-øt] *n* patriot *c*

**patrol** [pø-TRÅUL] *n* patrulje *c*

**patron** [PEI-trøn] *n* fast kunde *c*

**pattern** [PÆT-øn] *n* mønster *c*

**pause** [pååz] *n* pause *c*; *v* ta en
pause

**pavement** [PEIV-mønt] *n* fortau *nt*

**pavilion** [pø-VIL-jøn] *n* paviljong
*c*

**pawn** [påån] *v* pantsette

**pawnbroker** [PÅÅN-bråukh-ø] *n*
pantelåner *c*

* **pay** [pei] *v* betale

* **pay attention to** [pei ø-TƐN-sjøn
tu] *v* legge merke til

**pay-desk** [PEI-dɛskh] *n* kasse *c*

**payee** [pei-II] *n* mottaker *c*

**payment** [PEI-mønt] *n* betaling *c*

**pea** [pii] *n* ert *c*

**peace** [piis] *n* fred *c*

**peaceful** [PIIS-ful] *adj* fredelig

**peach** [piitsj] *n* fersken *c*

**peak** [piikh] *n* tinde *c*; topp *c*

**peak season** [piikh SII-zøn] *n*
høysesong *c*

**peanut** [PII-nat] *n* peanøtt *c*

**pear** [pɛø] *n* pære *c*

**pearl** [pøøl] *n* perle *c*

**peasant** [PƐZ-ønt] *n* bonde *c*

**pebble** [PƐB-øl] *n* småstein *c*

**peculiar** [pi-KHJUUL-jø] *adj*
eiendommelig

**pedal** [PED-øl] *n* pedal *c*

**pedestrian** [pi-DES-tri-øn] *n* fotgjenger *c*

**pedestrian crossing** [pi-DES-tri-øn KHRÅS-ing] *n* fotgjengerovergang *c*

**pedicure** [PED-i-khjuø] *n* pedikyr *c*

**peel** [piil] *v* skrelle; *n* skrell *nt*

**peg** [pɛgh] *n* knagg *c*

**pen** [pɛn] *n* penn *c*

**penalty** [PEN-øl-ti] *n* bot *c*

**pencil** [PEN-sil] *n* blyant *c*

**pencil-sharpener** [PEN-sil-sjarp-nøl] *n* blyantspisser *c*

**pendant** [PEN-dønt] *n* anheng *nt*

**penicillin** [pɛn-i-SIL-in] *n* penicillin *nt*

**peninsula** [pɛn-IN-sju-lø] *n* halvøy *f*

**penknife** [PEN-naif] *n* lommekniv *c*

**pension** [PEN-sjøn] *n* pensjon *c*; pensjonat *nt*

**people** [PII-pøl] *n* folk *nt*

**pepper** [PEP-ø] *n* pepper *c*

**peppermint** [PEP-ø-mint] *n* peppermynte *c*

**per annum** [pør ÆN-øm] *adv* per år

**per day** [pøø dei] per dag

**per person** [pøø PØØ-søn] per person

**percent** [pø-SENT] *n* prosent *c*

**percentage** [pø-SENT-idʒ] *n* prosentdel *c*

**perch** [pøøtsj] *n* åbor *c*

**percolator** [PØØ-khø-leit-ø] *n* kaffekolbe *c*

**perfect** [PØØ-fikht] *adj* perfekt

**perform** [pø-FÅÅM] *v* utføre

**performance** [pø-FÅÅM-øns] *n* forestilling *c*

**perfume** [PØØ-fjuum] *n* parfyme *c*

**perhaps** [pø-HÆPS] *adv* kanskje

**period** [PIØR-i-ød] *n* periode *c*

**periodical** [piør-i-ÅD-ikh-øl] *n* tidsskrift *nt*

**periodically** [piør-i-ÅD-i-khøl-i] *adv* periodevis

**perishable** [PER-isj-ø-bøl] *adj* bedervelig

**perm** [pøøm] *n* permanent *c*

**permanent** [PØØ-mø-nønt] *adj* permanent

**permanent press** [PØØ-mø-nønt prɛs] permanent press *c*

**permit** [pø-MIT] *v* tillate; *n* tillatelse *c*

**peroxide** [pø-RÅKHS-aid] *n* hyperoksyd *c*

**perpendicular** [pøø-pøn-DIKH-ju-lø] *adj* loddrett

**person** [PØØ-søn] *n* person *c*

**personal** [PØØ-søn-øl] *adj* personlig

**personal call** [PØØ-søn-øl khåål] *n* personsamtale *c*

**personality** [pøø-sø-NÆL-it-i] *n* personlighet *c*

**personnel** [pøø-sø-NEL] *n* personale *nt*

**perspiration** [pøø-spø-REI-sjøn] *n* svette *c*

**perspire** [pøs-PAIØ] *v* svette

**persuade** [pø-SWEID] *v* overtale

**pet** [pɛt] *n* kjæledyr *nt*

**petal** [PET-øl] *n* kronblad *nt*

**petrol** [PET-røl] *n* bensin *c*

**petrol pump** [PET-røl pamp] *n* bensinpumpe *c*

**petrol station** [PET-røl STEI-sjøn] *n* bensinstasjon *c*

**petrol tank** [PET-røl tængkh] *n* bensintank *c*

**petroleum** [pø-TRÅUL-i-øm] *n* petroleum *c*

**petty** [PET-i] *adj* ubetydelig

**petty cash** [PET-i khæsj] *n* småpenger *pl*

**pewter** [PJUU-tø] *n* tinn *nt*

**pharmaceuticals** [far-mø-SJUUT-ikh-ølz] *pl* medisin *c*

**pharmacy** [FAR-mø-si] *n* apotek *nt*

**pheasant** [FEZ-ønt] *n* fasan *c*

**philosopher** [fi-LÅS-ø-fø] *n* filosof *c*

**philosophy** [fi-LÅS-ø-fi] *n* filosofi *c*

**phone** [fåun] *n* telefon *c; v* ringe til

**phonetic** [fo-NET-ikh] *adj* fonetisk

**photo** [FÅUT-åu] *n* foto *nt*

**photo store** [FÅUT-åu ståå] *n* fotoforretning *c*

**photograph** [FÅUT-ø-ghrarf] *n* fotografi *nt; v* fotografere

**photographer** [fø-TÅGH-rø-fø] *n* fotograf *c*

**photography** [fø-TÅGH-rø-fi] *n* fotografering *c*

**photostat** [FÅUT-ø-stæt] *n* fotostat *c*

**phrase** [freiz] *n* uttrykk *nt*

**phrase book** [freiz bukh] *n* parlør *c*

**physical** [FIZ-ikh-øl] *adj* fysisk

**physician** [fi-ZISJ-øn] *n* lege *c*

**physicist** [FIZ-i-sist] *n* fysiker *c*

**physics** [FIZ-ikhs] *n* fysikk *c*

**pianist** [PII-ø-nist] *n* pianist *c*

**piano** [pi-ÆN-åu] *n* piano *nt*

**pick** [pikh] *n* valg *nt; v* velge

**pick up** [pikh ap] *v* ta opp

**pickerel** [PIKH-ør-øl] *n* ung gjedde *c*

**pickled** [PIKH-øld] *adj* marinert

**pickles** [PIKH-ølz] *pl* pickles *pl*

**pick-up** [PIKH-ap] *n* varevogn *c*

**picnic** [PIKH-nikh] *n* piknik *c; vi* dra på piknik

**picture** [PIKH-tsjø] *n* bilde *nt*

**picture postcard** [PIKH-tsjø PÅUST-khard] *n* prospektkort *nt*

**pictures** [PIKH-tsjøz] *pl* film *c*

**picturesque** [pikh-tsjø-RESKH] *adj* pittoresk

**piece** [piis] *n* stykke *nt*

**pier** [piø] *n* utstikker *c*

**pierce** [piøs] *v* gjennombore

**pig** [pigh] *n* gris *c*

**pigeon** [PIDƷ-in] *n* due *c*

**pigskin** [PIGH-skhin] *n* svinelær *nt*

**pike** [paikh] *n* gjedde *c*

**pilchard** [PIL-tsjød] *n* sardin *c*

**pile** [pail] *n* stabel *c; v* stable

**piles** [pailz] *pl* hemorroider *pl*

**pilgrim** [PIL-ghrim] *n* pilegrim *c*

**pilgrimage** [PIL-ghrim-idz] *n* pilgrimsreise *c*

**pill** [pil] *n* pille *c*

**pillar** [PIL-ø] *n* pilar *c*

**pillar-box** [PIL-ø-båkhs] *n* postkasse *c*

**pillow** [PIL-åu] *n* hodepute *c*

**pillowcase** [PIL-åu-kheis] *n* putevar *nt*

**pilot** [PAIL-øt] *n* pilot *c*

**pimple** [PIM-pøl] *n* kvise *c*

**pin** [pin] *n* knappenål *c; v* feste med nål

**pinch** [pintsj] *v* klype

**pineapple** [PAIN-æp-øl] *n* ananas *c*

**pink** [pingkh] *n* lyserød

**pipe** [paip] *n* rørledning *c; pipe *c*

**pipe cleaner** [paip KHLIIN-ø] *n* piperenser *c*

**pipe tobacco** [paip tø-BÆKH-åu] *n* pipetobakk *c*

**pistol** [PIS-tøl] *n* pistol *c*

**piston** [PIS-tøn] n stempel nt
**piston-rod** [PIS-tøn-råd] n
stempelstang c
**pity** [PIT-i] n medlidenhet c; synd
c
**place** [pleis] v plasere; n sted nt
**plaice** [pleis] n røspette c
**plain** [plein] adj enkel; n slette c
**plan** [plæn] v planlegge; n plan c
**plane** [plein] n fly nt
**planet** [PLÆN-it] n planet c
**planetarium** [plæn-i-TØOR-i-øm]
n planetarium nt
**plank** [plængkh] n planke c
**plant** [plarnt] n fabrikk c; plante
c; v plante
**plantation** [plæn-TEI-sjøn] n
plantasje c
**plaster** [PLARS-tø] n gips c
**plastic** [PLÆS-tikh] n plastikk c
**plate** [pleit] n tallerken c
**platform** [PLÆT-fååm] n perrong
c
**platform ticket** [PLÆT-fååm TIKH-
it] n plattformbillett c
**platinum** [PLÆT-in-øm] n platina
c
**play** [plei] v leke; n skuespill nt
**player** [PLEI-ø] n spiller c
**playground** [PLEI-ghraund] n
lekeplass c
**playing-cards** [PLEI-ing-khardz]
pl spillkort pl
**playwright** [PLEI-rait] n
skuespillforfatter c
**pleasant** [PLEZ-ønt] adj behagelig
**please** [pliiz] v behage
**pleased** [pliizd] adj fornøyd
**pleasing** [PLIIZ-ing] adj behagelig
**pleasure** [PLEƷ-ø] n fornøyelse c
**plenty** [PLEN-ti] n masse c
**pliers** [PLAI-øz] pl knipetang c
**plot** [plåt] n jordlapp c; handling
c

**plough** [plau] n plog c
**plug** [plagh] n stikkontakt c
**plug in** [plagh in] v tilslutte
**plum** [plam] n plomme c
**plumber** [PLAM-ø] n rørlegger c
**plural** [PLUØR-øl] n flertall nt
**plus** [plas] prep pluss
**pneumatic** [nju-MÆT-ikh] adj
luft-
**pneumonia** [nju-MÅU-ni-ø] n
lungebetennelse c
**pocket** [PÅKH-it] n lomme c
**pocket-book** [PÅKH-it-bukh] n
lommebok c
**pocket-comb** [PÅKH-it-khåum] n
lommekam c
**pocket-knife** [PÅKH-it-naif] n
lommekniv c
**pocket-watch** [PÅKH-it-wåtsj] n
lommeur nt
**poem** [PÅU-im] n dikt nt
**poet** [PÅU-it] n dikter c
**poetry** [PÅU-it-ri] n dikt pl
**point** [påint] v vise; n punkt nt;
spiss c
**pointed** [PÅINT-id] adj spiss
**poison** [PÅIZ-øn] n gift c
**poisonous** [PÅIZ-øn-øs] adj giftig
**pole** [påul] n stang c
**police** [pø-LIIS] inv politi nt
**policeman** [pø-LIIS-møn] n (pl
-men) politibetjent c
**police-station** [pø-LIIS-stei-sjøn]
n politistasjon c
**policy** [PÅL-i-si] n polise c;
politikk c
**polish** [PÅL-isj] n skokrem c; v
polere
**polite** [pø-LAIT] adj høflig
**political** [pø-LIT-i-khøl] adj
politisk
**politician** [pål-i-TISJ-øn] n
politiker c
**politics** [PÅL-i-tikhs] pl politikk c

**pond** [pånd] *n* dam *c*
**pony** [PÅUN-i] *n* ponni *c*
**poor** [puø] *adj* fattig
**pop in** [påp in] *v* stikke innom
**pop music** [påp MJUU-zikh] *n* popmusikk *c*
**pope** [påup] *n* pave *c*
**poplin** [PÅP-lin] *n* poplin *nt*
**popular** [PÅP-ju-lø] *adj* populær
**population** [påp-ju-LEI-sjøn] *n* befolkning *c*
**populous** [PÅP-ju-løs] *adj* folkerik
**porcelain** [PÅAs-lin] *n* porselen *nt*
**pork** [pååkh] *n* svinekjøtt *nt*
**port** [påått] *n* havn *c*
**portable** [PÅAT-ø-bøl] *adj* transportabel
**porter** [PÅAT-ø] *n* bærer *c*
**porthole** [PÅAT-håul] *n* koøye *nt*
**portion** [PÅA-sjøn] *n* porsjon *c*
**portrait** [PÅAT-rit] *n* portrett *nt*
**Portugal** [PÅA-tju-ghøl] *n* Portugal *nt*
**Portuguese** [påå-tju-GHIIZ] *n* portugiser *c*; *adj* portugisisk
**position** [pø-ZISJ-øn] *n* stilling *c*
**positive** [PÅZ-ø-tiv] *adj* positiv; *n* positiv
**possess** [pø-ZES] *v* eie
**possession** [pø-ZESJ-øn] *n* besittelse *c*
**possessions** [pø-ZESJ-ønz] *pl* eiendom *c*
**possibility** [pås-ø-BIL-it-i] *n* mulighet *c*
**possible** [PÅs-ø-bøl] *adj* mulig
**post** [påust] *v* poste; *n* stolpe *c*; post *c*
**postage** [PÅUST-idʒ] *n* porto *c*
**postage stamp** [PÅUST-idʒ stæmp] *n* frimerke *nt*
**postal order** [PÅUST-øl AA-dø] *n* postanvisning *c*

**postal service** [PÅUST-øl SØØ-vis] *n* postvesen *nt*
**postcard** [PÅUST-khard] *n* brevkort *nt*
**poste restante** [påust RES-TANGT] poste restante
**postman** [PÅUST-møn] *n* (*pl* -men) postbud *nt*
**post-office** [PÅUST-åf-is] *n* postkontor *nt*
**postpone** [påus-PÅUN] *v* utsette
**pot** [påt] *n* gryte *c*
**potable** [PÅUT-ø-bøl] *adj* drikke-
**potato** [pø-TEI-tåu] *n* potet *c*
**pottery** [PÅT-ør-i] *n* steintøi *nt*
**pouch** [pautsj] *n* pung *c*
**poultry** [PÅUL-tri] *n* fjærfe *nt*
**pound** [paund] *n* pund *nt*
**pour** [påå] *v* helle
**powder** [PAU-dø] *n* pudder *nt*
**powdered milk** [PAU-død milkh] *n* tørrmelk *c*
**powder-puff** [PAU-dø-paf] *n* pudderkvast *c*
**powder-room** [PAU-dø-ruum] *n* dametoalett *nt*
**power** [PAU-ø] *n* kraft *c*; makt *c*
**power station** [PAU-ø STEI-sjøn] *n* kraftstasjon *c*
**powerful** [PAU-ø-ful] *adj* mektig
**practical** [PRÆKH-tikh-øl] *adj* praktisk
**practice** [PRÆKH-tis] *n* praksis *c*
**practise** [PRÆKH-tis] *v* praktisere
**praise** [preiz] *v* rose; *n* ros *c*
**pram** [præm] *n* barnevogn *c*
**prawn** [pråån] *n* reke *c*
**pray** [prei] *v* be
**prayer** [preø] *n* bønn *c*
**precaution** [pri-KHÅA-sjøn] *n* forholdsregel *c*
**precede** [pri-SIID] *v* gå foran
**preceding** [pri-SIID-ing] *adj* foregående

**precious** [PRESJ-øs] *adj* verdifull

**precipice** [PRES-i-pis] *n* stup *nt*

**precise** [pri-SAIS] *adj* nøyaktig

**prefer** [pri-FØØ] *v* foretrekke

**preferable** [PREF-ør-ø-bøl] *adj* fortrinnsvis

**preference** [PREF-ør-øns] *n* preferanse *c*

**prefix** [PRII-fikhs] *n* forstavelse *c*

**pregnant** [PREGH-nønt] *adj* gravid

**preliminary** [pri-LIM-in-ør-i] *n* forberedende

**premier** [PREM-jø] *n* statsminister *c*

**premium** [PRIIM-i-øm] *n* forsikringspremie *c*

**prepaid** [PRII-peid] *adj* forhåndsbetalt

**preparation** [prep-ø-REI-sjøn] *n* forberedelse *c*

**prepare** [pri-PEØ] *v* forberede

**prepared** [pri-PEØD] *adj* beredt

**preposition** [prep-ø-ZISJ-øn] *n* preposisjon *c*

**prescribe** [pri-SKHRAIB] *v* ordinere

**prescription** [pri-SKHRIP-sjøn] *n* resept *c*

**presence** [PREZ-øns] *n* nærvær *nt*

**present** [pri-ZENT] *v* presentere; *adj* nåværende; tilstedeværende; *n* gave *c*

**presently** [PREZ-ønt-li] *adv* snart

**preservation** [prez-ø-VEI-sjøn] *n* bevaring *c*

**preserve** [pri-ZØØV] *v* bevare

**president** [PREZ-i-dønt] *n* president *c*

**press** [PRES] *n* presse *c; v* presse; trykke

**pressed** [PREST] *adj* presset

**pressing** [PRES-ing] *adj* presserende; *n* press *c*

**pressure** [PRESJ-ø] *n* trykk *nt*

**presumably** [pri-ZJUUM-øb-li] *adv* antagelig

**pretence** [pri-TENS] *n* påskudd *nt*

**pretend** [pri-TEND] *v* late som

**pretty** [PRIT-i] *adj* pen

**prevent** [pri-VENT] *v* hindre

**preventive** [pri-VEN-tiv] *adj* forebyggende

**previous** [PRIIV-i-øs] *adj* tidligere

**pre-war** [PRII-wåå] *adj* førkrigs-

**price** [prais] *v* taksere; *n* pris *c*

**price list** [prais list] *n* prisliste *c*

**pride** [praid] *n* stolthet *c*

**priest** [priist] *n* prest *c*

**primary** [PRAIM-ør-i] *adj* hoved-

**prince** [prins] *n* prins *c*

**princess** [prin-SES] *n* prinsesse *c*

**principal** [PRIN-sø-pøl] *adj* hoved-; *n* skolebestyrer *c*

**principle** [PRIN-sø-pøl] *n* prinsipp *nt*

**print** [print] *v* trykke; *n* trykk *nt;* kopi *c*

**priority** [prai-ÅR-it-i] *n* fortrinnsrett *c*

**prison** [PRIZ-øn] *n* fengsel *nt*

**prisoner** [PRIZ-øn-ø] *n* fange *c*

**privacy** [PRAIV-ø-si] *n* privatliv *nt*

**private** [PRAIV-it] *adj* privat

**private house** [PRAIV-it haus] *n* privathus *nt*

**private property** [PRAIV-it PRÅP-ø-ti] *n* privateiendom *c*

**prize** [praiz] *n* premie *c*

**probable** [PRÅB-ø-bøl] *adj* sannsynlig

**problem** [PRÅB-løm] *n* problem *nt*

**procedure** [prø-SII-dsjø] *n* fremgangsmåte *c*

**proceed** [prø-SIID] *v* fortsette

**process** [PRÅU-søs] *n* fremgangsmåte *c*

**produce** [prø-DJUUS] *v* fremstille; *n* produkt *nt*

**producer** [prø-DJUUS-ø] *n*
produsent *c*
**product** [PRÅD-økht] *n* produkt *nt*
**production** [prø-DAKH-sjøn] *n*
produksjon *c*
**profession** [prø-FØSJ-øn] *n* fag *nt*
**professional** [prø-FESJ-øn-øl] *adj*
profesjonell
**professor** [prø-FES-ø] *n* professor
*c*
**profit** [PRÅF-it] *n* profitt *c*
**profitable** [PRÅF-it-ø-bøl] *adj*
innbringende
**programme** [PRÅU-ghræm] *n*
program *nt*
**progress** [PRÅU-ghrεs] *n*
fremskritt *nt*
**progressive** [prø-GHRES-iv] *adj*
progressiv
**prohibit** [prø-HIB-it] *v* forby
**prohibited** [prø-HIB-it-id] *adj*
forbudt
**prohibition** [pråu-i-BISJ-øn] *n*
forbud *nt*
**prohibitive** [prø-HIB-i-tiv] *adj*
uoverkommelig
**project** [PRÅDʒ-εkht] *n* prosjekt
*nt*
**promenade** [pråm-i-NARD] *n*
promenade *c*
**promise** [PRÅM-is] *n* løfte *nt*; *v*
love
**prompt** [pråmpt] *adj* hurtig
**pronoun** [PRÅU-naun] *n*
pronomen *nt*
**pronounce** [prø-NAUNS] *v* uttale
**pronunciation** [prø-nan-si-EI-
sjøn] *n* uttale *c*
**proof** [pruuf] *n* bevis *nt*
**propaganda** [pråp-ø-GHÆN-dø] *n*
propaganda *c*
**propel** [prø-PEL] *v* drive
**propeller** [prø-PEL-ø] *n* propell *c*
**proper** [PRÅP-ø] *adj* riktig

**property** [PRÅP-ø-ti] *n* eiendom *c*
**proportion** [prø-PÅÅ-sjøn] *n*
proporsjon *c*
**proposal** [prø-PÅUZ-øl] *n* forslag
*nt*
**propose** [prø-PÅUZ] *v* foreslå
**proprietor** [prø-PRAI-ø-tø] *n* eier
*c*
**prospectus** [prøs-PEKH-tøs] *n*
prospekt *nt*
**prosperity** [pràs-PER-it-i] *n*
velstand *c*
**prosperous** [PRÅS-pør-øs] *adj*
blomstrende
**protect** [prø-TEKHT] *v* beskytte
**protection** [prø-TEKH-sjøn] *n*
beskyttelse *c*
**protest** [prø-TEST] *v* protestere; *n*
protest *c*
**Protestant** [PRÅT-is-tønt] *adj*
protestant-
**proud** [praud] *adj* stolt
**prove** [pruuv] *v* bevise
**proverb** [PRÅV-øb] *n* ordspråk *nt*
**provide** [prø-VAID] *v* skaffe
**provided** [prø-VAID-id] *conj*
forutsatt at
**province** [PRÅV-ins] *n* fylke *nt*
**provincial** [prø-VIN-sjøl] *adj*
provinsiell
**provisions** [prø-VIʒ-ønz] *pl*
forsyninger *pl*
**prune** [pruun] *n* sviske *c*
**psychiatrist** [sai-KHAI-ø-trist] *n*
psykiater *c*
**psychoanalyst** [sai-kho-ÆN-ø-
list] *n* psykoanalytiker *c*
**psychological** [sai-khø-LÅDʒ-i-
khøl] *adj* psykologisk
**psychologist** [sai-KHÅL-ø-dʒist] *n*
psykolog *c*
**psychology** [sai-KHÅL-ø-dʒi] *n*
psykologi *c*
**pub** [pab] *n* vertshus *nt*

**public** [PAB-likh] *adj* offentlig; *n* publikum *nt*

**public announcement** [PAB-likh ø-NAUNS-mønt] *n* offentliggjørelse *c*

**public house** [PAB-likh haus] *n* vertshus *nt*

**public notice** [PAB-likh NÅU-tis] *n* kunngjøring *c*

**public relations** [PAB-likh ri-LEI-sjønz] *pl* public relations *pl*

**publication** [pab-li-KHEI-sjøn] *n* publikasjon *c*

**publicity** [pab-LIS-it-i] *n* publisitet *c*

**publish** [PAB-lisj] *v* utgi

**publisher** [PAB-lisj-ø] *n* forlegger *nt*

**pull** [pul] *v* trekke

**pull in** [pul in] *v* kjøre inn

**pull out** [pul aut] *v* reise

**pull up** [pul ap] *v* stanse

**Pullman car** [PUL-møn khar] *n* sovevogn *c*

**pullover** [pul-ÅU-vø] *n* pullover *c*

**pulse** [pals] *n* puls *c*

**pumice stone** [PAM-is ståun] *n* pimpesten *c*

**pump** [pamp] *v* pumpe; *n* pumpe *c*

**pumpernickel** [PUM-pø-nikh-øl] *n* pumpernikkel *c*

**punch** [pantsj] *n* knyttneveslag *nt*

**punctual** [PANGKH-tju-øl] *adj* punktlig

**puncture** [PANGKH-tsjø] *n* punktering *c*

**punctured** [PANGKH-tsjød] *adj* punktert

**punish** [PAN-isj] *v* straffe

**punishment** [PAN-isj-mønt] *n* straff *c*

**pupil** [PJUU-pil] *n* elev *c*

**purchase** [PØØ-tsjøs] *v* kjøpe; *n* kjøp *nt*

**purchase tax** [PØØ-tsjøs tækhs] *n* omsetningsskatt *c*

**purchaser** [PØØ-tsjøs-ø] *n* kjøper *c*

**pure** [pjuø] *adj* ren

**purple** [PØØ-pøl] *n* purpurfarget *c*

**purpose** [PØØ-pøs] *n* hensikt *c*

**purse** [pøøs] *n* pung *c*

**push** [pusj] *v* skyve

* **put** [put] *v* sette

* **put off** [put åf] *v* utsette

* **put on** [put ån] *v* ta på

* **put out** [put aut] *v* slokke

**puzzle** [PAZ-øl] *n* gåte *c*

**pyjamas** [pø-DƷAR-møz] *pl* pyjamas *c*

**pylon** [PAI-lån] *n* høyspenningsmast *c*

**quail** [khweil] *n* vaktel *c*

**quaint** [khweint] *adj* eiendommelig

**qualification** [khwål-i-fi-KHEI-sjøn] *n* kvalifikasjon *c*

**qualify** [KHWÅL-i-fai] *v* kvalifisere seg

**quality** [KHWÅL-it-i] *n* kvalitet *c*

**quantity** [KHWÅN-ti-ti] *n* kvantitet *c*

**quarantine** [KHWÅR-øn-tiin] *n* karantene *c*

**quarrel** [KHWÅR-øl] *v* trette; *n* trette *c*

**quarry** [KHWÅR-i] *n* steinbrudd *nt*

**quarter** [KHWÅÅ-tø] *n* fjerdedel *c*; kvarter *nt*

**quarterly** [KHWÅÅ-tø-li] *adj* kvartals-

**quay** [khii] *n* kai *c*

**queen** [khwiin] *n* dronning *c*

**queer** [khwiø] *adj* underlig

**query** [KHWIØR-i] *v* spørre; *n* spørsmål *nt*

**question** [KHWɛs-tsjøn] *n* spørsmål *nt*

**question mark** [KHWɛs-tsjøn markh] *n* spørsmålstegn *nt*

**queue** [khjuu] *v* stå i kø; *n* kø *c*

**quick** [khwikh] *adj* hurtig; *adv* hurtig

**quiet** [KHWAI-øt] *adj* stille

**quilt** [khwilt] *n* vatteppe *nt*

**quinine** [KHWIN-iin] *n* kinin *c*

**quit** [khwit] *v* slutte

**quite** [khwait] *adv* helt

**quiz** [khwiz] *n* (*pl* **quizzes**) spørretevling *c*

**quota** [KHWÅUT-ø] *n* kvote *c*

**quotation** [khwåu-TEI-sjøn] *n* sitat *nt*

**quotation marks** [khwåu-TEI-sjøn markhs] *pl* anførselstegn *pl*

**quote** [khwåut] *v* sitere

**rabbit** [RÆB-it] *n* kanin *c*

**race** [reis] *n* rase *c*; veddeløp *nt*

**racecourse** [REIS-khåås] *n* veddeløpsbane *c*

**racehorse** [REIS-håås] *n* veddeløpshest *c*

**race-track** [REIS-trækh] *n* veddeløpsbane *c*

**racial** [REI-sjøl] *adj* rase-

**rack** [rækh] *n* bagasjegrind *c*

**racquet** [RÆKH-it] *n* racket *c*

**radiator** [REI-di-eit-ø] *n* radiator *c*

**radio** [REI-di-åu] *n* radio *c*

**radish** [RÆD-isj] *n* reddik *c*

**radius** [REI-di-øs] *n* (*pl* **radii**) radius *c*

**rag** [rægh] *n* fille *c*

**rail** [reil] *n* gelender *nt*

**railing** [REIL-ing] *n* rekkverk *nt*

**railroad** [REIL-råud] *n* jernbane *c*

**railway** [REIL-wei] *n* jernbane *c*

**rain** [rein] *v* regne; *n* regn *nt*

**rainbow** [REIN-båu] *n* regnbue *c*

**raincoat** [REIN-khåut] *n* regnfrakk *c*

**rainfall** [REIN-fåål] *n* regnbyge *c*

**rainproof** [REIN-pruuf] *adj* vanntett

**rain-water** [REIN-wåå-tø] *n* regnvann *nt*

**rainy** [REIN-i] *adj* regn-

**raise** [reiz] *v* heve

**raisin** [REIZ-øn] *n* rosin *c*

**rally** [RÆL-i] *n* massemøte *nt*

**ramp** [ræmp] *n* rampe *c*

**ran** [ræn] *v* (*p* **run**)

**rancid** [RÆN-sid] *adj* harsk

**rang** [ræng] *v* (*p* **ring**)

**range** [reindʒ] *n* rekkevidde *c*

**range-finder** [REINDʒ-faind-ø] *n* avstandsmåler *c*

**rank** [rængkh] *n* rekke *c*; rang *c*

**rapid** [RÆP-id] *adj* hurtig

**rapids** [RÆP-idz] *pl* fossestryk *nt*

**rare** [rɛø] *adj* sjelden

**rash** [ræsj] *n* utslett *nt*

**rasher** [RÆSJ-ø] *n* skive *c*

**raspberry** [RARZ-bø-ri] *n* bringebær *nt*

**rat** [ræt] *n* rotte *f*

**rate of exchange** [reit øv ikhs-TSJEINDʒ] *n* valutakurs *c*

**rather** [RAR-ðø] *adv* heller

**raw** [råå] *adj* rå

**raw material** [råå mø-TIØR-i-øl] *n* råmateriale *nt*

**ray** [rei] *n* stråle *c*

**rayon** [REI-ån] *n* rayon *nt*

**razor** [REIZ-ø] *n* barbermaskin *c*

**razor-blade** [REIZ-ø-bleid] *n* barberblad *nt*

**reach** [riitsj] *v* nå

**read** [rɛd] v (p, pp **read**); lese

**readdress** [RII-ø-DRɛS] v omadressere

**reading** [RIID-ing] n lesning c

**reading-lamp** [RIID-ing-læmp] n leselampe c

**reading-room** [RIID-ing-ruum] n lesesal c

**ready** [RɛD-i] adj ferdig

**ready-made** [RɛD-i-meid] adj konfeksjons-

**real** [riøl] adj virkelig

**realise** [RI-øl-aiz] v innse

**really** [RIØL-i] adv virkelig

**rear** [riø] v oppdra; adj bakside c

**rear wheel** [riø wiil] n bakhjul nt

**rear-light** [riø--LAIT] n baklykt c

**reason** [RIIZ-øn] n årsak c

**reasonable** [RIIZ-øn-ø-bøl] adj fornuftig

**rebate** [RII-beit] n rabatt c

**receipt** [ri-SIIT] n kvittering c

**receive** [ri-SIIV] v motta

**receiver** [ri-SIIV-ø] n telefonrør nt

**recent** [RII-sønt] adj nylig

**reception** [ri-sɛp-sjøn] n mottakelse c

**reception office** [ri-sɛp-sjøn AF-is] n resepsjon c

**receptionist** [ri-sɛp-sjøn-ist] n resepsjonsdame c

**recharge** [ri-TSJARDʒ] v lade opp

**recipe** [RɛS-i-pi] n oppskrift c

**recital** [ri-SAIT-øl] n solistkonsert c

**reckon** [RɛKH-øn] v regne

**recognise** [RɛKH-øgh-naiz] v kjenne igjen

**recognition** [rɛkh-øgh-NISJ-øn] n anerkjennelse c

**recommence** [RII-khø-MɛNS] v begynne igjen

**recommend** [rɛkh-ø-MɛND] v anbefale

**recommendation** [rɛkh-ø-mɛn-DEI-sjøn] n anbefaling c

**recommended** [rɛkh-ø-MɛND-id] adj anbefalt

**record** [ri-KHÅÅD] v registrere; n rapport c; grammofonplate c

**record player** [RɛKH-ååd PLEI-ø] n platespiller c

**record shop** [RɛKH-ååd sjåp] n plateforretning c

**recorder** [ri-KHÅÅD-ø] n båndopptaker c

**recover** [ri-KHAV-ø] v finne igjen

**recovery** [ri-KHAV-ør-i] n helbredelse c

**recreation** [rɛkh-ri-EI-sjøn] n atspredelse c

**recreation centre** [rɛkh-ri-EI-sjøn sɛn-tø] n rekreasjonssenter nt

**recreation ground** [rɛkh-ri-EI-sjøn ghraund] n lekeplass c

**recruit** [ri-KHRUUT] n rekrutt c

**rectangle** [RɛKH-tæng-ghøl] n rektangel nt

**rectangular** [rɛkh-TÆNG-ghju-lø] adj rektangulær

**rector** [RɛKH-tø] n sogneprest c

**rectory** [RɛKH-tør-i] n prestegård c

**red** [rɛd] adj rød

**Red Cross** [rɛd khrås] n Røde Kors nt

**reduce** [ri-DJUUS] v redusere

**reduction** [ri-DAKH-sjøn] n reduksjon c

**reed** [riid] n siv nt

**reef** [riif] n rev nt

**refer to** [ri-FØØ tu] v henvise til

**reference** [RɛF-røns] n henvisning c

**refill** [RII-fill] n ny forsyning c

**reflect** [ri-FLɛKHT] v reflektere

**reflection** [ri-FLƐKH-sjøn] *n* refleks *c*

**reflector** [ri-FLƐKH-tø] *n* reflektor *c*

**refresh** [ri-FRƐSJ] *v* forfriske

**refreshment** [ri-FRƐSJ-mønt] *n* forfriskning *c*

**refrigerator** [ri-FRIDʒ-ø-ø-reit-ø] *n* kjøleskap *nt*

**refund** [ri-FAND] *v* tilbakebetale; *n* tilbakebetaling *c*

**refusal** [ri-FJUUZ-øl] *n* avslag *nt*

**refuse** [ri-FJUUZ] *v* avslå; *n* avfall *nt*

**regard** [ri-GHARD] *v* betrakte

**regarding** [ri-GHARD-ing] *prep* med hensyn til

**regards** [ri-GHARDZ] *pl* hilsen *c*

**regatta** [ri-GHÆT-ø] *n* regatta *c*

**region** [RII-dʒøn] *n* område *nt*

**regional** [RII-dʒøn-øl] *adj* regional

**register** [RƐDʒ-is-tø] *v* innskrive seg; rekommandere

**registered letter** [RƐDʒ-is-tød LƐT-ø] *n* rekommandert brev *nt*

**registration** [rɛdʒ-is-TREI-sjøn] *n* registrering *c*

**registration form** [rɛdʒ-is-TREI-sjøn fåam] *n* registreringskort *nt*

**regret** [ri-GHRƐT] *n* beklagelse *c*; *v* beklage

**regular** [RƐGH-ju-lø] *adj* regelmessig

**regulate** [RƐGH-ju-leit] *v* regulere

**regulation** [rɛgh-ju-LEI-sjøn] *n* regel *c*

**reign** [rein] *n* regjering *c*

**reimburse** [ri-im-BØØS] *v* betale tilbake

**reject** [RII-dʒɛkht] *n* utskuddsvare *c*; *v* tilbakevise

**related** [ri-LEIT-id] *adj* beslektet

**relations** [ri-LEI-sjønz] *pl* forbindelse *c*

**relative** [RƐL-ø-tiv] *n* slektning *c*; *adj* relativ

**relax** [ri-LÆKHS] *v* slappe av

**relaxation** [ri-lækhs-EI-sjøn] *n* avslapning *c*

**reliable** [ri-LAI-ø-bøl] *adj* pålitelig

**relic** [RƐL-ikh] *n* relikvie *c*

**relief** [ri-LIIF] *n* lindring *c*; relieff *nt*

**relieve** [ri-LIIV] *v* lindre

**relieved** [ri-LIIVD] *adj* lettet

**religion** [ri-LIDʒ-øn] *n* religion *c*

**religious** [ri-LIDʒ-øs] *adj* religiøs

**rely** [ri-LAI] *v* stole på

**remain** [ri-MEIN] *v* bli igjen

**remainder** [ri-MEIN-dø] *n* rest *c*

**remaining** [ri-MEIN-ing] *adj* resterende

**remark** [ri-MARKH] *n* bemerkning *c*; *v* bemerke

**remarkable** [ri-MARKH-ø-bøl] *adj* bemerkelsesverdig

**remedy** [RƐM-i-di] *n* botemiddel *nt*

**remember** [ri-MƐM-bø] *v* huske

**remind** [ri-MAIND] *v* minne på

**remit** [ri-MIT] *v* remittere

**remittance** [ri-MIT-øns] *n* remisse *c*

**remnant** [RƐM-nønt] *n* rest *c*

**remote** [ri-MÅUT] *adj* fjern

**removal** [ri-MUUV-øl] *n* fjerning *c*

**remove** [ri-MUUV] *v* fjerne

**remunerate** [ri-MJUU-nø-reit] *v* belønne

**remuneration** [ri-mjuu-nør-EI-sjøn] *n* godtgjørelse *c*

**renew** [ri-NJUU] *v* forlenge; fornye

**rent** [rɛnt] *v* leie; *n* leie *c*

rental [REN-tøl] n leie c

reopen [ri-AU-pøn] v åpne igjen

repair [ri-PEØ] v reparere

repair shop [ri-PEØ sjåp] n
reparasjonsverksted nt

repairs [ri-PEØZ] pl reparasjon c

*repay [ri-PEI] v tilbakebetale

repayment [ri-PEI-mønt] n
tilbakebetaling c

repeat [ri-PIIT] v gjenta

repellent [ri-PEL-ønt] adj
frastøtende

repetition [rep-i-TISJ-øn] n
gjentakelse c

replace [ri-PLEIS] v erstatte

reply [ri-PLAI] v svare; n svar nt

report [ri-PÅÅT] v rapportere; n
rapport c

represent [rep-ri-ZENT] v
representere

representation [rep-ri-zen-TEI-
sjøn] n representasjon c

representative [rep-ri-ZENT-ø-
tiv] adj representativ

reproduce [rii-prø-DJUUS] v
reprodusere

reproduction [rii-prø-DAKH-sjøn]
n reproduksjon c

reptile [REP-tail] n krypdyr nt

republic [ri-PAB-likh] n
republikk c

republican [ri-PAB-likh-øn] adj
republikansk

request [ri-KHWEST] n anmodning
c; v anmode om

require [ri-KHWAIØ] v kreve

requirement [ri-KHWAIØ-mønt] n
krav nt

requisite [REKH-wi-zit] adj
påkrevd

rescue [RES-khjuu] v redde; n
redning c

research [ri-SØØTSJ] n forskning
c

resemble [ri-ZEM-bøl] v likne

resent [ri-ZENT] v ta ille opp

reservation [rez-ø-VEI-sjøn] n
reservering c

reserve [ri-ZØØV] v reservere

reserved [ri-ZØØVD] adj reservert

reserved seat [ri-ZØØVD siit] n
reservert plass

reservoir [REZ-ø-vwar] n
reservoar nt

reside [ri-ZAID] v bo

residence [REZ-i-døns] n bolig c

residence permit [REZ-i-døns
PØØ-mit] n oppholdstillatelse c

resident [REZ-i-dønt] n innvåner
c

resign [ri-ZAIN] v fratre

resignation [rez-igh-NEI-sjøn] n
avskjed c

resort [ri-ZÅÅT] n feriested nt

respect [ri-SPEKHT] v respektere

respectable [ri-SPEKH-tø-bøl] adj
respektabel

respectful [ri-SPEKHT-ful] adj
ærbødig

respective [ri-SPEKH-tiv] adj
respektiv

respects [ri-SPEKHS] pl hilsen c

responsible [ri-SPÅN-sø-bøl] adj
ansvarlig

rest [REST] n rest c; hvile c; v hvile

restaurant [RES-tø-rångng] n
restaurant c

restful [REST-ful] adj beroligende

rest-house [REST-haus] n
hvilehjem nt

restless [REST-lis] adj rastløs

result [ri-ZALT] v resultere; n
resultat nt

retail [RII-teil] v selge i detalj

retail trade [RII-teil treid] n
detaljhandel c

retailer [RII-teil-ø] n detaljist c

retire [ri-TAIØ] v gå av

**retired** [ri-TAIØD] *adj* pensjonert

**return** [ri-TEEN] *v* vende tilbake; *n* tilbakekomst *c*

**return flight** [ri-TØØN flait] *n* tilbakeflyvning *c*

**return journey** [ri-TØØN DƷØØ-ni] *n* tilbakereise *c*

**return ticket** [ri-TØØN TIKH-it] *n* tur-returbillet *c*

**revenue** [REV-in-juu] *n* innkomst *c*

**reverse** [ri-VØØS] *v* rygge; *n* revers *c;* tilbakeslag *nt*

**review** [ri-VJUU] *v* gå gjennom; *n* tidsskrift *nt*

**revise** [ri-VAIZ] *v* revidere

**revision** [ri-VIƷ-øn] *n* revisjon *c*

**revolution** [REV-ø-LUU-sjøn] *n* revolusjon *c*

**revue** [ri-VJUU] *n* revy *c*

**reward** [ri-WÅÅD] *v* belønne; *n* belønning *c*

**rheumatism** [RUU-mø-tizm] *n* revmatisme *c*

**rhubarb** [RUU-bååb] *n* rabarbra *c*

**rhyme** [raim] *n* rim *nt*

**rhythm** [riðm] *n* rytme *c*

**rib** [rib] *n* ribben *nt*

**ribbon** [RIB-øn] *n* bånd *nt*

**rice** [rais] *n* ris *c*

**rich** [ritsj] *adj* rik

**riches** [RITSJ-iz] *pl* rikdom *c*

**ridden** [RID-øn] *v* (*pp* **ride**)

**ride** [raid] *n* biltur *c;* *v* kjøre

**rider** [RAID-ø] *n* rytter *c*

**ridge** [ridƷ] *n* høyderygg *c*

**ridiculous** [ri-DIKH-ju-løs] *adj* latterlig

**riding** [RAID-ing] *n* ridning *c*

**rifle** [RAI-føl] *v* gevær *nt*

**right** [rait] *adj* riktig; høyre

**right away** [rait ø-WEI] straks

**right here** [rait hiø] akkurat her

**right-hand** [RAIT-hænd] *adj* på

høyre side

**right-of-way** [rait-ØV-WEI] *n* forkjørsrett *c*

**rights** [raits] *pl* rettighet *c*

**rim** [rim] *n* kant *c;* felg *c*

**ring** [ring] *n* ringing *c;* ring *c;* *v* ringe

\* **ring up** [ring ap] *v* ringe opp

**rink** [ringkh] *n* skøytebane *c*

**rinse** [rins] *n* skylling *c*

**ripe** [raip] *adj* moden

\* **rise** [raiz] *v* reise seg

**risen** [RIZ-øn] *v* (*pp* **rise**)

**risk** [riskh] *n* risiko *c*

**risky** [RISKH-i] *adj* risikabel

**river** [RIV-ø] *n* elv *c*

**river-bank** [RIV-ø-bængkh] *n* elvebredd *c*

**riverside** [RIV-ø-said] *n* elvebredd *c*

**roach** [råutsj] *n* mort *c*

**road** [råud] *n* vei *c*

**road map** [råud mæp] *n* veikart *nt*

**road up** [råud ap] *n* veiarbeide *nt*

**roadhouse** [RÅUD-haus] *n* vertshus *nt*

**roadside** [RÅUD-said] *n* veikant *c*

**rob** [råb] *v* rane

**robber** [RÅB-ø] *n* ransmann *c*

**robbery** [RÅB-ør-i] *n* ran *nt*

**rock** [råkh] *n* klippe *c;* *v* gynge

**rock-and-roll** [råkh-ønd-RÅUL] *n* rock-and-roll *c*

**rocket** [RÅKH-it] *n* rakett *c*

**rocky** [RÅKH-i] *adj* steinet

**rod** [råd] *n* stang *c*

**rode** [råud] *v* (*p* **ride**)

**roe** [råu] *n* rogn *c*

**roll** [råul] *n* rundstykke *nt;* rull *c;* *v* rulle

**roller-skating** [RÅUL-ø-SKHEIT-ing] *n* rulleskøyteløp *nt*

**romance** [ro-MÆNS] *n* romanse *c*

**romantic** [RO-MÆN-tikh] *adj* romantisk

**roof** [ruuf] *n* tak *nt*

**room** [ruum] *n* værelse *nt*

**room and board** [ruum ønd bååd] *n* kost og losji

**room service** [ruum SØØ-vis] *n* værelsesbetjening *c*

**roomy** [RUUM-i] *adj* rommelig

**root** [ruut] *n* rot *c*

**rope** [råup] *n* rep *nt*

**rosary** [RÅUZ-ør-i] *n* rosenkrans *c*

**rose** [råuz] *v* (*p* **rise**); *n* rose *c*; *adj* rosa

**rouge** [ruuʒ] *n* rouge *c*

**rough** [raf] *adj* ujevn

**roulette** [ruu-LƐT] *n* rulett *c*

**round** [raund] *adj* rund

**round trip** [raund trip] *n* tur-retur *c*

**roundabout** [RAUND-ø-baut] *n* rundkjøring *c*

**rounded** [RAUND-id] *adj* avrundet

**route** [ruut] *n* rute *c*

**routine** [ruu-TIIN] *n* rutine *c*

**row** [råu] *v* ro; *n* rekke *c*; trette *c*

**rowing-boat** [RÅu-ing-båut] *n* robåt *c*

**royal** [RÅI-øl] *adj* kongelig

**rub** [rab] *v* gni

**rubber** [RAB-ø] *n* gummi *c*; viskelær *nt*

**rubbish** [RAB-isj] *n* avfall *nt*

**ruby** [RUU-bi] *n* rubin *c*

**rucksack** [RUKH-sækh] *n* ryggsekk *c*

**rudder** [RAD-ø] *n* ror *nt*

**rude** [ruud] *adj* udannet

**rug** [ragh] *n* rye *c*

**ruin** [RUU-in] *v* ødelegge

**ruins** [RUU-inz] *pl* ruiner *pl*

**rule** [ruul] *v* regjere

**ruler** [RUU-lø] *n* regent *c*; linjal *c*

**rumour** [RUU-mø] *n* rykte *nt*

* **run** [ran] *v* løpe

* **run into** [ran IN-tu] *v* støte på

**runaway** [RUN-ø-wei] *n* flyktning *c*

**running water** [RAN-ing WÅÅ-tø] *n* rennende vann

**runway** [RAN-wei] *n* runway *nt*

**rural** [RUØR-øl] *adj* landlig

**rush** [rasj] *n* siv *nt*; *v* styrte

**rush-hour** [RASJ-auø] *n* rushtid *c*

**rust** [rast] *n* rust *c*

**rustic** [RAS-tikh] *adj* landsens

**rusty** [RAS-ti] *adj* rusten

**saccharin** [SÆKH-ø-rin] *n* sakarin

**sack** [sækh] *n* sekk *c*

**sacred** [SEIKH-rid] *adj* hellig

**sacrifice** [SÆKH-ri-fais] *n* offer *nt*

**sad** [sæd] *adj* trist

**saddle** [SÆD-øl] *n* sal *c*

**safe** [seif] *n* safe *c*; *adj* sikker

**safety** [SEIF-ti] *n* sikkerhet *c*

**safety belt** [SEIF-ti bɛlt] *n* sikkerhetsbelte *nt*

**safety pin** [SEIF-ti pin] *n* sikkerhetsnål *c*

**safety razor** [SEIF-ti REIZ-ø] *n* barbermaskin *c*

**said** [sɛd] *v* (*p, pp* **say**)

**sail** [seil] *v* seile; *n* seil *nt*

**sailing** [SEIL-ing] *n* skipsfart *c*

**sailing boat** [SEIL-ing båut] *n* seilbåt *c*

**sailor** [SEIL-ø] *n* sjømann *c*

**saint** [seint] *n* helgen *c*

**salad oil** [SÆL-ød åil] *n* matolje *c*

**salami** [SØ-LAR-mi] *n* salami *c*

**salaried** [SÆL-ør-id] *adj* lønnet

**salary** [SÆL-ør-i] *n* lønn *c*

**sale** [seil] *n* salg *nt*

**saleable** [SEIL-ø-bøl] *adj* salgbar

**sales** [seilz] *pl* utsalg *nt*

**salesgirl** [SEILZ-ghøøl] *n*
ekspeditrise *c*
**salesman** [SEILZ-mən] *n* (*pl* -
men) ekspeditør *c*
**salmon** [SÆM-øn] *n* laks *c*
**salon** [sø-LÁNG] *n* salong *c*
**saloon** [sø-LUUN] *n* bar *c*
**salt** [såålt] *n* salt *nt*
**saltcellar** [SÅÅLT-sel-ø] *n* saltkar
*nt*
**salty** [SÅÅLT-i] *adj* salt
**salve** [sarv] *n* salve *c*
**same** [seim] *adj* samme
**sample** [SARM-pøl] *n* prøve *c*
**sand** [sænd] *n* sand *c*
**sandal** [SÆN-døl] *n* sandal *c*
**sandwich** [SÆN-widʒ] *n*
smørbrød *nt*
**sandy** [SÆND-i] *adj* sandet
**sang** [sæng] *v* (*p* sing)
**sanitary** [SÆN-i-tør-i] *adj* sanitær
**sanitary napkin** [SÆN-i-tør-i
NÆP-khin] *n* sanitetsbind *nt*
**sank** [sængkh] *v* (*p* sink)
**sapphire** [SÆF-aiø] *n* safir *c*
**sardine** [sar-DIIN] *n* sardin *c*
**satin** [SÆT-in] *n* sateng *c*
**satisfaction** [sæt-is-FÆKH-sjøn] *n*
tilfredsstillelse *c*
**satisfied** [SÆT-is-faid] *adj* tilfreds
**satisfy** [SÆT-is-fai] *v* tilfredsstille
**Saturday** [SÆT-ø-di] *n* lørdag *c*
**saucepan** [SÅÅS-pøn] *n*
stekepanne *c*
**saucer** [SÅÅ-sø] *n* skål *c*
**sauna** [SÅÅ-nø] *n* badstu *c*
**sausage** [SÅS-idʒ] *n* pølse *c*
**sausages** [SÅS-idʒ-iz] *pl* sosisser
*pl*
**savage** [SÆV-idʒ] *adj* vill
**save** [seiv] *v* redde; spare
**savings** [SEIV-ingz] *pl*
sparepenger *pl*
**savings bank** [SEIV-ingz bængkh]

*n* sparebank *c*
**saviour** [SEIV-jø] *n*
redningsmann *c*
**savoury** [SEIV-ør-i] *adj*
velsmakende
**saw** [såå] *n* sag *c*
* **say** [sei] *v* si
**scale** [skheil] *n* målestokk *c*
**scales** [skheilz] *pl* vekt *c*
**scallion** [SKHÆL-jøn] *n* sjalottløk
*c*
**scallop** [SKHÁL-øp] *n* kammusling
*c*
**scar** [skhar] *n* arr *nt*
**scarce** [skhɛøs] *adj* knapp
**scarcely** [SKHƐØS-li] *adv* neppe
**scarcity** [SKHƐØS-it-i] *n* knapphet
*c*
**scare** [skhɛø] *v* skremme
**scarf** [skharf] *n* skjerf *nt*
**scarlet** [SKHAR-lit] *adj* skarlagen
**scatter** [SKHÆT-ø] *v* spre
**scene** [siin] *n* scene *nt*
**scenery** [SIIN-ør-i] *n* landskap *nt*
**scenic** [SII-nikh] *adj* naturskjønn
**scent** [sɛnt] *n* duft *c*
**schedule** [SJƐD-juul] *n* timetabell
*c*
**scheme** [skhiim] *n* skjema *nt*
**scholar** [SKHÁL-ø] *n* lærd *c*
**scholarship** [SKHÁL-ø-sjip] *n*
stipend *nt*
**school** [skhuul] *n* skole *c*
**schoolboy** [SKHUUL-båi] *n*
skolegutt *c*
**schoolgirl** [SKHUUL-ghøøl] *n*
skolepike *c*
**schoolmaster** [SKHUUL-mars-tø]
*n* overlærer *c*
**schoolteacher** [SKHUUL-tiitsj-ø] *n*
lærer *c*
**science** [SAI-øns] *n* vitenskap *c*
**scientific** [sai-øn-TIF-ikh] *adj*
vitenskapelig

scientist [SAI-ØN-tist] *n*
vitenskapsmann *c*

scissors [SIZ-ØZ] *pl* saks *c*

scold [skhåuld] *v* skjelle ut

scooter [SKHUUT-Ø] *n* scooter *c*

score [skhåå] *n* poengsum *c; v*
score

scorn [skhåån] *v* forakte; *n*
forakt *c*

Scot [skhåt] *n* skotte *c*

Scotch [skhåtsj] *adj* skotsk

scotch tape [skhåtsj teip] *n* tape
*c*

Scotland [SKHÅT-lønd] *n*
Skottland *nt*

Scottish [SKHÅT-isj] *adj* skotsk

scrap [skhræp] *n* bit *c*

scrape [skhreip] *v* skrape

scratch [skhrætsj] *v* klore; *n*
skramme *c*

scream [skhriim] *v* skrike; *n*
skrik *nt*

screen [skhriin] *n* skjerm *c*;
lerret *nt*

screw [skhruu] *n* skrue *c; v* skru

screwdriver [SKHRUU-draiv-ø] *n*
skrujern *nt*

scrub [skhrab] *v* skrubbe; *n* kratt
*nt*

sculptor [SKHALP-tø] *n*
billedhogger *c*

sculpture [SKHALP-tsjø] *n*
skulptur *c*

sea [sii] *n* hav *nt*

sea-bird [SII-bøød] *n* sjøfugl *c*

seacoast [SII-khåust] *n* kyst *c*

seagull [SII-ghal] *n* måke *c*

seal [siil] *n* segl *nt*

seam [siim] *n* søm *c*

seaman [SII-møn] *n* (*pl* -men)
sjømann *c*

seamless [SIIM-lis] *adj* sømløs

seaport [SII-pååt] *n* havn *c*

search [søøtsj] *n* leting *c; v* lete

etter

seascape [SII-skheip] *n* sjøbilde
*nt*

sea-shell [SII-sjøl] *n* konkylie *c*

seashore [SII-sjåå] *n* strand *c*

seasickness [SII-sikh-nis] *n*
sjøsyke *c*

seaside [SII-said] *n* kyst *c*

seaside resort [SII-said ri-ZÅÅT] *n*
badested *nt*

season [SIIZ-øn] *n* årstid *c*

season ticket [SIIZ-øn TIKH-it] *n*
sesongkort *nt*

seasoning [SIIZ-øn-ing] *n*
krydder *nt*

seat [siit] *n* sete *nt; v* sitteplass *c*

seat belt [siit bɛlt] *n*
sikkerhetsbelte *nt*

seated [SIIT-id] *adj* sittende

sea-urchin [SII-øø-tsjin] *n*
sjøpinnsvin *nt*

sea-water [SII-wåå-tø] *n* sjøvann
*nt*

second [SɛKH-ønd] *adj* annen; *n*
sekund *nt*

secondary [SɛKH-ønd-ør-i] *adj*
sekundær

second-class [SɛKH-ønd-khlars]
*adj* annenklasses

second-hand [SɛKH-ønd-hænd]
*adj* brukt

secret [SII-khrit] *adj* hemmelig; *n*
hemmelighet *c*

secretary [SɛKH-rø-tri] *n*
sekretær *c*

section [SɛKH-sjøn] *n* seksjon *c*

secure [si-KHJUØ] *adj* sikker

sedate [si-DEIT] *adj* sindig

sedative [SED-ø-tiv] *n*
beroligende middel *nt*

* see [sii] *v* se
* see to [sii tu] *v* sørge for

seed [siid] *n* frø *nt*

* seek [siikh] *v* søke

seem [siim] *v* synes

seen [siin] *v* (*pp* see)

seize [siiz] *v* gripe

seldom [SEL-døm] *adv* sjelden

select [si-LEKHT] *adj* utvalgt

selection [si-LEKH-sjøn] *n* utvalg *nt*

self-drive [SELF-draiv] *adj* uten sjåfør

self-employed [SELF-im-PLÅID] *adj* selvstendig

self-government [self-GHAV-ø-mønt] *n* selvstyre *nt*

selfish [SEL-fisj] *adj* selvisk

self-service [SELF-SØØ-vis] *n* selvbetjening *c*

self-service restaurant [SELF-SØØ-vis RES-tø-rångng] *n* kafeteria *c*

* sell [SEL] *v* selge

seltzer [SEL-tsø] *n* selters *c*

semicircle [SEM-i-SØØ-khøl] *n* halvsirkel *c*

semicolon [SEM-i-KHÅU-løn] *n* semikolon *nt*

senate [SEN-it] *n* senat *nt*

senator [SEN-øt-ø] *n* senator *c*

* send [send] *v* sende

* send back [send bækh] *v* sende tilbake

* send for [send fåå] *v* sende bud etter

* send off [send åf] *v* sende avsted

sensation [sen-SEI-sjøn] *n* sensasjon *c;* følelse *c*

sensational [sen-SEI-sjøn-øl] *adj* sensasjonell

sense [sens] *n* sans *c;* fornuft *c;* betydning *c; v* ane

senseless [SENS-lis] *adj* meningsløs

sensible [SEN-sø-bøl] *adj* fornuftig

sensitive [SEN-si-tiv] *adj* følsom

sent [sent] *v* (*p, pp* send)

sentence [SEN-tøns] *v* dømme; *n* dom *c;* setning *c*

sentimental [sen-ti-MEN-tøl] *adj* sentimental

separate [SEP-ø-reit] *v* skille; *adj* atskilt

September [sep-TEM-bø] *n* september

septic [SEP-tikh] *adj* septisk

series [SIØR-iiz] *n* serie *c*

serious [SIØR-i-øs] *adj* alvorlig

serum [SIØR-øm] *n* serum *nt*

servant [SØØ-vønt] *n* tjener *c*

serve [søøv] *v* tjene

service [SØØ-vis] *n* betjening *c*

service charge [SØØ-vis tsjardʒ] *n* serveringsavgift *c*

service station [SØØ-vis STEI-sjøn] *n* bensinstasjon *c*

serviette [SØØ-vi-ET] *n* serviett *c*

set [set] *n* sett *nt; v* sette

set menu [set MEN-juu] *n* fast meny *c*

* set out [set aut] *v* dra avsted

setting [SET-ing] *n* omgivelser *pl;* frisyre *c*

setting lotion [SET-ing LÅU-sjøn] *n* leggevann *nt*

settle [SET-øl] *v* ordne

settle down [SET-øl daun] *v* slå seg ned

settle up [SET-øl ap] *v* gjøre opp

settlement [SET-øl-mønt] *n* overenskomst *c*

seven [SEV-øn] *adj* syv

seventeen [SEV-øn-tiin] *adj* sytten

seventeenth [SEV-øn-tiinΘ] *adj* syttende

seventh [SEV-ønΘ] *adj* syvende

seventy [SEV-øn-ti] *adj* sytti

several [SEV-røl] *adj* atskillige

severe [si-VIØ] *adj* streng

* sew [såu] *v* sy

* sew on [såu ån] *v* sy på

sewing [SÅU-ing] *n* søm *c*

sewing-machine [SÅU-ing-mø-sjiin] *n* symaskin *c*

sex [sɛkhs] *n* kjønn *nt*

shade [sjeid] *n* nyanse *c;* skygge *c*

shadow [SJÆD-åu] *n* skygge *c*

shady [SJEID-i] *adj* skyggefull

* shake [sjeikh] *v* ryste

shaken [SJEIKH-øn] *v* (*pp* shake)

* shall [sjæl] *v* skulle

shallow [SJÆL-åu] *adj* grunn

shame [sjeim] *n* skam *c*

shampoo [sjæm-PUU] *n* shampoo *c*

shan't [sjarnt] *v* (shall not)

shape [sjeip] *n* form *c*

share [sjɛø] *n* del *c;* aksje *c; v* dele

sharp [sjarp] *adj* skarp

sharpen [SJARP-øn] *v* hvesse

* shave [sjeiv] *v* barbere seg

shaver [SJEI-vø] *n* barbermaskin *c*

shaving-brush [SJEI-ving-brasj] *n* barberkost *c*

shaving-cream [SJEI-ving-khriim] *n* barberkrem *c*

shaving-soap [SJEI-ving-såup] *n* barbersåpe *c*

shawl [sjåål] *n* sjal *nt*

she [sjii] *pron* hun

shed [sjɛd] *n* skjul *nt*

sheep [sjiip] *inv* sau *c*

sheer [sjiø] *adj* tynn

sheet [sjiit] *n* ark *nt;* laken *nt*

shelf [sjɛlf] *n* hylle *c*

shell [sjɛl] *n* muslingskall *nt*

shell-fish [SJɛL-fisj] *n* skalldyr *nt*

shelter [SJɛL-tø] *n* ly *nt; v* gi ly

shepherd [SJEP-ød] *n* gjeter *c*

she's [sjiiz] *v* (she is, she has)

* shine [sjain] *v* skinne

ship [sjip] *n* skip *nt; v* skipe

shipping line [SJIP-ing lain] *n* rederi *nt*

shirt [sjøøt] *n* skjorte *c*

shiver [SJIV-ø] *v* skjelve

shivery [SJIV-ør-i] *adj* skjelvende

shock [sjåkh] *n* sjokk *nt; v* sjokkere

shock absorber [sjåkh øb-SÅÅB-ø] *n* støtdemper *c*

shocking [SJÅKH-ing] *adj* sjokkerende

shoe [sjuu] *n* sko *c*

shoe polish [sjuu PÅL-isj] *n* skokrem *c*

shoe-lace [SJUU-leis] *n* skolisse *c*

shoemaker [SJUU-meikh-ø] *n* skomaker *c*

shoe-shine [SJUU-sjain] *n* skopuss *c*

shoe-shop [SJUU-sjåp] *n* skoforretning *c*

shone [sjån] *v* (p, pp shine)

shook [sjukh] *v* (p shake)

* shoot [sjuut] *v* skyte

shop [sjåp] *v* handle; *n* forretning *c*

shop assistant [sjåp ø-SIS-tønt] *n* ekspeditør *c*

shopkeeper [SJÅP-khiip-ø] *n* kjøpmann *c*

shopping [SJÅP-ing] *n* innkjøp *nt*

shopping bag [SJÅP-ing bægh] *n* handlebag *c*

shopping centre [SJÅP-ing sɛn-tø] *n* forretningssenter *nt*

shop-window [SJÅP-WIN-dåu] *n* utstillingsvindu *nt*

shore [sjåå] *n* strand *c*

short [sjååt] *adj* kort

short circuit [sjååt søø-khit] *n* kortslutning *c*

**shortage** [SJÅÅT-idʒ] *n* mangel *c*

**shorten** [SJÅÅT-øn] *v* forkorte

**shorthand** [SJÅÅT-hænd] *n* stenografi *c*

**shortly** [SJÅÅT-li] *adv* snart

**shorts** [sjååts] *pl* underbukse *c;* shorts *pl*

**short-sighted** [SJÅÅT-SAIT-id] *adj* nærsynt

**shot** [sjåt] *v* (*p, pp* shoot); *n* skudd *nt*

**should** [sjud] *v* (*p* shall)

**shoulder** [SJÅUL-dø] *n* skulder *c*

**shouldn't** [SJUD-ønt] *v* (**should not**)

**shout** [sjaut] *n* rop *nt; v* rope

* **show** [sjåu] *v* utstille; bevise; vise; *n* forestilling *c*

**shower** [SJAU-ø] *n* skur *c;* dusj *c*

**shown** [sjåun] *v* (*pp* show)

**showroom** [SJÅU-ruum] *n* utstillingslokale *nt*

**shrank** [sjrængkh] *v* (*p* shrink)

**shriek** [sjriikh] *n* skrik *nt; v* skrike

**shrimp** [sjrimp] *n* reke *c*

**shrine** [sjrain] *n* helgenskrin *nt*

* **shrink** [sjringkh] *v* krympe

**shrub** [sjrab] *n* busk *c*

**shrunk** [sjrangkh] *v* (*pp* shrink)

**shuffle** [SJAF-øl] *v* blande

* **shut** [sjat] *v* lukke; stenge inne; *adj* stengt

**shutter** [SJAT-ø] *n* skodde *c*

**shy** [sjai] *adj* sky

**sick** [sikh] *adj* syk

**sickness** [SIKH-nis] *n* sykdom *c*

**side** [said] *n* side *c;* parti *nt*

**sideburns** [SAID-bøønz] *pl* kinnskjegg *nt*

**sidelight** [SAID-lait] *n* sidelys *nt*

**sidewalk** [SAID-wååkh] *n* fortau *nt*

**sideways** [SAID-weiz] *adv* til siden

**sight** [sait] *n* syn *nt*

**sights** [saits] *pl* severdighet *c*

**sign** [sain] *n* tegn *nt; v* undertegne

**signal** [SIGH-nøl] *n* signal *nt*

**signature** [SIGH-ni-tsjø] *n* signatur *c*

**signpost** [SAIN-påust] *n* veiviser *c*

**silence** [SAIL-øns] *n* stillhet *c*

**silencer** [SAIL-øn-sø] *n* lyddemper *c*

**silent** [SAIL-ønt] *adj* taus

**silk** [silkh] *n* silke *c*

**silken** [SILKH-øn] *adj* silke-

**silly** [SIL-i] *adj* tåpelig

**silver** [SIL-vø] *n* sølv *nt*

**silversmith** [SIL-vø-smiΘ] *n* sølvsmed *c*

**silverware** [SIL-vø-wɛø] *n* sølvtøy *nt*

**silvery** [SIL-vør-i] *adj* sølvaktig

**similar** [SIM-il-ø] *adj* liknende

**similarity** [sim-i-LÆR-it-i] *n* likhet *c*

**simple** [SIM-pøl] *adj* enkel

**simply** [SIM-pli] *adv* enkeltnok

**simultaneous** [si-møl-TEIN-jøs] *adj* samtidig

**since** [sins] *conj* siden; *prep* siden; *adv* siden

**sincere** [sin-SIØ] *adj* oppriktig

* **sing** [sing] *v* synge

**singer** [SING-ø] *n* sanger *c*

**single** [SING-ghøl] *adj* enkel; ugift

**single bed** [SING-ghøl bɛd] *n* enkeltseng *c*

**single room** [SING-ghøl ruum] *n* enkeltrom *nt*

**single ticket** [SIN-ghøl TIKH-it] *n* enkeltbillet *c*

**singular** [SING-ghju-lø] *n* entall *nt*

**sink** [singkh] *n* vask *c; v* synke

**siphon** [SAI-føn] n sifong c

**sir** [søø] min herre

**sirloin** [søø-låin] n mørbrad c

**sister** [SIS-tø] n søster c

**sister-in-law** [SIS-tør-in-låå] n svigerinne c

* **sit** [sit] v sitte

* **sit down** [sit daun] v sette seg

**site** [sait] n sted nt

**sitting-room** [SIT-ing-ruum] n dagligstue c

**situated** [SIT-ju-eit-id] adj beliggende

**situation** [sit-ju-EI-sjøn] n situasjon c

**six** [sikhs] adj seks

**sixteen** [SIKHS-tiin] adj seksten

**sixteenth** [SIKHS-tiinΘ] adj sekstende

**sixth** [sikhsΘ] adj sjette

**sixty** [SIKHS-ti] n seksti

**size** [saiz] n størrelse c

**skate** [skheit] v gå på skøyter; n skøyte c

**skating** [SKHEIT-ing] n skøyteløping c

**skating-rink** [SKHEIT-ing-ringkh] n skøytebane c

**skeleton** [SKHEL-i-tøn] n skjelett nt

**sketch** [skhetsj] n skisse c; v skissere

**sketchbook** [SKHETSJ-bukh] n skissebok c

**ski** [skhii] v gå på ski; n ski c

**ski boots** [skhii buuts] pl skistøvler pl

**skid** [skhid] v gli

**skier** [SKHII-ø] n skiløper c

**skiing** [SKHII-ing] n skiløping c

**ski-jump** [SKHII-dʒamp] n skihopp nt

**ski-lift** [SKHII-lift] n skiheis c

**skill** [skhil] n dyktighet c

**skilled** [skhild] adj kyndig

**skillful** [SKHIL-ful] adj dyktig

**skin** [skhin] n hud c

**skin cream** [skhin khriim] n hudkrem c

**ski-pants** [SKHII-pænts] pl skibukser pl

**ski-poles** [SKHII-påulz] pl skistaver pl

**skirt** [skhøøt] n skjørt nt

**skull** [skhal] n kranium nt

**sky** [skhai] n himmel c

**sky-scraper** [SKHAI-skhreip-ø] n skyskraper c

**slacks** [slækhs] pl langbukser pl

**slang** [slæng] n slang c

**slant** [slarnt] v skråne

**slanting** [SLARNT-ing] adj skrå

**slave** [sleiv] n slave c

**sledge** [slɛdʒ] n slede c

**sleep** [sliip] n søvn c; v sove

**sleeping-bag** [SLIIP-ing-bægh] n sovepose c

**sleeping-berth** [SLIIP-ing-bøøΘ] n køye c

**sleeping-car** [SLIIP-ing-khar] n sovevogn c

**sleeping-pill** [SLIIP-ing-pil] n sovepille c

**sleepy** [SLIIP-i] adj søvnig

**sleeve** [sliiv] n erme nt

**sleigh** [slei] n slede c

**slender** [SLEN-dø] adj slank

**slept** [slɛpt] v (p, pp sleep)

**slice** [slais] n skive c

**sliced** [slaist] adj oppskåret

**slide** [slaid] n lysbilde nt; glidning c; v gli

**slight** [slait] adj ubetydelig

**slim** [slim] adj slank

**slip** [slip] n underkjole c; feiltrinn nt; v snuble; smette

**slipper** [SLIP-ø] n tøffel c

**slippery** [SLIP-ør-i] adj glatt

**slope** [slåup] *n* helling *c; v* helle

**sloping** [SLÅUP-ing] *adj* hellende

**slot** [slåt] *n* myntsprekk *c*

**slot-machine** [SLÅT-mø-sjiin] *n* automat *c*

**slow** [slåu] *adj* tungnem; langsom

**slow down** [slåu daun] *v* saktne farten

**slum** [slam] *n* slum *c*

**slush** [slasj] *n* slaps *nt*

**small** [småål] *adj* liten

**small change** [småål tsjeindʒ] *n* småpenger *pl*

**smallpox** [SMÅÅL-påkhs] *n* kopper *pl*

**smart** [smart] *adj* smart

* **smell** [smɛl] *v* lukte; *n* lukt *c*

**smelly** [SMƐL-i] *adj* illeluktende

**smile** [smail] *v* smile; *n* smil *nt*

**smith** [smiΘ] *n* smed *c*

**smog** [smågh] *n* røktåke *c*

**smoke** [småukh] *v* røke; *n* røk *c*

**smoked** [småukht] *adj* røkt

**smokeless** [SMÅUKH-lis] *adj* røkfri

**smoker** [SMÅUKH-ø] *n* røker *c*

**smoke-room** [SMÅUKH-ruum] *n* røkerom *nt*

**smoking compartment** [SMÅUKH-ing khøm-PART-mønt] *n* røkekupé *c*

**smooth** [smuuð] *adj* jevn

**smuggle** [SMAGH-øl] *v* smugle

**snack** [snækh] *n* lett måltid *nt*

**snack-bar** [SNÆKH-bar] *n* snackbar *c*

**snail** [sneil] *n* snegl *c*

**snapshot** [SNÆP-sjåt] *n* foto *nt*

**sneakers** [SNIIKH-øz] *pl* tennissko *pl*

**sneeze** [sniiz] *v* nyse

**sneezing** [SNIIZ-ing] *n* nys *nt*

**snorkel** [SNÅÅ-khøl] *n* snorkel *c*

**snow** [snåu] *n* snø *c; v* snø

**snowstorm** [SNÅU-stååm] *n* snøstorm *c*

**snowy** [SNÅU-i] *adj* snødekket

**so** [såu] *adv* slik; så; *conj* så

**so far** [såu far] *adv* hittil

**so that** [såu ðæt] *conj* så

**soak** [såukh] *v* bløte

**soap** [såup] *n* såpe *c*

**soap powder** [såup PAU-dø] *n* såpepulver *nt*

**so-called** [SAU-khååld] *adj* såkalt

**soccer** [SÅKH-ø] *n* fotball *c*

**social** [SÅU-sjøl] *adj* sosial

**socialist** [SÅU-sjøl-ist] *adj* sosialistisk

**society** [sø-SAI-ø-ti] *n* selskap *nt;* samfunn *nt*

**sock** [såkh] *n* sokk *c*

**socket** [SÅKH-it] *n* støpsel *c*

**soda-fountain** [SÅU-dø FAUN-tin] *n* isbar *c*

**soda-water** [SÅU-dø-wAA-tø] *n* sodavann *nt*

**sofa** [SÅU-fø] *n* sofa *c*

**soft** [såft] *adj* myk

**soft drink** [såft dringkh] *n* alkoholfri drikk *c*

**soften** [SÅF-øn] *v* bløtgjøre

**softener** [SÅF-øn-ø] *n* bløtgjøringsmiddel *nt*

**soil** [såil] *n* jord *c*

**soiled** [såild] *adj* skitten

**sold** [såuld] *v (p,pp* sell)

**sold out** [såuld aut] *adj* utsolgt

**soldier** [SÅUL-dʒø] *n* soldat *c*

**sole** [såul] *n* flyndre *c;* såle *c; adj* eneste

**solemn** [SÅL-øm] *adj* høytidelig

**solicitor** [sø-LIS-it-ø] *n* sakfører *c*

**solid** [SÅL-id] *adj* solid; *n* fast stoff *nt*

**soluble** [SÅL-ju-bøl] *adj* oppløselig

**solution** [sø-LUU-sjøn] n løsning c; oppløsning c

**solve** [sålv] v løse

**some** [sam] adj noen

**some more** [sam måå] litt mer

**some time** [sam taim] engang

**somebody** [SAM-bød-i] pron noen

**someone** [SAM-wan] pron noen

**something** [SAM-Θing] pron noe

**sometimes** [SAM-taimz] adv av og til

**somewhat** [SAM-wåt] adv noe

**somewhere** [SAM-wεø] adv etsteds

**son** [san] n sønn c

**song** [sång] n sang c

**son-in-law** [SAN-in-låå] n svigersønn c

**soon** [suun] adv snart

**sooner** [SUUN-ø] adv før

**sore** [ssåå] adj sår; n ømt sted nt

**sore throat** [ssåå Θråut] n halssyke c

**sorrow** [SÅR-åu] n sorg c

**sorry** [SÅR-i] adj lei for

**sort** [ssåt] n sort c; v sortere

**soul** [såul] n sjel c

**sound** [saund] n lyd c; v lyde

**soundproof** [SAUND-pruuf] adj lydtett

**soup-plate** [SUUP-pleit] n suppetallerken c

**soupspoon** [SUUP-spuun] n suppeskje c

**sour** [sauø] adj sur

**south** [sauΘ] n sør c

**South Africa** [sauΘ ÆF-ri-khø] n Sør-Afrika nt

**south-east** [sauΘ-IIST] n sørøst c

**southern** [SAð-øn] adj sørlig

**southwards** [SAUΘ-wødz] adv sørover

**south-west** [sauΘ-wεST] n sørvest c

**souvenir** [SUU-vø-niø] n suvenir c

* **sow** [såu] v så

**spa** [spar] n kursted nt

**space** [speis] v ha mellomrom; n avstand c; verdensrom nt

**spacious** [SPEI-sjøs] adj rommelig

**spade** [speid] n spade c

**spades** [speidz] pl spar c

**Spain** [spein] n Spania nt

**Spanish** [SPÆN-isj] n spanjol c; adj spansk

**spare** [spεø] v unnvære; adj ekstra

**spare part** [spεø part] n reservedel c

**spare room** [spεø ruum] n gjesterom nt

**spare time** [spεø taim] n fritid c

**spare tyre** [spεø taiø] n reservedekk nt

**spare wheel** [spεø wiil] n reservehjul nt

**spares** [spεøz] pl reservedeler pl

**spark** [sparkh] n gnist c

**sparking-plug** [SPARKH-ing-plagh] n tennplugg c

**sparkling** [SPARKH-ling] adj funklende; musserende

* **speak** [spiikh] v tale

**special** [SPεSJ-øl] adj spesiell

**special delivery** [SPεSJ-øl di-LIV-ør-i] ekspress

**specialise** [SPεSJ-ø-laiz] v spesialisere seg

**specialist** [SPεSJ-øl-ist] n spesialist c

**speciality** [spεsj-i-ÆL-it-i] n spesialitet c

**specimen** [SPεS-i-min] n eksemplar nt

**spectacle** [SPεKH-tøkh-øli] n skuespill nt

**spectacles** [SPεKH-tøkh-ølz] pl

briller *pl*

**spectator** [spɛkh-TEIT-ø] *n*
tilskuer *c*

**speech** [spiitsj] *n* språk *nt;* tale *c*

* **speed** [spiid] *v* kjøre fort; *n* fart
*c*

**speed limit** [spiid LIM-it] *n*
fartsgrense *c*

**speeding** [SPIID-ing] *n* for stor
fart *c*

**speedometer** [spi-DÅM-it-ø] *n*
fartsmåler *c*

* **spell** [spɛl] *v* stave

**spelling** [SPEL-ing] *n* stavemåte *c*

* **spend** [spɛnd] *v* tilbringe;
bruke

**spent** [spɛnt] *v* (*p, pp* spend)

**sphere** [sfiø] *n* kule *c;* område *nt*

**spice** [spais] *n* krydder *nt*

**spiced** [spaist] *adj* krydret

**spicy** [SPAIS-i] *adj* krydret

* **spill** [spil] *v* søle

* **spin** [spin] *v* snurre ; spinne

**spinach** [SPIN-idʒ] *n* spinat *c*

**spine** [spain] *n* ryggrad *c*

**spinster** [SPIN-stø] *n* gammel
jomfru *c*

**spire** [spaiø] *n* spyd *nt*

**spirit** [SPIR-it] *n* sjel *c;* spøkelse
*nt;* humør *nt*

**spirit stove** [SPIR-it ståuv] *n*
spritapparat *c*

* **spit** [spit] *v* spytte

**splash** [splæsj] *v* skvette

**splendid** [SPLEN-did] *adj*
utmerket

**splint** [splint] *n* skinne *c*

**splinter** [SPLIN-tø] *n* splint *c*

* **split** [split] *v* kløve

* **spoil** [spåil] *v* ødelegge

**spoke** [spåukh] *v* (*p* speak); *n*
eike *c*

**sponge** [spandʒ] *n* svamp *c*

**spoon** [spuun] *n* skje *c*

**spoonful** [SPUUN-ful] *n* skje *c*

**sport** [spååt] *n* sport

**sports car** [spååts khar] *n*
sportsvogn *c*

**sports jacket** [spååts DʒÆKH-it] *n*
sportsjakke *c*

**sportsman** [SPÅÅTS-møn] *n* (*pl* -
men) idrettsmann *c*

**sportswear** [SPÅÅTS-wɛø] *n*
sportsklær *pl*

**spot** [spåt] *n* flekk *c;* sted *nt*

**spotless** [SPÅT-lis] *adj* plettfri

**sprain** [sprein] *n* vrikk *nt; v*
vrikke

* **spread** [sprɛd] *v* spre

**spring** [spring] *n* vår *c;*
springfjær *c;* kilde *c*

**springtime** [SPRING-taim] *n*
vårtid *c*

**sprouts** [sprauts] *pl* rosenkål *c*

**square** [skhwɛø] *adj* kvadratisk;
*n* kvadrat *nt;* plass *c*

**squash** [skhwåsj] *n* saft *c;*
gresskar *nt*

**stable** [STEI-bøl] *adj* stabil

**stadium** [STEI-di-øm] *n* stadion
*nt*

**staff** [starf] *n* personale *nt*

**stage** [steidʒ] *n* scene *c;* stadium
*nt*

**stain** [stein] *v* flekke; *n* flekk *c*

**stain remover** [stein ri-MUUV-ø] *n*
flekkfjerner *c*

**stained** [steind] *adj* flekket

**stained glass** [steind ghlars] *n*
glassmaleri *nt*

**stainless** [STEIN-lis] *adj* plettfri

**stainless steel** [STEIN-lis stiil] *n*
rustfritt stål *nt*

**staircase** [STɛø-kheis] *n* trapp *c*

**stairs** [stɛøz] *pl* trapp *c*

**stale** [steil] *adj* fordervet

**stall** [ståål] *n* parkett *c*

**stamp** [stæmp] *v* frankere; *n*

frimerke *nt*

**stamp machine** [stæmp mø-sjiin] *n* frimerkeautomat *c*

**stand** [stænd] *n* tribune *c; v* stå

**standard** [STÆN-død] *adj* standard-

**standard of living** [STÆN-død øv LIV-ing] levestandard *c*

**star** [star] *n* stjerne *c*

**starch** [startsj] *n* stivelse *c; v* stive

**stare** [støø] *v* stirre

**start** [start] *n* start *c; v* begynne

**starter** [START-ø] *n* starter *c*

**starting point** [START-ing påint] *n* utgangspunkt *nt*

**state** [steit] *v* erklære; *n* stat *c;* tilstand *c*

**statement** [STEIT-mønt] *n* erklæring *c*

**States, the** [ðø steits] *pl* Statene *pl*

**statesman** [STEITS-møn] *n (pl - men)* statsmann *c*

**station** [STEI-sjøn] *n* plass *c;* stasjon *c*

**station master** [STEI-sjøn MARS-tø] *n* stasjonsmester *c*

**stationary** [STEI-sjøn-ør-i] *adj* stillestående

**stationer** [STEI-sjøn-ø] *n* papirhandler *c*

**stationery** [STEI-sjøn-ør-i] *n* papirvarer *pl*

**statue** [STÆT-juu] *n* statue *c*

**stay** [stei] *v* bo; forbli

**steady** [STED-i] *adj* stø

**steak** [steikh] *n* biff *c*

* **steal** [stiil] *v* stjele

**steam** [stiim] *n* damp *c*

**steamer** [STIIM-ø] *n* dampskip *nt*

**steel** [stiil] *n* stål *nt*

**steep** [stiip] *adj* bratt

**steeple** [STII-pøl] *n* kirketårn *nt*

**steering** [STIØR-ing] *n* styring *c*

**steering-wheel** [STIØR-ing-wiil] *n* ratt *nt*

**stenographer** [stε-NÁGH-rø-fø] *n* stenograf *c*

**step** [stεp] *v* trå; *n* trinn *nt*

**sterilize** [STER-i-laiz] *v* sterilisere

**sterilized** [STER-i-laizd] *adj* sterilisert

**steward** [STJU-ød] *n* hovmester *c*

**stewardess** [STJU-ød-øs] *n* flyvertinne *c*

* **stick** [stikh] *v* klebe; *n* stokk *c*

**sticky** [STIKH-i] *adj* klebrig

**stiff** [stif] *adj* stiv ·

**still** [stil] *adv* likevel; fremdeles; *adj* stille

**stimulant** [STIM-ju-lønt] *n* stimulans *c*

* **sting** [sting] *v* stikke; *n* stikk *nt*

**stipulate** [STIP-ju-leit] *v* stipulere

**stipulation** [stip-ju-LEI-sjøn] *n* betingelse *c*

**stir** [støø] *v* røre

**stitch** [stitsj] *n* sting *nt*

**stock** [ståkh] *n* aksjer *pl;* lager *nt; v* lagre

**stock exchange** [ståkh ikhs-TSJEIND3] *n* aksjebørs *c*

**stocking** [STÅKH-ing] *n* strømpe *c*

**stock-market** [STÅKH-mar-khit] *n* fondsbørsmarked *nt*

**stole** [ståul] *v (p* **steal***)*

**stomach** [STAM-økh] *n* mage *c*

**stomach ache** [STAM-økh eikh] *n* magesmerter *c*

**stone** [ståun] *n* edelsten *c;* sten *c*

**stony** [STÅUN-i] *adj* stenet

**stood** [stud] *v (p,pp* **stand***)*

**stop** [ståp] *v* stoppe; *n* holdeplass *c*

**stopper** [STÅP-ø] *n* kork *c*

**storage** [STÅUR-id3] *n* lagring *c*

**store** [ståå] *n* forretning *c;* lager

*nt; v* lagre
**storey** [STÅÅ-ri] *n* etasje *c*
**storm** [ståån] *n* storm *c*
**stormy** [STÅÅM-i] *adj* stormfull
**story** [STÅÅ-ri] *n* fortelling *c*
**stout** [staut] *adj* korpulent
**stove** [ståuv] *n* ovn *c*
**straight** [streit] *adv* rett; *adj* rett
**straight ahead** [streit ø-HÉD] rett
   frem
**straight away** [streit ø-WÉI]
   straks
**straight on** [streit ån] bent frem
**strain** [strein] *n* anspennelse *c*
**strange** [streindʒ] *adj* fremmed
**stranger** [STREIN-dʒø] *n* fremmed
   *c*
**strap** [stræp] *n* rem *c*
**straw** [ stråål] *n* strå *nt*
**strawberry** [STRÅÅ-bø-ri] *n*
   jordbær *nt*
**stream** [striim] *n* elv *c*
**street** [striit] *n* gate *c*
**streetcar** [STRIIT-khar] *n*
   sporvogn *c*
**strength** [strengΘ] *n* styrke *c*
**stress** [strɛs] *v* legge vekt på; *n*
   aksent *c*; stress *nt*
**stretch** [strɛtsj] *n* strekning *c*; *v*
   tøye ut
**strict** [strikht] *adj* streng
**\* strike** [straikh] *v* streike; slå; *n*
   streik *c*
**striking** [STRAIKH-ing] *adj*
   slående
**string** [string] *n* snor *c*
**strip** [strip] *n* remse *c*
**stripe** [straip] *n* stripe *c*
**striped** [straipt] *adj* stripet
**stroke** [ ströukh] *n* slaganfall *nt*
**stroll** [ ströul] *v* slentre
**strong** [ ströng] *adj* sterk
**structure** [STRAKH-tsjø] *n*
   struktur *c*

**struggle** [STAGH-øl] *v* kjempe
**stub** [stab] *n* talong *c*
**student** [STJUU-dønt] *n* student *c*
**study** [STAD-i] *v* studere; *n*
   studerværelse *nt*; studium *nt*
**stuffed** [staft] *adj* fylt
**stuffing** [STAF-ing] *n* fyll *nt*
**stuffy** [STAF-i] *adj* trykkende
**stung** [stang] *v* (*p,pp* sting)
**stupid** [STJUU-pid] *adj* dum
**style** [stail] *n* stil *c*
**subject** [SAB-dʒikht] *n* emne *nt*;
   undersått *c*; *v* utsette for
**subsequent** [SAB-si-khwønt] *adj*
   følgende
**substance** [SAB-støns] *n* substans
   *c*
**substantial** [søb-STÆN-sjøl] *adj*
   anseelig
**substitute** [SAB-sti-tjuut] *v*
   erstatte; *n* erstatning *c*
**sub-title** [SAB-tai-tøl] *n*
   undertittel *c*
**subtract** [søb-TRÆKHT] *v* trekke
   fra
**suburb** [SAB-øøb] *n* forstad *c*
**suburban** [sø-BØØ-bøn] *adj*
   forstads-
**subway** [SAB-wei] *n*
   undergrunnsbane *c*
**succeed** [søkh-SIID] *v* lykkes
**success** [søkh-sɛs] *n* suksess *c*
**successful** [søkh-sɛs-ful] *adj*
   vellykket
**such** [satsj] *adv* slik; *adj* slik
**such as** [satsj æz] slik som
**suck** [sakh] *v* suge
**sudden** [SAD-øn] *adj* plutselig
**suede** [sweid] *n* semsket skinn *nt*
**suffer** [SAF-ø] *v* lide; gjennomgå
**suffering** [SAF-ør-ing] *n* lidelse *c*
**suffice** [sø-FAIS] *v* være
   tilstrekkelig
**sufficient** [sø-FISJ-ønt] *adj*

tilstrekkelig

**sugar** [SJUGH-ø] *n* sukker *nt*

**suggest** [sø-DƷEST] *v* foreslå

**suggestion** [sø-DƷES-tsjøn] *n* forslag *nt*

**suicide** [SUU-i-said] *n* selvmord *nt*

**suit** [suut] *v* passe; *n* dress *c*; farge *c*

**suitable** [SUUT-ø-bøl] *adj* passende

**suitcase** [SUUT-kheis] *n* koffert *c*

**suite** [swiit] *n* suite *c*

**sum** [sam] *n* sum *c*

**summary** [SAM-ør-i] *n* resymé *nt*

**summer** [SAM-ø] *n* sommer *c*

**summertime** [SAM-ø-taim] *n* sommer *c*

**summit** [SAM-it] *n* topp *c*

**sun** [san] *n* sol *c*

**sunbathe** [SAN-beið] *v* ta solbad

**sunburn** [SAN-bøøn] *n* solbrenthet *c*

**Sunday** [SAN-di] *n* søndag *c*

**sung** [sang] *v* (*pp* **sing**)

**sunglasses** [SAN-ghlars-iz] *pl* solbriller *pl*

**sunk** [sangkh] *v* (*pp* **sink**)

**sunlight** [SAN-lait] *n* sollys *nt*

**sunny** [SAN-i] *adj* sollys

**sunrise** [SAN-raiz] *n* soloppgang *c*

**sunset** [SAN-sɛt] *n* solnedgang *c*

**sunshade** [SAN-sheid] *n* parasoll *c*

**sunshine** [SAN-shain] *n* solskinn *nt*

**sunstroke** [SAN-stråukh] *n* solstikk *nt*

**suntan** [SAN-tæn] *n* solbrenthet *c*

**suntan oil** [SAN-tæn åil] *n* sololje *c*

**superb** [suu-PØØB] *adj* storartet

**superior** [suu-PIØR-i-ø] *adj* høyere

**superlative** [suu-PØØ-lø-tiv] *adj* ypperlig

**supermarket** [SUU-pø-mar-khit] *n* varehus *nt*

**supervise** [SUU-pø-vaiz] *v* kontrollere

**supervisor** [SUU-pø-vaiz-ø] *n* kontrollør *c*

**supper** [SAP-ø] *n* aftens *c*

**supplies** [sø-PLAIZ] *pl* forråd *nt*

**supply** [sø-PLAI] *v* forsyne; *n* forsyning *c*

**support** [sø-PÅÅT] *v* støtte; *n* støtte *c*

**support hose** [sø-PÅÅT håuz] *pl* elastisk strømpe *c*

**suppose** [sø-PÅUZ] *v* anta

**supposing that** [sø-PÅUZ-ing ðæt] *conj* forutsatt at

**suppository** [sø-PÅZ-i-tør-i] *n* stikkpille *c*

**surcharge** [SØØ-tsjardʒ] *n* tillegg *nt*

**sure** [sjuø] *adj* sikker

**surely** [SJUØ-li] *adv* sikkert

**surface** [SØØ-fis] *n* overflate *c*

**surfboard** [SØØF-bååd] *n* surfbrett *nt*

**surgeon** [SØØ-dʒøn] *n* kirurg *c*

**surgery** [SØØ-dʒør-i] *n* operasjon *c*; legekontor *nt*

**surname** [SØØ-neim] *n* etternavn *nt*

**surplus** [SØØ-pløs] *n* overskudd *nt*

**surprise** [sø-PRAIZ] *n* overraskelse *c*; *v* overraske

**surprised** [sø-PRAIZD] *adj* overrasket

**surprising** [sø-PRAIZ-ing] *adj* overraskende

**surround** [sø-RAUND] *v* omgi

**surrounding** [sø-RAUND-ing] *adj* omgivende

           **table d'hôte**

**surroundings** [SØ-RAUND-ingz] pl
omegn c
**survival** [sø-VAIV-øl] n
overlevelse c
**survive** [sø-VAIV] v overleve
**suspender belt** [søs-PEND-ø belt]
n strømpeholder c
**suspenders** [søs-PEND-øz] pl
bukseseler pl
**suspicion** [søs-PISJ-øn] n
mistanke c
**suspicious** [søs-PISJ-øs] adj
mistenkelig
**swallow** [SWAL-åu] v svelge
**swam** [swæm] v (p swim)
* **swear** [SWEØ] v banne
**sweat** [swɛt] n svette c
* **sweat** [swɛt] v svette
**sweater** [SWɛT-ø] n genser c
**Swede** [swiid] n svenske c
**Sweden** [SWIID-øn] n Sverige nt
**Swedish** [SWIID-isj] adj svensk
* **sweep** [swiip] v sope
**sweet** [swiit] adj søt; n dessert c
**sweetbread** [SWIIT-brɛd] n
kalvebrissel c
**sweeten** [SWIIT-øn] v sukre
**sweetheart** [SWIIT-hart] n
elskling c
**sweets** [swiits] pl søtsaker pl
**sweetshop** [SWIIT-sjåp] n
sjokoladeforretning c
* **swell** [swɛl] v svelle
**swelling** [SWɛL-ing] n hevelse c
**swept** [swɛpt] v (p, pp sweep)
**swift** [swift] adj rask
* **swim** [swim] v svømme
**swimmer** [SWIM-ø] n svømmer c
**swimming** [SWIM-ing] n
svømming c
**swimming pool** [SWIM-ing puul] n
svømmebasseng nt
**swimming trunks** [SWIM-ing
trangkhs] pl badebukse c

**swim-suit** [SWIM-suut] n
badedrakt c
* **swing** [swing] v svinge
**Swiss** [swis] n sveitser c; adj
sveitsisk
**switch** [switsj] n strømbryter c; v
skifte
**switch off** [switsj åf] v slå av
**switch on** [switsj ån] v slå på
**switchboard** [SWITSJ-bååd] n
sentralbord nt
**Switzerland** [SWIT-sø-lønd] n
Sveits
**sword** [sååd] n sverd nt
**swore** [swåå] v (p swear)
**sworn** [swåån] v (pp swear)
**swum** [swam] v (pp swim)
**syllable** [SIL-ø-bøl] n stavelse c
**sympathetic** [sim-pø-ΘɛT-ikh]
adj medfølende
**sympathy** [SIM-pø-Θi] n
medfølelse c
**symphony** [SIM-fø-ni] n symfoni
c
**symptom** [SIM-tøm] n symptom
nt
**synagogue** [SIN-ø-ghågh] n
synagoge c
**synonym** [SIN-ø-nim] n synonym
nt
**synthetic** [sin-ΘɛT-ikh] adj
syntetisk
**syphon** [SAI-føn] n sifong c
**syringe** [si-RINDʒ] n sprøyte c
**syrup** [SIR-øp] n sirup c
**system** [SIS-tim] n system nt
**systematic** [sis-ti-MÆT-ikh] adj
systematisk

**tab** [tæb] n hempe c
**table** [TEI-bøl] n tabell c; bord nt
**table d'hôte** [TAR-bøl dåut] n
dagens meny c

tabie tennis ITEI-DØI TEN-IS] *n*
bordtennis *c*

tablecloth [TEI-bøl-khlåΘ] *n* duk
*c*

tablespoon [TEI-bɛl-spuun] *n*
spiseskje *c*

tablet [TÆB-lit] *n* tablett *c*

tag [tægh] *n* merkelapp *c*

tail [teill] *n* hale *c*

tail-light [TEIL-lait] *n* baklys *nt*

tailor [TEIL-ø] *n* skredder *c*

tailor-made [TEIL-ø-meid] *adj*
skreddersydd

* take [teikh] *v* ta; besette

* take away [teikh ø-WEI] *v* ta bort

* take care of [teikh khɛør åv] *v*
ta vare på

* take charge of [teikh tsjardʒ
åv] *v* overta

* take in [teikh in] *v* fatte

* take off [teikh åf] *v* starte

* take out [teikh aut] *v* ta med ut;
ta ut

* take place [teikh pleis] *v* finne
sted

taken [TEIKH-øn] *v* (*pp* take)

take-off [TEIKH-åf] *n* letting *c*

talcum powder [TÆL-khøm PAU-
dø] *n* talkum *c*

tale [teil] *n* fortelling *c*

talent [TÆL-ønt] *n* begavelse *c*

talk [tååkh] *v* snakke; *n* samtale
*c*

tall [tåål] *adj* høy

tame [teim] *adj* tam

tampon [TÆM-pøn] *n* tampong *c*

tan [tæn] *adj* brun

tangerine [tæn-dʒø-RIIN] *n*
mandarin *c*

tank [tængkh] *n* tank *c*

tanker [TÆNGKH-ø] *n* tankbåt *c*

tap [tæp] *n* banking *c*; kran *c*; *v*
banke

tape [teip] *n* bånd *nt*

tape measure [teip MEʒ-ø] *n*
målebånd *nt*

tape recorder [teip ri-KHÅÅD-ø] *n*
båndopptaker *c*

tapestry [TÆP-is-tri] *n* gobelin *nt*

tariff [TÆR-if] *n* tariff *c*

tarpaulin [tar-PÅÅ-lin] *n*
presenning *c*

task [tarskh] *n* arbeid *nt*

taste [teist] *v* smake; *n* smak *c*

tasteless [TEIST-lis] *adj* smakløs

tasty [TEIS-ti] *adj* velsmakende

taught [tååt] *v* (*p, pp* teach)

tavern [TÆV-øn] *n* kro *c*

tax [tækhs] *n* skatt *c*; *v*
skattlegge

taxation [tækh-SEI-sjøn] *n*
beskatning *c*

tax-free [TÆKHS-frii] *adj*
skattefri

taxi [TÆKH-si] *n* drosjebil *c*

taxi-driver [TÆKH-si-draiv-ø] *n*
drosjesjåfor *c*

taximeter [TÆKH-si-mii-tø] *n*
taksameter *nt*

taxi-rank [TÆKH-si-rængkh] *n*
drosjeholdeplass *c*

taxi-stand [TÆKH-si-stænd] *n*
drosjeholdeplass *c*

tea [tii] *n* te *c*; ettermiddagste *c*

* teach [tiitsj] *v* undervise

teacher [TIITSJ-ø] *n* lærer *c*

teachings [TIITSJ-ingz] *pl* lære *c*

teacup [TII-khap] *n* tekopp *c*

team [tiim] *n* lag *nt*

teapot [TII-påt] *n* tekanne *c*

* tear [tɛø] *v* rive; *n* rift *c*; tåre *c*

tea-set [TII-sɛt] *n* (*n*) teservise *nt*

tea-shop [TII-sjåp] *n* tesalong *c*

teaspoon [TII-spuun] *n* teskje *c*

teaspoonful [TII-spuun-ful] *n*
teskje *c*

technical [TEKH-nikh-øl] *adj*
teknisk

**technician** [tɛkh-NISJ-øn] n
tekniker c

**technique** [tɛkh-NIIKH] n teknikk
c

**teenager** [TIIN-eidჳ-ø] n tenåring
c

**teetotaller** [tii-TÅUT-lø] n
avholdsmann c

**telegram** [TEL-i-ghræm] n
telegram nt

**telegraph** [TEL-i-ghrarf] v
telegrafere

**telephone** [TEL-i-fåun] n telefon c

**telephone book** [TEL-i-fåun
bukh] n telefonkatalog c

**telephone booth** [TEL-i-fåun
buuð] n telefonkiosk c

**telephone call** [TEL-i-fåun khåål]
n telefonoppringning c

**telephone directory** [TEL-i-fåun
di-REKH-tør-i] n telefonkatalog
c

**telephone operator** [TEL-i-fåun
AP-ør-eit-ø] n telefondame c

**telephonist** [ti-LEF-ø-nist] n
telefondame c

**telephoto lens** [TEL-i-fåut-åu
lɛnz] pl teleobjektiv nt

**television** [TEL-i-viჳ-øn] n
fjernsyn nt

**television set** [TEL-i-viჳ-øn sɛt] n
fjernsynsapparat nt

**telex** [TEL-ɛkhs] n fjernskriver c

*** tell** [tɛl] v fortelle

**temper** [TEM-pø] n hissighet c

**temperature** [TEM-pri-tsjø] n
temperatur c

**temple** [TEM-pøl] n tempel nt

**temporary** [TEM-pør-ør-i] adj
midlertidig

**tempt** [tɛmpt] v friste

**ten** [tɛn] adj ti

**tenant** [TEN-ønt] n leieboer c

**tend** [tɛnd] v være tilbøyelig til

**tender** [TEN-dø] adj mør

**tenderloin steak** [TEN-dø-låin
steikh] n indrefilet c

**tennis** [TEN-is] n tennis c

**tennis court** [TEN-is khååt] n
tennisbane c

**tension** [TEN-sjøn] n spenning c

**tent** [tɛnt] n telt nt

**tenth** [tɛnΘ] adj tiende

**tepid** [TEP-id] adj lunken

**term** [tøøm] n uttrykk nt;
periode c

**terminal** [TØØ-min-øl] adj sist

**terminus** [TØØ-min-øs] n
endestasjon c

**terms** [tøømz] pl vilkår pl

**terms of payment** [tøømz øv PEI-
mønt] pl betalingsvilkår pl

**terrace** [TER-øs] n terrasse c

**terrible** [TER-ø-bøl] adj
forferdelig

**terrific** [tø-RIF-ikh] adj fantastisk

**terrify** [TER-i-fai] v forskrekke

**Terylene** [TER-i-liin] n terylen c

**test** [tɛst] v prøve; n prøve c

**text** [tɛkhst] n tekst c

**textbook** [TEKHS-bukh] n
lærebok c

**textile** [TEKHS-tail] n tekstil c

**texture** [TEKHS-tsjø] n struktur c

**than** [ðæn] conj enn

**thank** [Θængkh] v takke

**thankful** [ΘÆNGKH-ful] adj
takknemlig

**thanks** [Θængkhs] pl takk c

**that** [ðæt] pron den; som; adj
den; conj at

**thatch** [Θætsj] n halmtak nt

**thaw** [Θåå] n tøvær nt

**the** [ðø] art -en

**theatre** [ΘI-ø-tø] n teater nt

**theft** [Θɛft] n tyveri nt

**their** [ðeø] adj sine

**them** [ðɛm] pron dem

**themselves** [ðøm-SELVZ] *pron*
seg; selv

**then** [ðɛn] *adv* da; så

**theory** [ϴɪ-ø-ri] *n* teori *c*

**therapy** [ϴɛR-ø-pi] *n* terapi *c*

**there** [ðɛø] *adv* der

**there are** [ðɛør ar] det er

**there is** [ðɛør iz] det er

**therefore** [ðɛø-fåå] *conj* derfor

**there's** [ðɛøz] *v* (**there is**)

**thermometer** [ϴø-MÅM-i-tø] *n*
termometer *nt*

**thermos** [ϴøø-mås] *n*
termosflaske *c*

**these** [ðiiz] *pron* disse

**they** [ðei] *pron* de

**thick** [ϴikh] *adj* tykk

**thicken** [ϴIKH-øn] *v* gjøre tykk

**thickness** [ϴIKH-nis] *n* tykkelse *c*

**thief** [ϴiif] *n* tyv *c*

**thigh** [ϴai] *n* lår *nt*

**thimble** [ϴIM-bøl] *n* fingerbøl *nt*

**thin** [ϴin] *adj* tynn

**thing** [ϴing] *n* ting *c*

* **think** [ϴingkh] *v* synes

* **think about** [ϴingkh ø-BAUT] *v*
tenke på

* **think of** [ϴingkh åv] *v* tenke på

* **think over** [ϴingkh ÅU-vø] *v*
tenke over

**thinker** [ϴINGKH-ø] *n* tenker *c*

**third** [ϴøød] *adj* tredje

**thirst** [ϴøøst] *n* tørst *c*

**thirsty** [ϴøøST-i] *adj* tørst

**thirteen** [ϴøø-tiin] *adj* tretten

**thirteenth** [ϴøø-tiinϴ] *adj*
trettende

**thirtieth** [ϴøø-ti-iϴ] *adj*
trettiende

**thirty** [ϴøø-ti] *adj* tretti

**this** [ðis] *adj* denne; *pron* denne

**thorn** [ϴåån] *n* torn *c*

**thorough** [ϴAR-ø] *adj* grundig

**thoroughfare** [ϴAR-ø-fɛø] *n*
hovedvei *c*

**those** [ðåuz] *pron* de; *adj* de

**though** [ðåu] *conj* selv om

**thought** [ϴååt] *v* (*p, pp* think); *n*
tenkning *c*

**thoughtful** [ϴÅÅt-ful] *adj*
tankefull

**thousand** [ϴAUz-ønd] *adj* tusen

**thread** [ϴrɛd] *n* tråd *c*; trusel *c*; *v*
tre

**threaten** [ϴRɛt-øn] *v* true

**threatening** [ϴRɛt-øn-ing] *adj*
truende

**three** [ϴrii] *adj* tre

**three-quarter** [ϴrii-KHWÅÅ-tø]
*adj* tre fjerdedels

**threw** [ϴruu] *v* (*p* throw)

**throat** [ϴråut] *n* hals *c*

**through** [ϴruu] *prep* gjennom

**through train** [ϴruu trein] *n*
ekspresstog *nt*

**throughout** [ϴruu-AUT] *adv* over
alt

* **throw** [ϴråu] *v* kaste

**thrown** [ϴråun] *v* (*pp* throw)

**thumb** [ϴam] *n* tommelfinger *c*

**thumbtack** [ϴAM-tækh] *n*
tegnestift *c*

**thunder** [ϴAN-dø] *n* torden *c*

**thunderstorm** [ϴAN-dø-stååm] *n*
tordenvær *nt*

**thundery** [ϴAN-dør-i] *adj* torden-

**Thursday** [ϴøøz-di] *n* torsdag *c*

**thus** [ðas] *adv* slik

**thyme** [taim] *n* timian *c*

**tick** [tikh] *v* krysse av; *n* merke
*nt*

**ticket** [TIKH-it] *n* billett *c*

**ticket collector** [TIKH-it khø-
LɛKHT-ø] *n* konduktør *c*

**ticket machine** [TIKH-it mø-SJIIN]
*m* billettautomat *c*

**ticket office** [TIKH-it ÅF-is] *n*
billettkontor *nt*

**tide** [taid] *n* tidevann *nt*

**tidy** [TAID-i] *adj* ordentlig

**tie** [tai] *v* binde; *n* slips *nt*

**tight** [tait] *adj* stram; *adv* fast

**tighten** [TAIT-øn] *v* stramme

**tights** [taits] *pl* trikot *c*

**tile** [tail] *n* flis *c*

**till** [til] *conj* til; *prep* til

**timber** [TIM-bø] *n* tømmer *nt*

**time** [taim] *n* gang *c*; tid *c*

**time of arrival** [taim øv ø-RAIV-øl] ankomsttid *c*

**time of departure** [taim øv di-PAR-tsjø] avgangstid *c*

**timetable** [TAIM-tei-bøl] *n* timetabell *c*

**timid** [TIM-id] *adj* sky

**tin** [tin] *n* boks *c*

**tinfoil** [TIN-fåil] *n* tinnfolie *c*

**tinned food** [tind fuud] *n* hermetikk *c*

**tin-opener** [TIN-åu-pøn-ø] *n* bokseåpner *c*

**tiny** [TAIN-i] *adj* bitteliten

**tip** [tip] *n* spiss *c*; drikkepenger *pl*

**tire** [taiø] *v* kjede

**tired** [TAIØD] *adj* trett

**tiring** [TAIØR-ing] *adj* trettende

**tissue paper** [TISJ-uu PEI-pø] *n* silkepapir *nt*

**title** [TAI-tøl] *n* tittel *c*

**to** [tuu] *prep* til

**toast** [tåust] *n* ristet brød *nt*; skål *c*

**tobacco** [tø-BÆKH-åu] *n* tobakk *c*

**tobacco pouch** [tø-BÆKH-åu pautsj] *n* tobakkspung *c*

**tobacconist** [tø-BÆKH-ø-nist] *n* tobakkshandler *c*

**today** [tø-DEI] *adv* idag

**toe** [tåu] *n* tå *c*

**toffee** [TÅF-i] *n* karamell *c*

**together** [tø-GHɛð-ø] *adv* sammen

**toilet** [TÅIL-it] *n* toalett *nt*

**toilet water** [TÅIL-it wÅÅ-tø] *n* Eau de Cologne *c*

**toilet-case** [TÅIL-it-kheis] *n* toalettveske *c*

**toilet-paper** [TÅIL-it-pei-pø] *n* toalettpapir *nt*

**toiletry** [TÅIL-it-ri] *n* toalettsaker *pl*

**token** [TÅU-khøn] *n* mynt *c*

**told** [tåuld] *v* (*p, pp* tell)

**toll** [tåul] *n* avgift *c*

**tomato** [tø-MAR-tåu] *n* tomat *c*

**tomb** [tuum] *n* grav *c*

**tomorrow** [tø-MÅR-åu] *adv* i morgen

**ton** [tan] *n* tonn *nt*

**tone** [tåun] *n* tone *c*

**tongs** [tångz] *pl* tang *c*

**tongue** [tang] *n* tunge *c*

**tonic** [TÅN-ikh] *n* styrkemiddel *nt*

**tonight** [tø-NAIT] *adv* i aften

**tonsillitis** [tån-si-LAIT-is] *n* betente mandler *pl*

**tonsils** [TÅN-silz] *pl* mandler *pl*

**too** [tuu] *adv* også; altfor

**too much** [tuu matsj] *adv* for mye

**took** [tukh] *v* (*p* take)

**tool** [tuul] *n* verktøy *nt*

**tool-kit** [TUUL-khit] *n* verktøykasse *c*

**tooth** [tuuΘ] *n* (*pl* teeth) tann *c*

**toothache** [TUU-Θ-eikh] *n* tannpine *c*

**toothbrush** [TUUΘ-brasj] *n* tannbørste *c*

**toothpaste** [TUUΘ-peist] *n* tannkrem *c*

**toothpick** [TUUΘ-pikh] *n* tannpirker *c*

**tooth-powder** [TUUΘ-pau-dø] *n* tannpulver *nt*

**top** [tåp] *adj* øverst; *n* topp *c*

**topcoat** [TÅP-khåut] n frakk c

**topic** [TÅP-ikh] n emne nt

**torch** [tååtsj] n lommelykt c

**tore** [tåå] v (p tear)

**torn** [tåån] v (pp tear)

**toss** [tås] v kaste

**tot** [tåt] n dram c

**total** [TÅUT-øl] adj total; n
totalsum c

**totalizator** [TÅUT-øl-aiz-eit-ø] n
(abbr tote) totalisator c

**touch** [tatsj] v berøre; n følelse c

**touch up** [tatsj ap] v retusjere

**tough** [taf] adj seig

**tour** [tuø] v reise omkring; n
rundtur c

**tourism** [TUØR-izm] n turisme c

**tourist** [TUØR-ist] n turist c

**tourist class** [TUØR-ist khlars] n
turistklasse c

**tourist office** [TUØR-ist ÅF-is] n
turistkontor nt

**tow** [tåu] v slepe

**towards** [tø-WÅÅDZ] prep med
hensyn til; mot

**towel** [TAU-øl] n håndkle nt

**towelling** [TAU-øl-ing] n frotté c

**tower** [TAU-ø] n tårn nt

**town** [taun] n by c

**town centre** [taun SEN-tø] n
sentrum nt

**town hall** [taun håål] n rådhus nt

**townspeople** [TAUNZ-pii-pøl] pl
byfolk pl

**toxic** [TÅKHS-ikh] adj giftig

**toy** [tåi] n leketøy nt

**toyshop** [TÅI-sjåp] n
leketøysforretning c

**track** [trækh] n spor nt; bane c

**tractor** [TRÆKH-tø] n traktor c

**trade** [treid] v drive handel; n
yrke nt; handel c

**trader** [TREID-ø] n
næringsdrivende c

**tradesman** [TREIDZ-møn] n (pl -
men) kjøpmann c

**trade-union** [treid-JUUN-jøn] n
fagforening c

**tradition** [trø-DISJ-øn] n
tradisjon c

**traditional** [trø-DISJ-øn-øl] adj
tradisjonell

**traffic** [TRÆF-ikh] n trafikk c

**traffic jam** [TRÆF-ikh dʒæm] n
trafikkork c

**traffic light** [TRÆF-ikh lait] n
trafikklys nt

**trafficator** [TRÆF-i-kheit-ø] n
retningsviser c

**tragedy** [TRÆDʒ-i-di] n tragedie c

**tragic** [TRÆDʒ-ikh] adj tragisk

**trail** [treil] n sti c

**trailer** [TREIL-ø] n trailer c

**train** [trein] n tog nt; v trene

**train-ferry** [TREIN-fɛr-i] n
jernbaneferje c

**training** [TREIN-ing] n trening c

**tram** [træm] n sporvogn c

**tramp** [træmp] v vandre

**tranquil** [TRÆNGKH-wil] adj rolig

**tranquilliser** [TRÆNGKH-wil-aiz-
ø] n beroligende middel c

**transaction** [træn-ZÆKH-sjøn] n
transaksjon c

**transatlantic** [TRÆNZ-øt-LÆN-
tikh] adj transatlantisk

**transfer** [træns-FØØ] v øverføre

**transform** [træns-FÅÅM] v
omdanne

**transformer** [træns-FÅÅM-ø] n
transformator c

**transistor** [træn-ZIS-tø] n
transistor c

**translate** [træns-LEIT] v oversette

**translation** [træns-LEI-sjøn] n
oversettelse c

**translator** [træns-LEIT-ø] n
oversetter c

**transmission** [trænz-MISJ-øn] *n* sending *c*

**transmit** [trænz-MIT] *v* sende

**transparent** [træns-PɛØR-ønt] *adj* gjennomsiktig

**transport** [træns-PÅÅT] *v* transportere

**transportation** [træns-påå-TEI-sjøn] *n* transport *c*

**trap** [træp] *n* felle *c*

**travel** [TRÆV-øl] *n* reise *c*; *v* reise

**travel agency** [TRÆV-øl EI-dʒøn-si] *n* reisebyrå *nt*

**travel agent** [TRÆV-øl EI-dʒønt] *n* reisebyrå *nt*

**travel insurance** [TRÆV-øl in-SJUØR-øns] *n* reiseforsikring

**traveller** [TRÆV-øl-ø] *n* reisende *c*

**traveller's cheque** [TRÆV-øl-øz tsjɛkh] *n* reisesjekk *c*

**travelling** [TRÆV-øl-ing] *n* reiser *pl*

**travelling expenses** [TRÆV-øl-ing ikhs-PɛNS-iz] *pl* reiseutgifter *pl*

**tray** [trei] *n* brett *nt*

**treasure** [TRɛʒ-ø] *n* skatt *c*

**treasury** [TRɛʒ-ør-i] *n* finansdepartement *nt*

**treat** [triit] *v* behandle

**treatment** [TRIIT-mønt] *n* behandling *c*

**tree** [trii] *n* tre *nt*

**tremble** [TRɛM-bøl] *v* skjelve

**tremendous** [tri-MɛN-døs] *adj* kolossal

**trespass** [TRɛS-pøs] *v* krenke

**trespasser** [TRɛS-pøs-ø] *n* uvedkommende

**trial** [TRAI-øl] *n* rettsak *c*

**triangle** [TRAI-æng-ghøl] *n* trekant *c*

**triangular** [trai-ÆNG-ghju-lø] *adj* trekantet

**tribe** [traib] *n* stamme *c*

**tributary** [TRIB-ju-tør-i] *n* bielv *c*

**trick** [trikh] *n* puss *nt*

**trim** [trim] *v* stusse

**trip** [trip] *n* tur *c*

**triumph** [TRAI-ømf] *n* triumf *c*

**triumphant** [trai-AM-fønt] *adj* triumferende

**trolley-bus** [TRÅL-i-bas] *n* trolleybuss *c*

**troops** [truups] *pl* tropper *pl*

**tropical** [TRÅP-ikh-øl] *adj* tropisk

**tropics** [TRÅP-ikhs] *pl* tropene *pl*

**trouble** [TRAB-øl] *v* bry; *n* besvær *nt*

**troublesome** [TRAB-ø,-søm] *adj* brysom

**trousers** [TRAUZ-øz] *pl* bukser *p,*

**trout** [traut] *n* ørret *c*

**truck** [trakh] *n* lastebil *c*

**true** [truu] *adj* sann

**trump** [tramp] *n* trumf *c*

**trunk** [trangkh] *n* stamme *c*; koffert *c*; bagasjerom *nt*

**trunk-call** [TRANGKH-khåål] *n* rikstelefonsamtale *c*

**trunks** [trangkhs] *pl* gymnastikkbukse *c*

**trust** [trast] *v* stole på; *n* tillit *c*

**trustworthy** [TRAST-wøø-ði] *adj* pålitelig

**truth** [truuΘ] *n* sannhet *c*

**truthful** [TRUUΘ-ful] *adj* sannferdig

**try** [trai] *v* forsøke

**try on** [trai ån] *v* prøve

**tub** [tab] *n* badekar *nt*

**tube** [tjuub] *n* rør *nt*

**tuberculosis** [tju-bøø-khju-LAU-sis] *n* tuberkulose *c*

**Tuesday** [TJUUZ-di] *n* tirsdag *c*

**tug** [tagh] *v* hale; *n* slepebåt *c*

**tumbler** [TAM-blø] *n* glass *nt*

**tumour** [TJUU-mø] *n* svulst *c*

**tuna** [TJUU-nø] *n* tunfisk *c*

**tune** [tjuun] *n* melodi *c*

**tune in** [tjuun in] *v* stille inn

**tuneful** [TJUUN-ful] *adj* melodisk

**tunic** [TJUU-nikh] *n* tunika *c*

**tunnel** [TAN-øl] *n* tunnel *c*

**turbine** [TØØ-bain] *n* turbin *c*

**turbo-jet** [TØØ-båu-DʒɛT] *n* turbojet *c*

**turbot** [TØØ-bøt] *n* piggvar *c*

**Turk** [tøøkh] *n* tyrker *c*

**turkey** [TØØKH-i] *n* kalkun *c*

**Turkey** [TØØKH-i] *n* Tyrkia *nt*

**Turkish** [TØØKH-isj] *adj* tyrkisk

**Turkish bath** [TØØKH-isj barΘ] *n* romerbad *nt*

**turn** [tøøn] *v* vende; *n* sving *c*

**turn back** [tøøn bækh] *v* vende om

**turn off** [tøøn åf] *v* stenge av

**turn on** [tøøn ån] *v* skru på

**turn round** [tøøn raund] *v* snu om

**turning** [TØØN-ing] *n* sving *c*

**turning point** [TØØN-ing påint] *n* vendepunkt *nt*

**turnover** [TØØN-åu-vø] *n* omsetning *c*

**turnover tax** [TØØN-åu-vø tækhs] *n* omsetningsskatt *c*

**turpentine** [TØØ-pøn-tain] *n* terpentin *c*

**tutor** [TJUU-tø] *n* privatlærer *c*

**tuxedo** [takh-SII-dåu] *n* smoking *c*

**tweed** [twiid] *n* tweed *c*

**tweezers** [TWIIZ-øz] *pl* pinsett *c*

**twelfth** [twɛlfΘ] *adj* tolvte

**twelve** [twɛlv] *adj* tolv

**twentieth** [TWɛN-ti-iΘ] *adj* tyvende

**twenty** [TWɛN-ti] *adj* tyve

**twice** [twais] *adv* to ganger

**twig** [twigh] *n* kvist *c*

**twilight** [TWAI-lait] *n* skumring *c*

**twin beds** [twin bɛdz] *pl* dobbeltseng *c*

**twine** [twain] *n* hyssing *c*

**twins** [twinz] *pl* tvilling *c*

**twist** [twist] *v* sno

**two** [tuu] *adj* to

**two-piece** [TUU-piis] *adj* todelt

**type** [taip] *v* maskinskrive; *n* type *c*

**typewriter** [TAIP-rait-ø] *n* skrivemaskin *c*

**typewritten** [TAIP-rit-øn] *adj* maskinskrevet

**typical** [TIP-ikh-øl] *adj* typisk

**typing paper** [TAIP-ing PEI-pø] *n* skrivemaskinpapir *nt*

**typist** [TAIP-ist] *n* maskinskriverske *c*

**tyre** [taiø] *n* dekk *nt*

**tyre pressure** [taiø PRɛSJ-ø] *n* dekkstrykk


**ugly** [AGH-li] *adj* stygg

**ulcer** [AL-sø] *n* sår *nt*

**ultra-violet** [al-trø-VAI-ø-lit] *adj* ultrafiolett

**umbrella** [am-BRɛL-ø] *n* paraply *c*

**umpire** [AM-paiø] *n* dommer *c*

**unable** [an-EI-bøl] *adj* ute av stand

**unacceptable** [an-økh-SɛP-tø-bøl] *adj* uantakelig

**unaccountable** [an-ø-KHAUN-tø-bøl] *adj* uforklarlig

**unaccustomed** [an-ø-KHAS-tømd] *adj* uvant

**unauthorized** [an-ÅÅ-Θør-aizd] *adj* ubemyndiget

**unavoidable** [an-ø-VÅID-ø-bøl] *adj* uunngåelig

**unaware** [an-ø-WɛØ] *adj* uvitende

**unbearable** [an-BɛØR-ø-bøl] *adj*

utålelig
**unbreakable** [an-BREIKH-ø-bøl]
*adj* uknuselig
**unbroken** [an-BRÅUKH-øn] *adj*
intakt
**unbutton** [an-BAT-øn] *v* knappe
opp
**uncertain** [an-SØØ-tøn] *adj*
ubestemt
**uncle** [ANG-khøl] *n* onkel *c*
**unclean** [an-KHLIIN] *adj* skitten
**uncomfortable** [an-KHAM-føt-ø-
bøl] *adj* ubekvem
**uncommon** [an-KHÅM-øn] *adj*
uvanlig
**unconditional** [an-khøn-DISJ-øn-
øl] *adj* betingelsesløs
**unconscious** [an-KHÅN-sjøs] *adj*
bevisstløs
**uncooked** [an-KHUKHT] *adj* rå
**uncork** [an-KHÅÅKH] *v* trekke opp
**uncover** [an-KHÅV-ø] *v* avdekke
**uncultivated** [an-KHAL-tiv-eit-id]
*adj* ukultivert
**under** [AN-dø] *prep* under
**under-age** [AN-dør-EID3] *adj*
mindreårig
**underestimate** [an-dør-ɛS-ti-
meit] *v* undervurdere
**underground** [AN-dø-ghraund]
*adj* undergrunns-
**Underground** [AN-dø-ghraund] *n*
undergrunnsbane *c*
**underline** [an-dø-LAIN] *v*
understreke
**underneath** [an-dø-NIIΘ] *adv*
under
**underpants** [AN-dø-pænts] *pl*
underbukser *pl*
**undershirt** [AN-dø-sjøøt] *n*
undertrøye *c*
**undersigned** [AN-dø-saind] *adj*
undertegnet
\* **understand** [an-dø-STÆND] *v*

forstå
**understanding** [an-dø-STÆN-
ding] *n* forståelse *c*
**understood** [an-dø-STUD] *v* (*p, pp*
**understand**)
\* **undertake** [an-dø-TEIKH] *v* påta
seg
**undertaking** [an-dø-TEIKH-ing] *n*
foretagende *nt*
**undertow** [AN-dø-tåu] *n*
understrøm *c*
**underwater** [AN-dø-war-tø] *adj*
undervanns-
**underwear** [AN-dø-wɛø] *n*
undertøy *nt*
**undesirable** [an-di-ZAIØR-ø-bøl]
*adj* uønsket
**undid** [an-DID] *v* (*p* undo)
**undiscovered** [an-dis-KHAV-ød]
*adj* uoppdaget
\* **undo** [an-DUU] *v* løsne
**undone** [an-DAN] *v* (*pp* undo)
**undress** [an-DRɛS] *v* kle av seg
**undulating** [AN-dju-leit-ing] *adj*
bølgende
**unearned** [an-ØØND] *adj* ufortjent
**uneasy** [an-IIZ-i] *adj* urolig
**uneducated** [an-ɛD-ju-kheit-id]
*adj* ulært
**unemployed** [an-im-PLÅID] *adj*
arbeidsløs
**unemployment** [an-im-PLÅI-
mønt] *n* arbeidsløshet *c*
**unequal** [an-IIKH-wøl] *adj* ulik
**uneven** [an-IIV-øn] *adj* ujevn
**unexpected** [an-ikhs-PɛKH-tid]
*adj* uventet
**unfair** [an-Fɛø] *adj* urettferdig
**unfaithful** [an-FEIΘ-ful] *adj* utro
**unfasten** [an-FARS-øn] *v* løse
**unfavourable** [an-FEIV-ør-ø-bøl]
*adj* ugunstig
**unfold** [an-FÅULD] *v* folde ut
**unfortunate** [an-FÅÅ-tsjøn-it] *adj*

uheldig

**unfortunately** [an-FÅÅ-tsjøn-it-li]
*adv* desverre

**unfriendly** [an-FRƐND-li] *adj*
uvennlig

**unfurnished** [an-FØØ-nisjt] *adj*
umøblert

**ungrateful** [an-GHREIT-ful] *adj*
utakknemlig

**unhappy** [an-HÆP-i] *adj*
ulykkelig

**unhealthy** [an-HƐLƟ-i] *adj* usunn

**unhurt** [an-HØØT] *adj* uskadd

**uniform** [JUU-ni-fååm] *n* uniform
*c*

**unimportant** [an-im-PÅÅT-ønt]
*adj* uviktig

**uninhabitable** [an-in-HÆB-it-ø-
bøl] *adj* ubeboelig

**uninhabited** [an-in-HÆB-it-id]
*adj* ubebodd

**unintentional** [an-in-TƐN-sjøn-
øl] *adj* utilsiktet

**union** [JUUN-jøn] *n* forening *c*

**unique** [juu-NIIKH] *adj*
enestående

**unit** [JUU-nit] *n* enhet *c*

**unite** [juu-NAIT] *v* forene

**United States** [juu-NAIT-id steits]
De forente stater *pl*

**universal** [juu-ni-VØØS-øl] *adj*
universell

**universe** [JUU-ni-vøøs] *n* univers
*nt*

**university** [juu-ni-VØØ-si-ti] *n*
universitet *nt*

**unjust** [an-DƷAST] *adj* urettferdig

**unkind** [an-KHAIND] *adj* uvennlig

**unknown** [an-NÅUN] *adj* ukjent

**unlawful** [an-LÅÅ-ful] *adj* ulovlig

**unless** [an-LƐS] *conj* hvis ikke

**unlike** [an-LAIKH] *adj* forskjellig

**unlikely** [an-LAIKH-li] *adj*
usannsynlig

**unlimited** [an-LIM-it-id] *adj*
ubegrenset

**unload** [an-LÅUD] *v* lesse av

**unlock** [an-LÅKH] *v* lukke opp

**unlucky** [an-LAKH-i] *adj* uheldig

**unmarried** [an-MÆR-id] *adj* ugift

**unnatural** [an-NÆTSJ-røl] *adj*
unaturlig

**unnecessary** [an-NƐS-is-ør-i] *adj*
unødvendig

**unoccupied** [an-ÅKH-ju-paid] *adj*
ledig

**unpack** [an-PÆKH] *v* pakke opp

**unpaid** [an-PEID] *adj* ubetalt

**unpleasant** [an-PLƐZ-ønt] *adj*
ubehagelig

**unpopular** [an-PÅP-ju-lø] *adj*
upopulær

**unprepared** [an-pri-PƐØD] *adj*
uforberedt

**unproductive** [an-prø-DAKH-tiv]
*adj* uproduktiv

**unprotected** [an-prø-TƐKH-tid]
*adj* ubeskyttet

**unqualified** [an-KHWÅL-i-faid]
*adj* ukvalifisert

**unreasonable** [an-RIIZ-øn-ø-bøl]
*adj* urimelig

**unreliable** [an-ri-LAI-ø-bøl] *adj*
upålitelig

**unrest** [an-RƐST] *n* uro *c*

**unsafe** [an-SEIF] *adj* usikker

**unsatisfactory** [an-sæt-is-FÆKH-
tør-i] *adj* utilfredsstillende

**unscrew** [an-SKHRUU] *v* skru løs

**unseen** [an-SIIN] *adj* usett

**unselfish** [an-SƐL-fisj] *adj*
uselvisk

**unskilled** [an-SKHILD] *adj*
ufaglært

**unsold** [an-SÅULD] *adj* usolgt

**unsound** [an-SAUND] *adj* usunn

**unsteady** [an-STƐD-i] *adj* ustabil

**unsuccessful** [an-søkh-SƐS-ful]

*adj* uheldig

**unsuitable** [an-SUUT-ø-bøl] *adj* uegnet

**untidy** [an-TAID-i] *adj* uordentlig

**untie** [an-TAI] *v* knytte opp

**until** [an-TIL] *prep* inntil

**untrue** [an-TRUU] *adj* usann

**untrustworthy** [an-TRAST-wøøð-i] *adj* upålitelig

**unused** [an-JUUZD] *adj* ubrukt

**unusual** [an-JUUƷ-u-øl] *adj* uvanlig

**unwelcome** [an-WEL-khøm] *adj* uvelkommen

**unwell** [an-WEL] *adj* uvel

**unwilling** [an-WIL-ing] *adj* uvillig

**unwise** [an-WAIZ] *adj* uklok

**unwrap** [an-RÆP] *v* pakke opp

**up** [ap] *adv* opp

**up and down** [ap øn daun] opp og ned

**uphill** [AP-hil] *adv* oppoverbakke

**upkeep** [AP-khiip] *n* vedlikehold *nt*

**upland** [AP-lønd] *n* høyland *nt*

**upon** [ø-PÅN] *prep* på

**upper** [AP-ø] *adj* øvre

**upper bed** [AP-ø bed] *n* overseng *c*

**upper berth** [AP-ø bøøϴ] *n* overkøye *c*

**upright** [AP-rait] *adj* opprettstående

**upset** [ap-SET] *v* forstyrre; *adj* bestyrtet

**upside** [AP-said] *n* overside *c*

**upside down** [AP-said daun] på hodet

**upstairs** [ap-STEØZ] *adv* ovenpå

**upstream** [ap-STRIIM] *adv* mot strømmen

**upwards** [AP-wødz] *adv* oppover

**urban** [ØØ-bøn] *adj* by-

**urgency** [ØØ-dʒøn-si] *n* presserende karakter *c*

**urgent** [ØØ-dʒønt] *adj* presserende

**urine** [JUØR-in] *n* urin *c*

**us** [as] *pron* oss

**usable** [JUUZ-ø-bøl] *adj* anvendelig

**usage** [JUUZ-idʒ] *n* skikk *c*

**use** [juuz] *v* bruke; *n* bruk *c*

**use up** [juuz ap] *v* bruke opp

**used** [juuzd] *adj* brukt

* **used to (be)** [bii juust tu] *v* være vant til

**useful** [JUUS-ful] *adj* nyttig

**useless** [JUUS-lis] *adj* unyttig

**user** [JUUZ-ø] *n* bruker *c*

**usher** [ASJ-ø] *n* kontrollør *c*

**usherette** [asj-ør-ET] *n* kvinnelig kontrollør *c*

**usual** [JUU-ʒu-øl] *adj* sedvanlig

**utensil** [ju-TEN-sil] *n* redskap *nt*

**utility** [ju-TIL-it-i] *n* nytte *c*

**utilize** [JUU-ti-laiz] *v* anvende

**utmost** [AT-måust] *adj* ytterst

**vacancy** [VEI-khøn-si] *n* vakanse *c*

**vacant** [VEI-khønt] *adj* ledig

**vacate** [vø-KHEIT] *v* fraflytte

**vacation** [vø-KHEI-sjøn] *n* ferie *c*

**vaccinate** [VÆKH-si-neit] *v* vaksinere

**vaccination** [vækh-si-NEI-sjøn] *n* vaksinering *c*

**vacuum** [VÆKH-ju-øm] *n* vakuum *nt*

**vacuum cleaner** [VÆKH-ju-øm KHLIIN-ø] *n* støvsuger *c*

**vacuum flask** [VÆKH-ju-øm flarskh] *n* termosflaske *c*

**valet** [VÆL-ei] *n* tjener *c*

**valid** [VÆL-id] *adj* gyldig

**valley** [VÆL-i] *n* dal *c*

**valuable** [VÆL-ju-ø-bøl] *adj*
verdifull

**valuables** [VÆL-ju-ø-bølz] *pl*
verdisaker *pl*

**value** [VÆL-juu] *v* vurdere; *n*
verdi *c*

**valve** [vælv] *n* ventil *c*

**van** [væn] *n* varevogn *c*

**vanilla** [vø-NIL-ø] *n* vanilje *c*

**vanish** [VÆN-isj] *v* forsvinne

**vapour** [VEI-pø] *n* damp *c*

**variable** [VEØR-i-ø-bøl] *adj*
variabel

**variation** [vEØR-i-EI-sjøn] *n*
forandring *c*

**varicose vein** [VÆR-i-khåus vein]
*n* åreknute *c*

**varied** [VEØR-id] *adj* variert

**variety** [vø-RAI-ø-ti] *n* utvalg *nt*

**variety show** [vø-RAI-ø-ti sjåu] *n*
varieté *c*

**variety theatre** [vø-RAI-ø-ti ΘI-ø-
tø] *n* varietéteater *nt*

**various** [vEØR-i-øs] *adj* forskjellig

**varnish** [VAR-nisj] *n* ferniss *c*

**vary** [vEØR-i] *v* variere

**vase** [varz] *n* vase *c*

**vaseline** [VÆS-i-liin] *n* vaselin *c*

**vast** [varst] *adj* uhyre

**vault** [våålt] *n* hvelving *c*;
boksvelv *nt*

**veal** [viil] *n* kalvekjøtt *nt*

**vegetable** [VED3-it-ø-bøl] *n*
grønnsak *c*

**vegetarian** [vEd3-i-TEØR-i-øn] *n*
vegetarianer *c*

**vegetation** [vEd3-i-TEI-sjøn] *n*
plantevekst *c*

**vehicle** [VII-i-khøl] *n* kjøretøy *nt*

**veil** [veil] *n* slør *nt*

**vein** [vein] *n* åre *c*

**velvet** [vEL-vit] *n* fløyel *c*

**velveteen** [vEl-vi-TIIN] *n*
bomullsfløyel *c*

**venereal disease** [vi-NIØR-i-øl di-
ZIIZ] *n* kjønnssykdom *c*

**venison** [vEN-zøn] *n* dyrekjøtt *nt*

**ventilate** [vEN-ti-leit] *v* ventilere

**ventilation** [vEN-ti-LEI-sjøn] *n*
ventilasjon *c*

**ventilator** [vEN-ti-LEIT-ø] *n*
ventilator *c*

**veranda** [vø-RÆN-dø] *n* veranda *c*

**verb** [vøøb] *n* verb *nt*

**verbal** [vøø-bøl] *adj* muntlig

**verdict** [vøø-dikht] *n* kjennelse *c*

**verge** [vøød3] *n* kant *c*

**verify** [vER-i-fai] *v* etterprøve

**verse** [vøøs] *n* vers *nt*

**version** [vøø-sjøn] *n* versjon *c*

**versus** [vøø-søs] *prep* kontra

**vertical** [vøø-ti-khøl] *adj* vertikal

**vertigo** [vøø-ti-ghåu] *n*
svimmelhet *c*

**very** [vER-i] *adv* meget

**vessel** [vEs-øl] *n* fartøy *nt*; kar *nt*

**vest** [vEst] *n* vest *c*

**veterinary surgeon** [vET-rin-ør-i
søø-d3øn] *n* dyrlege *c*

**via** [VAI-ø] *prep* via

**viaduct** [VAI-ø-dakht] *n* viadukt *c*

**vibrate** [vai-BREIT] *v* vibrere

**vibration** [vai-BREI-sjøn] *n*
vibrasjon *c*

**vicar** [VIKH-ø] *n* prest *c*

**vicarage** [VIKH-ør-id3] *n*
prestegård *c*

**vice-president** [vais-PREZ-i-dønt]
*n* visepresident *c*

**vicinity** [vi-SIN-it-i] *n* nabolag *nt*

**vicious** [VISJ-øs] *adj* ondskapsfull

**victory** [VIKH-tør-i] *n* seier *c*

**view** [vjuu] *v* betrakte; *n* utsikt *c*

**view-finder** [VJUU-fain-dø] *n*
søker *c*

**villa** [VIL-ø] *n* villa *c*

**village** [VIL-id3] *n* landsby *c*

**vine** [vain] *n* vinranke *c*

**vinegar** [VIN-i-ghø] n eddik c

**vineyard** [VIN-jød] n vingård c

**vintage** [VIN-tidʒ] n årgang c

**violence** [VAI-ø-løns] n vold c

**violent** [VAI-ø-lønt] adj voldsom

**violet** [VAI-ø-lit] n fiol c

**violin** [vai-ø-LIN] n fiolin c

**virgin** [vøø-dʒin] n jomfru c

**virtue** [vøø-tjuu] n dyd c

**visa** [VII-zø] n visum nt

**visibility** [viz-i-BIL-it-i] n sikt c

**visible** [VIZ-i-bøl] adj synlig

**visit** [VIZ-it] v besøke; n besøk nt

**visiting card** [VIZ-it-ing khard] n
  visittkort nt

**visiting hours** [VIZ-it-ing auøz] pl
  besøkstid c

**visitor** [VIZ-i-tø] n gjest c

**vital** [VAI-tøl] adj livsviktig

**vitamin** [VIT-ø-min] n vitamin nt

**vivid** [VIV-id] adj livfull

**vocabulary** [vø-KHÆB-ju-lør-i] n
  vokabular nt

**vocalist** [VÅU-khøl-ist] n sanger c

**voice** [våis] n stemme c

**volcano** [vål-KHEI-nåu] n vulkan
  c

**volt** [våult] n volt c

**voltage** [VÅUL-tidʒ] n spenning c

**volume** [VÅL-jum] n bind nt

**voluntary** [VÅL-øn-tør-i] adj
  frivillig

**volunteer** [vål-øn-TIØ] n frivillig

**vomit** [VÅM-it] v kaste opp

**vomiting** [VÅM-it-ing] n oppkast
  nt

**vote** [våut] n stemme c; v stemme

**voucher** [VAUTSJ-ø] n bong c

**vowel** [VAU-øl] n vokal c

**voyage** [VÅI-idʒ] n reise c

**vulgar** [VAL-ghø] adj vulgær


**wade** [weid] v vade

**wafer** [WEIF-ø] n vaffelkjeks c

**waffle** [WÅF-øl] n vaffel c

**wages** [WEIDʒ-iz] pl lønn c

**wagon** [WÆGH-øn] n vogn c

**waist** [weist] n midje c

**waistcoat** [WEIS-khåut] n vest c

**wait** [weit] v vente

**wait upon** [weit ø-PÅN] v oppvarte

**waiter** [WEIT-ø] n servitør c

**waiting** [WEIT-ing] n venting c

**waiting-list** [WEIT-ing-list] n
  venteliste c

**waiting-room** [WEIT-ing-ruum] n
  venteværelse c

**waitress** [WEIT-ris] n servitrise c

*****wake** [weikh] v vekke

*****wake up** [weikh ap] v våkne

**walk** [wååkh] v gå; n spasertur c

**walker** [WÅÅKH-ø] n fotgjenger c

**walking** [WÅÅKH-ing] n til fots

**walking-stick** [WÅÅKH-ing-stikh]
  n spaserstokk c

**wall** [wåål] n vegg c

**wallet** [WÅL-it] n lommebok c

**walnut** [WÅÅL-nat] n valnøtt c

**waltz** [wååls] n vals c

**wander** [WÅN-dø] v vandre

**want** [wånt] v ønske; n behov nt

**war** [wåå] n krig c

**warden** [WÅÅ-døn] n vaktmann c

**wardrobe** [WÅÅD-råub] n
  garderobe c

**warehouse** [WEØ-haus] n varehus
  nt

**wares** [WEØz] pl varer pl

**warm** [wååm] adj varm; v varme

**warmth** [wååmΘ] n varme c

**warn** [wåån] v advare

**warning** [WÅÅN-ing] n advarsel c

**was** [wåz] v (p be)

**wash** [wåsj] v vaske

**wash and wear** [wåsj ønd weø]
  strykefri

**wash up** [wåsj ap] v vaske opp

**washable** [WASJ-ø-bøl] *adj*
vaskbar

**wash-basin** [WASJ-bei-søn] *n*
håndvask *c*

**washing** [WASJ-ing] *n* vask *c*

**washing-machine** [WASJ-ing-mø-sjiin] *n* vaskemaskin *c*

**washing-powder** [WASJ-ing-pau-dø] *n* vaskepulver *nt*

**wash-room** [WASJ-ruum] *n*
toalett *c*

**wash-stand** [WASJ-stænd] *n*
vaskestell *nt*

**wasn't** [WAZ-ønt] *v* (**was not**)

**wasp** [WASP] *n* veps *c*

**waste** [weist] *n* sløsing *c*; *v* sløse

**wasteful** [WEIST-ful] *adj* ødsel

**wastepaper-basket** [weist-PEI-pø-bars-khit] *n* papirkurv *c*

**watch** [WATSJ] *v* iaktta; *n* ur *nt*

**watch for** [WATSJ fåå] *v* holde
utkikk etter

**watch out** [WATSJ aut] *v* passe seg
for

**watchmaker** [WATSJ-meikh-ø] *n*
urmaker *c*

**watch-strap** [WATSJ-stræp] *n*
klokkerem *c*

**water** [WÅÅ-tø] *n* vann *nt*

**water skis** [WÅÅ-tø skhiiz] *pl*
vannski *pl*

**water-canteen** [WÅÅ-tø-khæn-TIIN] *n* vannflaske *c*

**water-colour** [WÅÅ-tø-khal-ø] *n*
vannfarge *c*

**watercress** [WÅÅ-tø-khrɛs] *n*
brønnkarse *c*

**waterfall** [WÅÅ-tø-fåål] *n* foss *c*

**watermelon** [WÅÅ-tø-mɛl-øn] *n*
vannmelon *c*

**waterproof** [WÅÅ-tø-pruuf] *adj*
vanntett

**waterway** [WÅÅ-tø-wei] *n* vannvei *c*

**watt** [WÅT] *n* vatt *c*

**wave** [weiv] *n* bølge *c*; *v* vinke

**wavelength** [WEIV-lɛngΘ] *n*
bølgelengde *c*

**wavy** [WEIV-i] *adj* bølget

**wax** [wækhs] *n* voks *c*

**waxworks** [WÆKHS-wøøkhs] *pl*
voksskabinett *nt*

**way** [wei] *n* vei *c*; måte *c*

**way in** [wei in] *n* inngang *c*

**way out** [wei aut] *n* utgang *c*

**wayside** [WEI-said] *n* veikant *c*

**we** [wii] *pron* vi

**weak** [wiikh] *adj* svak

**weakness** [WIIKH-nis] *n* svakhet *c*

**wealth** [wɛlΘ] *n* rikdom *c*

**wealthy** [WɛLΘ-i] *adj* rik

**weapon** [WɛP-øn] *n* våpen *nt*

* **wear** [wɛø] *v* ha på seg

* **wear out** [wɛør aut] *v* slite ut

**weary** [WIØR-i] *adj* sliten

**weather** [Wɛð-ø] *n* vær *nt*

**weather report** [wɛð-ø ri-PÅÅT] *n*
værmelding *c*

* **weave** [wiiv] *v* veve

**weaver** [WIIV-ø] *n* veve

**wedding** [WɛD-ing] *n* bryllup *nt*

**wedding ring** [WɛD-ing ring] *n*
vielsesring *c*

**wedge** [wɛdʒ] *n* kile *c*

**Wednesday** [WɛNZ-di] *n* onsdag *c*

**weed** [wiid] *n* ugras *nt*

**week** [wiikh] *n* uke *c*

**weekday** [WIIKH-dei] *n* hverdag *c*

**weekend** [WIIKH-ɛnd] *n* week-end *c*

**weekly** [WIIKH-li] *adj* ukentlig

* **weep** [wiip] *v* gråte

**weigh** [wei] *v* veie

**weighing machine** [WEI-ing mø-SJIIN] *n* vekt *c*

**weight** [weit] *n* vekt *c*

**welcome** [WɛL-khøm] *v* hilse
velkommen; *n* velkomst *c*; *adj*
velkommen

**welfare** [WɛL-fɛø] *n* velferd *c*

**well** [wɛl] *adv* godt; *n* brønn *c*;
  *adj* bra
**well-done** [wɛL-dan] *adj* godt
  stekt
**well-known** [wɛL-nåun] *adj*
  berømt
**well-made** [wɛL-meid] *adj*
  velgjort
**went** [wɛnt] *v (p* go)
**wept** [wɛpt] *v (p, pp* weep)
**we're** [wiø] *v (we are)*
**were** [wøø] *v (p* be)
**weren't** [wøønt] *v (were not)*
**west** [wɛst] *n* vest *c*
**West Indies** [wɛst IN-diiz] *pl*
  Vestindia *nt*
**western** [wɛs-tøn] *adj* vestlig
**westwards** [wɛst-wødz] *adv*
  vestover
**wet** [wɛt] *adj* våt
**wharf** [wååf] *n* kai *c*
**what** [wåt] *pron* hva
**what** [wåt] *pron* hva
**what else** [wåt ɛls] hva annet
**what for** [wåt fåå] hvorfor
**whatever** [wåt-ɛv-ø] hva enn
**wheat** [wiit] *n* hvete *c*
**wheel** [wiil] *n* hjul *nt*
**when** [wɛn] *adv* når; *conj* da
**whenever** [wɛn-ɛv-ø] *conj* når
  enn
**where** [wɛø] *adv* hvor; *conj* hvor
**wherefrom** [wɛø-FRÅM] *adv*
  hvorfra
**wherever** [wɛør-ɛv-ø] *conj* hvor
  enn
**whether** [wɛð-ø] *conj* om
**whether . . . or** [wɛð-ø åå] *conj*
  om . . . . eller
**which** [witsj] *pron* hvilken; som
**whichever** [witsj-ɛv-ø] *adj*
  hvilken
**while** [wail] *conj* mens; *n* stund *c*
**whip** [wip] *v* vispe; *n* pisk *c*

**whiskers** [wís-khøz] *pl*
  bakkenbarter *pl*
**whisper** [wis-pø] *n* hvisking *c; v*
  hviske
**whistle** [wis-øl] *v* plystre; *n* fløyte
  *c*
**white** [wait] *adj* hvit
**whitebait** [WAIT-beit] *n* småfisk *pl*
**whiteness** [WAIT-nis] *n* hvithet *c*
**whiting** [WAIT-ing] *n* hvitting *c*
**Whitsuntide** [WIT-sun-taid] *n*
  pinse *c*
**who** [huu] *pron* hvem; som
**whoever** [hu-ɛv-ø] *pron* hvem
  som enn
**whole** [håul] *adj* hel; *n* hele *nt*
**wholemeal bread** [HÅUL-miil
  brɛd] *n* helkornbrød *nt*
**wholesale** [HÅUL-seil] *n*
  engroshandel *c*
**wholesome** [HÅUL-søm] *adj* sunn
**wholly** [HÅUL-li] *adv* helt
**whom** [huum] *pron* hvem
**why** [wai] *adv* hvorfor
**wicked** [WIKH-id] *adj* ond
**wide** [waid] *adj* vid
**widen** [WAI-døn] *v* utvide
**widespread** [WAID-sprɛd] *adj*
  utbredt
**widow** [WID-åu] *n* enke *c*
**widower** [WID-åu-ø] *n* enkemann
  *c*
**width** [widΘ] *n* vidde *c*
**wife** [waif] *n* kone *f*
**wig** [wigh] *n* parykk *c*
**wild** [waild] *adj* vill
**will** [wil] *n* testamente *nt; vilje c;*
  *v* ville
**willing** [WIL-ing] *adj* villig
*****win** [win] *v* vinne
**wind** [wind] *n* vind *c; v* vikle; sno
**winding** [WAIND-ing] *adj* buktet
**windmill** [WIND-mill] *n* vindmølle
  *c*

window [WIN-dåu] n vindu nt

windscreen [WIND-skhriin] n frontrute c

windshield [WIND-sjiild] n frontrute c

windy [WIND-i] adj blåsende

wine [wain] n vin c

wine bottle [wain BÅT-øl] n vinflaske c

wine-cellar [WAIN-sɛl-ø] n vinkjeller c

wineglass [WAIN-ghlars] n vinglass nt

wine-list [WAIN-list] n vinkart nt

wine-merchant [WAIN-møø-tsjønt] n vinhandler c

wine-waiter [WAIN-weit-ø] n kelner c

wing [wing] n vinge c

winkle [WING-khøl] n strandsnegl c

winner [WIN-ø] n vinner c

winning [WIN-ing] adj vinnende

winnings [WIN-ingz] pl gevinst c

winter [WIN-tø] n vinter c

winter sports [WIN-tø spååts] pl vintersport c

wintry [WIN-tri] adj vinterlig

wipe [waip] v tørke

wire [waiø] n metalltråd c

wireless [WAIØ-lis] n radio c

wisdom [WIZ-døm] n visdom c

wise [waiz] adj klok

wish [wisj] v ønske; n ønske nt

with [wið] prep med

with reference to [wið REF-røns tu] prep angående

* withdraw [wið-DRÅÅ] v trekke tilbake

withdrawn [wið-DRÅÅn] v (pp withdraw)

withdrew [wið-DRUU] v (p withdraw)

within [wi-ðIN] prep innenfor

without [wi-ðAUT] prep uten

without doubt [wi-ðAUT daut] uten tvil

without fail [wi-ðAUT feil] helt sikkert

without obligation [wi-ðAUT åb-li-GHEI-sjøn] uten forpliktelser

witness [WIT-nis] n vitne nt

witty [WIT-i] adj vittig

woke [wåukh] v (p wake)

woken [WÅUKH-øn] v (pp wake)

wolf [wulf] n ulv c

woman [WUM-øn] n (pl women) kvinne c

won [wan] v (p, pp win)

wonder [WAN-dø] v undre seg; n forundring c

wonderful [WAN-dø-ful] adj vidunderlig

won't [wåunt] v (will not)

wood [wud] n tre nt; skog c

wooden [WUD-øn] adj tre-

woodland [WUD-lønd] n skogstrakt c

wool [wul] n ull c

woollen [WUL-øn] adj ull-

word [wøød] n ord nt

wore [wåå] v (p wear)

work [wøøkh] v virke; arbeide; n arbeid nt

work of art [wøøkh øv art] n kunstverk nt

work permit [wøøkh PØØ-mit] n arbeidstillatelse c

worker [wøø-khø] n arbeider c

working day [wøø-khing dei] n arbeidsdag c

workman [WØØKH-møn] n (pl -men) arbeider c

workshop [WØØKH-sjåp] n verksted nt

world [wøøld] n verden c

world famous [wøøld FEIM-øs] adj verdensberømt

**world war** [wøøld war] *n*
verdenskrig *c*

**world-wide** [WØØLD-waid] *adj*
verdensomspennende

**worm** [wøøm] *n* mark *c*

**worn** [wåån] *v* (*pp* wear)

**worn-out** [WÅÅN-aut] *adj* utslitt

**worried** [WAR-id] *adj* engstelig

**worry** [WAR-i] *v* bekymre seg; *n*
bekymring *c*

**worse** [wøøs] *adv* verre; *adj* verre

**worship** [WØØ-sjip] *v* tilbe; *n*
gudstjeneste *c*

**worst** [wøøst] *adv* verst; *adj* verst

**worsted** [WUS-tid] *n* kamgarn *nt*

**worth** [wøøΘ] *n* verdi *c*

* **worth (be)** [bii wøøΘ] *v* være
verd

**worthless** [wøøΘ-lis] *adj* verdiløs

* **worthwhile (be)** [bii wøøΘ-WAIL]
*v* være umaken verd

**would** [wud] *v* (*p* will)

**wound** [wuund] *n* sår *nt*; *v* såre

**wove** [wåuv] *v* (*p* weave)

**woven** [WÅUV-øn] *v* (*pp* weave)

**wrap** [ræp] *v* pakke inn

**wrap up** [ræp ap] *v* innhylle seg

**wrapping paper** [RÆP-ing PEI-pø]
*n* innpakningspapir *nt*

**wreck** [rɛkh] *n* vrak *nt*; *v*
ødelegge

**wrench** [rɛntsj] *n* skrunøkkel *c*

**wrist** [rist] *n* håndledd *nt*

**wrist-watch** [RIST-wåtsj] *n*
armbåndsur *nt*

* **write** [rait] *v* skrive

**writer** [RAIT-ø] *n* forfatter *c*

**writing** [RAIT-ing] *n* skrift *c*

**writing pad** [RAIT-ing pæd] *n*
skrivepapirblokk *c*

**writing paper** [RAIT-ing PEI-pø] *n*
skrivepapir *nt*

**written** [RIT-øn] *v* (*pp* write)

**wrong** [rång] *adj* urett; gal; *v*
gjøre urett; *n* urett *c*

**wrote** [råut] *v* (*p* write)

**Xmas** [KHRIS-møs] *n* jul *c*

**X-ray** [ɛKHS-rei] *n* røntgenbilde
*nt*

**yacht** [jåt] *n* yacht

**yacht club** [jåt khlab] *n*
seilerforening *c*

**yachting** [JÅT-ing] *n* seiling *c*

**yard** [jard] *n* gård *c*

**yarn** [jarn] *n* garn *nt*

**yawn** [jåån] *v* gjespe

**year** [jøø] *n* år *nt*

**yearly** [JØØ-li] *adj* årlig

**yellow** [JƐL-åu] *adj* gul

**yes** [jɛs] ja

**yesterday** [JƐS-tø-di] *adv* igår

**yet** [jɛt] *adv* ennå

**yet** [jɛt] *conj* likevel

**you** [juu] *pron* De; deg; dere; du;
Dem

**young** [jang] *adj* ung

**youngster** [JANG-stø] *n* barn *nt*

**your** [jåå] *adj* Deres; deres; din;
dine

**you're** [juø] *v* (you are)

**yourself** [jåå-SƐLF] *pron* selv; deg

**yourselves** [jåå-SƐLVz] *pron* selv;
dere

**youth** [juuΘ] *n* ungdom *c*

**youth hostel** [juuΘ HÅS-tøl] *n*
ungdomsherberge *nt*

**you've** [juuv] *v* (you have)

**Yugoslav** [juu-ghåu-SLARV] *n*
jugoslav *c*

**Yugoslavia** [juu-ghåu-SLARV-jø]
*n* Jugoslavia *nt*

**zero** [ZIØR-åu] *n* null *nt*

zinc [zingkh] *n* sink *c*
zip [zip] *n* glidelås *c*
zip code [zip khåud]
    postnummer *nt*
zipper [ZIP-ø] *n* glidelås *c*
zone [zåun] *n* sone *c*
zoo [zuu] *n* zoologisk hage *c*

zoological gardens [zu-LÅDʒ-ikh-
    øl GHAR-dønz] *pl* zoologisk
    hage *c*
zoology [zu-ÅL-ødʒ-i] *n* zoologi *c*
zoom lens [zuum lɛnz] *pl* zoom-
    linse *c*

# Mat- og menyleksikon

**MAT**

**à la carte** à la carte

**à la mode** pynt av vanilje-iskrem på en terte eller kake

**Abernethy biscuit** kjeks med karvesmak; skal være spesielt nyttig for fordøyelsen

**allspice** allehånde, et krydder fra Jamaica

**alma tea cakes** kjeks stekt i stekepanne

**almond** mandel
~ **paste** mandel-pasta, masse
**salted** ~s salte mandler

**anchovies** ansjos

**angel food cake** kake laget av eggehvite og sukker, og stekt i en spesiell form

**angelica** 1) kunepe 2) grønn kandisert frukt brukt til pynt på bakverk

**angels on horseback** "engler på hesterygg"; østers med bacon stekt på spidd

**appetizers** hors-d'œuvre, forretter
**assorted** ~ assorterte forretter

**apple** eple
**baked** ~s epler stekt i ovnen
~ **brown Betty pudding** en pudding-dessert av lag av epler, griljermel, krydder og sukker; stekt i en spesiell puddingform overstrødd med griljermel
~ **charlotte** eplegrøt

~ **dumpling** epler rullet inn i deig eller fett, og stekt i ovnen
**Dutch** ~ **pie** epleterte dekket med et lag brunsukker og smør
~ **fritter** smørstekte epler (i skiver)
~ **pan dowdy** epleskiver penslet med en blanding av brunsukker og smør, dynket med sirup og saft og stekt i ovnen
~ **pie** eplepai (ofte dekket med et deig-lag)
~ **sauce** eplemos
~ **snow** eplemos og vispete eggeguler; den blir servert kald dekket med sukret marengs
~ **tart** epleterte

**apricots** aprikoser

**arbroath smokies** røkt kolje (Skottland)

**artichoke** artisjokk
**globe** ~ artisjokk
**Jerusalem** ~ Jerusalem-artisjokk

**asparagus** asparges
~ **tips** aspargestopper

**aspic** gelé, aspic

**aubergine** aubergin

**avocado (pear)** advokat (pære)

**bacon** bacon
**Canadian** ~ røkt bacon skåret i tykke skiver
**boiled** ~ kokt flesk

~ **and eggs** egg og bacon
~ **fat** baconfett
**lean** ~ mager bacon
~, **lettuce and tomato sandwich**
bacon, tomat og hodesalat lagt
mellom to skiver brød (helst
ristede)
**bagel** rundstykke
**baked** ovnsbakt
~ **Alaska** kakebunn og marengs
fylt med iskrem og frukter,
stekt i ovn (serveres som
dessert)
~ **apples** ovnsbakte epler
**bakewell tart** kake laget av finmalte
mandler, egg, mel, kjekssmuler,
bringebærsyltetøy
**baking soda** bakepulver
**banana** banan
~ **split** bananer skåret på langs,
iskrem med hvilken som helst
smak, nøtter
**Banbury cakes** småkaker laget av
fløte, egg, fruktskall, krydder og
ripsbær
**bannocks** brød, uten gjær, flatt
og rundt, stekt i stekepanne
(Skottland)
**barbecue** 1) barbecue, grill
2) kjøttdeig i tomatsaus
servert på et rundstykke
~ **d spare ribs** marinerte ribben
(av svin) stekes på grill; på
slutten av steketiden pensles de
med en spesiell "barbecue" saus
**barley sugar** kandis
**barmbrack** kake av rips og tørkede
frukter (Irland)
**basil** basilikum
**(sea) bass** steinbit
**baste** pensle, dynke
**Bath buns** små boller stekt i ovnen;
laget av egg, gjær, sukker og
rosiner

**Bath Olivers** runde og sprø kjeks
**batter** deig (til smultbakst)
**bay leaf** laurbærblad
**beans** bønner
**baked** ~ hvite bønner stekt i
ovnen
**broad** ~ store bønner
**butter** ~ grønne bønner med
smør
**french** ~ tynne grønne bønner
**green** ~ grønne bønner
**kidney** ~ brune bønner
**navy** ~ hvite bønner
**runner** ~ spanske (grønne) bøn-
ner
**wax** ~ grønne bønner, kokte
og surret i smør
**beef** oksekjøtt
~ **olives** sammenrullete skiver
av oksekjøtt fylt med farse
~**burger** beefburger, stekt
kjøttdeig servert på en rund
bolle
**beetroot** rødbete
**bill** regning
~ **of fare** meny
**biscuits** 1) kjeks (England)
2) type bolle, flat og rund
(USA)
**ginger** ~ type pepperkjeks;
laget av ingefær og brunsukker
**savoury** ~ krydder-kjeks
**sweet** ~ søte kjeks
**Bismarck** Berlinerbolle
**black currants** solbær
**black (or blood) pudding** blod-
pudding
**blackberries** bjørnebær
**black-eyed peas** en type erter
dyrket i USA
**bloater** saltet sild, som regel frityr-
stekt eller griljert
**blueberries** blåbær
**boiled** kokt

~ **beef** kokt oksekjøtt; som
regel servert med gulrøtter og
små deigboller
**Bologna (sausage)** type oppskjær-
pølse
**bone** ben
~**d** benfri
**bortsch(t)** rødbete-suppe med sur
krem; serveres ofte kald
**Boston baked beans** en rett av
hvite bønner, bacon-strimler og
uraffinert sukker
**Boston cream pie** sjokoladekake
med kremfyll
**brains** hjerner
**braised** småkokt, surret
**bramble pudding** kompott laget
av kokte bjørnebær, ofte servert
med epleskiver
**brandy snaps** pepperkjeks
**braunsweiger** en type leverpostei
**brawn** sylte
**Brazil nuts** nøtter fra Amerika
(Brasil)
**bread** brød
**brown** ~ grovbrød
~ **and butter pudding** dessert
laget av skiver av brød, med
eller uten smør, lag av tørket
frukt, konditorkrem; som
regel stekt i ovnen
**french** ~ Pariser-loff
**pumpernickel** ~ pumpernickel
**rye** ~ rugbrød
~ **sauce** saus laget av melk, gril-
jermel og litt løk; går godt sam-
men med kylling eller kalkun
**starch-reduced** ~ kalorifattig
brød
**white** ~ hvitt brød
**wholemeal, whole wheat** ~
grovbrød
~**ed** snudd i griljermel
**breakfast** frokost

**bream** bras
**breast** bryst
~ **of chicken** kylling-bryst
~ **of lamb** lamme-bryst
**brisket** bryst-stykke av oksekjøtt
som har ligget i lake i flere
dager
**broad bean** bønne
**brochan** grøt (Skottland)
**broth** kraft, buljong
**Scotch** ~ suppe laget av fåre-
hode, byggmelsgryn, grønn-
saker
**brown pudding** pudding laget av
tørkede frukter, malte mandler,
kanel, fett, mel, panermel, brun-
sukker, og til slutt kokt
**brownie** småkake, som regel laget
av sjokolade og nøtter
**brunch** kombinert frokost og lunsj
**Brunswick stew** en ragout opprinn-
elig laget av ekorn, men nå
for tiden oftere med kylling og
sukkerbønner, mais og okra
(belg-plante)
**brussels sprouts** rosenkål
**bubble and squeak** en puré av kål
og poteter (og noen ganger løk)
**bun** 1) liten, søt bolle ofte laget
med rosiner eller tørkede fruk-
ter, men kan også lages med
kokosmasse eller bringebær-
syltetøy (England) 2) liten
gjærbolle (USA)
**(Kentucky) burgoo** en kasserolle-
rett laget av oksekjøtt, svin,
kalv, lam, kylling og grønn-
saker (Kentucky)
**butter** smør
~ **cookie** smørkjeks
**fresh** ~ ferskt smør
**salted** ~ saltet smør
~**scotch** en slags knekk laget
av uraffinert sukker og mais-

sirup
~ milk kulturmelk
cabbage kål
cabinet pudding en dessert laget av kjeks, kandiserte frukter, melk, egg, sukker; serveres varm
caerphilly en hvit, kremaktig og mild ost fra Wales
cake kake, terte
~s småkaker, bakverk
calf kalv
~ brains kalvehjerner
~ feet (or trotters) kalvelabber
Canadian bacon røkt bacon skåret i tykke skiver
canapé canapé
~ Diane lever av fjærkre rullet inn i bacon, griljert og servert på ristet brød
canary pudding en pudding laget av egg, mel, smør, sukker, bakepulver, melk, sitronskall
candied fruit kandiserte frukter
candy drops, søtsaker
~ kisses små sjokolade-drops
cantaloupe melon
capers kapers
capercaillzie rype
caramel karamell
~ custard ligner på vår karamellpudding
caraway karve
cardamom kardemomme
carp karpe
carrageen moss gelé laget av alger
carrot gulrot
cashews acajou-nøtter
casserole kasserolle
castle puddings små puddinger servert i individuelle former; laget av fløte, smør, mel, melk, gjær
catfish type ferskvannsfisk

catsup ketchup
cauliflower blomkål
~ cheese gratinert blomkål
cayenne pepper cayenne pepper
celeriac knollselleri
celery selleri
braised ~ dampet selleri
cereal 1) grøt 2) servert ofte til frokost; varmt i form av grøt eller kaldt i form av forskjellige typer cornflakes med sukker og melk og noen ganger frukt
char rør
chateaubriand chateaubriand
check regning
Cheddar cheese mild, gylden smøraktig ost; god å bruke i maten
cheese ost
~ biscuits oste-kjeks
~ board osteanretning
~ burger hamburger med smeltet ost, servert på en liten bolle
~ cake ostekake laget av en mild, kremaktig ost, fløte, egg, sukker
~ straws oste- "stikker"
Chelsea buns små, søte boller laget av deig, gjær, tørkede frukter og sukker; dekket med en glasur laget av honning
cherry kirsebær
~ tart kirsebærterte
chervil kjørvel
Chesapeake Bay crab soup krabbesuppe
Cheshire cheese en av de mest kjente engelske ostene hvorav det finnes to typer: den hvite og den røde; begge er de relativt bløte og milde på smak
chestnut kastanje
~ stuffing kastanjefyll

chick peas små erter
chicken kylling
   breast of ~ kyllingbryst
   ~ creole kylling servert i tomat-
   saus, grønn paprika, krydder
   ~ gumbo kokt kylling, deretter
   surret med okra (belgplante),
   sukkerbønner, løk, tomater,
   krydder; serveres med ris
   ~ leg kylling-lår
   roast ~ stekt kylling
   Southern fried ~ kylling først
   penslet med melk, deretter dyn-
   ket med en blanding av melk
   og egg; fritert i varm olje
chicory sikori
chiffon cake en type sukkerbrød
chili con carne kjøttdeig kokt i en
   kasserolle med brune bønner,
   spansk pepper, karve (USA)
chips 1) pommes frites (England)
   2) chips, potetgull (USA)
chittlings, chittlins, chitterlings
   mage av svin
chives gressløk
chocolate sjokolade
   ~ kisses små sjokolader som
   stekes i ovnen, og lages av
   farin, sjokolade eller kakao,
   eggehviter, vanilje-essens
   ~ pudding 1) dessert laget av
   kjekssmuler, varm melk, smør,
   sukker, kakao, egg, mel
   (England) 2) sjokoladepudding
   (USA)
   ~s konfekt
(according to) choice etter eget
   valg
chop kotelett
   mutton ~ fårekotelett
   pork ~ svinekotelett
   ~ suey kinesisk rett laget av
   tynt oppskåret oksekjøtt, ris og
   grønnsaker

chopped hakket, oppskåret
chowder tykk, kremaktig suppe
   laget av forskjellige typer
   skalldyr
Christmas pudding pudding laget
   av kandiserte frukter, kandisert
   fruktskall, og til hvilket man
   gjerne tilsetter litt eau-de-vie
chutney et meget sterkt indisk
   krydder i hvilket man koker
   frukt eller grønnsaker
cinnamon kanel
cioppino en mektig rett laget av
   krabbe, små hummer, fisk,
   sandskjell, grønnsaker, urter,
   krydder (San Francisco)
clam sandskjell, matskjell
   ~ chowder kremaktig suppe
   laget av sandskjell
cloves nellik
club sandwich kald kylling, stekt
   bacon, hodesalat, tomat, majo-
   nes lagt imellom to skiver
   brød
cobbler en slags fruktkompott dek-
   ket med en tykk skorpe (laget
   av deig); servert varm
   peach ~ med ferskner
cock-a-leekie soup (broth) purre-
   løksuppe (Skottland)
cockles saueskjell
coconut kokosnøtt
cod torsk
   boiled ~ kokt torsk
   fried ~ stekt torsk
   ~s roe torskerogn
coffee cake hvilken som helst
   type kake, ofte med frukt,
   servert til kaffe
Colchester oysters navnet på de
   beste engelske østers
cold kald
   ~ cuts kjøttpålegg
   ~ meat kaldt kjøtt

**coleslaw** salat laget av oppskåret kål tilsatt eddik og olje, blandet med majones

**compote** kompott

**condiments** krydder

**consommé** consommé

**cooked** kokt

**cookies** kjeks, småkaker

**coq-au-vin** coq au vin

**corn** mais
~ **bread** mais-brød
~ **on the cob** maiskolbe
~**flakes** cornflakes
~**flour** mais-mel
~**fritters** deig laget av mais-korn, deretter smultstekt

**coquilles St. Jacques** små fiskebiter og skalldyr i hvit saus; servert på store skjell

**corned beef** corn beef, saltsprengt kjøtt

**Cornish pasty** poteter, løk, oksekjøtt og nyrer krydres og fylles i en deig

**Cornish splits** søte boller fylt med syltetøy og sur krem

**cottage cheese** en "smule-lignende" ost, hvit og mild på smak

**cottage pie** kjøttdeig og løk dekket med potetpuré stekt i ovnen

**Cottenham cheese** en fast "blå-året" ost, ligner på *Stilton*

**country captain** kylling med tomater, mandler, rosiner, rips og krydder stekt i ovnen (Georgia)

**course** rett

**cover charge** kuvert-pris

**cowpea** en type er dyrket i USA

**Cox's orange pippin** en type eple

**crab** krabbe
~ **apple** villeple

**crackers** salte kjeks

**crackling** brunstekt fleskesvor

**cranberry** tyttebær
~ **sauce** tyttebær-saus

**crawfish, crayfish** kreps

**cream** fløte
~ **cheese** en mild, kremaktig ost
**double** ~ en mild, kremaktig ost
**ice-**~ iskrem
~ **puff** krembolle
**salad** ~ en kremaktig saus brukt til salater
**sour** ~ sur krem
**whipped** ~ pisket krem

**creole** på kreolsk manér; som regel laget med tomater, grønn paprika, løk og ofte servert med ris

**cress** karse

**crisps** chips, potetgull

**croquette** type kjøttkake (som regel med ris)

**crubeens** syltelabber (Irland)

**crumpet** liten gjærbolle med smør; servert varm

**cucumber** agurk

**Cumberland ham** en av de mest kjente røkte skinkesortene i England

**Cumberland rum butter** rørt smør med brunsukker, tilsatt muskat og litt rom

**cupcake** småkake laget i form

**cured** saltet kjøtt, konservert i lake

**currant** korint
~ **bread** rosin-brød

**curried** med karri

**curry** karri, et indisk krydder

**custard** en type eggekrem
~ **baked egg** eggekrem stekt i ovnen

**cutlet** kotelett

**dab** type flyndrefisk

**dace** type mort
**damson** damaskusplomme
**Danish pastry** forskjellige typer wiener-brød
**dates** dadler
**deer** hjort
**Delmonico steak** mørbrad
**Derby cheese** hvit ost med skarp smak
**dessert** dessert
**devilled** sterkt krydret
  ~ **kidneys** nyrer delt i to, krydret med sennep, pepper, det indiske krydder "chutney", smør; deretter griljert
**devils on horseback** griljert østers med bacon, servert på ristet brød
**Devonshire cream** surmelk
**diced** skåret i terninger
**digestive biscuits** "fordøyelseskjeks"; laget av mel, egg, sukker og natrium bikarbonat
**dill** dill
**dinner** middag
**dish** rett
**donut** type smultring
**double cream** fløte
**double Gloucester** en ost som ligner på *Cheddar*, egenartet smak
**dough** deig
  ~ **nut** type smultring
**Dover sole** sjøtunge fra Dover; den beste man får i England
**dressing** dressing, saus
  **French** ~ majones blandet med ketchup
  **Green Goddess** ~ majones blandet med urter, sur krem, ansjos, eddik, gressløk, persille, estragon (San Francisco)
  **Italian** ~ saus med olje og urter
  **thousand island** ~ majones med

paprika, nøtter, selleri, oliven, løk, persille, egg
**dripping** sky
**drop scones** flat bolle stekt på grillen
**Dublin bay prawns** reker
**duck** and
  ~ **ling** andunge
  **Long Island** ~ **ling** andunge fra Long-Island; kjent for å være den beste i Statene
**dumpling** suppebolle, eller innbakt frukt
**Dundee cake** terte laget av mandler, kirsebær, tørkede frukter, fruktskall
**Dunlop cheese** ost som ligner på *Cheddar* (Skottland)
**Dutch apple pie** epleterte dekket med en glasur av brunsukker og smør (USA)
**Easter biscuits** kjeks fylt med rips, noen ganger krydret
**eclair** vannbakkels
  **chocolate** ~ vannbakkels med sjokolade-glasur
**eel** ål
  **jellied** ~ ål i gelé
**egg(s)** egg
  **bacon and** ~ egg og bacon
  **baked** ~ egg stekt i ovnen
  **boiled** ~ bløtkokte egg
  **devilled** ~ med pepper og sterke krydder
  **fried** ~ speilegg
  **ham and** ~ skinke og egg
  **hard-boiled** ~ hardkokte egg
  ~ **mimosa** hardkokte, fylte egg
  **poached** ~ forlorne egg
  **scrambled** ~ eggerøre
  **soft-boiled** ~ bløtkokte egg
  **stuffed** ~ fylte egg
**egg custard** eggekrem
**eggplant** aubergin

**endive** endivie

**English muffin** liten lett bolle, stekt på grill, deretter smurt med smør

**entrecote** entrecôte, stykket mellom ribbenene

**entrée** hovedrett

**escalope** tynn kjøttskive

**essence** essens

**Eve's pudding** dessert laget av epleskiver stekt i ovnen, trukket med en blanding av smør, sukker, egg og mel

**Exeter stew** en ragout av hakket oksekjøtt, løk, gulrøtter og urter

**extract** ekstrakt, essens

**faggot's** flate pølser

**fat** fett

**fennel** fennikel

**figs** ferskner

**fillet** filét

   **beef** ~ oksefilét

   ~ **mignon** filet mignon

   **pork** ~ svinefilét

   **salmon** ~ filét av laks

   ~ **of sole** filét av sjøtunge

**Finnian haddock** røkt kolje (Skottland)

**fish** fisk

   ~ **and chips** fisk og pommes frites

   ~ **chowder** fiskesuppe

   ~**cake** fiskekake

**flan** terte (frukt)

**flapjacks** tykke pannekaker

**flounder** flyndre

**flour** mel

**fondue** oste-fondue

**foods** matvarer

**fool** fruktpuré servert med sukker, konditorkrem eller pisket krem

**forcemeat** farse

**fowl** fjærkre

**frankfurter** frankfurter-pølse

**french beans** grønne bønner

**french bread** Pariserloff

**French dressing** majones og tomatsaus blandet sammen til en saus

**french fries** franske poteter

**fresh** fersk

**fricassee** frikassé

**fried** stekt, fritert

**fritter** innbakt frukt, grønnsak etc. stekt i panne

**froglegs** froskelår

**frosting** glasur

**fruit** frukt

   ~ **cake** fruktkake

   ~ **salad** fruktsalaz

**fry** 1) frityrstekt fisk 2) en blanding av innmat (hjerte, lever, lunger og brissel fra får, eller svin) som stekes

**fudge** en type knekk laget av smør, sukker og melk; for smak tilsettes enten appelsin, sjokolade eller kaffe

**galantine** kaldt kjøtt i gelé

**game** vilt

**gammon** røkeskinke

**garfish** horngjel

**garlic** hvitløk

**garnish** garnityr, pynt

**gelatin** gelatin, gelé

**Genoa cake** terte laget av rosiner, fruktskall, kirsebær og mandler

**gherkins** små sylteagurker

**giblets** kråser

**ginger** ingefær

   ~ **biscuits** pepperkjeks

   ~ **bread** pepperkake, sirupskake

**girdle (griddle) scones** søte, flate boller stekt på grillen

**glazed** glasert

**Gloucester cheese** en hvit, myk, mild ost

**goose** gås

**roast** ~ stekt gås
**gooseberries** stikkelsbær
**grapes** druer
**grapefruit** grapefrukt
**grated** revet
**(au) gratin,** gratinéed gratinert
**gravy** saus, sjy
**grayling** harr
**green beans** grønne bønner
**green peppers** grønn paprika
**green salad** grønn salat
**greengage** reineclaude, slags fine
    plommer
**greens** grønt
**griddle cakes** tykke pannekaker
**grill** grill
    ~**ed** griljert
**grilse** ung laks
**grits** havregryn
**grouse** rype
    **roast** ~ stekt rype
**gudgeon** grunnling (liten karpe-
    fisk)
**gumbo** en kreol-suppe, ganske
    tykk, med okra (en afrikansk
    belg-plante), løk, tomater og
    krydder
**haddock** kolje, hyse
**haggis** sauemager fylt med havre-
    mel, løk, hakket kjøtt; dampes
    (Skottland)
**hake** lysing
**half** halv, halvparten
**halibut** hellefisk, kveite
**ham** skinke
    **baked** ~ skinke stekt i ovnen
    **boiled** ~ kokt skinke
    ~ **and eggs** skinke og egg
    **smoked** ~ røkt skinke
    **Virginia** ~ en "pyntet" skinke;
    i svoren stikker man inn ananas,
    kirsebær og nellik; den blir gla-
    sert med sin egen sjy
    **York** ~ en type spekeskinke,

kjent for å være meget god
**hamburger** 1) kjøttdeig 2) ham-
    burger, stekt kjøttkake servert
    på en bolle
**Hangtown Fry** egg blandet med
    bacon og østers (San Francisco)
**hare** hare
    **jugged** ~ hareragout
**haricot** snittebønne
**Harvard beets** rødbeter, eddiksaus
    med nellik, vin
**hash** 1) kjøttdeig eller fint opp-
    skåret kjøtt 2) en rett bestående
    av hakket kjøtt med poteter og
    grønnsaker
**hazelnuts** hasselnøtter
**heart** hjerte
**herb** urter
**herring** sild
    **soused, marinated** ~ marinert
    sild, sursild
**home-made** hjemmelaget
**hominy grits** maisgrøt
**honey** honning
    ~**dew melon** en type melon
    med gul-grønt skall
**hors-d'œuvre** hors-d'œuvre
**horseradish** pepperrot
    ~ **sauce** pepperrot-saus, vanlig-
    vis servert med laks
**hot** varm(t)
    ~**-cross bun** varmt bakverk av
    mel, smør, egg, rosiner dekket
    med en korsformet glasur, og
    som spises i faste-tiden
    ~ **dog** varme pølser
    ~ **pot,** ~**ch potch** kjøttragout
    med kastanjer
**huckleberries** blåbær
**hushpuppy** bakverk laget av mais-
    mel og løk (US)
**ice-cream** iskrem
    **butter pecan** ~ nøtteis
    **chocolate** ~ sjokoladeis

raspberry ~ bringbæris
strawberry ~ jordbæris
vanilla ~ vaniljeis
~ **cornet (US ~ cone)** kjeksis (kremmerhus)
**iced** frosset, glasert
**icing** glasur
**in season** i sesongen
**Irish moss** en slags tørket sjøplante
**Irish stew** Irsk stuing, fårerett i skarp saus med poteter, løk, øl
**Italian dressing** salatsaus laget av olje, edikk, aromater (velluktende planter)
**jam** syltetøy
~ **roll** liten rullekake med syltetøy
~ **tart** liten terte med syltetøy
**jambalaya** en slags suppe av reker, skinke, grønnsaker, ris, krydder (New Orleans)
**jellied** i gelé
~ **eel** ål i gelé
**Jell-o** 1) varemerke på en gelé med fruktsmak 2) en gelé-dessert
**jelly** gelé
~ **doughnut** Berliner-bolle
**Jerusalem artichoke** jordartisjokk
**John Dory** en type fisk
**joint (of meat)** stykke av stek
**jugged hare** hareragout
**juice** saft
**juicy** saftig
**juniper berry** einebær
**junket** sukret melkebunke servert med fløte
**kabob** lammekjøtt med tomater, løk, grønn paprika stekt på spidd
**kale** en type kål

**kebab** marinert lam stekt på spidd
**kedgeree** 1) krydret ris-rett med løk og linser 2) biter av fisk tilsatt ris, egg og smør; serveres varmt ofte til frokost
**ketchup** ketchup
**key lime pie** lime (en situs-frukt) pai
**kidney** nyre
~ **beans** hvite bønner
**kippers** kippers, røkt sild
**ladies (lady)fingers** tørre, lange søte kjeks
·**lamb** lam
~ **chop** lammekotelett
~ **cutlet** lammekotelett
**leg of** ~ lammestek
**loin of** ~ lammesadel
~ **roast** lammestek
~ **shoulder** lamme-bog
**lamprey** niøye, negenøye
**Lancashire cheese** som "ung" er denne osten mild på smak; når den er moden får den en mer karakteristisk smak
**Lancashire hot pot** en ragout laget av poteter, kjøtt skåret i ter-inger, nyrer, løk og krydder; stekt i ovnen
**lard** fett
**larded** spekket
**laurel** laurbær
**lean** mager
**leeks** purre
**leg** lår
**Leicester cheese** en ganske sterk ost, oransje på farve
**lemon** sitron
~ **buns** små søte boller med sitronsmak
~ **curd** sitron-krem
~ **meringue pie** en åpen pai fylt med sitron-smakende fyll, pyntet med marengs

~ **mousse** sitron-fromasj
~ **pudding** sitron-pudding
~ **sole** type flyndre-fisk
**lentils** linser
**lettuce** hodesalat
**light** lett, myk
**lima beans** sukker-bønner
**lime** lime (en sitrusfrukt)
 **key** ~ **pie** en pai med lime-
 smak
**liver** lever
 ~ **and bacon** lever med bacon
 ~ **sausage** leverpølse
**loaf (of bread)** brød
**lobster** hummer
**loganberries** ville bringebær
**loin** lendestykke
 **pork** ~ svine-filét
**long john** et slags wienerbrød
**lox** røkt laks
**lunch** lunsj
 ~**eon** forretnings-lunsj
**macaroni** makaroni
 ~ **and cheese** makaroni med
 reven ost
**macaroon** makron
 **coconut** ~ kokos-makron
**mackerel** makrell
 **baked** ~ makrell stekt i ovnen
 **grilled** ~ griljert makrell
 **stuffed** ~ fylt makrell
**maize** mais
**mandarin** mandarin
**maple syrup** sirup fra lønn
**marinade** lake, marinade
**marinated** nedlagt, marinert
**marjoram** merian
**marmalade** appelsinmarmelade
**marrow** 1) marg 2) slags
 gresskar
 ~**bone** margben (England)
 **stuffed** ~ fylt gresskar
**marshmallow** en søtsak som består
 av mais-sirup, sukker, eggehvite

og gelatin som blir pisket sam-
men til en kremlignende kon-
sistens; marshmellow kan
erstatte kremtoppen i varm
sjokolade, og brukes også til
visse salater og desserter
**marzipan** marsipan
**mayonnaise** majones
**meal** måltid
**meat** kjøtt
 ~ **balls** kjøttboller
 ~ **loaf** kjøttpudding
 ~ **pâté** kjøtt-postei
 ~ **pie** en åpen pai fylt med
 kjøtt
**medium (done)** medium, middels
 (stekt)
**melon** melon
 **honeydew** ~ en type melon med
 gulgrønt skall (USA)
 **musk**~ melon
 **water**~ vannmelon
**melted** smeltet
**Melton Mowbray pie** pai fylt med
 svinekjøtt, tunge, kalvekjøtt og
 hardkokte egg; toppen blir til
 slutt dekket med et deiglag
**menu** meny, spiseseddel
**meringue** marengs
**milk** melk
 ~ **pudding** pudding av ris og
 melk
**mince** hakke, hakkemat
 ~**d meat** kjøttdeig
 ~**meat** blanding av kandiserte
 frukter skåret i terninger
 ~**meat pie** terte laget av kan-
 diserte frukter skåret i terninger,
 og epler
**mint** mynte
 ~ **sauce** peppermyntesaus laget
 av hakket peppermynte som
 har ligget i vann og eddik;
 serveres ofte med fårekjøtt

**minute steak** kjøttstykke svidd fort
av på begge sider

**mixed** blandet

~ **grill** en blandet grillrett bestående av små pølser, lever,
nyrer, koteletter, bacon

**mock turtle soup** "skilpadde"
-suppe laget av skank av okse-
kjøtt

**molasses** sirup

**morrel** en type sopp

**mould** form

**mousse** mousse (med pisket krem-
fløte)

**muffin** 1) liten myk bolle som blir
toastet og smurt med smør
(England) 2) liten rund kake
som ofte blir stekt i små
papirformer (USA)

**blueberry** ~ med blåbær (USA)

**mulberries** morbær, bjørnebær

**mullet** mulle

**mulligatawny soup** en sterk kryd-
ret suppe av indisk opprinnel-
se, laget av gulrøtter, løk,
karri og "chutney"

**mushrooms** sopp

**muskmelon** melon

**mussels** blåskjell

**mustard** sennep

**mutton** fårekjøtt

~ **chop** fårekotelett

~ **cutlet** fårekotelett

**leg of** ~ fårestek

**saddle of** ~ fåresadel

**shoulder of** ~ fårebog

~ **stew** fåre-ragout

**napoleon** napoleons-kake

**nectarin** nektarin

**noodles** nudler

**nutmeg** muskat

**nuts** nøtter

**almond** ~ mandler

**Brazil** ~ nøtter fra Syd-Amerika

**cashew** ~ acajou-nøtter

**chest**~ kastanjenøtter

**cob**~ hasselnøtter

**hazel**~ hasselnøtter

**pea**~ jordnøtter, peanøtter

**oat cakes** havrekjeks

**oatmeal (porridge)** havregrøt

**offal** innmat

**oil** olje

**corn** ~ mais-olje

**olive** ~ oliven-olje

**peanut** ~ jordnøtt-olje

**okra** en afrikansk belgplante;
sistnevnte blir brukt i stuinger
og supper

**olive** oliven

~ **oil** olivenolje

**black** ~s sorte oliven

**green** ~s grønne oliven

**stuffed** ~s fylte oliven

**omelet** omelett

**cheese** ~ oste-omelett

**ham** ~ skinke-omelett

**herb** ~ urte-omelett

**kidney** ~ nyre-omelett

**plain** ~ enkel omelett

**savoury** ~ krydret omelett

**tomato** ~ tomat-omelett

**onion** løk

**opossum** opossum

**orange** appelsin

**oven-browned** gratinert i ovnen

**oven-cooked** stekt i ovnen

**ox tongue** oksetunge

**oxtail** oksehale

~ **soup** oksehale-suppe

**oyster plant** svarte jordrøtter

**oysters** østers

**pancake** tykk pannekake

**paprika** paprika

**parkin** kake laget av havremel,
ingefær og sirup

**Parmesan (cheese)** Parmesan (ost)

**parsley** persille

~ **butter** smeltet smør med per-
sille og sitronsaft
**parsnip** nepe
**partridge** rapphøne
  **roast** ~ stekt rapphøne
**pasta** pasta, nudler
**paste** puré
**pastry** bakverk
**pasty** postei
**patty** 1) liten terte 2) liten deig,
flat og rund
**peach** fersken
  ~ **cobbler** type fersken-kompott
dekket av et tykt deig-lag,
stekes i ovnen; serveres varm
  ~ **melba** fersken Melba
**peanut** jordnøtt, peanøtt
  ~ **brittle** plater av karamelli-
serte peanøtter
  ~ **butter** peanøtt-smør
  ~ **butter cookie** kjeks laget av
peanøtt-smør
  ~ **oil** jordnøtt-olje
**pear** pære
**pearl barley** byggmels-boller som
has i suppe
**peas** erter
  ~e **pudding** ertestuing med
krydder, løk og egg
**pecan** "pekan"-nøtt
  **butter** ~ **ice-cream** iskrem med
"pekan"-nøtt smak (USA)
  ~ **pie** pai med "pekan"-nøtter
(USA)
**pepper** pepper
  **chili** ~ chili-pepper, spansk-
pepper
  **green** ~ grønn paprika
  **red** ~ rød paprika
  **stuffed** ~ fylt grønn paprika,
ofte med ris og kjøtt
**peppermint** peppermynte
  ~ **creams** peppermynte-drops
**perch** åbor

**persimmon** daddelplomme
**pheasant** fasan
  **roast** ~ stekt fasan
**pickerel** liten gjedde
**pickled** syltet, konservert i lake
  ~ **gherkins** små, sure sylte-
agurker
  ~ **walnuts** valnøtter nedlagt i
eddik
**pickles** 1) grønnsaker eller
frukt nedlagt i eddik eller lake
2) kan referere bare til sylte-
agurker (USA)
**pie** pai, ofte dekket med et deig-
lag og som regel fylt med frukt
eller eggekrem
**pig in a blanket** pølse fylt med
ost, "pakket" inn i bacon,
og stekt i stekepanne eller i
ovnen
**pig's knuckles** svineskank
**pigeon** due
**pike** gjedde
**pilchard** sardin
**pimentos** spansk pepper
**pizza** pizza, en åpen pai med
alle mulige sorter fyll
**plaice** rødspette
**plate** rett, tallerken
**plover** heilo
**plum** plomme
**poached** forlorent
  ~ **eggs** forlorne egg
**pomegranate** granateple
**poor knights** arme riddere
**popcorn** popcorn
**pork** svin
  ~ **chop** svinekotelett
  ~ **cutlet** svine-schnitzel
  **roast** ~ svinestek
  ~ **sausage** svinepølse
**porridge** havregrøt
**porterhouse steak** midtstykke av
indrefilét

**possum** opossum
**pot roast** oksekjøtt surret med løk, gulrøtter og poteter
**potato** potet
  baked ~ ovnsbakte poteter
  **~ baked in its jacket** ovns-bakte poteter
  **Idaho baked** ~ en spesiell po-tetsort bakt i ovnen
  **boiled** ~**es** kokte poteter
  **chipped** ~**es** pommes frites
  **~ chips** chips, potetgull
  **creamed** ~**es** potetpuré, potet-stappe
  **~ croquette** krokett
  **mashed** ~**es** potetpuré
  **new** ~**es** nypoteter
  **~ pancake** potetkake, lumpe
  **roast** ~**es** ristete
  **sautéed** ~**es** stekt ved høy varme
  **stuffed** ~**es** fylte
**potted shrimp** rensede reker, ferdig til å servere som hors-d'œuvre
**poultry** fjærkre
**prawn** reke
  **~ cocktail** reke-cocktail
  **Dublin Bay** ~ spesiell type reke
**price** pris
  **fixed** ~ fastsatt pris
**prunes** svisker
  **stewed** ~ sviske-kompott
**ptarmigan** rype
**pudding** en myk eller fast bland-ing laget av mel, fylt enten med kjøtt, fisk, grønnsaker eller frukt, dampet eller stekt i ovnen
**puff pastry** bakverk av tertedeig
**pumkin** gresskar
  **~ pie** pai fylt med gresskar
**purée** pure
**quail** vaktel
**quarter** kvart
**queen of puddings** dessert laget av egg, sukker, melk, brød-smuler, sitron, dekket med sylte-tøy og stekt i ovnen
**quince** kvede
**rabbit** kanin
  **~ broth** buljong av kanin
  **~ casserole** en kasserollerett laget av kanin
  **~ pie** kanin-ragout innbakt i pai
  **~ stew** kanin-ragout
**radish** reddik
**raisins** rosiner
**rare** blodig
**rasher** fleske-skive
**raspberry** bringebær
  **~ buns** boller med bringebær-fyll
**ravioli** ravioli
**raw** rå
**red currants** rips
**red mullet** mulle (rød)
**relish** 1) saus for salat eller til å blande med majones 2) hakk-ete, små sylteagurker
**rhubarb** rabarbra
**rib (of beef)** enden av ytrefileten, T-ben stek
**rice** ris
  **~ creole** ris med grønn paprika, spansk pepper og safran
  **~ pudding** ris-pudding
**rissoles** kjøtt eller fiske-postei
**roach** mort
**roast** stek
  **~ beef** oksestek
  **~ chicken** stekt kylling
  **~ lamb** lammestek
**rock cakes** kjeks laget av mel, fett, sukker, rosiner
**Rock Cornish hen** hanekylling, ung kylling
**roe** rogn, som regel torskerogn
**roll** bolle
  **~ mop herring** sildefilet marinert

i hvitvin rullet rundt en liten
sur agurk

**roly-poly pudding** type Swiss-roll,
stekt under damp

**round steak** lårstykke (av okse-
kjøtt)

**rudd** type mort

**rum butter** deig rørt med brun-
sukker, smør, rom og muskat;
spises for seg selv eller
påsmurt (Cumberland)

**rump steak** mørbrad

**runner beans** spanske bønner

**rusks** kavringer

**rutabaga** kålrabi

**saddle** sadel

~ **of lamb** lammesadel

**saffron** safran

**sage** salvie

~ **and onion stuffing** fyll av løk
og salvie som som regel ser-
veres med svinekjøtt eller gås

**sago** sago

**salad** salat

**asparagus** ~ asparges-salat

**beetroot** ~ rødbet-salat

**celery** ~ selleri-salat

~ **cream,** ~ **dressing** saus eller
dressing for salat

**fish** ~ fiske-salat

**fruit** ~ frukt-salat

**green** ~ grønn salat

**lettuce** ~ hodesalat

**potato** ~ potet-salat

**tomato** ~ tomat-salat

**salami** salami

**Sally Lunn** liten bolle som ser-
veres varm smurt med smør;
serveres fortrinnsvis til te

**salmon** laks

**grilled** ~ griljert laks

**smoked** ~ røkt laks

~ **steak** lakse-filét

~ **trout** lakse-ørret

**salsify** sorte jordrøtter

**salt** salt

~ **ed** saltet

~ **y** salt

**saltwater fish** saltvannsfisk

**sandwich** smørbrød, sandwich

**open-faced** ~ smørbrød

~ **spread** et smørbrødpålegg,
ofte en majonesblanding med
hakkete, små sylteagurker

**sardines** sardiner

**sauce** saus

**apple** ~ eplemos

**bread** ~ saus laget av brød-
smuler, løk, margarin, melk og
krydder

**brown** ~ brun saus

**horseradish** ~ pepperrot-saus

**mint** ~ mynte-saus

**parsley** ~ persille-saus

**white** ~ hvit saus

**Worchestershire** ~ Worchester-
shire saus

**sauerbraten** marinerte skiver av
oksekjøtt, dampet med pepper-
kjeks (Pennsylvania)

**sauerkraut** surkål (egentlig gjæret
kål)

**sausage** pølse

~ **and mash** pølse med potet-
puré

**sausage roll** innbakt pølse (i deig)

**sauteed** stekt ved høy varme,
"svi av"

**savoury** 1) forrett 2) velsmak-
ende, pikant

**scallops** kam-musling

**scampi** scampi (japanske reker)

**scone** liten myk bolle laget av
hvete eller byggmel

**Scotch broth** en buljong laget av
okse- eller fårekjøtt og med
forskjellige grønnsaker skåret i
terninger (gulrøtter, kål, purre,

neper, løk)

**Scotch egg** kokt egg innlagt i kjøttdeig

**Scotch girdle** liten flat kjeks stekt i et jern

**Scotch woodcock** type canapé smurt med hakkete egg (hard-kokte), krydder og en ansjos-postei

**scrambled eggs** eggerøre

**sea kale** sennepsfarvet sjøplante, de unge skuddene på denne kan spises som asparges

**seafood** fisk og skalldyr, "havets frukter"

~ **gumbo** en type fiskesuppe eller "bouillabaisse" laget av krabber, reker, okra, tomater, krydder, løk; servert med ris

**(in) season** i sesongen

**seasoning** krydder

**seedcake** liten bolle med karve-smak

**semolina** semulje

~ **pudding** semuljegryns-pud-ding

**service** service

~ **charge** summen man må betale for service

~ **included** service inkludert

~ **not included** ikke inkludert

**set menu** fast meny

**shad** maifisk, stamsild

**shallots** sjalottløk

**shellfish** skalldyr

**shepherd's pie** en rett som består av kjøttdeig, løk og gulrøtter skåret i terninger; dette dekkes med et tykt lag potet-puré, og stekes i ovnen til det får en gylden farve

**sherbet** iskrem laget av for-skellige typer fruktsaft

**shoofly pie** pai laget av sirup og

honning, og "toppen" av brunsukker, krydder, mel og smør

**shortbread** ligner på vår sand-kake

**shortcake** type sukkerbrød

**strawberry** ~ sukkerbrød fylt med jordbær og iskrem eller pisket krem

**shoulder** bog

**shredded wheat** type corn-flakes laget av hvete

**Shrewsbury cakes** kjeks laget av smør, sukker, mel, egg og sitronskall

**shrimp** reke

~ **cocktail** reke-cocktail

~ **creole** reker dampet i tomatsaus, med grønn paprika, løk, krydder; serveres med ris (USA)

**silverside (of beef)** lårstykke (av oksekjøtt)

**Simnel cake** terte laget av for-skellige tørkede frukter, kirse-bær, fruktskall, krydder og mandelmasse; dekket med et tykt lag marsipan

**Singin' Hinny** liten søt bolle som stekes på grillen, deles i to og smøres (Skottland)

**sirloin steak** oksemørbrad

**skate** rokke

**skewer** spidd

**slice** skive

**sloppy Joe** kjøttdeig i tomatsaus; serveres på en liten bolle

**smelt** nors, slom (en slags lakse-fisk)

**smoked** røkt

**snack** snack, lett rett

**snickerdoodles** kjeks med kanel-smak

**snipe** bekkasin

**soda** dessert laget av iskrem, nøtter og/eller fruktsaft, servert i et høyt glass

**soda bread** et slags brød laget av mel, salt, kjernemelk og bakepulver (Irland)

**sole** sjøtunge

~ **au gratin** gratinert sjøtunge

**sorrel** syre

**soup** suppe

  **asparagus** ~ asparges-suppe

  **barley** ~ byggmel-suppe

  **chicken** ~ hønse-suppe

  **clear** ~ klar suppe

  **cream of celery** ~ selleri-suppe

  **cream of tomato** ~ tomat-suppe

  **game** ~ vilt-suppe

  **lentil** ~ linse-suppe

  **lobster** ~ hummer-suppe

  **mock turtle** ~ "skilpadde"-suppe

  **mulligatawny** ~ suppe av indisk opprinnelse, laget av gulrøtter, løk, "chutney" (et indisk krydder), karri og oksekjøtt

  **oxtail** ~ oksehale-suppe

  **pea** ~ ertesuppe

  **potato** ~ potet-suppe

  **spinach** ~ spinat-suppe

  **vegetable** ~ grønnsak-suppe

**sour** syre

  ~ **cream** sur krem

  ~ **dough** deig laget av gjær, mel, vann og sukker

  ~ **dough biscuits** en slags boller laget av *sour dough*

  ~ **dough bread** brød laget av *sour dough*

  ~ **milk** kulturmelk

**soused herring** sursild, marinert sild

**spaghetti** spaghetti

**spare ribs** grillede ribben

**spice** krydder

**spinach** spinat

**(on a) spit** (på) spidd

**sponge cake** ligner på vårt sukkerbrød, men litt mere "svampete" i konsistens

**spotted Dick** pudding laget av fett og rosiner

**sprats** brisling

**squash** melongresskar

**squirrel** ekorn

  ~ **stew** ekorn-ragout

**starter** hors-d'œuvre, forrett

**steak** stek

  **Delmonico** ~ mørbrad

  ~ **and kidney pie** oksekjøtt og nyrer innbakt i en pai

  **minute** ~ oksefilét svidd fort av på begge sider

  **porterhouse** ~ midtstykke av indrefiléten

  **round** ~ lårstykke av oksekjøtt

  **sirloin** ~ oksemørbrad

  **T-bone** ~ T-ben stek

  **tenderloin** ~ filét

**steam** dampe

  ~**ed** dampet

**stew** 1) lage en stuing 2) stuing

**Stilton cheese** en av de beste engelske ostene, "blå-året" med en utpreget smak, den bør spises moden; det eksisterer også en hvit *Stilton*

**stock** buljong, consommé, kraft

**strawberry** jordbær

  ~ **shortcake** type bløtkake pyntet med jordbær og iskrem og/eller pisket krem (USA)

**streusel** kake-lokk laget av smør og brunsukker

**string beans** grønne bønner

**stuff** fylle

  ~**ing** fyll

**submarine sandwich** "landgang"

**suck(l)ing pig** pattegris

**suet** fett, smult; mye brukt til
bakverk
~ **pudding** dessert laget av svine-
fett
**sugar** sukker
**brown** ~ brunsukker
**castor** ~ raffinade
**lump** ~ sukkerbiter
**powdered** ~ raffinade
**sultanas** type rosiner
**summer pudding** dessert laget av
brød og frukter
**summer sausage** pølse
**sundae** iskrem med frukt, nøtter,
pisket krem og/eller fruktsaft
**supper** aftens
**swedes** kålrabi
**sweet** 1) søtsaker 2) dessert
~**corn** mais
~**potato** søt potet (yamsrot)
~**breads** brissel
~**s** søtsaker
**swiss cheese** emmenthal og
gruyère
**swiss roll** swiss roll, rullekake
**swiss steak** skiver av oksekjøtt
surret med løk og tomater
**swordfish** sverdfisk
**syrup** sirup
**table d'hôte** fastsatt meny
**taffy** knekk
~ **apple** eple dyppet i flytende
knekk
**tamale** deig laget av maismel,
innlagt med kjøttdeig; serveres
med en krydret saus (USA)
**tangerine** mandarin
**tapioca** sago
~ **pudding** sagopudding
**tarragon** estragon
**tart** terte
**T-bone steak** T-ben stek
**tea cake** tekake, tebrød
**teal** krikkand

**tench** suter (en fisk)
**tender** tender, mør
**tenderloin** filét
**thick** tykk
**thin** tynn
**thousand-island dressing** salat-saus
laget av majones, tilsatt spansk-
pepper, nøtter, selleri, løk,
persille og egg
**thyme** timian
**tinned** hermetisert
**tip** drikkepenger
**toad in the hole** innbakt okse-
kjøtt eller pølse, stekt i ovnen
**toast** ristet brød
~**ed** griljert
~**ed cheese** smørbrød med
smeltet ost
**tomato** tomat
~ **sauce** tomat-saus
~ **soup** tomat-suppe
**tongue** tunge
**tournedos** tournedos, stykke av
indrefileten
**treacle** innkokt sukkerholdig saft
**trifle** eplegrøt med sherry eller
eau-de-vie, mandler, syltetøy
og pisket krem eller eggekrem
**tripe** kumage
~ **and onions** kumage og løk
**trout** ørret
**brown** ~ ferskvanns-ørret
**rainbow** ~ lakse-ørret
**truffles** trøfler
**tuna, tunny** tunfisk
**turbot** piggvar
**turkey** kalkun
**roast** ~ stekt kalkun
**Turkish delight** hvit, myk type
knekk
**turnip** nepe
**turnover** en kake servert med
bunnen opp
**apple** ~ eplekake servert med

bunnen opp
**turtle soup** skilpadde-suppe
**underdone** blodig
**vanilla** vanilje
~ **essence,extract** vanilje-essens
~ **ice-cream** vanilje-iskrem
**veal** kalvekjøtt
~ **birds** fylt kalverull
~ **chop** kalvekotelett
~ **cutlet** kalve-schnitzel, wiener-
schnitzel
~ **fillet** kalve-filét
~ **fricassee** kalve-frikassé
~ **and ham pie** innbakt kalve-
kjøtt og skinke; spises kaldt
**leg of** ~ kalvestek
**roast** ~ stekt kalv
**vegetable** grønnsak
**venison** rådyr
**Vichyssoise** suppe laget av purre
og poteter, spises kald
**Victoria sandwich** kake med to lag
fylt vekselvis med syltetøy og
pisket krem
**vinegar** eddik
**Virginia ham** kokt skinke, "pyn-
tet" med nellik, ananas-skiver
og kirsebær, og glasert med
saften fra de ovenfornevnte
fruktene
**vol au vent** terte, som regel i
form av en "tube", hvori man
fyller kjøtt eller fiskefarse etter
smak
**wafer** type krumkake
**waffle** vaffel
**waiter** kelner
**walnut** valnøtt

**water ice** iskrem laget av frukt-
saft
**watercress** vannkarse
**watermelon** vannmelon
**well-done** godt stekt
**Welsh rabbit** (eller **rarebit**) varm,
krydret toast med smeltet ost
**Wensleydale cheese** "blå-året",
kremaktig ost; en annen variant
eksisterer også, den er mildere
på smak
**whelks** type bløtdyr
**whipped cream** pisket krem
**white** hvit
~ **meat** lyst kjøtt
~ **bait** småfisk (især sild)
**wholemeal** grovmel
~ **bread** grovbrød
~ **flour** grovmel
**wiener schnitzel** wiener-schnitzel
**wine list** vinkart
**winkles** type snegle
**woodcock** rugde
**Worcestershire sauce** Worches-
tershire saus
**yam** søt potet, yamsrot
**yoghurt** yoghurt
**York ham** spekeskinke
**Yorkshire pudding** en typisk
engelsk rett som spises med
roast beef; en pannekake-
lignende deig som stekes i
ovnen til den får en sprø
"skorpe", og blir brunlig på
farve
**zucchini** gresskar
**zwieback** en type kavring

# DRIKKEVARER

**ale** 1) type øl hvor gjæringsprosessen er fremskyndet 2) øl
**aperitif** aperitiff
**appleade** eplesaft (alkoholfri)
**Athol Brose** en blanding av kokende vann som slås på havre; deretter tilsettes honning og whisky (Skottland)
**Babycham** varemerke på en musserende vin
**Bacardi** 1) varemerke av rom 2) blanding av sukker, grenadin, saft av lime (en sitrusfrukt) og rom
**barley water** te laget av bygg
**barley wine** øl med høyt alkoholinnhold
**beer** øl
  **bitter** ~ bittert øl
  **bottled** ~ ølflasker
  **draft** ~, **draught** ~ fatøl
  **lager** ~ sterkere enn vårt lagerøl
  **light** ~ lett, middelsterkt øl
  **mild** ~ lett øl
  **mild and bitter** ~ blanding av øl med sterk og svak maltsmak
  **pale** ~ lett, middelsterkt øl
  **special** ~ spesial-øl
  **stout** ~ søtt og bittert, med sterk smak

**bitter** bittert øl
  ~**s** 1) aperitiff med urter som basis 2) en tonic som er laget av en latin-amerikansk hams, og som tilsettes forskjellige drinker
**black cow** *root beer* med vaniljeiskrem
**black and tan** blanding av Guinness og øl med sterk maltsmak
**black velvet** blanding av Guinness og champagne
**bloody Mary** blanding av vodka og tomatjuice
**Bourbon** amerikansk whisky laget av mais i Bourbon i staten Kentucky (noen merker: *Jack Daniel's, Ol' Grand Dad, I. W. Harper's, Four Roses)*
**brandy** eau-de-vie
  ~ **Alexander** blanding av eau-de-vie, kakao, fløte
**champagne** champagne
  **pink** ~ rosa champagne
**cherry brandy** brandy med kirsebær og kirsch
**chocolate** sjokolade
  **hot** ~ varm sjokolade
**cider** eplemost, fruktvin
  ~ **cup** blanding av eplemost,

krydder, farin og iskrem
**claret** rødvin fra Bordeaux
**cocktail** blanding av alkohol servert før måltider (f. eks. *Manhattan, martini*)
**cocoa** kakao
**coffee** kaffe
  **black** ~ svart kaffe, uten fløte
  **Boston** ~ kaffe med dobbel porsjon fløte
  **caffeine-free** ~ koffein-fri kaffe
  ~ **with cream** kaffe med fløte
  **iced** ~ kald kaffe med isbiter
  **white** ~ halvparten kaffe, halvparten melk
**cognac** konjakk
**cordial** 1) forfriskning, likør 2) navnet på alle typer saft som blir utblandet med vann
**cups** forskjellige sommerdrikker blandet av alkohol og vann
**Daiquiri** 1) varemerke av rom 2) blanding av sukker, saft av lime (en sitrusfrukt) og rom
**double** dobbel whisky
**Drambuie** likør laget av whisky og honning som basis
**eggnog** likør med egg
**English wines** "engelske viner": de er laget av forskjellige typer frukt eller grønnsaker; blåbær, hyllebær, bringebær, kunepe
**gin** gin
  ~ **fizz** blanding av gin og sitron-juice
  ~ **and It** blanding av gin og italiensk vermouth
  ~ **and tonic** gin og tonic
**ginger ale** ingefærøl, dog ikke riktig samme smak som vårt; det er lyst og mye søtere
**ginger beer** sprudlende blanding av ingefær, sukker, gjær og vann

**grasshopper** blanding av peppermyntelikør og kakao
**Guinness** øl fra Dublin, nesten svart og bittert på smak
**half** ca. 2½ desiliter (når det snakkes om øl)
**highball** drink laget av forskjellige typer alkohol blandet med vann, noen ganger med fruktsaft; den drikkes før måltider (f. eks. *bloody Mary, screwdriver, Tom Collins* etc.)
**iced** trosset, glasert
**Irish coffee** kaffe med sukker og pisket krem, tilsatt whisky
**Irish mist** irsk likør laget av whisky og honning
**Irish whiskey** irsk whisky, i motsetning til skotsk whisky er ikke en blanding av whiskyer fra forskjellige områder; den er destillert tre ganger istedenfor to, og i basis-blandingen inngår i tillegg til bygg, -rug, havre og hvete; dette gjør at irsk whisky er noe tørrere enn en skotsk (f. eks. *Bushmills, John Power)*
**juice** saft, juice
  **grapefruit** ~ grapefrukt-saft
  **lemon** ~ sitron-saft
  **orange** ~ appelsin-saft
  **pineapple** ~ ananas-saft
  **tomato** ~ tomat-saft
**lemon squash** presset sitron
**lemonade** limonade, sitronbrus
**light ale** lett, middelsterkt øl
**lime juice** lime (sitrusfrukt) juice
**liqueur** likør
**liquor** alkohol, brennevin
**long drink** alkohol blandet med vann, eller tonic og isbiter
**Madeira** Madeira
**malted milkshake** milk-shake med

maltsmak

**Manhattan** blanding av whisky, søt vermouth, kirsebær og angostura

**Martini** 1) varemerke av vermouth 2) blanding av tørr Martini og gin

**mild** øl med lavere alkoholinnhold i forhold til *bitter*
  ~ **and bitter** blanding av *mild* og *bitter*

**milk** melk
  **cold** ~ kald melk
  **hot** ~ varm melk
  ~ **shake** milk-shake

**mineral water** mineral-vann

**mulled ale** krydret, varmt øl

**mulled wine** krydret, varm vin

**neat** "bar", uten vann og isbiter

**nightcap** siste drink før man går til sengs

**nip** slurk, dram

**noggin** ca. 1 ½ desiliter

**old fashioned** blanding av sukker, angostura, whisky og kirsebær

**on the rocks** på isbiter

**Ovaltine** Ovomaltine

**pale ale** lett, middelsterkt øl

**Pimm's** varemerke på en alkoholholdig drink
  ~ **No. 1** med gin som basis
  ~ **No. 2** med whisky som basis
  ~ **No. 3** med eau-de-vie som basis
  ~ **No. 4** med rom som basis

**pink champagne** rosa champagne

**pink lady** blanding av eggehvite, Calvados, sitron-saft, grenadin og gin

**pint** ca. 5 desiliter

**port (wine)** portvin

**porter** mørkt øl (Irland)

**potheen** hjemmebrent

**punch** punsj

**quart** engelsk mål som tilsvarer 1.13 liter (.94 liter i USA)

**root beer** en alkoholfri leskedrikk laget av aromatiserte urter eller røtter

**rum** rom

**rye (whiskey)** whisky laget av rug

**Scotch** whisky laget av bygg som basis, destillert i Skottland (f. eks. *J & B, Black & White Johnnie Walker*)

**screwdriver** blanding av vodka og appelsin-saft

**shandy** like deler øl og sitronsaft eller øl/ingefærøl

**sherry** sherry

**short drink** "bar", brennevin uten noen form for uttynning

**shot** slurk, dram

**sloe gin fizz** likør laget av små plommer og sitron

**soft drink** alkoholfri leskedrikk

**sparkling** musserende

**spirits** sprit

**stinger** blanding av eau-de-vie og peppermyntelikør

**stout** et mørkt øl med kraftig maltsmak (*Guinness* er det mest kjente varemerke)

**straight** "bar", brennevin drukket uten blandevann

**tea** te
  **China** ~ kinesisk te
  **Indian** ~ indisk te
  ~ **with lemon** te med sitron
  ~ **with milk** te med melk

**toddy** toddy

**Tom Collins** blanding av sukker, sitronsaft, sitronskall, selters, gin og kirsebær

**tonic (water)** tonic

**vermouth** vermouth

**vodka** vodka

**water** vann

**mineral** ~ mineral-vann
**soda** ~ soda-vann, selters
**tonic** ~ tonic
**whiskey, whisky** whisky laget på
basis av gjæret korn (hvete,
havre, bygg, rug, mais, etc.)
~ **sour** blanding av whisky, si-
tronsaft, sukker og kirsebær
**wine** vin
**dry** ~ tørr vin
**pink** ~ rosé-vin
**red** ~ rødvin
**sparkling** ~ musserende vin
**sweet** ~ søt vin (dessert-vin)
**white** ~ hvitvin

(De mest kjente nord-
amerikanske vinene kom-
mer fra staten California;
bl.a. *Cabernet Sauvignon* (type
bordeaux), *Pinot noir* (type
bourgogne), *Barbera* (italiensk
type) for rødvinene. *Sauvignon
blanc* (type sauternes), *Pinot
Chardonnay* (type bourgogne),
*Johannisberger Riesling* (type
Rhinsk-vin) for hvitvinene,
liksom *Grenache rosé,* dertil
kan nevnes noen typer sherry,
portvin og champagne)

# ENGELSKE FORKORTELSER

| | | |
|---|---|---|
| AA | Automobile Association | Automobilklubb (Storbritannia) |
| AAA | American Automobile Association | Amerikansk Automobilklubb |
| ABC | American Broadcasting Company | privat amerikansk radio og fjernsyns-selskap |
| A.D. | Anno Domini | etter Kristus |
| Am | America(n) | Amerika, amerikansk |
| a.m. | before noon | før kl. 12$^{00}$ middag |
| AT & T | American Telephone and Telegraph Company | amerikansk telefon- og telegrafselskap |
| ave. | avenue | aveny |
| BA | bachelor of arts | universitetsgrad |
| BBC | British Broadcasting Corporation | engelsk radio og fjernsyns-selskap |
| B.C. | before Christ | før Kristus |
| blvd | boulevard | boulevard |
| BR | British Railways | Britiske Jernbaner |
| Brit. | Britain, British | England, britisk |
| ¢ | cent | en hundredels dollar |
| Can. | Canada, Canadian | Canada, kanadisk |
| CBS | Columbia Broadcasting System | privat amerikansk radio- og fjernsynsselskap |
| CID | Criminal Investigation Department | kriminalavd (Storbritannia) |
| CNR | Canadian National Railway | kanadiske jernbaner |
| c/o | in care of | adressert |
| co. | company | kompani |
| corp. | corporation | industri-selskap, bankselskap etc. |
| CPR | Canadian Pacific Railways | kanadiske jernbaner |
| DDS | doctor of dental science | tannlege |
| dept. | department | departement |
| Dr. | doctor | doktor |
| EEC | European Economic Community | Fellesmarkedet |
| e.g. | for instance | for eksempel |
| Eng. | England, English | England, engelsk |

| | | |
|---|---|---|
| excl. | excluding | ikke inkludert |
| GB | Great Britain | Storbritannia |
| H.E. | His/Her Excellency, His Eminence | Hans/Hennes Høyhet, Hans Eminense |
| H.H. | His Holiness | Hans Hellighet |
| H.M. | His/Her Majesty | Hans/Hennes Majestet |
| HMS | His/Her Majesty's ship | Kongeskipet |
| hp | horsepower | hestekrefter |
| i.e. | that is to say | d.v.s. |
| inc. | incorporated | sammensluttede |
| incl. | including | inkludert |
| £ | pound sterling | pund sterling |
| L.A. | Los Angeles | Los Angeles |
| ltd. | limited | tilsvarer det norske A/S |
| M.D. | medical doctor | lege |
| M.P. | Member of Parliament | medlem av det britiske Parlament |
| mph | miles per hour | miles i timen |
| Mr. | Mister | herr |
| Mrs. | Missis | fru |
| nat. | national | nasjonal |
| NATO | North Atlantic Treaty Organization | NATO |
| N.B. | please note (nota bene) | merk! |
| NBC | National Broadcasting Company | privat amerikansk radio- og fjernsynsselskap |
| No. | number | nummer |
| N.Y.C. | New York City | New York City |
| O.B.E. | Order of the British Empire | Britisk orden |
| o/d | on demand | på forespørsel |
| p. | page, penny/pence | side, pence |
| p.a. | per year | pr. år |
| p.c. | postcard, per cent | postkort, prosent |
| Ph.D. | doctor of philosophy | doktorgrad i filosofi |
| p.m. | after noon | fra kl. $12^{00}$ middag til midnatt |
| PO | post office | postkontor |
| POB | post office box | postboks |
| POO | post office order | postanvisning |
| pop. | population | befolkning |
| prev. | previous | tidligere |

| | | |
|---|---|---|
| pto | please turn over | vennligst snu siden |
| RAC | Royal Automobile Club | Kongelig Engelsk Auto-mobilklubb |
| RCMP | Royal Canadian Mounted Police | Kanadiske Ridende Politi |
| rd | road | veg, vei |
| ref. | reference | referanse |
| Rev. | reverend | preste-tittel |
| RFD | rural free delivery | levert gratis til mottakeren |
| RR | railroad | jernbane |
| RSVP | please reply | vennligst svar |
| RT | round trip | rundtur |
| $ | dollar | dollar |
| Soc. | society | selskap |
| SRO | standing room only | kun ståplass |
| St | Saint, street | Sankt; gate |
| STD | standard trunk dialling | automat-telefon |
| UN | United Nations | Forente Nasjoner |
| UPS | United Parcel Service | pakke-ekspedisjon |
| US | United States | U.S.A. |
| USS | United States Ship | amerikansk skip |
| VIP | very important person | meget viktig person |
| WT | wireless telegraphy | trådløs telegraf |
| WU | Western Union | privat amerikansk telegraf-selskap |
| Xmas | Christmas | jul |
| YMCA | Young Men's Christian Association | KFUM |
| YWCA | Young Women's Christian Association | KFUK |
| ZIP | ZIP code | postnummer |

# TID OG PENGER

**Klokken.** Amerikanerne og britene benytter 12- timersystemet (selv for tidtabeller.

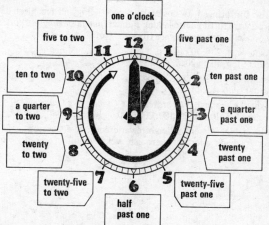

Så mye som mulig bør De bruke uttrykkene *a.m.* (latinsk betegnelse for tiden etter midnatt fram til kl. 12$^{00}$ om formiddagen), og *p.m.* (tiden etter kl. 12$^{00}$ om formiddagen fram til midnatt).

*I'll come at two a.m.*     Jeg vil komme kl. to om morgenen
*I'll come at two p.m.*     Jeg vil komme kl. to om ettermiddagen
*I'll come at eight p.m.*    Jeg vil komme kl. åtte om kvelden

Bortsett fra om vinteren når *GMT (Greenwich Mean Time)* blir brukt, dvs en time forsinkelse på den øvrige tiden i Sentral-Europa, viser klokken det samme i England som i Norge.

U.S.A. er oppdelt i fire tids-soner: *PST (Pacific Standard Time), MST (Mountain Standard Time), CST (Central Standard Time), EST (Eastern Standard Time)*. Canada er oppdelt på samme måte, unntatt i Yukon (en time etter *PST*), den østlige delen av Québec, Nova Scotia, Prince Edward Island (en time foran *EST*), og New Foundland (en og en halv time for an *EST*). Når klokken er 12$^{00}$ i New York, er den 9$^{00}$ om morgenen i San Francisco. Om sommeren blir hele systemet satt fram en time (Daylight Saving Time): *PDST, CDST*, etc.

**Årstall.** Når det er snakk om årstall, deler De tallet i to grupper, hver på to sifre:

1973 (19/73)          *nineteen seventy-three*

**Valuta.** Innføringen av desimalsystemet i England har gjort det mye lettere å være turist i dette landet. Pundet (*pound sterling*; forkort.: £) er i dag oppdelt i 100 (nye) *pence* (forkort.: p.).

Mynt: ½, 1, 2, 5, 10 og 50 p.
Sedler: 1, 5, 10 og 20 £.

Det samme er tilfelle i U.S.A. og Canada, hvor en *dollar* (forkort.: $) er verdt 100 *cents* (forkort.: ¢).

Mynt: 1 ¢ (*penny*), 5 ¢ (*nickel*), 10 ¢ (*dime*), 25 ¢ (*quarter*), 50 ¢ og 1 $.
Sedler: 1, 5, 10, 20, 50, 100, 200, 500 og 1000 $.

Når det gjelder kursen, er den ofte varierende, og det beste er å få opplysninger fra bank eller det nærmeste veksel-kontor (*currency exchange office*).

# ÅPNINGSTIDER

**Banker.** I England er bankene åpne fra kl. 9.30 til kl. 15.30. Med noen få unntagelser er de også stengt på lørdager. I U.S.A. og Canada kan åpningstidene variere fra en stat/provins, og noen ganger fra en by, til en annen. De kan finne noen banker som holder åpent helt til kl. 21.00, ja, selv hele natten. Man finner over alt de såkalte *drive-in banks,* spesielt påtenkt bilkjørere. Det beste er selvfølgelig å få mere utførlige opplysninger på Deres hotell.

**Post.** I England er postkontorene som regel åpne fra kl. 9.00 til kl. 17.30, og på lørdager til kl. 13.00. For innenlands post (brev) finnes det to systemer: første klasse (en dag for å nå fram til mottakeren), og andre klasse (to eller tre dager).

U.S.A. og Canada. For U.S.A.'s vedkommende må det understrekes at post, telegraf og telefon tilhører forskjellige selskaper; vil De sende et telegram henvender De Dem til Western Union eller et RCA kontor; for å telefonere går De inn i en offentlig telefonkiosk. Dette er ikke tilfelle i Canada. Det må også huskes på at på den andre siden av Atlanterhavet blir som regel alle betalinger effektuert gjennom bank. Post-, telefon-, eller telegrafkontorene er som oftest åpne fra kl. 8.00 til kl. 9.00 til kl. 18.00, og på lørdager til kl. 12.00. Det er selvfølgelig best å underrette seg om de lokale åpningstider, da disse kan variere fra sted til sted.

**Butikker.** Butikkene holder som regel åpent fra mandag til lørdag fra kl. 9.00 til 17.30 eller 18.00. Da åpningstidene kan variere fra en by til en annen, er det best å underrette seg på hotellet.

**Kontorer.** Mandag til fredag: 8.30 (9.00)—17.00 (i Canada har de fleste kontorer en times lunsjpause).
I de anglo-saksiske landene er kontorene som regel stengt på lørdag.

# HELLIGDAGER

Disse er forskjellige i England og Skottland. I U.S.A. og i Canada kan antall helligdager variere fra en stat/provins til en annen. Vi nevner her bare de dagene som er nasjonale fridager i Storbritannia (GB), i De Forente Stater (USA) og Canada (CDN). Med noen få unntagelser er alle skoler, banker og offentlige kontorer stengt på disse helligdagene. Allikevel kan man på enkelte steder, særlig i U.S.A. finne noen butikker som er åpne selv på høytidsdager.

| | | | | | |
|---|---|---|---|---|---|
| 1. jan. | **New Year's Day** | Nyttårsdag | USA | CDN | |
| 1. juli | **Dominion Day** | Nasjonaldag | | CDN | |
| 4. juli | **Independence Day** | Nasjonaldag | USA | | |
| 11. nov. | **Remembrance Day** | Minnedag | | CDN | |
| 25. des. | **Christmas Day** | 1. Juledag | USA | CDN | GB |
| 26. des. | **Boxing Day** | Annen Juledag | | | GB |

| | | | | |
|---|---|---|---|---|
| **Flytt-** | **Good Friday** | Langfredag | | CDN |
| **bare** | **Easter Monday** | Annen påskedag | | CDN |
| **hellig-** | **Whit Monday** | Annen pinsedag | | GB |
| **dager:** | **Washington's Birthday** | Washington's fødselsdag | USA | |
| | *(3. mandag i februar; unntatt i staten Oklahoma)* | | | |
| | **Spring Holiday** | Vår-fridag | | GB |
| | **Memorial Day** | Minnedag | USA | |
| | *(siste mandag i mai; ikke fridag i statene Alabama, Mississippi og Sør-Carolina, feires dagen etter i statene Louisiana, Wisconsin og Sør-Dakota)* | | | |
| | **Late Summer Holiday** | Sensommer-fridag | | GB |
| | *(siste mandag i august)* | | | |
| | **Labour Day** | Arbeidernes dag | USA | CDN |
| | *(1. mandag i september)* | | | |
| | **Thanksgiving Day** | Takksigelsesdag | USA | CDN |
| | *(4. torsdag i november; i Canada blir den feiret på den andre tirsdag i oktober)* | | | |

# TOG

**Storbritannia.** Jernbanenettet i Storbritannia (British Rail) dekker hele landet. Det finnes både første og andre klasse vogner. De kan få kjøpt billetter til fordelaktige priser (*round trip tickets, runabout rover tickets,* etc.) på hvilken som helst jernbanestasjon eller i et reisebyrå.

**Canada.** Jernbanen er det viktigste transportmidlet i dette landet. Størsteparten av jernbanenettet tilhører to selskaper; det ene er privat (Canadian Pacific Railway Company), det andre eies av staten (Canadian National Railway System).

**U.S.A.** Omtrent halvparten av rutenettet dekkes av Amtrak (National Railroad Passenger Corporation), som har underskrevet kontrakt med 14 privat-eiede selskaper. Disse hurtigtogene forbinder de viktigste byene i U.S.A. Denne gruppen eier også Metroliner, som går mellom New York og Washington.

I tillegg finnes det fantastiske turbotog som transporterer passasjerer i en fart av nesten 300 km/t.

Det er verdt å nevne at i U.S.A. foretrekker de fleste å benytte fly eller buss, framfor tog.

| | |
|---|---|
| **Express** (GB, USA, CDN) eller **intercity** (GB) | Hurtigtog som forbinder de største byene; få stoppesteder. |
| **Local** (GB, USA, CDN) | Lokaltog. |
| **Motorail** (GB); **piggy-back car train** (USA, CDN) | Tog brukt til biltransport. |
| **Pullman** (USA, CDN) | Tog med luksus-kupéer som kan forandres til sovevogner. Begrenset antall; plassbestilling nødvendig. |
| **Sleeping-car** (GB) | Sovevogn. |
| **Dining-car** (GB); **diner** (USA, CDN) | Spisevogn. |
| **Buffet car** (GB) | Vogn hvor man kan få servert forfriskninger og lette måltider. |
| **Guard's van** (GB); **baggage car** (USA, CDN) | Reisegods. I Storbritannia er bagasje gratis opp til 70 kg på første klasse, og 45 kg på andre klasse. I U.S.A. får man ha med 150 kg på familiebillett. |

## VEISKILT

I England, og i enda større grad i USA og Canada er mange av trafikkskiltene skrevet, i stedet for illustrert. Vi gir noen eksempler på de viktigste:

| | |
|---|---|
| **Bends for 1 mile (Am.: curves)** | Svinget vei i 1 mile (1,6 km) |
| **Cattle crossing** | Kveg krysser veien |
| **Danger** | Forsiktig/fare |
| **Diversion (Am.: detour)** | Omkjøring |
| **Ford** | Vadested |
| **Give way (yield)** | Vikeplikt for forkjørsvei |
| **Height restriction** | Høyderestriksjon |
| **Keep left** | Hold til venstre |
| **Level crossing (railroad crossing)** | Planovergang |
| **Low bridge** | Lav bro |
| **Major road ahead** | Kryss med hovedvei |
| **No entry** | Innkjøring forbudt |
| **No left (right) turn** | Forbudt å svinge til venstre (høyre) |
| **No overtaking (Am.: passing)** | Forbikjøring forbudt |
| **No parking** | Parkering forbudt |
| **No through road (Am.: dead-end street)** | Gjennomkjøring forbudt |
| **No U turn** | "Helomvending" forbudt |
| **No waiting** | Forbudt å stoppe |
| **One way** | Enveiskjøring |
| **Parking** | Parkering, rasteplass |
| **Reduce speed** | Sett ned farten |
| **Road works ahead** | Veiarbeide |
| **Roundabout (Am.: rotary)** | Rundkjøring |
| **School crossing** | Skoleovergang |
| **Slow** | Sakte |
| **Soft verge (Am.: soft shoulders)** | Løs veikant |
| **Steep hill (engage low gear)** | Bratt bakke (skift over til et lavere gir) |
| **Temporary road surface** | Midlertidig veidekke |
| **Weight limit** | Vektbegrensning |

Innen 1976 regner man med at USA vil ta i bruk de internasjonale reglene for trafikkskilter.

# TELEFONBRUK

**I England** finnes det mange offentlige telefon-kiosker, og på hvert apparat vil De se en bruksanvisning. I tilfelle De trenger hjelp, ring opplysningen, nr. 100. Linjene er automatiske og direkte i de fleste tilfellene. De finner fjernvalgnummeret *(dialling eller STD Code)* i telefon-katalogen *(directory)*, eller De får det oppgitt ved å ringe opplysningen. Samtalens lengde avhenger av hvor mye De har lagt på automaten. Når De hører noen pipende lyder, betyr det at De må putte på mer penger eller at det er på tide å avslutte samtalen. I tilfelle De vil ringe fra hotellet Deres, bestiller De en telefonsamtale på følgende måte:

> *Can you get me Bristol one/two/three/four/five?*
> "Kan De bestille Bristol nr. 12345?"

**Merk!** Slå først det ønskede nummeret, og først når det svarer, legger De på pengene.

**I U.S.A. og i den største delen av Canada** er forbindelsene automatiske. De eneste opplysninger De trenger å vite er fjernvalgnummeret *(area code)*, og selvfølgelig telefon-nummeret. I de fleste tilfellene består numrene av syv sifre som De slår et av gangen. I noen byer blir de to første tallene erstattet med bokstaver. Hvis De må bestille samtalen gjennom sentralbordet, bør De gå fram på følgende måte:

> *Please get me number two/o/two/two/three/four/one/two/seven/five?*
> "Jeg vil gjerne ha nr. 202 2341275."
> *Can you get me PLaza six/five/four/six/seven?*
> "Vennligst gi meg PLaza 6-5467."

For å ringe lokalsamtaler fra en telefonautomat behøver de bare å legge på en 10 cent mynt. Ved andre samtaler bør De først kontakte operatøren ved å legge på en 10 cent mynt og slå nummer 0. Hun vil da oppgi det nødvendige beløp.

## Stavingskode

| | | | | | | | |
|---|---|---|---|---|---|---|---|
| **A** | Alfred | **H** | Harry | **O** | Oliver | **V** | Victor |
| **B** | Benjamin | **I** | Isaac | **P** | Peter | **W** | William |
| **C** | Charlie | **J** | Jack | **Q** | Queen | **X** | Xray |
| **D** | David | **K** | King | **R** | Robert | **Y** | Yellow |
| **E** | Edward | **L** | London | **S** | Samuel | **Z** | Zebra |
| **F** | Frederick | **M** | Mary | **T** | Tommy | | |
| **G** | George | **N** | Nellie | **U** | Uncle | | |

## NOEN VANLIGE UTTRYKK

## SOME BASIC PHRASES

| | |
|---|---|
| Vennligst. | Please. |
| Mange takk. | Thank you very much. |
| Ingen årsak. | That's all right. |
| God morgen. | Good morning. |
| God dag. | Good afternoon. |
| God kveld. | Good evening. |
| God natt. | Good night. |
| Adjø. | Good-bye. |
| På gjensyn. | See you later. |
| Hvor er...? | Where is...? |
| Hvor er...? | Where are...? |
| Hva heter dette? | What do you call this? |
| Hva betyr det? | What does that mean? |
| Snakker De engelsk? | Do you speak English? |
| Snakker De tysk? | Do you speak German? |
| Snakker De fransk? | Do you speak French? |
| Snakker De spansk? | Do you speak Spanish? |
| Snakker De italiensk? | Do you speak Italian? |
| Kunne De snakke litt saktere? | Could you speak more slowly, please? |
| Jeg forstår ikke. | I don't understand. |
| Kan jeg få...? | Can I have...? |
| Kan De vise meg...? | Can you show me...? |
| Kan De si meg...? | Can you tell me...? |
| Kan De være så vennlig å hjelpe meg? | Can you help me, please? |
| Jeg vil gjerne ha... | I'd like... |
| Vi ville gjerne ha... | We'd like... |
| Vennligst, gi meg. | Please give me... |
| Vennligst, hent... til meg. | Please bring me... |
| Jeg er sulten. | I'm hungry. |
| Jeg er tørst. | I'm thirsty. |

Jeg har gått meg vill.

I'm lost.

Skynd Dem!

Hurry up!

Det finnes...

There is/There are...

Det finnes ikke...

There isn't/There aren't...

## Ankomst

## Arrival

Passet Deres, takk.

Your passport, please.

Har De noe å fortelle?

Have you anything to declare?

Nei, ingen ting.

No, nothing at all.

Kan De hjelpe meg med bagasjen?

Can you help me with my luggage, please?

Hvor tar man bussen inn til sentrum?

Where's the bus to the centre of town, please?

Denne vei.

This way, please.

Hvor kan jeg få tak i en drosje?

Where can I get a taxi?

Hva koster det til...?

What's the fare to...?

Vennligst, kjør meg til denne adressen.

Take me to this address, please.

Jeg har det travelt.

I'm in a hurry.

## Hotell

## Hotel

Mitt navn er...

My name is...

Har De reservert?

Have you a reservation?

Jeg vil gjerne ha et rom med bad.

I'd like a room with a bath.

Hva koster det for en natt?

What's the price per night?

Kan jeg få se rommet?

May I see the room?

Hvilket værelse-nummer har jeg?

What's my room number, please?

Det er ikke noe varmt vann.

There's no hot water.

Kan jeg få snakke med direktøren?

May I see the manager, please?

Har noen ringt til meg?

Did anyone telephone me?

Er det noe post til meg?

Is there any mail for me?

Kan jeg få regningen, takk.

May I have my bill, please?

## Restaurant

Har De en fastsatt meny?

Kan jeg få se menyen?

Kan vi få et askebeger?

Hvor er herretoalettet?


Hvor er dametoalettet?


Jeg vil gjerne ha noen assorterte
hors-d'œuvres.

Har De hønsesuppe?

Jeg vil gjerne ha fisk.

Jeg vil gjerne ha det dampet.

Jeg vil gjerne ha en biff.

Hvilke grønnsaker har De?

Takk, jeg er forsynt.

Hva vil De ha å drikke?

Jeg vil gjerne ha en øl.

Jeg vil gjerne ha en flaske vin.

Kan jeg få regningen, takk!


Er service inkludert?

Takk. Det var et utmerket måltid.

## Eating out

Do you have a fixed-price menu?

May I see the menu?

May we have an ashtray, please?

Where's the gentlemen's toilet
(men's room)?

Where's the ladies' toilet (ladies'
room)?

I'd like some assorted appetizers.


Have you any chicken soup?

I'd like some fish.

I'd like it steamed.

I'd like a beef steak.

What vegetables have you got?

Nothing more, thanks.

What would you like to drink?

I'll have a beer, please.

I'd like a bottle of wine.

May I have the bill (check),
please?

Is service included?

Thank you, that was a very good
meal.

## På reise

Hvor ligger jernbanestasjonen?


Hvor er billettkontoret?

Jeg vil gjerne ha en billett til...

Første eller annen klasse?

Første, takk.

## Travelling

Where's the railway station,
please?

Where's the ticket office, please?

I'd like a ticket to...

First or second class?

First class, please.

| | |
|---|---|
| Enveis eller tur-retur? | Single or return (one way or roundtrip)? |
| Må jeg bytte tog? | Do I have to change trains? |
| Fra hvilken plattform går toget? | What platform does the train leave from? |
| Hvor ligger nærmeste under-grunnstasjon? | Where's the nearest underground (subway) station? |
| Hvor er buss-stasjonen? | Where's the bus station, please? |
| Når går den første bussen til…? | When's the first bus to…? |
| Vil De slippe meg av på neste stoppested? | Please let me off at the next stop. |

## Fornøyelser

## Relaxing

| | |
|---|---|
| Hva går på kino? | What's on at the cinema (movies)? |
| Når begynner filmen? | What time does the film begin? |
| Er det noen billetter igjen til i kveld? | Are there any tickets for tonight? |
| Hvor kan vi gå for å danse? | Where can we go dancing? |

## Presentasjon — Stevnemøte

## Introductions — Dating

| | |
|---|---|
| Hvordan står det til? | How are you? |
| Bare bra, takk. Og med Dem? | Very well, thank you. And you? |
| Kan jeg få presentere frøken Philips? | May I introduce Miss Philips? |
| Mitt navn er… | My name is… |
| Det gleder meg å treffe Dem. | I'm very pleased to meet you. |
| Hvor lenge har De vært her? | How long have you been here? |
| Det var hyggelig å treffe Dem. | It was nice meeting you. |
| Vil De ha en sigarett? | Would you like a cigarette? |
| Kan jeg by Dem på en drink? | May I get you a drink? |
| Unnskyld, har De en fyrstikk? | Do you have a light, please? |
| Er De ledig i kveld? | Are you free this evening? |
| Hvor skal vi møtes? | Where shall we meet? |

## Forretninger, varehus etc.

Unnskyld, hvor ligger nærmeste bank?

Hvor kan jeg innløse noen reisesjekker?

Kan De gi meg litt vekslepenger?

Hvor er nærmeste apotek?

Hvordan kommer jeg dit?

Er det for langt å gå dit?

Kan De vennligst hjelpe meg?

Hvor mye koster dette? Og det?

Det er ikke akkurat hva jeg vil ha.

Jeg liker det.

Kan De anbefale noe mot solbrenthet?

Jeg vil gjerne ha håret klippet.

Jeg vil gjerne ha en manikyr.

## Shops, stores and services

Where's the nearest bank, please?

Where can I cash some traveller's cheques?

Can you give me some small change, please?

Where's the nearest chemist (pharmacy)?

How do I get there?

Is it within walking distance?

Can you help me, please?

How much is this? And that?

It's not quite what I want.

I like it.

Can you recommend something for sunburn?

I'd like a haircut, please.

I'd like a manicure, please.

## Gateretninger

Kan De vise meg hvor jeg er på dette kartet?

De er på feil vei.

Kjør rett fram.

Det er på venstre/på høyre side.

## Street directions

Can you show me on the map where I am?

You are on the wrong road.

Go straight ahead.

It's on the left/on the right.

## Ulykker

Tilkall en lege øyeblikkelig.

Ring etter en sykebil.

Vennligst ring til politiet.

## Emergency

Call a doctor quickly.

Call an ambulance.

Please call the police.

norwegian-english

norsk-engelsk

# GUIDE TO PRONUNCIATION

Each entry in this dictionary is followed by a phonetic transcription in brackets which shows you how to pronounce the foreign word. This imitated pronunciation should be read as if it were your own language.

The symbols for sounds that do not exist in English should, however, be pronounced as described in the appropriate section of the following guide.

The divisions between syllables are marked by hyphens, and stressed syllables are printed in capital letters.

Of course, the sounds of any two languages are never exactly the same, but, if you follow carefully the indications of our Guide to Pronunciation, you should have no difficulty in reading the transcriptions in such a way as to make yourself understood. After that, listening to native speakers and constant practice will help you to improve your accent.

| Letter | Approximate pronunciation | Symbol | Example | |
|---|---|---|---|---|
| **Consonants** | | | | |
| **b, d, f, h, m, n, p, t, v** | as in English | | | |
| **g** | 1) before **i, y** or **ei**, like **y** in yet | y | **gi** | yee |
| | 2) otherwise, like **g** in go | g | **gate** | GAR-ter |
| **j, gj, hj, lj** | like **y** in yet | y | **ja** | yar |
| | | | **hjem** | yehm |
| **k** | 1) before **i, y** or **j**, like **ch** in German ich, or something like **ch** in Scottish loch; it is similar to the first sound of huge | kh | **kirke** | KHIR-ker |
| | | | **kyst** | khewst |
| | 2) otherwise like **k** in kit | k | **kaffe** | KAHF-fer |
| **l** | always as in lee, never as in bell | l | **tale** | TAR-ler |
| **r** | in south-western Norway, it is pronounced in the back of the mouth (as in French), elsewhere it is slightly rolled in the front of the mouth | r | **rask** | rahsk |

**N.B.** In the groups **rd, rl, rn** and **rt**, the **r** tends not to be pronounced but influences the pronunciation of the following consonant, which is then pronounced with the tongue behind the upper teeth ridge (turned upwards at the front). In our transcriptions we show the **r**, but don't use a special symbol for this retroflex pronunciation of **d, l, n** or **t**.

| | | | | |
|---|---|---|---|---|
| **rs** | is generally pronounced like **sh** in shut in Eastern Norway | sh | **norsk** | noshk |
| **s** | always as in so | s | **rose** | ROO-ser |
| **sj, skj, sk** | when followed by **i, y** or **øy**, like **sh** in shut | sh | **sjø** | shur |
| | | | **ski** | shee |

**N.B.** The letters **c, q, w, z** are only found in foreign words, and tend to be pronounced as in the language of origin.

## Vowels

In Norwegian, vowels in stressed syllables are long when followed by, at most, one pronounced consonant. They are generally short when followed by two or more consonants.

176

| | | | | |
|---|---|---|---|---|
| **a** | 1) when long, like **ar** in car | ar | **dag** | darg |
| | 2) when short, fairly like **u** in cut or **o** in American college | ah | **vaske** | VAHS-ker |
| **e** | 1) when long, like **ay** in say, but a pure sound, *not* a diphthong | ay | **se** | say |
| | 2) when short, like **e** in get | eh | **penn** | pehnn |
| | 3) when followed by **r**, like **a** in bad; long or short | ææ | **her** | hæær |
| | | æ | **sterk** | stærk |
| | 4) when unstressed, like **er** in other | er | **nese** | NAY-ser |
| **i** | 1) when long, like **ee** in see, but with the tongue more raised, and the lips more drawn back at the sides | ee | **ti** | tee |
| | 2) when short, like **ee** in meet | i | **drikke** | DRIK-ker |
| **o** | 1) when long, like **oo** in soon, but with the lips more rounded (when followed by **-rt, -st -m** and **-nd**, it can be short) | oo | **god** | goo |
| | | | **ost** | oost |
| | 2) when short, generally like **o** in hot | o | **tolv** | tol |
| **u** | a difficult sound; something like the **ew** in few, or Scottish **oo** in good; you will find it very hard to distinguish from Norwegian **y**, so we use the same symbol for both | ew | **mur** | mewr |
| **y** | put your tongue in the position for the **ee** of bee, and then round your lips as for the **oo** of pool: the vowel you pronounce like this should be more or less correct | ew | **by** | bew |
| | | | **tynn** | tewnn |
| **æ** | 1) before **r** like **a** in bad; usually long but sometimes short | ææ | **lære** | LÆÆ-rer |
| | | æ | **lærd** | lærd |
| | 2) otherwise, like **ay** in say | ay | **hæl** | hayl |
| **å** | 1) when long, like **aw** in saw | aw | **på** | paw |
| | 2) when short (rare), more like **o** in hot | o | **gått** | gott |
| **ø, ö** | like **ur** in fur; either long or short | ur | **dør** | durr |
| | | | **søtt** | surtt |

## Diphthongs

| | | | | |
|---|---|---|---|---|
| **au** | this sounds like **ow** in now, but, in fact, the first part is a Norwegian **ø**-sound | ow | **sau** | sow |
| **ei** | like **ay** in say | ay | **vei** | vay |
| **øy** | fairly like **oy** in boy | uri | **høy** | huri |

## Silent letters

1) The letter **g** is generally silent in the endings **-lig** and **-ig**.
2) The letter **d** is generally silent after **l** or **n** or after **r** at the end of a word (with lengthening of the vowel) or often after a long vowel, e.g. **holde, land, gård**.
3) The letter **v** is silent in a few words, e.g. **selv, tolv, halv, sølv**.

# BASIC NORWEGIAN GRAMMAR

## Articles and nouns

Norwegian nouns have three genders, but are normally classified and used as either common or neuter.

**Indefinite article** (a/an):
common (masc. and fem.): *en*
neuter                  : *et*

*en gutt*  a boy
*et hus*  a house

**Definite article** (the)
The definite form of the noun is formed in the singular by adding the indefinite article after the noun.
common:
neuter:

*gutten*  the boy
*huset*  the house

There are no definite rules to determine the gender of a noun, and the only way is to learn the nouns together with their gender by heart.

## Plural of nouns

**Indefinite plural**
Nouns of common gender take *-er* (or only *-r* after unstressed *e*).

*gutter*  boys
*en høne*  a hen
*høner*  hens (unstressed *e*)

Most single-syllable neuter nouns remain unchanged in the plural.

*et hus*  a house
*hus*  houses

All other neuter nouns follow the same rule as for common gender:

*et teppe*  a carpet
*tepper*  carpets

**Definite plural**
is the same for all genders and is formed by the addition of *-(e)ne*.

common:
*gutten*  the boy
*guttene*  the boys
neuter:
*bord*  the table
*bordene*  the tables

There are a certain number of irregular plurals of which the following are a few examples:

Contractions in the plural: if nouns end in *-el* or *-er* the *-e* is dropped when the plural ending is added.

*en sykkel*  a bicycle
*syklene*  the bicycles
*en vinter*  a winter
*vintrene*  the winters

| | |
|---|---|
| Change of vowel in the plural: | *bok*  a book <br> *bøkene*  the books <br> *fot*  a foot <br> *føttene*  the feet |
| There are some words which take no ending in the plural: | *sild*  herring <br> *ting*  thing <br> *ski*  ski <br> *sko*  shoe |
| **Possessives** are formed by adding *-s* without an apostrophe to all forms of the noun (singular and plural). | *en manns*  a man's <br> *mannens*  the man's <br> *menns*  men's <br> *mennenes*  the men's <br> *et barns*  a child's <br> *barnets*  the child's <br> *barns*  children's <br> *barnas*  the children's |
| Instead of using the *-s* ending, possession can also be shown by means of a preposition, such as *til* (belonging to), *av* (of) or *på* (on). | *guttens mor = moren til gutten* <br> the boy's mother <br> *guttens navn = navnet på gutten* <br> the boy's name |

## Adjectives

Adjectives agree with the noun they qualify in gender and number.

**Indefinite declension**

| common | neuter | plural | |
|---|---|---|---|
| *stor* | *stort* | *store* | *stor gutt*  big boy <br> *stort hus*  big house <br> *store gutter*  big boys <br> *store hus*  big houses |

This declension is used when the adjective stands alone, is isolated before the noun, or is preceded by the indefinite article *en, et,* or the indefinite adjectives: *noen* ("some, any"), *ingen* ("no"), *hver* ("every, each").

**Definite declension**
is formed by adding the ending *-e* (common, neuter and plural).

| common | neuter | plural |
|---|---|---|
| *store* big | *store* | *store* |

| | |
|---|---|
| This form is used when the adjective is preceded by *den, det, de* (the common, neuter and plural forms of the definite article when used with adjectives), or by a demonstrative or possessive adjective. | *den store byen* the big town |
| | *det store huset* the big house |
| | *de store byene* pl. |
| | *de store husene* pl. |

| | |
|---|---|
| **Regular comparatives and superlatives** are formed by the endings *-ere* and *-est*, respectively. There are, unfortunately, many exceptions, either with a change of the stem-vowel, e.g.: or adjectives constructed with *mer* (comparative) and *mest* (superlative). | *kort, kortere, kortest* |
| | *stor, større, størst* |
| | *Hun er mer sympatisk enn han.* She is more congenial than he. |
| As in English there are also a few completely irregular degrees of comparison. | *god bedre best* good better best |
| | *vond verre verst* bad worse worst |

### Demonstrative adjectives

The demonstrative adjectives (and pronouns) are *denne* ("this") and *den* ("that").

| this/these | common | neuter | plural | | that/those | common | neuter | plural |
|---|---|---|---|---|---|---|---|---|
| subject | *denne* | *dette* | *disse* | | subject | *den* | *det* | *de* |
| possessive | *dennes* | *dettes* | *disses* | | possessive | *dens* | *dets* | *deres* |
| | | | | | object | | | *dem* |

### Possessive adjectives

| | common | neuter | plural |
|---|---|---|---|
| my | *min* | *mitt* | *mine* |
| your | *din* | *ditt* | *dine* |
| our | *vår* | *vårt* | *våre* |

These agree with the noun they modify.

*min nye kåpe* my new coat
*vår lille hund* our little dog

The following possessive adjectives are indeclinable*:

his—*hans*          their—*deres*
her—*hennes*       your—*Deres*
its—*dens, dets*

## Personal pronouns

| | Subject | Object | | Subject | Object |
|---|---|---|---|---|---|
| I | *jeg* | *meg* | we | *vi* | *oss* |
| you | *du* | *deg* | you | *dere* | *dere* |
| he | *han* | *ham* | they | *de* | *dem* |
| she | *hun* | *henne* | | | |
| it | *den/det* | *den/det* | you | *De* | *Dem* |

* They are the possessive forms of the personal pronouns.

Like many other languages, Norwegian has two forms for "you". *Du* (plural: *dere*) is used when talking to relatives, close friends, children and between young people. *De* (the same form as the 3rd person plural but written with a capital letter) is a polite form, used in all other cases. The *De/Dem* form is the one that you would normally use as a tourist.

Polite form:
*De har glemt paraplyen Deres.*
You have forgotten your umbrella.
Informal:
*Du har glemt paraplyen din.*

## Adverbs

There are two classes of adverbs:
One class is based on adjectives and the other on independent adverbs.
In the first case adverbs are formed by adding -*t* to the adjective, unless it already ends in a -*t*.

| Adj. | Adv. |
|------|------|
| *pen* nice | *pent* |
| *sen* late | *sent* |

There is a large group of independent adverbs which have to be learned individually. They fall into several categories such as those describing degree, time and uncertainty.

*temmelig kaldt* rather cold
*straks* at once
*fremdeles* still
*kanskje* perhaps
*kan hende* maybe

## Verbs

The infinitive mark is *å* which corresponds to the English "to". The infinitive form of the verb ends in -*e*, except for monosyllabic verbs ending in a stressed vowel.

*å være* to be
*å ro* to row

### Conjugation of verbs

Contrary to many other European languages, the verbs in Norwegian have identical forms for all persons, singular and plural in the various tenses.

### Present tense

The present tense is formed by adding -*er* to the stem (the stem being the infinitive form without the ending -*e*):

infinitive
*å snakke* to speak
present
*snakker*

Verbs are classified as either weak or strong, depending on how they are declined in their past tenses. The strong verbs, of which there are relatively few, are listed at the end of this section.

### Conjugation of weak verbs

Weak verbs fall into four different categories, each with their specific endings.

**Class I**, the -*et* class. This class includes verbs where the stem ends in two or more consonants:

inf.
*hoppe* (to jump)
past
*hoppet*
past part.
*hoppet*

Many verbs whose stems end in a single -*d* or -*g*, also belong to this group.

| | |
|---|---|
| | *lage* |

**Class II**, the -*te* class. This includes those verbs whose stem ends in -*l*, -*n*, -*s* or -*r*:

| | |
|---|---|
| | inf. |
| | *grine* (to weep) |
| | past |
| | *grinte* |
| | past part. |
| | *grint* |

**Class III**, the -*de* class. This is a small group, consisting mostly of verbs whose stems end in -*v*, or in the diphthongs -*ei* and -*øy*:

| | |
|---|---|
| | inf. |
| | *prøve* (to try) |
| | past |
| | *prøvde* |
| | past part. |
| | *prøvd* |

**Class IV**, the -*dde* class. This class groups those verbs whose infinitive ends in a stressed vowel:

| | |
|---|---|
| | inf. |
| | *å ro* (to row) |
| | past |
| | *rodde* |
| | past part. |
| | *rodd* |

There are also a few irregular weak verbs where the vowel changes from the infinitive to the past tenses. Here are the major ones:

| inf. | past | past part. |
|---|---|---|
| *bringe* (bring) | *brakte* | *brakt* |
| *følge* (follow) | *fulgte* | *fulgt* |
| *gjøre* (do) | *gjorde* | *gjort* |
| *legge* (lay, put) | *la* | *lagt* |
| *rekke* (hand, pass) | *rakte* | *rakt* |
| *selge* (sell) | *solgte* | *solgt* |
| *sette* (set, put) | *satte* | *satt* |
| *si* (say, tell) | *sa* | *sagt* |
| *spørre* (ask questions) | *spurte* | *spurt* |
| *telle* (count) | *talte* | *talt* |
| *vekke* (arouse) | *vakte* | *vakt* |
| but awaken: | *vekte* | *vekt* |

**Strong verbs (irregular verbs)**

The common aspect of the strong verbs is that they take no ending in the past tense and that the infinitive vowel changes.

| | |
|---|---|
| | inf. |
| | *se* (to see) |
| | past |
| | *så* |
| | past part. |
| | *sett* |

Apart from these guidelines there is nothing else to do but to learn each verb by heart.

### Auxiliary verbs

The two important auxiliary verbs **to be** and **to have** are conjugated as follows:

| inf. | pres. |
|------|-------|
| *være* (to be) | *er* |
| *ha* (to have) | *har* |
| past. | past part. |
| *var* | *vært* |
| *hadde* | *hatt* |

### Negatives

Negation is expressed by using the adverb *ikke* ("not"). It is usually placed immediately after the verb in a main clause. In compound tenses *ikke* comes between the auxiliary and the main verb.

*Toget kommer ikke.*
The train isn't coming.
*Hun har ikke kommet.*
She hasn't arrived.

**Questions** are formed by inverting the subject and the verb.

*Stopper toget her?*
Does the train stop here?

# NORWEGIAN IRREGULAR VERBS

| Infinitive | Past | Past part. |
|---|---|---|
| be | ba | bedt |
| binde | bandt | bundet |
| bite | bet | bitt |
| bli | ble | blitt |
| brekke | brakk | brukket |
| brenne* | brant | brent |
| briste | brast | bristet (brustet) |
| bryte | brøt | brutt |
| by | bød | butt |
| bære | bar | båret |
| dra | dro | dradd |
| drikke | drakk | drukket |
| drive | drev | drevet |
| ete | åt | ett |
| falle | falt | falt |
| finne | fant | funnet |
| flyte | fløt | flytt |
| fly | fløy | fløyet |
| forstå | forstod | forstått |
| forsvinne | forsvant | forsvunnet |
| fryse | frøs | frosset |
| få | fikk | fått |
| gi | ga | gitt |
| gjelde | gjaldt | gjeldt |
| gli | gled | glidd |
| gni | gned | gnidd |
| gripe | grep | grepet |
| gråte | gråt | grått |
| gå | gikk | gått |
| henge* | hang | hengt |
| hete | het or hette | hett |
| hive | hev | hevet |
| hjelpe | hjalp | hjulpet |
| holde | holdt | holdt |
| klinge | klang | klinget |
| klyve | kløv | kløvet |
| knekke* | knakk | knekt |
| knipe | knep | knepet |
| komme | kom | kommet |
| krype | krøp | krøpet |
| la | lot | latt |
| le | lo | ledd |
| ligge | lå | ligget |

* These verbs are weak when used transitively, i.e., when they take an object: *brente, hengte, knekte, rente, skvettet, slengte, smelte.*

| Infinitive | Past | Past part. |
|---|---|---|
| lyde | lød | lydt |
| lyve | løy | løyet |
| løpe | løp | løpt |
| nyte | nøt | nytt |
| pipe | pep | pepet |
| ri (de) | red | ridd |
| renne* | rant | rent |
| rive | rev | revet |
| ryke | røk | røket |
| se | så | sett |
| sitte | satt | sittet |
| skjelve | skalv | skjelvet |
| skjære | skar | skåret |
| skrive | skrev | skrevet |
| skrike | skrek | skreket |
| skryte | skrøt | skrytt |
| skvette* | skvatt | skvettet |
| skyte | skjøt | skutt |
| skyve | skjøv | skjøvet |
| slenge* | slang | slengt |
| slippe | slapp | sloppet |
| slite | slet | slitt |
| slå | slo | slått |
| smelle* | smalt | smelt |
| snyte | snøt | snytt |
| sove | sov | sovet |
| spinne | spant | spunnet |
| sprette | spratt | sprettet |
| springe | sprang | sprunget |
| stige | steg | steget |
| stikke | stakk | stukket |
| stjele | stjal | stjålet |
| strekke | strakk | strukket |
| stryke | strøk | strøket |
| stå | sto (d) | stått |
| svi* | sved | svidd |
| svike | svek | sveket |
| svinge | svang | svunget |
| synge | sang | sunget |
| synke | sank | sunket |
| ta | tok | tatt |
| treffe | traff | truffet |
| trekke | trakk | trukket |
| tvinge | tvang | tvunget |
| vike | vek | veket |
| vinne | vant | vunnet |
| vri | vred | vridd |
| være | var | vært |

* These verbs are weak when used transitively, i.e., when they take an object: *brente, hengte, knekte, rente, skvettet, slengte, smelte.*

# KEY TO SYMBOLS AND ABBREVIATIONS

# TEGNFORKLARINGER

| | | |
|---|---|---|
| adjective | **adj** | adjektiv |
| adverb | **adv** | adverb |
| article | **art** | artikkel |
| common gender | **c** | felleskjønn |
| conjunction | **conj** | bindeord |
| feminine | **f** | hunkjønn |
| invariable | **inv** | uforanderlig |
| masculine | **m** | hankjønn |
| noun | **n** | substantiv |
| neuter | **nt** | intetkjønn |
| past tense (preterite) | **p** | fortid (imperfektum) |
| plural | **pl** | flertall |
| past participle | **pp** | perfektum partisipp |
| present participle | **ppr** | presens partisipp |
| present tense | **pr** | presens |
| prefix | **pref** | forstavelse |
| preposition | **prep** | preposisjon |
| pronoun | **pron** | pronomen |
| singular | **sing** | entall |
| suffix | **suf** | endelse (ending) |
| verb, compound verb | **v** | verb, sammensatte verb |
| irregular verb | ***** | uregelmessig verb |
| see (cross-reference) | → | se (henvisning) |

Note: Adjective and adverb phrases are classified under adjectives and adverbs.

# norwegian-english

Please note that Norwegian alphabetical order is a-z, æ, ø, å.

abbedi [ahb-beh-DEE] *nt* abbey
absolutt [ahb-soo-LEWTT] *adv*
  absolutely
abstrakt [ahb-STRAHKT] *adj*
  abstract
addisjon [ahd-di-SHOON] *c*
  addition
adgang [ARD-gahng] *c*
  admittance; admission
adgang forbudt [ARD-gahng for-
  BEWTT] no entry; no admittance
adjektiv [AHD-yehk-tiv] *nt*
  adjective
adlyde [ARD-lew-deh] *v* obey
adoptere [ahd-op-TAY-reh] *v*
  adopt
adressat [ahd-rehss-ART] *c*
  addressee
adresse [ah-DREHS-seh] *c* address
adressere [ahd-rehss-AY-reh] *v*
  address
adspredelse [ARD-sprehd-ehl-
  seh] *c* diversion
advare [ARD-vah-reh] *v* warn;
  caution
advarsel [ARD-vahr-shehl] *c*
  warning
adverb [ahd-VEHRB] *nt* adverb
advokat [ahd-voo-KART] *c* lawyer;
  barrister
Afrika [AR-fri-kah] *nt* Africa
afrikaner [ahf-ri-KAR-nehr] *c*
  African
afrikansk [ahf-ri-KARNSK] *adj*
  African
aftenkjole [AHF-tehn-khoo-leh] *c*
  gown
aftens [AHF-tehns] *c* supper
agent [ah-GEHNT] *c* agent
agentur [AH-gayn-tewr] *nt*
  agency
agn [ahngn] *nt* bait
agurk [ah-GEWRK] *c* cucumber
akademi [ah-kah-day-MEE] *nt*
  academy
akkreditiv [ahk-kreh-di-TEEV] *nt*
  letter of credit
akkurat [ahk-kew-RART] *adv* just
akkurat her [AHK-koo-rart hehr]
  right here
aksel [AHKS-ehl] *c* axle
aksent [ahk-SAHNG] *c* stress;
  accent
aksje [AHK-sheh] *c* share
aksjebørs [AHK-sheh-burrsh] *c*
  stock exchange
aksjer [AHK-shehr] *pl* stock
akt [ahkt] *c* act

**aktiv** [AHK-tiv] *adj* active

**aktiva** [AHK-ti-vah] *pl* assets *pl*

**aktivitet** [ahk-ti-vi-TAYT] *c* activity

**akutt** [ah-KEWTT] *adj* acute

**alarm** [ah-LAHRM] *c* alarm

**albue** [AHL-bew-eh] *c* elbow

**alder** [AHLL-dehr] *c* age

**aldri** [AHL-dri] *adv* never

**alene** [ah-LAY-neh] *adv* alone; by oneself

**alkohol** [ahl-koo-HOOL] *c* alcohol

**alkoholfri drikk** [ahl-koo-HOOL-fri drikk] *c* soft drink

**alkoholholdig** [ahl-koo-HOOL-hol-di] *adj* alcoholic

**all** [ahll] *adj* all

**allé** [ah-LAY] *c* avenue

**allerede** [ahl-leh-RAY-deh] *adv* already

**allermest** [AHLL-lehr-mehst] most of all

**alltid** [AHLL-tid] *adv* always

**alm** [ahlm] *c* elm

**almenpraktiserende lege** [ahl-MAYN-prahk-ti-sehr-ehn-day LAY-geh] *c* general practitioner

**alminnelig** [ahl-MIN-neh-lig] *adj* general

**alpelue** [AHL-peh-lew-eh] *c* beret

**alt** [ahlt] *pron* everything

**alter** [AHL-tehr] *nt* altar

**alternativ** [ahl-TAYR-nah-tiv] *nt* alternative

**altfor** [AHLT-for] *adv* too

**altså** [AHLT-so] *adv* consequently

**alvorlig** [ahl-VAWR-lig] *adj* serious; grave

**ambassade** [ahm-bahss-AR-deh] *c* embassy

**ambassadør** [ahm-bah-sah-DURR] *c* ambassador

**ambulanse** [ahm-bew-LAHN-seh] *c* ambulance

**Amerika** [ah-MAY-ri-kah] *nt* America

**amerikaner** [ah-may-ri-KAR-nehr] *c* American

**amerikansk** [ah-meh-ri-KARNSK] *adj* American

**ametyst** [ah-meh-TEWST] *c* amethyst

**ammoniakk** [ahm-moo-ni-AHKK] *c* ammonia

**amulett** [ah-mew-LEHTT] *c* charm

**analyse** [ahn-ah-LEW-seh] *c* analysis

**analysere** [ahn-ah-lew-SAY-reh] *v* analyse

**ananas** [AH-nah-nahs] *c* pineapple

**anbefale** [AHN-beh-far-leh] *v* recommend

**anbefaling** [AHN-beh-far-ling] *c* recommendation

**anbefalingsbrev** [AHN-beh-fah-lings-brayv] *nt* credentials *pl*

**anbefalt** [AHN-beh-farlt] *adj* recommended

**and** [ahnn] *c* (*pl* ender) duck

**andre** [AHN-dray] *adj* other

**ane** [AR-neh] *v* sense

**anemi** [ahn-eh-MEE] *c* anaemia

**anerkjennelse** [ARN-ehr-khehn-nehl-seh] *c* recognition

**anførselstegn** [ahn-FURRSH-ehls-tayn] *pl* quotation marks *pl*

\* **angripe** [AHN-gri-peh] *v* attack

**angående** [AHN-go-ehn-eh] *prep* with reference to; concerning

**anheng** [AHN-hehng] *nt* pendant

**ankel** [AHN-kehl] *c* (*pl* ankler) ankle

**anklage** [AHN-klah-geh] *v* accuse

\* **ankomme** [AHN-kom-meh] *v* arrive

**ankomst** [AHN-komst] *c* arrival

**ankomsttid** [AHN-komst-tid] *c*

time of arrival

**anledning** [ahn-LAYD-ning] *c* opportunity; occasion

**anliggende** [ahn-LIG-gehn-eh] *nt* affair

**anmode om** [AHN-moo-deh om] *v* request

**anmodning** [AHN-mood-ning] *c* request

**anneks** [ahnn-EHKS] *nt* annex

**annen** [AHN-nehn] *adj* second

**annenklasses** [AHN-nehn-klahs-sehs] *adj* second-class

**annerledes** [AHN-nehr-lay-dehs] *adv* otherwise

**annet** [AHN-neht] *adj* (→ **annen**)

**annetsteds** [AHNN-eht-stehts] *adv* elsewhere

**annonse** [ah-NONG-seh] *c* advertisement

**annullere** [ahn-newll-AY-reh] *v* cancel

**annullering** [ahn-newll-AY-ring] *c* cancellation

**anonym** [ah-noo-NEWM] *adj* anonymous

**anseelig** [ahn-SAY-li] *adj* substantial

**ansikt** [AHN-sikt] *nt* face

**ansiktskrem** [AHN-sikts-kraym] *c* face cream

**ansiktsmaske** [AHN-sikts-mahs-keh] *c* face pack

**ansiktsmassasje** [AHN-sikts-mahs-sah-sheh] *c* face massage

**ansiktspudder** [AHN-sikts-pewd-dehr] *nt* face powder

**ansiktstrekk** [AHN-sikts-trehkk] *nt* feature

**ansjos** [ahn-SHOOS] *c* anchovy

**anspennelse** [AHN-spehn-ehl-seh] *c* strain

**anstendig** [ahn-STEHNN-dig] *adj* decent

**anstrengelse** [AHN-strehng-ehl-seh] *c* effort

**ansvar** [AHN-svahr] *nt* liability

**ansvarlig** [ahn-SVARR-lig] *adj* liable; responsible

* **anta** [AHN-tah] *v* suppose

**antagelig** [ahn-TAR-geh-lig] *adv* presumably

**antall** [AHN-tahll] *nt* number

**antenne** [ahn-TAYN-neh] *c* aerial

**antibiotikum** [ahn-ti-bi-OO-ti-kewm] *nt* (*pl* **antibiotika**) antibiotic

**antikk** [ahn-TIKK] *adj* antique

**antikvitet** [ahn-ti-kvi-TAYT] *c* antique

**antikviteter** [ahn-ti-kvi-TAYT-ehr] *npl* antiquities *pl*

**antiseptisk middel** [ahn-ti-SEHP-tisk MID-dehl] *nt* antiseptic

**antyde** [AHN-tew-deh] *v* indicate; imply

**anvende** [AHN-vehn-neh] *v* utilize; apply

**anvendelig** [ahn-VEHN-deh-lig] *adj* usable

**anvisning** [AHN-vis-ning] *c* directions *pl*

**aperitif** [ah-peh-ri-TIFF] *c* aperitif

**apotek** [ah-poo-TAYK] *nt* pharmacy; drugstore

**apoteker** [ah-poo-TAY-kehr] *c* druggist; chemist

**apparat** [ahp-pah-RART] *nt* appliance

**appell** [ah-PEHLL] *c* appeal

**appelsin** [ahp-pehl-SEEN] *c* orange

**appetitt** [ahp-peh-TITT] *c* appetite

**appetittvekker** [ahp-peh-TITT-vehk-kehr] *c* appetiser

**aprikos** [ahp-ri-KOOS] *c* apricot

**april** [ah-PREEL] *c* April
**araber** [ahr-AR-behr] *c* Arab
**arabisk** [ah-RAR-bisk] *adj* Arab
**arbeid** [AHR-bayd] *nt* job; labour;
task; work
**arbeide** [ahr-BAY-deh] *v* work
**arbeider** [ahr-BAYD-ehr] *c*
worker; workman; labourer
**arbeidsbesparende** [AHR-bayds-
beh-sparr-ehn-deh] *adj*
labour-saving
**arbeidsdag** [AHR-bayds-d] *c*
working day
**arbeidsgiver** [AHR-bayds-yiv-
ehr] *c* employer
**arbeidsløs** [AHR-bayds-lurs] *adj*
unemployed
**arbeidsløshet** [AHR-bayds-lurs-
heht] *c* unemployment
**arbeidstillatelse** [AHR-bayds-til-
laht-ehl-seh] *c* work permit;
labour permit
**ark** [ahrk] *nt* sheet
**arkade** [ahr-KAR-deh] *c* arcade
**arkitekt** [ahr-ki-TEHKT] *c*
architect
**arkitektur** [ahr-ki-tehk-TEWR] *c*
architecture
**arm** [ahrm] *c* arm
**armbånd** [AHRM-bonn] *nt*
bracelet
**armbåndsur** [AHRM-bonns-ewr]
*nt* wrist-watch
**armé** [ahr-MAY] *c* army
**arr** [ahr] *nt* scar
**arrangere** [ahr-rahng-SHAY-reh]
*v* arrange
**arrestasjon** [ahr-reh-stah-
SHOON] *c* arrest
**arrestere** [ahr-reh-STAY-reh] *v*
arrest
**arterie** [ahr-TAY-ri-eh] *c* artery
**artikkel** [ahr-TIKK-ehl] *c* article;
item

**artisjokk** [ahr-ti-SHOKK] *c*
artichoke
**Asia** [AR-si-ah] *nt* Asia
**asiat** [ah-si-ART] *c* Asian
**asiatisk** [ah-si-AR-tisk] *adj* Asian
**aske** [AHS-keh] *c* ashes *pl*
**askebeger** [AHS-keh-beh-gehr]
*nt* ashtray
**asparges** [ahs-PAHR-gehs] *c*
asparagus
**aspirin** [ahs-pi-REEN] *c* aspirin
**assistent** [ah-si-STEHNT] *c*
assistant; helper
**assortert** [ahs-sor-TAYRT] *adj*
assorted
**astma** [AHST-mah] asthma
**at** [ahtt] *conj* that
**Atlanterhavet** [aht-LAHN-tehr-
hah-veht] Atlantic
**atmosfære** [aht-moos-FÆÆ-reh]
*c* atmosphere
**atombombe** [ah-TOOM-boom-
beh] *c* atomic bomb
**atskillige** [aht-SHIL-li-geh] *adj*
several
**atskilt** [ART-shilt] *adj* separate
* **atspredelse** [ART-spray-dehl-
seh] *c* recreation
**atten** [AHT-tehn] *adj* eighteen
**attende** [AHT-tehn-deh] *adj*
eighteenth
**aubergine** [o-behr-SHEEN] *c* egg-
plant
**august** [ow-GEWST] *c* August
**auksjon** [owk-SHOON] *c* auction
**auksjonarius** [owk-shoo-NAR-ri-
oos] *c* auctioneer
**Australia** [ow-STRAR-li-ah] *nt*
Australia
**australier** [ow-STRAR-li-ehr] *c*
Australian
**australsk** [ow-STRARLSK] *adj*
Australian
**automat** [ow-too-MART] *c*

automat; slot-machine

**automatisk** [ow-too-MAR-tisk] *adj* automatic

**autonom** [ow-too-noom] *adj* autonomous

**autoritet** [ow-too-ri-TAYT] *c* authority

**av** [arv] *prep* of

**av og til** [arv o till] *adv* sometimes

**avbetalingskjøp** [ARV-beh-tah-lings-kyurp] *nt* hire-purchase

**avbrudd** [ARV-broodd] *nt* interruption

**avbrutt** [ARV-brewtt] *adj* discontinued

\* **avbryte** [ARV-brew-teh] *v* interrupt

**avdekke** [ARV-dehk-keh] *v* uncover

**avdeling** [ahv-DAY-ling] *c* department; compartment

**avdrag** [ARV-drarg] *nt* instalment

**avfall** [ARV-fahll] *nt* litter; refuse; rubbish

**avføringsmiddel** [ARV-fur-rings-mid-dehl] *nt* (*pl* ~**midler**) laxative

**avgangstid** [ARV-gahngs-tid] *c* time of departure

**avgift** [ARV-yift] *c* toll; dues *pl*

**avholdsmann** [ARV-hols-mahnn] *c* (*pl* ~**menn**) teetotaller

**avis** [ah-VEES] *c* newspaper; paper

**avishandler** [ah-VEES-hahnd-lehr] *c* news-agent

**aviskiosk** [ah-VEES-khosk] *c* news-stand; bookstand

**avlang** [ARV-lahng] *adj* oblong

**avle** [AHV-leh] *v* generate

\* **avlegge regnskap for** [ARV-lehg-geh RAYN-skahp for] *v* account for

**avleiring** [ARV-lay-ring] *c* deposit

**avling** [AHV-ling] *c* crop; harvest

**avreise** [ARV-ray-seh] *c* departure; parting

**avrundet** [ARV-rewn-neht] *adj* rounded

**avskjed** [ARV-shayd] *c* resignation

**avsky** [ARV-shew] *v* hate

**avskyelig** [ahv-SHEW-eh-lig] *adj* hideous

**avslag** [ARV-shlarg] *nt* refusal

**avslapning** [ARV-shlahp-ning] *c* relaxation

**avslutning** [ARV-shlewt-ning] *c* ending

\* **avslå** [ARV-shlo] *v* refuse

**avsnitt** [ARV-snitt] *nt* passage; paragraph

**avspark** [ARV-spahrk] *nt* kick-off

**avstand** [ARV-stahn] *c* space; distance

**avstandsmåler** [ARV-stahnns-maw-lehr] *c* range-finder

**avtale** [ARV-tah-leh] *c* date; engagement; agreement; appointment

**avtalt** [ARV-tahlt] *adj* agreed

**baby** [BAY-bi] *c* baby

**bacon** [BAY-kehn] *nt* bacon

**bad** [bard] *nt* bath

**bade** [BAR-deh] *v* bathe

**badebukse** [BAR-deh-book-seh] *c* swimming trunks *pl*

**badedrakt** [BAR-deh-drahkt] *c* bathing suit; swim-suit

**badehette** [BAR-deh-heht-teh] *c* bathing cap

**badehåndkle** [BAR-deh-honn-kleh] *nt* bath towel

**badekar** [BAR-deh-karr] *nt* tub

**badekåpe** [BAR-deh-ko-peh] *c* bathrobe

**badesalt** [BAR-deh-sahlt] *nt* bath salts

**badested** [BAR-deh-stayd] *nt* seaside resort

**badeværelse** [BAR-deh-væær-ehl-seh] *nt* bathroom

**badstu** [BARD-stew] *c* sauna

**bagasje** [bah-GAR-sheh] *c* baggage; luggage

**bagasjegrind** [bah-GAR-sheh-grin] *c* rack

**bagasjehylle** [bah-GAR-sheh-hewl-leh] *c* luggage rack

**bagasjekontor** [bah-GAR-sheh-koon-toor] *nt* baggage office

**bagasjerom** [bah-GAR-sheh-room] *nt* boot; trunk

**bagasjevogn** [bah-GAR-sheh-vongn] *c* luggage van

**bak** [bark] *adv* behind; *prep* behind

**bake** [BAR-keh] *v* bake

**baker** [BAR-kehr] *c* baker

**bakeri** [bah-keh-REE] *nt* bakery

**bakgrunn** [BARK-grewnn] *c* background

**bakhjul** [BARK-yewl] *nt* rear wheel

**bakke** [BAHK-keh] *c* hill

**bakkenbarter** [BAHK-kehn-bahr-tehr] *pl* whiskers *pl*

**bakket** [BAHK-keht] *adj* hilly

**bakketopp** [BAHK-keh-topp] *c* hilltop

**baklengs** [BARK-lehngs] *adv* backwards

**baklykt** [BARK-lewkt] *c* rear-light

**baklys** [BARK-lews] *nt* tail-light

**bakside** [BARK-see-deh] *c* rear

**balanse** [bah-LAHNG-seh] *c* balance

**balkong** [bahl-KONG] *c* balcony; circle

**ball** [bahll] *c* ball; *nt* ball

**ballett** [bah-LEHTT] *c* ballet

**ballsal** [BAHLL-sarl] *c* ballroom

**banan** [bah-NARN] *c* banana

**bandasje** [bahn-DAR-sheh] *c* bandage

**banditt** [bahn-DITT] *c* bandit

**bane** [BAR-neh] *c* track

**bank** [bahnk] *c* bank

**banke** [BAHN-keh] *v* tap; knock

**bankett** [bahn-KEHTT] *c* banquet

**bankettsal** [bahn-KEHTT-sarl] *c* banqueting-hall

**bankier** [bahn-KEER] *c* banker

**banking** [BAHNK-ing] *nt* knock; *c* tap

**bankkonto** [BAHNK-kon-too] *c* bank account

**banne** [BAHN-neh] *v* curse; swear

**bar** [barr] *c* saloon; bar; *adj* bare; neat

**barber** [bahr-BAYR] *c* barber

**barberblad** [bahr-BAYR-blar] *nt* razor-blade

**barbere seg** [bahr-BAY-reh say] *v* shave

**barberkost** [bahr-BAYR-koost] *c* shaving-brush

**barberkrem** [bahr-BAYR-krehm] *c* shaving-cream

**barbermaskin** [bahr-BAYR-mah-sheen] *c* shaver; razor; safety razor; electric razor

**barbersåpe** [bahr-BAYR-so-peh] *c* shaving-soap

**barbervann** [bahr-BAYR-vahnn] *nt* aftershave lotion

**bare** [BAR-reh] *adv* only

**barn** [barrn] *nt* child; youngster

**barnehage** [BAHR-neh-hah-geh] *c* kindergarten

**barnevakt** [BAHR-neh-vahkt] *c* babysitter

**barnevogn** [BARR-neh-vongn] *c* carriage; pram

**barneværelse** [BARR-neh-væær-ehl-seh] *nt* nursery

**barometer** [bah-roo-MAY-tehr] *nt* barometer

**barpike** [BARR-pi-keh] *c* barmaid

**barriere** [bahr-ri-ÆÆ-reh] *c* barrier

**bart** [bahrt] *c* moustache

**bartender** [BARR-tehn-dehr] *c* barman; bartender

**baseball** [BAYS-boll] baseball

**basill** [bah-SILL] *c* germ

**basis** [BAR-sis] *c* basis; base

**batteri** [baht-teh-RI] *nt* battery

* **be** [bay] *v* ask; pray

* **be om unnskyldning** [bay om EWNN-shewll-ning] *v* apologize

**bebo** [beh-BOQ] *v* inhabit

**beboelig** [beh-BOO-eh-lig] *adj* inhabitable; habitable

**beboer** [beh-BOO-ehr] *c* occupant

**bedervelig** [beh-DÆR-veh-lig] *adj* perishable

**bedre** [BAY-dreh] *adj* better

**bedømme** [beh-DURM-meh] *v* criticize; judge

**bedømmelse** [beh-DURM-mehl-seh] *c* judgment

**bedøvelsesmiddel** [beh-DURV-ehl-sehs-mid-dehl] *nt* (*pl* ~midler) anaesthetic

**befale** [bay-FAR-leh] *v* order

**befolkning** [beh-FOLK-ning] *c* population

**begavelse** [beh-GARV-ehl-seh] *c* talent; faculty

**begavet** [beh-GAR-veht] *adj* gifted

**begge** [BEHG-geh] *adj* both

**begivenhet** [beh-YEE-vehn-heht] *c* event

**begjær** [beh-YÆÆR] *nt* greed

**begjærlig** [beh-YÆÆR-li] *adj* greedy

**begrave** [beh-GRAR-veh] *v* bury

**begravelse** [beh-GRARV-ehl-seh] *c* burial; funeral

**begrense** [beh-GREHN-seh] *v* limit

**begrenset** [beh-GREHN-seht] *adj* limited

**begynne** [beh-YEWN-neh] *v* begin; commence; start

**begynne igjen** [beh-YEWN-neh i-YEHNN] *v* recommence

**begynnelse** [beh-YEWNN-ehl-seh] *c* beginning

**behage** [bay-HAR-geh] *v* please

**behagelig** [beh-HAR-geh-li] *adj* pleasant; pleasing; agreeable

**behandle** [beh-HAHN-dleh] *v* treat

**behandling** [beh-HAHN-dling] *c* treatment

* **beholde** [beh-HOL-leh] *v* hold

**beholder** [beh-HOL-lehr] *c* container

**behov** [beh-HOOV] *nt* want; need

**behøve** [beh-HUR-veh] *v* need

**beige** [baysh] *adj* beige

**beite** [BAY-teh] *v* graze

**bekjent** [beh-KHEHNT] *c* acquaintance

**bekjentgjøre** [beh-KHEHNT-yur-reh] *v* notify

**bekk** [behkk] *c* brook

**beklage** [beh-KLAR-geh] *v* regret

**beklagelse** [beh-KLAR-gehl-seh] *c* regret

**bekrefte** [beh-KREHF-teh] *v* confirm

**bekreftelse** [beh-KREHF-tehl-seh] *c* confirmation

**bekreftende** [beh-KREHFT-ehn-deh] *adj* affirmative

**bekvem** [beh-KVEHM] *adj* comfortable

**bekymre seg** [beh-KHEWM-reh say] *v* care; worry

**bekymret** [beh-KHEWM-reht] *adj*
concerned

**bekymring** [beh-KHEWM-ring] *c*
concern; care; worry

**Belgia** [BEHL-gi-ah] *nt* Belgium

**belgier** [BEHL-gi-ehr] *c* Belgian

**belgisk** [BEHL-shisk] *adj* Belgian

**beliggende** [beh-LIGG-ehn-deh]
*adj* situated

**beliggenhet** [beh-LIGG-ehn-heht]
*c* location

**belte** [BEHL-teh] *nt* belt

**belysning** [beh-LEWS-ning] *c*
lighting

**belønne** [beh-LURN-neh] *v*
remunerate; reward

**belønning** [beh-LURN-ning] *c*
reward; award

**beløpe seg til** [beh-LUR-peh say
till] *v* amount

**bemerke** [beh-MÆR-keh] *v*
remark

**bemerkelsesverdig** [beh-MÆRK-
ehl-sehs-vær-dig] *adj*
remarkable

**bemerkning** [beh-MÆRK-ning] *c*
remark

**ben** [bayn] *nt* leg

**benk** [behnk] *c* bench

**bensin** [behn-SEEN] *c* fuel; petrol;
gasoline; gas

**bensinpumpe** [behn-SEEN-poom-
peh] *c* petrol pump

**bensinstasjon** [behn-SEEN-stah-
shoon] *c* petrol station; gas
station; filling station; service
station

**bensintank** [bayn-SEEN-tahnk] *c*
petrol tank

**bent frem** [baynt frehm] straight
on

**beredt** [beh-REHTT] *adv* prepared

**beregning** [beh-RAY-ning] *c*
calculation

**beretning** [beh-REHTT-ning] *c*
account

**bergkløft** [BURRG-klurft] *c* glen

**bero på** [bay-ROO po] *v* depend

**beroligende** [beh-ROO-li-gehn-
deh] *adj* restful

**beroligende middel** [beh-ROO-li-
gehn-eh MID-dehl] *nt* sedative;
tranquilliser

**beruset** [beh-REW-seht] *adj*
intoxicated

**berømmelse** [beh-RURM-mehl-
seh] *c* fame

**berømt** [beh-RURMT] *adj* famous;
well-known

**berøre** [beh-RUR-reh] *v* touch

*** besette** [beh-SEHT-teh] *v* take

**besittelse** [beh-SITT-ehl-seh] *c*
possession

**beskatning** [beh-SKAHTT-ning] *c*
taxation

**beskjeden** [beh-SHAY-dehn] *adj*
modest

**beskjeftige** [beh-SHEHF-ti-geh] *v*
employ

**beskjeftigelse** [beh-SHEHF-ti-
gehl-seh] *c* employment;
occupation

*** beskrive** [beh-SKREE-veh] *v*
describe

**beskrivelse** [beh-SKREE-vehl-
seh] *c* description

**beskytte** [beh-SHEWT-teh] *v*
protect

**beskyttelse** [beh-SHEWT-tehl-seh]
*c* protection

**beskyttelsesbriller** [beh-SHEWT-
tehl-sehs-bril-lehr] *pl* goggles
*pl*

**beslektet** [beh-SHLEHK-teht] *adj*
related

**beslutning** [beh-SLEWT-ning] *c*
decision

**best** [behst] *adj* best

**bidra**

**bestefar** [BEHS-teh-fahr] *c (pl
~fedre)* grandfather

**besteforeldre** [BEHS-teh-for-ehl-
dreh] *pl* grandparents *pl*

**bestemme** [beh-STEHM-meh] *v*
decide

**bestemmelsessted** [beh-STAYMM-
ehl-says-stehd] *nt* destination

**bestemor** [BEHS-teh-moor] *c (pl
~mødre)* grandmother

**bestemt** [beh-STEHMT] *adj*
determined; definite; decided

**bestige** [beh-STEE-geh] *v* mount

**\* bestikk** [beh-STIKK] *nt* cutlery

**bestille** [beh-STIL-leh] *v* book;
order; engage

**bestilling** [beh-STIL-ling] *c* order;
booking

**bestyre** [beh-STEW-reh] *v* manage

**bestyrer** [beh-STEW-rehr] *c*
manager

**bestyrtet** [beh-STEWRT-eht] *adj*
upset

**bestå av** [beh-STAW ahv] *v* consist

**besvime** [beh-SVEE-meh] *v* faint

**besvær** [beh-SVÆÆR] *nt* trouble

**besøk** [beh-SURK] *nt* visit

**besøke** [beh-SUR-keh] *v* visit; call
on

**besøkstid** [beh-SURKS-tid] *c*
visiting hours *pl*

**betagende** [beh-TAR-geh-nay]
*adj* glamorous

**betale** [beh-TAR-leh] *v* pay

**betale på forskudd** [beh-TAR-leh
po FOR-skewdd] *v* advance

**betale tilbake** [beh-TAR-leh til-
BAR-keh] *v* reimburse

**betaling** [beh-TAR-ling] *c*
payment

**betalingsvilkår** [beh-TAR-lings-
vil-kor] *pl* terms of payment *pl*

**betennelse** [beh-TEHNN-ehl-seh]
*c* inflammation

**betente mandler** [beh-TEHN-teh
MAHN-dlehr] *pl* tonsillitis

**betingelse** [beh-TING-ehl-seh] *c*
stipulation

**betingelsesløs** [beh-TING-ehl-
sehs-lurs] *adj* unconditional

**betinget** [beh-TING-eht] *adj*
conditional

**betjening** [beh-TYAY-ning] *c*
service

**betrakte** [beh-TRAHK-teh] *v*
regard; view

**betro** [beh-TROO] *v* commit

**betydning** [beh-TEWD-ning] *c*
sense; importance

**beundre** [beh-EWNN-dreh] *v*
admire

**beundring** [beh-EWNN-dring] *c*
admiration

**bevare** [beh-VAR-reh] *v* preserve

**bevaring** [beh-VAR-ring] *c*
preservation

**bevegelig** [beh-VAY-gay-lig] *adj*
mobile

**bevegelse** [beh-VAY-gehl-seh] *c*
motion; movement

**beverte** [beh-VÆR-teh] *v*
entertain

**bevilge** [beh-VIL-geh] *v* grant

**bevilgning** [beh-VILG-ning] *c*
grant

**bevis** [beh-VEES] *nt* certificate;
proof

**bevise** [beh-VEE-seh] *v* prove;
show

**bevisst** [beh-VISST] *adj* conscious

**bevisstløs** [beh-VISST-lurs] *adj*
unconscious

**bevokte** [beh-VOK-teh] *v* guard

**bi** [bee] *c* bee

**bibel** [BEE-behl] *c* Bible

**bibliotek** [bi-bli-OO-TAYK] *nt*
library

**\* bidra** [BEE-drah] *v* contribute

**bidrag** [BEE-drahg] *nt* contribution

**bielv** [BEE-ehlv] *c* tributary

**bifall** [BI-fahll] *nt* applause

**biff** [biff] *c* steak

**bil** [beel] *c* car; automobile; motorcar

**bilde** [BIL-deh] *nt* picture

**bile** [BEE-leh] *v* motor

**bilforsikring** [BEEL-for-sik-ring] *c* green card

**bilhorn** [BEEL-hoorn] *nt* hooter

**bilist** [bi-LIST] *c* motorist

**biljard** [bil-YAHRD] *c* billiards

**bilkjøring** [BEEL-khur-ring] *c* motoring

**bilklubb** [BEEL-klewbb] *c* automobile club

**billedhogger** [BIL-lehd-hog-gehr] *c* sculptor

**billett** [bil-LEHTT] *c* ticket

**billettautomat** [bil-LEHTT-ow-too-maht] *c* ticket machine *m*

**billettkontor** [bil-LEHTT-koon-toor] *nt* ticket office; box office

**billettpris** [bi-LEHTT-pris] *c* carfare; fare

**billig** [BIL-lig] *adj* inexpensive; cheap

**billigere** [BIL-ig-eh-reh] *adj* cheaper

**billigst** [BIL-igst] *adj* cheapest

**bilpanser** [BIL-pahn-sehr] *nt* bonnet

**biltur** [BEEL-tewr] *c* ride

**bilutleie** [BEEL-ewt-lay-eh] *c* car hire

**bind** [binn] *nt* volume

**\*binde** [BIN-neh] *v* tie; bind

**\*binde sammen** [BIN-neh SAHM-mehn] *v* connect

**bindestrek** [BIN-neh-strehk] *c* hyphen

**biologi** [bi-oo-loo-GEE] *c* biology

**biskop** [BI-skop] *c* bishop

**bit** [beet] *c* bite; bit; scrap

**\*bite** [BEE-teh] *v* bite

**bitte liten** [BIT-teh LEE-tehn] *adj* minute

**bitteliten** [BIT-teh-li-tehn] *adj* tiny

**bitter** [BITT-ehr] *adj* bitter

**bjørk** [byurrk] *f* birch

**bjørnebær** [BYURR-neh-bæær] *nt* blackberry

**blad** [blah] *nt* blade; leaf

**bladgull** [BLAR-gewll] *nt* gold leaf

**bladsalat** [BLAR-sah-laht] *c* lettuce

**blande** [BLAHN-neh] *v* mix; shuffle

**\*blande seg inn i** [BLAHN-neh say inn i] *v* interfere with

**blandet** [BLAHN-neht] *adj* mixed

**blanding** [BLAHN-ning] *c* mixture

**blank** [blahnk] *adj* blank; glossy

**blankett** [blahn-KEHTT] *c* form

**blant** [blahnt] *prep* amidst; among

**blazer** [BLAY-sehr] *c* blazer

**bleie** [BLAY-eh] *c* diaper; nappy

**blek** [blayk] *adj* pale

**bleke** [BLAY-keh] *v* bleach

**blekk** [blehkk] *nt* ink

**blekksprut** [BLEHKK-sprewt] *c* octopus

**blemme** [BLEHM-meh] *c* blister

**blendende lys** [BLEHN-neh-neh lews] *nt* glare

**\*bli** [bli] *v* become

**\*bli igjen** [blee i-YEHNN] *v* remain

**blikk** [blikk] *nt* glance

**blind** [blinn] *adj* blind

**blindgate** [BLINN-gah-teh] *c* cul-de-sac

**blindtarmbetennelse** [BLINN-tahrm-beh-TEHNN-ehl-seh] *c* appendicitis

**blitzlampe** [BLITS-lahm-peh] *c* flash-bulb

**blod** [bloo] *nt* blood

**blodforgiftning** [BLOO-for-yift-ning] *c* blood-poisoning

**blodkar** [BLOO-karr] *nt* blood-vessel

**blodtrykk** [BLOO-trewkk] *nt* blood-pressure

**blokkere** [blo-KAY-reh] *v* block

**blomkål** [BLOM-kol] *c* cauliflower

**blomst** [blomst] *c* flower

**blomsterforretning** [BLOM-stehr-for-reht-ning] *c* flower-shop

**blomsterhandler** [BLOM-stehr-hahnd-lehr] *c* florist

**blomstrende** [BLOM-streh-neh] *adj* prosperous

**blondine** [blon-DEE-neh] *c* blonde

**bluse** [BLEW-seh] *c* blouse

**bly** [blew] *nt* lead

**blyant** [BLEW-ahnt] *c* pencil

**blyantspisser** [BLEW-ahnt-spis-sehr] *c* pencil-sharpener

**blø** [blur] *v* bleed

**blødning** [BLURD-ning] *c* haemorrhage

**bløte** [BLUR-teh] *v* soak

\* **bløtgjøre** [BLURT-yur-reh] *v* soften

**bløtgjøringsmiddel** [BLURT-yur-rings-mid-dayl] *nt* softener

**blå** [blaw] *adj* blue

**blåse** [BLEW-seh] *v* blow

**blåse opp** [BLAW-seh opp] *v* inflate

**blåsende** [BLOS-ehn-deh] *adj* gusty; windy

**blått merke** [blott MÆR-keh] *nt* bruise

**bo** [boo] *v* stay; reside

**bok** [book] *c* (*pl* **bøker**) book

**bokhandel** [BOOK-hahn-dehl] *c* bookstore

**bokhandler** [BOOK-hahnd-lehr] *c* bookseller

**boks** [boks] *c* booth; tin

**bokse** [BOK-seh] *v* box

**boksekamp** [BOK-seh-kahmp] *c* boxing match

**bokseåpner** [BOK-seh-op-nehr] *c* can opener; tin-opener; opener

**boksvelv** [BOKS-vehlv] *nt* vault

**bolig** [BOO-li] *c* residence

**boligblokk** [BOO-li-blokk] *c* block of flats; apartment house

**bombe** [BOOM-beh] *c* bomb

**bomull** [BOOM-ewll] *c* cotton

**bomullsfløyel** [BOOM-ewlls-fluri-ehl] *c* velveteen

**bonde** [BOON-neh] *c* (*pl* **bønder**) farmer; peasant

**bong** [bong] *c* voucher

**bord** [boor] *nt* table

**bordtennis** [BOOR-tehn-nis] *c* table tennis

**borg** [borg] *c* castle

**borgerlig** [BOR-gehr-lig] *adj* civic

**borgermester** [BOR-gehr-mehs-tehr] *c* mayor

**bort** [boort] *adj* away

**bortenfor** [BOOR-tehn-for] *adv* beyond

**bot** [boot] *c* penalty; fine

**botanikk** [boo-tah-NIKK] *c* botany

**botanisk have** [boo-TAR-nisk HAR-veh] *c* botanical garden

**botemiddel** [BOO-teh-mid-dehl] *nt* (*pl* ~**midler**) remedy

**boutique** [boo-TEEK] *c* boutique

**bowling** [BOV-ling] *c* bowling

**bowlingbane** [BOV-ling-bar-neh] *c* bowling alley

**bra** [brar] *adj* good; well

**brannalarm** [BRAHNN-ah-lahrm] *c* fire alarm

**brannhydrant** [BRAHNN-hew-drahnt] *c* fire hydrant

**brannsikker** [BRAHNN-sik-kehr] *adj* fireproof

**brannslokker** [BRAHNN-slwk-kehr] *c* extinguisher

**brannslukkingsapparat** [BRAHNN-shlookk-ings-ahp-pah-raht] *nt* fire extinguisher

**brannstige** [BRAHNN-sti-geh] *c* fire escape

**brannsår** [BRAHNN-sawr] *nt* burn

**Brasil** [brah-SEEL] *nt* Brazil

**brasilianer** [brah-si-li-AR-nehr] *c* Brazilian

**brasiliansk** [brah-si-li-ARNSK] *adj* Brazilian

**brasme** [BRAHS-meh] *c* bream

**bratt** [brahtt] *adj* steep

**bred** [breh] *adj* broad

**bredde** [BREHD-deh] *c* breadth

**\* brekke** [BREHK-keh] *v* fracture

**bremse** [BREHM-seh] *c* brake

**bremselys** [BREHM-seh-lews] *nt* brake lights *pl*

**brenne** [BREHN-neh] *v* burn

**brensel** [BREHNN-sehl] *nt* fuel

**brenselolje** [BREHN-sehl-ol-yeh] *c* oil fuel

**brett** [brehtt] *nt* tray

**brev** [brayv] *nt* letter

**brevkort** [BRAYV-kort] *nt* card; postcard

**brevveksle** [BRAYV-vehksh-leh] *v* correspond

**brevveksling** [BRAYV-vehksh-ling] *c* correspondence

**bridge** [bridsh] bridge

**briljant** [BRIL-yahnt] *adj* brilliant

**briljantine** [bril-yahn-TEEN] brilliantine

**briller** [BRIL-lehr] *pl* spectacles *pl*; glasses *pl*

**\* bringe** [BRING-eh] *v* bring

**\* bringe tilbake** [BRING-eh til-BAR-keh] *v* bring back

**bringebær** [BRING-eh-bæær] *nt* raspberry

**bris** [brees] *c* breeze

**britisk** [BRI-tisk] *adj* British

**bro** [broo] *c* bridge

**broderi** [broo-deh-REE] *nt* embroidery

**brokade** [broo-KAR-deh] *c* brocade

**brokk** [brokk] *c* hernia

**bronkitt** [broon-KITT] *c* bronchitis

**bronse** [BROAN-seh] *c* bronze

**bror** [broor] *c* (*pl* **brødre**) brother

**brosje** [BRO-sheh] *c* brooch

**brosjyre** [broo-SHEW-reh] *c* brochure

**bru** [brew] *c* bridge

**brud** [brewd] *c* bride

**brudd** [BREWDD] *nt* fracture

**bruk** [brewk] *c* use

**bruke** [BREW-keh] *v* use; employ; spend

**bruke opp** [BREW-keh opp] *v* use up

**bruker** [BREW-kehr] *c* user

**brukt** [brewkt] *adj* used; second-hand

**brun** [brewn] *adj* brown; tan

**brunette** [brew-NEHT-teh] *c* brunette

**brutto** [BREWT-too] *adj* gross

**bry** [brew] *v* trouble; bother; *nt* bother

**\* bry seg om** [brew say om] *v* care for; mind

**brydd** [brewdd] *adj* embarrassed

**bryggeri** [brewg-geh-REE] *nt* brewery

**bryllup** [BREWL-lewp] *nt* wedding

**brysom** [BREW-som] *adj* troublesome

**bryst** [brewst] *nt* breast
**brystholder** [BREWST-hol-lehr] *c* bra; brassiere
**brystkasse** [BREWST-kahs-seh] *c* chest
* **bryte sammen** [BREW-teh SAHM-mehn] *v* collapse
**brød** [brur] *nt* bread; loaf
**brønn** [brurnn] *c* well
**brønnkarse** [BRURN-kahr-seh] *c* watercress
**bråk** [brawk] *nt* fuss
**bud** [bewd] *nt* messenger
**budsjett** [bewd-SHEHTT] *nt* budget
**bue** [beweh] *c* curve
**buet** [BEW-eht] *adj* curved
**bukett** [bew-KEHTT] *c* bunch
**buksedrakt** [BOOK-seh-drahkt] *c* pantsuit
**bukser** [BOOK-sehr] *pl* pants *pl*; trousers *pl*
**bukseseler** [BOOK-seh-seh-lehr] *pl* suspenders *pl*
**bukt** [bewkt] *c* gulf; bay; creek
**buktet** [BOOK-teht] *adj* winding
**bunke** [BOONG-keh] *c* batch
**bunn** [bewnn] *c* bottom
**bunt** [bewnt] *c* bundle
* **burde** [BEWR-deh] *v* ought
**busk** [bewsk] *c* bush; shrub
**buss** [bewss] *c* coach; bus
**by** [bew] *c* borough; city; town
**by-** [bew] *pref* urban
**byfolk** [BEW-folk] *pl* townspeople *pl*
**bygg** [bewgg] *nt* barley
**bygge** [BEWG-geh] *v* build
**bygning** [BEWG-ning] *c* building
**byll** [bewll] *c* boil
**byråkrati** [bew-raw-krah-TEE] *nt* bureaucracy
**bytte** [BEWT-teh] *v* exchange
**bær** [bææær] *nt* berry

* **bære** [BÆÆ-reh] *v* bear; carry
**bærer** [BÆÆ-rehr] *c* porter
**bølge** [BURL-geh] *c* wave
**bølgelengde** [BURL-geh-lehng-deh] *c* wavelength
**bølgende** [BURLG-ehn-deh] *adj* undulating
**bølget** [BURL-geht] *adj* wavy
**bønn** [burnn] *c* prayer
**bønne** [BURN-neh] *c* bean
**børste** [BURRSH-teh] *c* brush; *v* brush
**bøye** [BURI-eh] *v* bend
**bøyning** [BURI-ning] *c* bend
**bånd** [bonn] *nt* band; ribbon; tape
**båndopptaker** [BONN-opp-tar-kehr] *c* tape recorder; recorder
**båt** [bawt] *c* boat
**båtfører** [BAWT-fur-rehr] *c* boatman

**camping** [KÆMP-ing] *c* camping
**campingplass** [KÆM-ping-plahss] *c* camping site
**cape** [kayp] *c* cape
**celle** [SEHL-leh] *c* cell
**centimeter** [SEHN-ti-MAY-tehr] centimetre
**charterflyvning** [SHARR-tehr-flewv-ning] *c* charter flight
**chartre** [SHARR-treh] *v* charter
**chassis** [SHAHSS-is] *nt* chassis *inv*
**choker** [SHOO-kehr] *c* choke
**clutch** [klurch] *c* clutch
**cocktail** [KOKK-tayl] *c* cocktail
**corn flakes** [KORN-flayks] *c* cereal
**cornflakes** [KORN-flayks] *pl* cornflakes *pl*
**cricket** [KRIKK-eht] *c* cricket
**cruise** [krews] *nt* cruise

**da** [dar] *adv* then; *conj* when

**daddel** [DAHDD-ehl] *c (pl* **dadler)**
date

**dag** [darg] *c* day

**dagbok** [DARG-book] *c (pl*
~**bøker)** diary

**dagens meny** [DARG-ehns meh-
NEW] *c* table d'hôte

**daggry** [DARG-grew] *nt* daybreak;
dawn

**daglig** [DARG-li] *adj* daily;
everyday

**dagligstue** [DARG-lig-stew-eh] *c*
sitting-room; living-room

**dagslys** [DAHGS-lews] *nt* daylight

**dagstur** [DAHGS-tewr] *c* day trip

**dal** [darl] *c* valley

**dam** [dahmm] *c* draughts *pl*;
pond

**dame** [DAR-meh] *c* lady

**dameskredder** [DAR-meh-
skrehd-dehr] *c* dressmaker

**dametoalett** [DAR-meh-too-ah-
lehtt] *nt* ladies' room; powder-
room

**dameundertøy** [DAR-meh-ewn-
nehr-turi] *nt* lingerie

**damp** [dahmp] *c* steam; vapour

**dampskip** [DAHMP-sheep] *nt*
steamer

**Danmark** [DAHN-mahrk] *nt*
Denmark

**dans** [dahns] *c* dance

**danse** [DAHN-seh] *v* dance

**danser** [DAHN-sehr] *c* dancer

**dansk** [dahnsk] *adj* Danish

**danske** [DAHN-skeh] *c* Dane

**datter** [DAHTT-ehr] *c (pl* **døtre)**
daughter

**datterdatter** [DAHT-tehr-daht-
tehr] *c* granddaughter

**dattersønn** [DAHT-tehr-surnn]
grandson

**datum** [DAR-tewm] *nt (pl* **data)**
date

**de** [dee] *adj* those; *pron* they;
those

**De** [dee] *pron* you

**De forente stater** [di for-AYN-teh
STAR-tehr] *pl* United States

**debet** [DAY-beht] *c* debit

**defekt** [deh-FEHKT] *adj* faulty

**definere** [deh-fi-NAY-reh] *v*
define

**definert** [deh-fi-NAYRT] *adj*
defined

**definisjon** [deh-fi-ni-SHOON] *c*
definition

**deg** [day] *pron* you; yourself

**deig** [day] *c* dough

**deilig** [DAY-leeg] *adj* delicious

**dekk** [dehkk] *nt* deck; tyre

**dekke** [DEHK-keh] *v* cover

**dekkslugar** [DEHKKS-lew-garr] *c*
deck-cabin

**dekkstrykk** [DEHKKS-trewkk]
tyre pressure

**dekorasjon** [deh-koo-rah-SHOON]
*c* decor

**del** [dayl] *c* share; fraction; part

**dele** [DAY-leh] *v* divide; share

**dele seg** [DAY-leh say] *v* fork

**dele ut** [DAY-leh ewt] *v* deal

**delikat** [deh-li-KART] *adj* delicate;
appetising

**delikatesse** [deh-li-kah-TEHS-
seh] *c* delicatessen

**deling** [DAYL-ing] *c* division

* **delta** [DAYL-tar] *v* participate

**delvis** [DAYL-vis] *adv* partly

**dem** [dehm] *pron* them

**Dem** [dehm] *pron* you

**demning** [DEHM-ning] *c* dam

**demokrati** [deh-moo-krah-TEE]
*nt* democracy

**demokratisk** [deh-moo-KRARtisk] *adj* democratic

**demonstrasjon** [deh-moon-strah-SHOON] *c* demonstration

**den** [dehn] *pron* that; *adj* that

**den ene eller den andre** [dehn AY-neh EHL-lehr dehn AHN-dreh] either

**Den engelske kanal** [dehn EHNG-ehl-skeh kah-NARL] *c* English Channel

**denaturert sprit** [DAY-nah-tew-rehrt spreet] *c* methylated spirits

**denne** [DEHN-neh] *adj* this; *pron* this

**deodorant** [deh-oo-doo-RAHNT] *nt* deodorant

**departement** [deh-pahr-teh-MAHNG] *nt* ministry

**deponere** [deh-poo-NAY-reh] *v* deposit

**depositum** [deh-POO-si-tewm] *nt* (*pl* **deposita**) deposit

**depresjon** [deh-preh-SHOON] *c* depression

**der** [dæær] *adv* there

**der borte** [durr BOOR-teh] *adv* over there

**dere** [DAY-reh] *pron* you; yourselves

**deres** [DAY-rehs] *adj* your

**Deres** [day-rehs] *adj* your

**derfor** [DÆR-for] *conj* therefore

**desember** [deh-SEHM-behr] *c* December

**desinfisere** [dehs-in-fi-SAY-reh] *v* disinfect

**desinfiserende middel** [dehs-in-fi-SAYR-ehn-deh MID-dehl] *nt* disinfectant

**dessert** [deh-SÆÆR] *c* dessert; sweet

**dessuten** [dehss-EWT-ehn] *adv* furthermore; besides; moreover

**destillert vann** [deh-stil-LAYRT vahnn] *nt* distilled water

**desverre** [dehs-VÆR-eh] *adv* unfortunately

**det** [dai] *adj* (→ **den**); *pron* it

**det dobbelte** [deh DOB-behl-teh] *nt* double

**det er** [deh æær] there is; there are

**detalj** [deh-TAHLY] *c* detail

**detaljhandel** [deh-TAHLY-hahn-dehl] *c* retail trade

**detaljist** [deh-tahl-YIST] *c* retailer

**detektivroman** [DEHT-ayk-tiv-roo-marn] *c* detective story

**dette** [DEHT-teh] *pron* (→ **denne**)

**devaluere** [deh-vah-lew-AY-reh] *v* devalue

**devaluering** [deh-vah-lew-AYR-ing] *c* devaluation

**diabetiker** [di-ah-BAY-ti-kehr] *c* diabetic

**diagnose** [di-ahg-NOO-seh] *c* diagnosis

**diagonal** [di-ah-goo-NARL] *adj* diagonal

**diagram** [di-ah-GRAHM] *nt* diagram; chart; graph

**dialekt** [di-ah-LEHKT] *c* dialect

**diamant** [di-ah-MAHNT] *c* diamond

**diaré** [di-ah-RAY] *c* diarrhoea

**dieselmotor** [DEE-sehl-moo-toor] *c* diesel

**diett** [di-EHT] *c* diet

**difteri** [dif-teh-REE] *c* diphtheria

**dikt** [dikt] *pl* poetry; *nt* poem

**diktafon** [dik-tah-FOON] *c* dictaphone

**diktat** [dik-TART] *c* dictation

**dikter** [DIK-tehr] *c* poet

**diktere** [dik-TAY-reh] *v* dictate

**din** [deen] *adj* your

**dine** [DEE-neh] *adj* your

**diplomat** [dip-loo-MART] *c* diplomat

**director** [di-rehk-TURR] *c* executive

**direkte** [di-REHK-teh] *adj* direct

**direktør** [di-rehk-TURR] *c* director

**dirigent** [di-ri-GEHNT] *c* conductor

**dirigere** [di-ri-GAY-reh] *v* conduct

**dis** [dees] *c* haze; mist

**disig** [DEE-si] *adj* misty; hazy

**disk** [disk] *c* counter

**diskonto** [dis-KON-too] *c* bank-rate

**diskusjon** [dis-kew-SHOON] *c* discussion

**diskutere** [dis-kew-TAY-reh] *v* discuss

**disputt** [dis-POOTT] *c* dispute

**disse** [DIS-seh] *pron* these

**distrikt** [di-STRIKT] *nt* district

**diverse** [di-VEHR-seh] *adj* miscellaneous

**djevel** [DYAY-vehl] *c (pl djevler)* devil

**dobbeltseng** [DOBB-ehlt-sehng] *c* twin beds *pl*; double bed

**dobbeltværelse** [DOB-behlt-vær-ehl-seh] *nt* double room

**dokksette** [DOKK-seht-teh] *v* dock

**dokument** [doo-kew-MEHNT] *nt* document

**dokumentmappe** [doo-kew-MEHNT-mahp-peh] *c* attaché-case; briefcase

**dom** [dom] *c* sentence

**dommer** [DOM-mehr] *c* umpire; magistrate; judge

**domstol** [DOM-stool] *c* law courts *pl*; court

**donasjon** [doo-nah-SHOON] *c* donation

**dongeribukser** [DONG-ri-book-sehr] *pl* levis

**dosis** [DOO-sis] *c* dose

**doven** [DAW-vehn] *adj* lazy

* **dra avsted** [drar ahv-STAYD] *v* set out

* **dra på piknik** [drar po PIK-nik] *v* picnic

**dram** [drahm] *c* tot

**drama** [DRAR-mah] *nt* drama

**dramatiker** [drah-MAR-ti-kehr] *c* dramatist

**dramatisk** [drah-MAR-tisk] *adj* dramatic

**drepe** [DRAY-peh] *v* kill

**dress** [drehss] *c* suit; business suit

**drikk** [drikk] *c* beverage; drink

* **drikke** [DRIK-keh] *v* drink

**drikke-** [DRIK-keh] *pref* potable

**drikkefontene** [DRIK-keh-foon-teh-neh] *c* drinking fountain

**drikkepenger** [DRIK-keh-pehng-ehr] *pl* tip; gratuity

**drikkevann** [DRIK-keh-vahnn] *v* drinking water

**dristig** [DRIS-ti] *adj* bold

* **drive** [DREE-veh] *v* propel

* **drive gjøn med** [DREE-veh yurn meh] *v* kid

* **drive handel** [DREE-veh HAHN-dehl] *v* trade

**drivhjul** [DREEV-yewl] *nt* driving-wheel

**drivhus** [DREEV-hews] *nt* greenhouse

**dronning** [DRON-ning] *c* queen

**drosje** [DRO-sheh] *c* cab

**drosjebil** [DRO-sheh-beel] *c* taxi

**drosjeholdeplass** [DRO-sheh-hol-leh-plahss] *c* taxi-stand; taxi-rank

**drosjesjåfor** [DRO-sheh-sho-furr] *c* taxi-driver

**drosjesjåfør** [DRO-sheh-sho-furr] c cabdriver

**druer** [DREW-ehr] pl grapes pl

**drukne** [DROOK-neh] v drown

**drømme** [DRURM-meh] v dream

**dråpe** [DRAW-peh] c drop

**dråper** [DRAW-pehr] pl drops pl

**du** [dew] pron you

**due** [DEW-eh] c pigeon

**duft** [dewft] c scent

**dugg** [dewgg] c dew

**duk** [dewk] c tablecloth

**dukke** [DEWK-keh] v dive; c doll

**dum** [doom] adj stupid

**dundyne** [DEWN-dew-neh] c eiderdown

**dusin** [dew-SEEN] nt dozen

**dusj** [dewsh] c shower

**dybde** [DEWB-deh] c depth

**dyd** [dewd] c virtue

**dyktig** [DEWK-ti] adj skillful; able

**dyktighet** [DEWK-tig-heht] c ability; art; skill

**dynamo** [dew-NAR-moo] c dynamo

**dyp** [dewp] adj deep

**dypfryst mat** [DEWP-frewst mart] c frozen food

**dyppekoker** [DEWP-peh-koo-kehr] c immersion heater

**dyr** [dewr] adj expensive; dear; nt animal

**dyrekjøtt** [DEW-reh-khurtt] nt venison

**dyrke** [DEWR-keh] v cultivate

**dyrket** [DEWR-keht] adj cultivated

**dyrlege** [DEWR-leh-geh] c veterinary surgeon

**dysenteri** [dew-sehn-teh-REE] c dysentery

**dyster** [DEWS-tehr] adj gloomy

* **dø** [dur] v die

**død** [durd] adj dead

**døgnflue** [DURIN-flew-eh] c fad

**dømme** [DURM-meh] v sentence

**dør** [durr] c door

**dørvakt** [DURR-vahkt] c doorman

**døv** [durv] adj deaf

**dårlig** [DAWR-lig] adj bad

**dårlig fordøyelse** [DAWR-lig for-DUREW-ehl-seh] c indigestion

**Eau de Cologne** [o dur ko-LONY] c toilet water

**ed** [ayd] c curse

**eddik** [EHD-dik] c vinegar

**edelstein** [AY-dehl-stayn] c gem

**edelsten** [AYD-ehl-stayn] c stone

**effektiv** [EHF-fehk-tiv] adj effective

**egen** [AY-gehn] adj own

**egg** [ehgg] nt egg

**eggeglass** [EHG-geh-glahss] nt egg-cup

**Egypt** [eh-GEWPT] nt Egypt

**egypter** [eh-GEWPT-tehr] c Egyptian

**egyptisk** [eh-GEWPT-isk] adj Egyptian

**eie** [AY-eh] v own; possess

**eiendeler** [AY-ehn-deh-lehr] pl belongings pl

**eiendom** [AY-ehn-dom] c possessions pl; property; estate

**eiendommelig** [AY-ehn-dom-meh-li] adj quaint; peculiar

**eiendomsmegler** [AY-ehn-doms-mehg-lehr] c house-agent

**eier** [AY-ehr] c owner; proprietor

**eik** [ayk] c oak

**eike** [AY-keh] c spoke

**ekko** [EHK-koo] nt echo

**eksamen** [ehks-AR-mehn] examination

**eksamensgrad** [ehks-AR-mehns-grard] c degree

**eksempel** [ehks-EHM-pehl] *nt (pl*
**eksempler)** example; instance

**eksemplar** [ehks-ehm-PLARR] *nt*
copy; specimen

**eksistere** [ehk-si-STAY-reh] *v*
exist

**eksos** [ehk-SWIS] *c* exhaust

**ekspedisjon** [ehks-peh-di-SHWIN]
*c* expedition

**ekspeditrise** [ehks-peh-di-TREE-
seh] *c* salesgirl

**ekspeditør** [ehks-peh-di-TURR] *c*
salesman; shop assistant

**eksperiment** [ehks-peh-ri-
MEHNT] *nt* experiment

**eksperimentere** [ehks-peh-ri-
mehn-TAY-reh] *v* experiment

**ekspert** [ehks-PÆRT] *c* expert

**eksplodere** [ehks-plw-DAY-reh] *v*
explode

**eksponering** [EHKS-pw-NAYR-ing]
*c* exposure

**eksponeringsmåler** [ehks-pw-
NAYR-ings-mo-lehr] *c* exposure
metre

**eksportere** [ehks-pwr-TAI-reh] *v*
export

**eksportvarer** [ehks-PWRT-vah-
rehr] *npl* exports *pl*

**ekspress-** [ehks-PREHSS] *pref*
express

**ekspress** [ehks-PREHS] special
delivery

**ekspressbrev** [ehks-PREHSS-
brehv] *nt* express letter

**ekspresstog** [ehks-PREHSS-tawg]
*nt* through train

**ekstra** [EHKS-trah] *adj* extra;
spare; additional

**ekte** [EHK-teh] *adj* authentic;
genuine

**ektemann** [EHK-teh-mahnn] *c*
husband

**ektepar** [EHK-teh-pahr] *nt*
married couple

**ekteskap** [EHK-teh-skahp] *nt*
marriage

**ekvator** [ehk-VAR-twr] equator

**elastikk** [eh-lah-STIKK] *c* elastic

**elastisk strømpe** [eh-LAHS-tisk
STRURM-peh] *c* support hose *pl*

**eldgammel** [EHLL-gahm-mehl]
*adj* ancient

**eldre** [AYL-dreh] *adj* aged; older;
elderly; elder

**eldst** [ehlst] *adj* eldest; oldest

**eleganse** [eh-leh-GAHN-seh] *c*
elegance

**elegant** [eh-lay-GAHNT] *adj*
elegant

**elektriker** [ehl-EHK-tri-kehr] *c*
electrician

**elektrisitet** [ehl-ehk-tri-si-TAYT]
*c* electricity

**elektrisk** [ehl-EHK-trisk] *adj*
electric

**element** [eh-leh-MAYNT] *nt*
element

**elendig** [eh-LEHN-dig] *adj*
miserable

**elendighet** [eh-LEHN-dig-heht] *c*
misery

**elev** [eh-LAYV] *c* learner; pupil

**elfenben** [EHL-fehn-bayn] *nt*
ivory

**eller** [EHL-lehr] *conj* or

**ellers** [EHL-lehrsh] *conj*
otherwise; *adv* else

**elleve** [EHL-veh] *adj* eleven

**ellevte** [EHL-ehf-teh] *adj*
eleventh

**elske** [EHL-skeh] *v* love

**elskling** [EHLSK-ling] *c*
sweetheart; darling

**elskverdighet** [ehlsk-VÆR-dig-
heht] *c* amenities *pl*

**elv** [ehlv] *c* river; stream

**elvebredd** [EHL-veh-brehdd] *c*

riverside; river-bank

**elvemunning** [EHL-veh-mewn-ning] *c* estuary

**emalje** [ehm-AHL-yeh] *c* enamel

**emigrant** [ay-mi-GRAHNT] *c* emigrant

**emne** [EHM-neh] *nt* subject; topic

**-en** [ehn] *suff* the

**en** [ayn] *art (f* ei, *nt* et*)* a; *adj* one

**en annen** [ayn AHNN-ehn] *adj* another

**en gang til** [ayn gahng til] *adv* once more

**en til** [ayn til] another

**ende** [EHN-neh] *c* end

**endelig** [EHN-deh-lig] *adv* eventually; *adj* final; at last

**endestasjon** [EHN-neh-stah-shoon] *c* terminus

**endivie** [ehn-DEE-vi-eh] *c* endive

**endog** [EHND-og] *adv* even

**-ene** [EH-neh] *suf*

**energi** [ehn-ehr-GEE] *c* energy

**energisk** [ehn-EHR-gisk] *adj* energetic

**eneste** [AYN-ehs-teh] *adj* only; sole

**enestående** [AY-neh-sto-ehn-deh] *adj* unique

**eng** [ehng] *c* meadow

**engang** [AYN-gahng] *adv* once; some time

**engangs-** [AYN-gahngs] *pref* disposable

**engel** [EHNG-ehl] *c (pl* engler) angel

**engelsk** [EHNG-ehlsk] *adj* English

**engelskmann** [EHNG-ehlsk-mahnn] *c (pl* ~menn) Englishman

**England** [EHNG-lahnn] *nt* England

**engroshandel** [ahn-GROO-hahn-dehl] *c* wholesale

**engstelig** [EHNG-steh-lig] *adj* worried; anxious

**enhet** [AYN-heht] *c* unit

**enhver** [ehn-VÆÆR] *pron* everyone; everybody; each one

**enke** [EHN-keh] *c* widow

**enkel** [EHN-kehl] *adj* plain; single; simple

**enkeltbillet** [EHNG-kehlt-bil-lehtt] *c* single ticket

**enkeltheter** [EHNG-kehlt-hay-tehr] *pl* particulars *pl*

**enkeltnok** [EHNG-kehlt-nok] *adv* simply

**enkeltrom** [EHNG-kehlt-roooam] *nt* single room

**enkeltseng** [EHNG-kehlt-sehng] *c* single bed

**enkemann** [EHN-keh-mahnn] *c* widower

**enn** [ehnn] *conj* than

**ennå** [EHN-no] *adv* yet

**enorm** [eh-NORM] *adj* immense; enormous

**ensom** [AYN-som] *adj* lonely

**entall** [AYN-tahll] *nt* singular

**enten . . . eller** [EHN-tehn EHL-lehr] *conj* either... or

**entusiastisk** [ehn-too-si-AHS-tisk] *adj* enthusiastic

**enveiskjøring** [AYN-vays-khur-ring] *c* one-way traffic

**epidemi** [eh-pi-deh-MEE] epidemic

**epilepsi** [ehpi-lehp-SEE] epilepsy

**eple** [EHP-leh] *nt* apple

**erfare** [ær-FAR-reh] *v* experience

**erfaren** [ær-FARR-ehn] *adj* experienced

**erfaring** [ær-FARR-ing] *c* experience

**erkebiskop** [ÆR-keh-bis-kop] *c* archbishop

**erkjenne** [ær-KHEHN-neh] *v*

acknowledge

**erklære** [ær-KLÆÆ-reh] *v* state

**erklæring** [ær-KLÆÆR-ing] *c* statement

**erme** [ÆR-meh] *nt* sleeve

**erstatning** [ær-SHTAHT-ning] *c* substitute

**erstatte** [ær-SHTAHT-teh] *v* substitute; replace

**ert** [ært] *c* pea

**erverve** [ær-VÆR-veh] *v* acquire

**esel** [AY-sehl] *nt (pl* **esler)** donkey; ass

**eske** [EHS-keh] *c* box

**eskorte** [ehs-KOR-teh] *c* escort

**eskortere** [ehs-kor-TAY-reh] *v* escort

**esplanade** [ehs-plah-NAR-deh] *c* esplanade

**ess** [ayss] *nt* ace

**essay** [EHS-say] *nt* essay

**-et** [eh] *suf* (→ **-en)**

**et par** [ehtt parr] couple of

**etasje** [eh-TAR-sheh] *c* floor; storey

**etikett** [eh-ti-KEHTT] *c* label

**etsteds** [eht-STEHDS] *adv* somewhere

**etter** [EHT-tehr] *prep* after

**etter at** [EHT-tehr ahtt] *conj* after

**etterforske** [EHT-tehr-fosh-keh] *v* investigate

**etterkrav** [EHT-tehr-krarv] *nt* cash on delivery

**etterlikne** [EHT-tehr-lik-neh] *v* imitate

**etterlikning** [EHT-tehr-lik-ning] *c* imitation

**ettermiddag** [EHT-tehr-mid-dahg] *c* afternoon

**ettermiddagste** [EHT-tehr-mid-dahgs-tay] *c* tea

**etternavn** [EHT-tehr-nahvn] *nt* surname; family name

**etterprøve** [EHT-tehr-prur-veh] *v* verify

**etterpå** [EHT-tehr-po] *adv* afterwards

**ettersende** [EHT-tehr-sehn-neh] *v* forward

**Europa** [ow-RWI-pah] Europe

**europeer** [ow-rwi-PAY-ehr] *c* European

**europeisk** [ow-roo-PAY-isk] *adj* European

**eventyr** [AYV-ehn-tewr] *nt* adventure

**eye-liner** [IGH-ligh-nehr] eye-liner

**fabrikant** [fah-bri-KAHNT] *c* manufacturer

**fabrikere** [fah-bri-KAY-reh] *v* manufacture

**fabrikert** [fah-bri-KAYRT] *adj* manufactured

**fabrikk** [fah-BRIKK] *c* factory; plant

**fag** [farg] *nt* profession

**fagforening** [ FARG-for-ehn-ing] *c* trade-union

**fajanse** [fah-YAHNG-seh] *c* faience

**faktisk** [FAHK-tisk] *adj* factual; *adv* in fact; indeed; as a matter of fact

**faktum** [FAHK-tewm] *nt (pl* **fakta)** fact

**faktura** [fahk-TEW-rah] *c* invoice

**fakultet** [fah-kewl-TAYT] *nt* faculty

**fald** [fahll] *c* hem

**fall** [fahll] *nt* fall

**\*falle** [FAHL-leh] *v* fall

**falle til ro** [FAHL-leh til roo] *v* calm down

**falme** [FAHL-meh] *v* fade

**familie** [fah-MEE-li-eh] *c* family

**fange** [FAHNG-eh] *c* prisoner; *v* catch

**fantasi** [fahn-tah-SEE] *c* imagination

**fantastisk** [fahn-TAHS-tisk] *adj* terrific; fantastic

**far** [farr] *c* (*pl* **fedre**) father; dad

**fare** [FAR-reh] *c* danger

**farge** [FAHR-geh] *c* colour; dye; suit; *v* dye

**fargefilm** [FAHR-geh-film] *c* colour-film

**fargemiddel** [FAHR-geh-mid-dehl] *nt* (*pl* ~**midler**) colourant

**fargerik** [FAHR-geh-reek] *adj* colourful

**farget** [FAHR-geht] *adj* coloured

**farlig** [FARR-lig] *adj* dangerous

**fart** [fahrt] *c* speed

**fartsgrense** [FAHRTS-grehn-seh] *c* speed limit

**fartsmåler** [FAHRTS-mo-lehr] *c* speedometer

**fartøy** [FARR-turi] *nt* vessel

**fasade** [fah-SAR-deh] *c* facade

**fasan** [fah-SARN] *c* pheasant

**fast** [fahst] *adj* fixed; firm; *adv* tight

**fast kunde** [fahst KEWN-deh] *c* patron

**fast meny** [fahst meh-NEW] *c* set menu

**fast pris** [fahst prees] *c* fixed price

**fast stoff** [fahst stoff] *nt* solid

**fastland** [FAHST-lahnn] *nt* mainland

**fastlands-** [FAHST-lahnns] *pref* continental

**fat** [fart] *nt* cask

**fatal** [fah-TARL] *adj* fatal

**fatte** [FAHT-teh] *v* take in

**fattig** [FAHT-tig] *adj* poor

**feber** [FAY-behr] *c* fever

**feberaktig** [FAY-behr-ahk-tig] *adj* feverish

**febersår** [FAY-behr-sawr] *nt* fever blister

**februar** [feh-brew-ARR] *c* February

**fedreland** [FAY-dreh-lahnn] *nt* mother country; native country

**feiging** [FAYG-ing] *c* coward

**feil** [fayl] *c* fault; error

**feilaktig** [fayl-AHK-tig] *adj* false

**feile** [FAY-leh] *v* err

**feiltakelse** [FAYL-tah-kehl-seh] *c* mistake

**feiltrinn** [FAYL-trin] *nt* slip

**feire** [FAY-reh] *v* celebrate

**feiring** [FAY-ring] *c* celebration

**felg** [fehlg] *c* rim

**felle** [FEHL-leh] *c* trap

**felles** [FEHL-lehs] *adj* common

**feltkikkert** [FEHLT-khik-kehrt] *c* field glasses *pl*

**feltseng** [FEHLT-sehng] *c* cot; camp-bed

**fem** [fehm] *adj* five

**fem hundre** [fehm HEWNN-dreh] *adj* five hundred

**femte** [FEHM-teh] *adj* fifth

**femten** [FEHM-tehn] *adj* fifteen

**femtende** [FEHM-tehn-ay] *adj* fifteenth

**femti** [FEHM-ti] *adj* fifty

**fengsel** [FEHNG-shehl] *nt* (*pl* **fengsler**) imprisonment; gaol; prison; jail

**fengsle** [FEHNG-shleh] *v* imprison

**ferdig** [FÆR-dig] *adj* ready

**ferie** [FAY-ri-eh] *c* holidays *pl*; vacation

**ferieleir** [FAY-ri-eh-læir] *c* holiday camp

**feriested** [FAY-ri-eh-stayd] *nt* resort

**ferje** [FÆR-yeh] *c* ferry boat

**ferniss** [fehr-NISS] *c* varnish

**fersk** [færshk] *adj* fresh

**fersken** [FÆRSH-kehn] *c* peach

**ferskvann** [FÆRSHK-vahnn] *nt* fresh water

**fest** [fehst] *c* feast

**feste** [FEHS-teh] *v* fasten; attach

**feste med nål** [FEHS-teh mai nawl] *v* pin

**festeinnretning** [FEHS-teh-inn-reht-ning] *c* fastener

**festival** [fehs-ti-VARL] *c* festival

**festlig** [FEHST-lig] *adj* festive

**festning** [FEHST-ning] *c* fortress

**fet** [fayt] *adj* fat

**fett** [fehtt] *nt* fat; grease

**fettholdig** [FEHTT-holl-dig] *adj* fatty

**fiasko** [fi-AHS-koo] *c* failure

**fiber** [FEE-behr] *c* (*pl* fibrer) fibre

**fiende** [FI-ehn-deh] *c* enemy

**fiken** [FEE-kehn] *c* fig

**fil** [feel] *c* file

**fille** [FIL-leh] *c* rag

**film** [film] *c* film; pictures *pl*; movie

**filme** [FIL-meh] *v* film

**filmjournal** [FILM-shoor-nahl] *c* news-reel

**filmkamera** [FILM-kar-meh-rah] *nt* movie camera

**filosof** [fi-loo-SOOF] *c* philosopher

**filosofi** [fi-loo-soo-FI] *c* philosophy

**filt** [filt] *c* felt

**filter** [FIL-tehr] *nt* filter

**fin** [feen] *adj* fine

**finansdepartement** [fi-NAHNGS-deh-pahr-teh-mahng] *nt* treasury

**finansiell** [fi-nahn-si-EHLL] *adj* financial

**finger** [FING-ehr] *c* (*pl* fingre) finger

**fingerbøl** [FING-ehr-burll] *nt* thimble

**finhakke** [FEEN-hahk-keh] *v* mince

**Finland** [FIN-lahnn] *nt* Finland

**finne** [FIN-neh] *c* Finn; *v* find

\***finne igjen** [FIN-neh i-YEHNN] *v* recover

\***finne skyldig** [FIN-neh SHEWLL-dig] *v* convict

\***finne sted** [FIN-neh stayd] *v* take place

**finsk** [finsk] *adj* Finnish

**fint** [feent] *adv* all right

**fiol** [fi-OOL] *c* violet

**fiolin** [fi-oo-LEEN] *c* violin

**fire** [FEE-reh] *adj* four

**firma** [FIR-mah] *nt* firm

**fisk** [fisk] *c* fish

**fiske** [FIS-keh] *v* fish; *nt* fishing

**fiskeforretning** [FIS-keh-for-reht-ning] *c* fish shop

**fiskegarn** [FIS-keh-gahrn] *nt* fishing net

**fiskekort** [FIS-keh-kort] *nt* fishing licence

**fiskekrok** [FIS-keh-krook] *c* fishing hook

**fisker** [FISK-ehr] *c* fisherman

**fiskeredskap** [FIS-keh-rehd-skarp] *nt* fishing tackle

**fiskesnøre** [FIS-keh-snur-reh] *nt* fishing line

**fiskestang** [FIS-keh-stahng] *c* (*pl* ~stenger) fishing rod

**fjell** [fyehll] *nt* mountain

**fjellkjede** [FYEHLL-khay-deh] *c* mountain range

**fjellklatring** [FYEHLL-klaht-ring] *c* mountaineering

**fjellrik** [FYEHLL-reek] *adj*

mountainous
**fjerde** [FYÆÆ-reh] *adj* fourth
**fjerdedel** [FYÆÆ-reh-dehl] *c* quarter
**fjern** [fyærn] *adj* remote; distant; far-off; far; *adv* faraway
**fjerne** [FYÆÆR-neh] *v* remove
**fjernest** [FYÆÆR-nehst] *adj* farthest; furthest
**fjerning** [FYÆR-ning] *c* removal
**fjernskriver** [FYÆÆRN-skri-vehr] *c* telex
**fjernsyn** [FYÆÆRN-sewn] *nt* television
**fjernsynsapparat** [FYÆÆRN-sewns-ahp-pah-raht] *nt* television set
**fjernvalgnummer** [FYÆRN-vahlg-noom-mehr] *nt* area code
**fjord** [fyoor] *c* fjord
**fjorten** [FYOORT-ehn] *adj* fourteen
**fjorten dager** [FYOOR-tehn DAR-gehr] *pl* fortnight
**fjortende** [FYOORT-ehn-eh] *adj* fourteenth
**fjær** [fyæær] *c* feather
**fjærfe** [FYÆÆR-fay] *nt* poultry
**fjærkre** [FYÆÆR-kreh] *nt* fowl
**flagg** [flahg] *nt* flag
**flamme** [FLAHM-meh] *c* flame
**flanell** [flah-NEHLL] *c* flannel
**flaske** [FLAHS-keh] *c* bottle
**flaskeåpner** [FLAHS-keh-op-nehr] *c* bottle opener
**flass** [flahss] *nt* dandruff
**flat** [flart] *adj* flat
**flekk** [flehkk] *c* stain; spot; blot
**flekke** [FLEHK-keh] *v* stain
**flekket** [FLEHK-keht] *adj* stained
**flekkfjerner** [FLEHKK-fyær-nehr] *c* stain remover
**flere** [FLAY-reh] *adj* more
**flertall** [FLAYR-tahl] *nt* majority; plural

**flest** [flehst] *adj* most
**flink** [flink] *adj* clever
**flintsten** [FLINT-stayn] *c* flint
**flir** [fleer] *nt* grin
**flire** [FLEE-reh] *v* grin
**flis** [flees] *c* tile
**flittig** [FLIT-tig] *adj* industrious
**flokk** [flokk] *c* flock; bunch
**floor show** [FLAWR shov] *nt* floor-show
**flue** [FLEW-eh] *c* fly
**fluktstol** [FLEWKT-stool] *c* deck-chair
**fly** [flew] *nt* plane; aeroplane; airplane; aircraft; *v* fly
**flyhavn** [FLEW-hahvn] *c* airport
**flyktning** [FLEWKT-ning] *c* runaway
**flyndre** [FLEWN-dreh] *c* sole
**flyplass** [FLEW-plahss] *c* airfield
**flyselskap** [FLEW-sehl-skarp] *nt* airline
\* **flyte** [FLEW-teh] *v* flow; float
**flytende** [FLEWT-ehn-deh] *adj* fluent; liquid
**flytning** [FLEWT-ning] *c* move
**flyttbar** [FLEWTT-barr] *adj* movable
**flytte** [FLEWT-teh] *v* move
**flytte inn** [FLEWT-teh inn] *v* move in
**flytte ut** [FLEWT-teh ewt] *v* move out; check out
**flyvertinne** [FLEW-væert-in-neh] *c* stewardess
**flyvning** [FLEWV-ning] *c* flight
**fløte** [FLUR-teh] *c* cream
**fløteaktig** [FLUR-teh-ahk-tig] *adj* creamy
**fløyel** [FLURI-ehl] *c* velvet
**fløyte** [FLURI-teh] *c* whistle
**flåte** [FLAW-teh] *c* fleet; navy
**foajé** [foo-ah-YAY] *c* foyer
**fokus** [FOO-kews] *nt* focus

**fold** [fol] *c* crease
**folde** [FOL-leh] *v* fold
**folde ut** [FOL-leh ewt] *v* unfold
**folk** [folk] *nt* folk; people
**folkedans** [FOL-keh-dahns] *c*
folk-dance
**folkerik** [FOL-keh-reek] *adj*
populous
**folkevise** [FOL-keh-vi-seh] *c* folk-
song
**folklore** [FOLK-lawr] *c* folklore
**fondsbørsmarked** [FONNS-
burrsh-mahr-kehd] *nt* stock-
market
**fonetisk** [foo-NAY-tisk] *adj*
phonetic
**fontene** [foon-TAY-neh] *c*
fountain
**fôr** [foor] *c* lining
**for** [forl] *prep* for
**for det meste** [fawr deh MEHS-
teh] *adv* mostly
**for lenge siden** [for LEHNG-eh SI-
dayn] *adv* long ago
**for mye** [for MEW-eh] too much
**for seg** [for say] *adv* apart
**for stor fart** [for stoor fahrt] *c*
speeding
**forakt** [for-AHKT] *c* scorn
**forakte** [for-AHK-teh] *v* scorn;
despise
**foran** [FOR-ahnn] *prep* before;
ahead of; in front of; *adv*
ahead
**forandre** [for-AHN-dreh] *v* alter;
change
**forandring** [for-AHN-dring] *c*
change; alteration; variation
**forbause** [for-BOW-seh] *v* amaze;
astonish
**forbausende** [for-BOWS-ehn-deh]
*adj* astonishing
**forbedre** [for-BAYD-reh] *v*
improve

**forbedret** [for-BAYD-reht] *adj*
improved
**forbedring** [for-BAYD-ring] *c*
improvement
**forberede** [FOR-beh-ray-deh] *v*
prepare
**forberedelse** [FOR-beh-ray-dehl-
seh] *c* preparation
**forberedende** [FOR-beh-reh-
dehn-deh] *adj* preliminary
**forbikjøring forbudt** [for-BEE-
khur-ring for-BEWTT] no
overtaking
* **forbinde** [for-BIN-neh] *v* link
**forbindelse** [for-BIN-nehl-seh] *c*
link; connection; relations *pl*
**forbindelser** [for-BINN-ehl-sehr]
*pl* connections *pl*
**forbipasserende** [for-BEE-pahs-
seh-rehn-deh] *c* passer-by
* **forbli** [for-BLEE] *v* stay
**forbokstav** [FOR-book-stahv] *c*
initial
**forbruker** [for-BREW-kehr] *c*
consumer
**forbrytelse** [for-BREWT-ehl-seh] *c*
crime
**forbryter** [for-BREW-tehr] *c*
criminal
**forbud** [FOR-bewd] *nt* prohibition
**forbudt** [for-BEWTT] *adj*
prohibited
**forbund** [FOR-bewnn] *nt*
federation
**forbunds-** [FOR-bewnns] *pref*
federal
* **forby** [for-BEW] *v* forbid;
prohibit
**fordel** [FOR-dehl] *c* advantage
**fordelaktig** [FOR-dehl-ahk-tig]
*adj* advantageous
**fordeler** [for-DAYL-ehr] *e*
distributor
**fordervet** [for-DÆR-veht] *adj*

stale

**fordi** [for-DI] *conj* because

**fordunste** [for-DEWNS-teh] *v*
evaporate

**fordøye** [for-DURI-eh] *v* digest

**fordøyelig** [for-DURI-eh-lig] *adj*
digestible

**fordøyelse** [for-DURI-ehl-seh] *c*
digestion

**forebyggende** [FAW-reh-bewg-
gehn-deh] *adj* preventive

**foredrag** [FAW-reh-drarg] *nt*
lecture

* **foregripe** [FO-reh-gri-peh] *v*
anticipate

**foregående** [FO-reh-gaw-ehn-
deh] *adj* preceding

**foreldre** [for-EHLD-reh] *pl*
parents *pl*

**forelsket** [for-EHLSK-eht] *adv* in
love

**forene** [for-AY-neh] *v* unite; join

**forening** [for-AY-ning] *c* union;
association

* **foreslå** [FAW-reh-shlaw] *v*
propose; suggest

**forestille seg** [FO-reh-stil-leh
say] *v* imagine

**forestilling** [FAW-reh-stil-ling] *c*
show; performance

**foretagende** [FO-reh-tahg-ehn-
deh] *nt* concern; undertaking;
enterprise

**foretagsom** [FO-reh-tahg-som]
*adj* enterprising

* **foretrekke** [FAW-reh-trehk-keh]
*v* prefer

**forfallen** [for-FAHL-lehn] *adj*
overdue

**forfatter** [for-FAHT-tehr] *c* author;
writer

**forferdelig** [for-FÆR-deh-lig] *adj*
frightful; terrible; awful

**forfriske** [for-FRIS-keh] *v* refresh

**forfriskning** [for-FRISK-ning] *c*
refreshment

* **forfølge** [for-FURL-geh] *v* chase

**forgasser** [for-GAHSS-ehr] *c*
carburettor

**forglemmelse** [for-GLEHM-mehl-
seh] *c* oversight

**forgrene seg** [for-GRAY-neh say] *v*
branch off

**forgrunn** [FOR-grewnn] *c*
foreground

**forgylt** [for-YEWLT] *adj* gilt

* **forgå seg** [for-GAW say] *v* offend

**forhandle** [for-HAHN-dleh] *v*
negotiate

**forhandler** [for-HAHN-dlehr] *c*
dealer

**forhandling** [for-HAHN-dling] *c*
negotiation

**forhandlinger** [for-HAHND-ling-
ehr] *pl* deal

**forhold** [FOR-holl] *nt* conditions
*pl; affair*

**forholdsregel** [FOR-hols-ray-
gehl] *c* precaution

**forhøre seg** [for-HUR-reh say] *v*
inquire

**forhåndsbetalt** [FOR-honns-beh-
tahlt] *adj* prepaid

**forkjølelse** [for-KHURL-ehl-seh] *c*
cold

**forkjørsrett** [FOR-khurrs-REHT] *c*
right-of-way

**forklare** [for-KLAR-reh] *v* explain

**forklaring** [for-KLARR-ing] *c*
explanation

**forkle** [FOR-kleh] *nt* apron

**forkorte** [for-KOR-teh] *v* shorten

**forkortelse** [for-KORT-ehl-seh] *c*
abbreviation

**forlange** [for-LAHNG-eh] *v* charge

* **forlate** [for-LAR-teh] *v* depart;
leave

* **forlegge** [foar-LEHG-geh] mislay

**forlegger** [FOR-lehg-gehr] *nt* publisher

**forlenge** [for-LEHNG-eh] *v* renew; lengthen

**forlovede** [for-LAW-veh-deh] *c* fiancée; fiancé

**forlovelsesring** [for-LOV-ehl-sehs-ring] *c* engagement ring

**forlovet** [for-LOV-eht] *adj* engaged

**form** [form] *c* form; shape

**formalitet** [for-mah-li-TAYT] *c* formality

**formann** [FOR-mahnn] *c* (*pl* **formenn**) foreman

**forme** [FOR-meh] *v* form

**formel** [FOR-mehl] *c* formula

**formell** [for-MEHLL] *adj* formal

*****formode** [for-MOO-deh] *v* assume

**fornavn** [FOR-nahvn] *nt* Christian name; first name

**fornuft** [for-NEWFT] *c* sense

**fornuftig** [for-NEWF-tig] *adj* sensible; reasonable

**fornye** [for-NEW-eh] *v* renew

**fornærme** [FOR-nær-meh] *v* insult

**fornærmelse** [for-NÆÆR-mehl-seh] *c* insult

**fornøyd** [for-NURID] *adj* contented; pleased

**fornøyelse** [for-NURI-ehl-seh] *c* pleasure

**forresten** [for-REHS-tehn] *adv* by the way

**forretning** [fo-REHT-ning] *c* shop; store

**forretningsmann** [for-REHT-nings-mahnn] *c* (*pl* ~**menn**) businessman

**forretningsreise** [for-REHT-nings-ray-seh] *c* business trip

**forretningssenter** [for-REHT-nings-sehn-tehr] *nt* (*pl* ~**sentra**) shopping centre

**forrett** [FOR-rehtt] *c* hors-d'œuvre

**forråd** [FOR-rod] *nt* supplies *pl*

**forsamling** [for-SAHM-ling] *c* assembly

**forseelse** [for-SAY-ehl-seh] *c* offence

**forsendelse** [for-SEHNN-ehl-seh] *c* consignment

**forside** [FOR-si-deh] *c* front

**forsikre** [for-SIK-reh] *v* assure; insure

**forsikring** [for-SIK-ring] *c* insurance

**forsikringsbrev** [for-SIK-rings-brayv] *nt* insurance policy

**forsikringspremie** [for-SIK-rings-preh-mi-eh] *c* premium

**forsiktig** [for-SIKT-ig] *adj* careful

**forsiktighet** [for-SIKT-ig-heht] *c* caution

**forskjell** [for-SHEHLL] *c* difference

**forskjellig** [for-SHEHL-li] *adj* distinct; different; unlike; various

**forskning** [FORSHK-ning] *c* research

**forskrekke** [for-SKRAYK-keh] *v* terrify

**forskudd** [FOR-skewdd] *nt* advance

**forslag** [FOR-shlahg] *nt* suggestion; proposal

**forsove seg** [for-SAW-veh say] *v* oversleep

**forspise seg** [for-SPEE-seh say] *v* overeat

**forstad** [FOR-stard] *c* (*pl* ~**steder**) suburb

**forstads-** [FOR-stahds] *pref* suburban

**forstavelse** [FOR-stah-vehl-seh] *c*

prefix

**forstoppelse** [for-STOPP-ehl-seh] c constipation

**forstoppet** [for-STOPP-eht] adj constipated

**forstyrre** [for-STEWR-reh] v disturb; upset

**forstyrrelse** [for-STEWRR-ehl-seh] c disturbance

**forstørre** [for-STIPR-reh] v enlarge

**forstørrelse** [for-STURR-rehl-seh] c enlargement

*** forstå** [for-STAW] v understand

**forståelse** [for-STAW-ehl-seh] c understanding

**forsvar** [FOR-svarr] nt defence

**forsvare** [for-SVAR-reh] v defend

*** forsvinne** [for-SVIN-neh] v disappear; vanish

**forsyne** [for-SEW-neh] v supply

**forsyning** [for-SEW-ning] c supply

**forsyninger** [for-SEW-ning-ehr] pl provisions pl

**forsøke** [for-SUR-keh] v attempt; try

**forsømme** [for-SURM-meh] v neglect

**forsømmelse** [for-SURM-mehl-say] c neglect

**fortau** [for-tow] nt pavement; footpath; sidewalk

**fortauskant** [FOR-tows-kahnt] c curb

*** fortelle** [for-TEHL-leh] v tell

**fortelling** [for-TEHLL-ing] c tale; story

**fortid** [FOR-tid] c past

**fortjene** [for-TYAY-neh] v merit; deserve

**fortjeneste** [for-TYAY-nehs-teh] nt merit; c gain

**fortolle** [for-TOALL-eh] v declare

**fortrinnsrett** [FAWR-trinns-rehtt]

c priority

**fortrinnsvis** [FOR-trinns-vis] adv preferable

**fortsette** [FORT-seht-teh] v proceed; continue; carry on; go ahead; go on; keep on

**fortvilt** [for-TVEELT] adj desperate

**fortynne** [for-TEWN-neh] v dilute

**fortynnet** [for-TEWN-neht] adj diluted

**forundring** [for-EWN-dring] c wonder

**forurolige** [FOR-ew-roo-li-geh] v alarm

**forutsatt at** [FOR-ewt-saht aht] conj supposing that; provided

*** forutsi** [FOR-ewt-si] v forecast

**forutsigelse** [FOR-ewt-seeg-ehl-seh] c forecast

**forvaring** [for-VARR-ing] c custody

**forvirret** [for-VIR-reht] adj delirious; confused

**forvirring** [for-VIRR-ing] c confusion

**forårsake** [FOR-or-sah-keh] v cause

**foss** [foss] c waterfall

**fossestryk** [FOS-seh-strewk] nt rapids pl

**fot** [foot] c (pl føtter) foot

**fotball** [FOOT-bahll] c football; soccer

**fotballkamp** [FOOT-bahll-kahmp] c football match

**fotbremse** [FOOT-brehm-seh] c foot-brake

**fotgjenger** [FOOT-yehng-ehr] c walker; pedestrian

**fotgjengerovergang** [FOOT-yehng-ehr-aw-vehr-gahng] c pedestrian crossing; crossing

**foto** [FOO-too] nt snapshot; photo

**fotoforretning** [FOO-too-for-reht-ning] c photo store; **camera store**

**fotograf** [foo-too-GRARF] c photographer

**fotografere** [foo-too-grah-FAY-reh] v photograph

**fotografering** [foo-too-grah-FAY-ring] c photography

**fotografi** [foo-too-grah-FEE] nt photograph

**fotostat** [foo-too-START] c photostat

**fotpleier** [FOOT-play-ehr] c chiropodist

**fotpudder** [FOOT-pewd-dehr] nt foot powder

**fra** [frar] prep from

**fra og med** [frar o may] as from

**fraflytte** [FRAR-flewt-teh] v vacate

**frakk** [frahkk] c topcoat; coat

**frakt** [frahkt] c freight

**framkalle** [FRAHM-kahl-leh] v develop

**framtid** [FRAHM-tid] c future

**frankere** [frahn-KAY-reh] v stamp

**Frankrike** [FRAHNK-ri-keh] nt France

**fransk** [frahnsk] adj French

**franskmann** [FRAHNSK-mahnn] c (pl ~menn) Frenchman

**frastøtende** [FRAR-stur-teh-neh] adj repellent

* **fratre** [FRAR-treh] v resign

**fravær** [FRAR-vær] nt absence

**fraværende** [FRAR-vær-ehn-eh] adj absent

**fred** [frayd] c peace

**fredag** [FRAY-dahg] c Friday

**fredelig** [FRAY-deh-lig] adj peaceful

**frekk** [frehkk] adj insolent

**fremdeles** [frehm-DAYL-ehs] adv still

**fremgangsmåte** [FREHM-gahngs-mo-teh] c process; procedure

**fremmed** [FREHM-mehd] c stranger; adj strange

**fremmed valuta** [FREHM-mehd vah-LEW-tah] c foreign currency

**fremover** [FREHM-ov-ehr] adv forward; onwards

* **fremsette** [FREHM-seht-teh] v bring up

**fremskritt** [FREHM-skritt] nt progress

**fremstille** [FREHM-stil-leh] v produce

**fremtredende** [FRAYM-tray-deh-neh] adj outstanding

**fremvisning** [FREHM-vees-ning] c display

**fri** [free] adj free

**fribillett** [FRI-bil-lehtt] c free ticket

**frihet** [FREE-heht] c freedom; liberty

**friidrett** [FREE-i-drehtt] c athletics pl

**frilufts-** [FREE-lewfts] pref open air

**frimerke** [FREE-mær-keh] nt postage stamp; stamp

**frimerkeautomat** [FREE-mær-keh-ow-too-mart] c stamp machine

**friste** [FRIS-teh] v tempt

**frisyre** [fri-SEW-reh] c hair set; setting

**frisør** [fri-SURR] c hairdresser

* **frita** [FREE-tah] v exempt

**fritakelse** [FREE-tahk-ehl-seh] c exemption

**fritid** [FREE-tid] c spare time; leisure

**frivillig** [fri-VIL-lig] volunteer; adj voluntary

**frokost** [FROO-kost] c breakfast

**frontrute** [FRONT-rew-teh] c windshield; windscreen

**frosk** [frosk] c frog

**frosset** [FROSS-eht] adj frozen

**frost** [frost] c frost

**frostknute** [FROST-knew-teh] c chilblain

**frotté** [froo-TAY] c towelling

**frue** [FREW-eh] c madam

**frukt** [frewkt] c fruit

**fruktbar** [FREWKT-barr] adj fertile

**frukthage** [FROOKT-har-geh] c orchard

**frykt** [frewkt] c fear

**frykte** [FREWK-teh] v fear

\* **fryse** [FREW-seh] v freeze

**frysepunkt** [FREW-seh-pewnkt] nt freezing point

**frysevæske** [FREW-seh-væs-keh] c antifreeze

**frø** [frur] nt seed

**frøken** [FRUR-kehn] miss

**fugl** [fewl] c bird

**fukte** [FOOK-teh] v moisten

**fuktig** [FOOK-tig] adj moist; damp; humid

**fuktighet** [FOOK-tig-heht] c moisture

**fuktighetskrem** [FEWK-ti-hehts-KRAYM] c moisturizing cream

**full** [fewll] adj full; drunken

**full kost** [fewll kost] c full board

**fullende** [FEWLL-ehn-neh] v accomplish

**fullsatt** [FEWLL-sahtt] adj full up

**fullstendig** [fewll-STEHN-dig] adv entirely; adj entire; complete

**funklende** [FOONK-lehn-deh] adj sparkling

**funksjon** [fewnk-SHOON] c function; operation

**fylke** [FEWL-keh] nt province

**fyll** [fewll] c filling; nt stuffing

**fylle** [FEWL-leh] v fill; fill up

**fylle ut** [FEWL-leh ewt] v fill in; fill out

**fyllepenn** [FEWL-leh-pehnn] c fountain pen

**fylt** [fewlt] adj stuffed

**fylt av avsky** [fewlt ahv ARV-shew] adj disgusted

**fyrstikk** [FEWR-stikk] c match

**fyrstikkeske** [FEWR-stikk-ehs-keh] c match-box

**fyrtårn** [FEWR-torn] nt lighthouse

**fysiker** [FEW-si-kehr] c physicist

**fysikk** [few-SIKK] c physics

**fysisk** [FEW-sisk] adj physical

**fødsel** [FURT-sehl] c birth

**fødselsattest** [FURT-sehls-aht-tehst] c birth certificate

**fødselsdag** [FURT-sehls-darg] c birthday

**fødselssted** [FURT-sehls-stayd] nt birthplace

**født** [furt] adj born

**føle** [FUR-leh] v feel

**følelse** [FUR-lehl-seh] c feeling; emotion; touch; sensation

**følelsesløs** [FUR-lehl-sehs-lurs] adj insensible

\* **følge** [FURL-leh] v accompany; follow

**følgende** [FURL-gehn-deh] adj following; subsequent

**følsom** [FURL-som] adj sensitive

**før** [furr] adv sooner; prep before; conj before

**fører** [FUR-rehr] c driver; leader

**førerkort** [FUR-rehr-kort] nt driving licence

**førkrigs-** [FURR-krigs] pref pre-war

**først** [furrsht] adj first

**første etasje** [FURSH-teh eh-TAR-sheh] c ground-floor

**første mai** [FURRS-teh migh] c

May Day

**førstehjelp** [FURR-shteh-yehlp] c
first aid

**førstehjelpsstasjon** [FURR-shteh-yehlps-stah-shoon] c first-aid
post

**førstehjelpsutstyr** [FURR-shteh-yehlps-ewt-stewr] nt first-aid
kit

**førsterangs** [FURR-shteh-rahngs]
adj first-rate

**førti** [FURR-ti] adj forty

**føydal** [furi-DARL] adj feudal

**få** [faw] adj few; v get

**få et blått merke** [fo ehtt blott
MÆR-keh] v bruise

**\* få glimt av** [fo glimt ahv] v
glimpse

**\* få motorstopp** [faw MOO-toor-stop] v break down

**\* få tak i** [fo tark i] v obtain

**gaffel** [GAHF-fehl] c (pl **gafler**)
fork

**gal** [garl] adj wrong; crazy

**galleri** [gahl-leh-REE] nt gallery

**gammel** [GAHM-mehl] adj old

**gammel jomfru** [GAHM-mehl
YOOM-frew] c spinster

**gammeldags** [GAHM-mehl-dahgs]
adj old-fashioned

**gang** [gahng] c aisle; time

**ganske** [GAHN-skeh] adv fairly

**garantere** [gah-rahn-TAY-reh] v
guarantee

**garanti** [gah-rahn-TEE] c
guarantee

**garantist** [gah-rahn-TIST] c
guarantor

**garasje** [gah-AR-sheh] c garage

**garderobe** [gahr-deh-ROO-behl] c
wardrobe; cloak-room; check-room

**garderobeskap** [gahr-deh-ROO-beh-skarp] nt closet

**gardin** [gahr-DEEN] nt curtain;
drapes pl

**garn** [garrn] nt yarn

**gartner** [GAHRT-nehr] c gardener

**gas** [gars] nt gauze

**gass** [gahss] c gas

**gasskomfyr** [GAHSS-koom-fewr] c
gas cooker

**gassovn** [GAHSS-ovn] c gas stove

**gasspedal** [GAHSS-peh-darl] c
accelerator

**gassverk** [GAHSS-værk] nt
gasworks

**gate** [GAR-teh] c street

**gave** [GAR-veh] c gift; present

**gavl** [gahvl] c gable

**gavmild** [GARV-mill] adj generous

**gear** [geer] nt gear

**gearkasse** [GEER-kahs-seh] c
gear-box

**gearspak** [GEER-spark] c gear-lever

**gebiss** [geh-BISS] nt false teeth pl

**geit** [yæit] f goat

**gelé** [sheh-LAY] c jelly

**gelender** [geh-LEHN-dehr] nt rail

**general** [geh-neh-RARL] c general

**generasjon** [geh-neh-rah-SHOON]
c generation

**generator** [geh-neh-RAR-toor] c
generator

**genser** [GEHN-sehr] c sweater;
jersey

**geografi** [geh-oo-grah-FEE] c
geography

**geografisk leksikon** [geh-oo-GRAR-fisk LEHK-si-koon] nt
gazetteer

**geologi** [geh-oo-loo-GEE] c
geology

**geometri** [geh-oo-meh-TREE] c
geometry

**gevinst** [geh-VINST] *c* winnings *pl*

**gevær** [geh-VÆÆR] *nt* rifle

* **gi** [yee] *v* give

* **gi en regning** [yi ehn RAY-ning] *v* bill

* **gi etter** [yee EHT-tehr] *v* give in

* **gi ly** [yi lew] *v* shelter

* **gi sparken** [yi SPAHR-kehn] *v* fire

* **gi tillatelse** [yi til-LAR-tehl-seh] *v* license

* **gi ut** [yee ewt] *v* issue

**gift** [yift] *adj* married; *c* poison

**gifte seg** [YIF-teh say] *v* marry

**giftig** [YIF-tig] *adj* poisonous; toxic

**gikt** [yikt] *c* gout

**gips** [yips] *c* plaster

**gitar** [gi-TARR] *c* guitar

**gitter** [GIT-tehr] *nt* (*pl* **gitre**) grating

**gjedde** [YEHD-deh] *c* pike

**gjeld** [yehll] *c* debt

* **gjelde** [YEHL-leh] *v* concern

**gjemme** [YEHM-meh] *v* hide

**gjennom** [YEHN-nom] *prep* through

**gjennombore** [YAYN-nom-boo-reh] *v* pierce

* **gjennomgå** [YEHN-noom-gaw] *v* suffer

**gjennomreise** [YEHN-noom-ray-seh] *c* passage

**gjennomsiktig** [YEHN-noom-sik-tig] *adj* transparent

**gjennomsnitt** [YEHNN-om-snitt] *nt* mean; average

**gjennomsnittlig** [YEHN-nom-snitt-lig] *adj* average; on the average

**gjenstand** [YEHNN-stahnn] *c* object; article

* **gjenta** [YEHNN-tar] *v* repeat

**gjentakelse** [YEHNN-tah-gehl-seh] *c* repetition

**gjespe** [YEHS-peh] *v* yawn

**gjest** [yehst] *c* visitor; guest

**gjesterom** [YEHS-teh-rwm] *nt* spare room

**gjesteværelse** [YEHS-teh-vær-ehl-seh] *nt* guest-room

**gjestfri** [YEHST-fri] *adj* hospitable

**gjestfrihet** [YEHST-fri-heht] *c* hospitality

**gjeter** [YAY-tehr] *c* shepherd

**gjetning** [YEHTT-ning] *c* guess

**gjette** [YEHT-teh] *v* guess

* **gjøre** [YUR-reh] *v* do

* **gjøre brydd** [YUR-reh brewdd] *v* embarrass

* **gjøre immun** [YUR-reh i-MEWN] *v* immunize

* **gjøre opp** [YUR-reh opp] *v* settle up

* **gjøre tykk** [YUR-reh tewkk] *v* thicken

* **gjøre urett** [YUR-reh EW-rehtt] *v* wrong

**glad** [glar] *adj* glad; joyful

**glasere** [glah-SAY-reh] *v* glaze

**glass** [glahss] *nt* glass; tumbler

**glassmaleri** [GLAHS-mah-leh-ree] *nt* stained glass

**glatt** [glahtt] *adj* slippery

**glede** [GLAY-deh] *c* delight; joy

**glemme** [GLEHM-meh] *v* forget

* **gli** [glee] *v* glide; slide

* **gli** [glee ] *v* skid

**glidelås** [GLEE-deh-los] *c* zipper; zip

**glidning** [GLEED-ning] *c* slide

**glimt** [glimt] *nt* glimpse

**global** [gloo-BARL] *adj* global

**glød** [glurd] *c* glow

**gløde** [GLUR-deh] *v* glow

* **gni** [gnee] *v* rub

**gnist** [gnist] *c* spark

**gobelin** [goo-beh-LEHNG] *nt*

tapestry

**godhjertet** [GOOD-yær-teht] *adj* good-natured

**godkjenne** [GOOD-khehn-nay] *v* approve

**godkjennelse** [GOOD-khehnn-ehl-seh] *c* approval

**godlyndt** [GOO-lewnt] *adj* good-humoured

**godmodig** [good-MOO-dig] *adj* good-tempered

**gods** [goots] *pl* goods *pl*

*  **godskrive** [GOO-skri-veh] *v* credit

**godstog** [GOOTS-tog] *nt* goods-train

**godt** [gott] *adv* well

**godt kjøp** [gott khurp] *nt* bargain

**godt stekt** [got stehkt] *adj* well-done

**godtgjørelse** [GOT-yur-rehl-seh] *c* remuneration

**godvilje** [GOOD-vil-yeh] *c* good-will

**gold** [gold] *adj* arid

**golf** [golf] *c* golf

**golfbane** [GOLF-bah-neh] *c* golf-links; golf-course; links *pl*

**golfkølle** [GOLF-kurl-leh] *c* golf-club

**gondol** [goon-DOOL] *c* gondola

**grad** [grard] *c* grade; degree

**grad celsius** [grahd SEHL-si-ews] *c* centigrade

**gradere** [grah-DAY-reh] *v* grade

**gradvis** [GRARD-vis] *adj* gradual

**grafisk** [GRAR-fisk] *adj* graphic

**gram** [grahm] *nt* gram

**grammatikk** [grahm-mah-TIKK] *c* grammar

**grammatisk** [grahm-MAR-tisk] *adj* grammatical

**grammofon** [grahm-moo-FOON] *c* gramophone

**grammofonplate** [grahm-moo-FOON-plah-teh] *c* disc; record

**granitt** [grah-NITT] *c* granite

**grapefrukt** [GRAYP-frewkt] *c* grapefruit

**grasiøs** [grah-si-URS] *adj* graceful

**gratie** [GRAR-sieh] *c* grace

**gratis** [GRAR-tis] *adj* gratis; free of charge

**gratulere** [grah-tew-LAY-reh] *v* congratulate

**grav** [grarv] *c* grave; tomb

**grave** [GRAR-veh] *v* dig

**gravere** [grah-VAY-reh] *v* engrave

**gravid** [grah-VEED] *adj* pregnant

**gravlund** [GRARV-lewnn] *c* cemetery; graveyard

**gravstein** [GRARV-stayn] *c* gravestone

**greker** [GRAY-kehr] *c* Greek

**gren** [grayn] *c* branch

**grense** [GREHN-seh] *c* border; boundary; frontier; limit

**gresk** [graysk] *adj* Greek

**gress** [grehss] *nt* grass

**gresskar** [GREHSS-karr] *nt* squash

**gresskledd** [GREHSS-klehdd] *adj* grassy

**gressløk** [GREHSS-lurk] *c* chives *pl*

**gressplen** [GREHSS-playn] *c* lawn

**grill** [grill] *c* grill

**grillbar** [GRILL-barr] *c* grill-room

**grille** [GRIL-leh] *v* grill

**grillet** [GRIL-leht] *adj* grilled

*  **gripe** [GREE-peh] *v* grip; grasp; seize

*  **gripe inn** [GRI-peh inn] *v* interfere

**gris** [grees] *c* pig

**grosserer** [groo-SAY-rehr] *c* merchant

**grotte** [GROT-teh] *c* grotto

**grovsmed** [GROV-smeh] *c*

blacksmith

**grundig** [GREWNN-dig] *adj*
thorough

**grunn** [grewnn] *adj* shallow

* **grunnlegge** [GREWNN-lehg-geh]
*v* found

**grunnleggende** [GREWNN-lehgg-
ehn-deh] *adj* basic

**gruppe** [GREWP-peh] *c* group;
party

**grus** [grews] *c* gravel

**gruve** [GREW-veh] *c* mine

**gruvearbeider** [GREW-veh-ahr-
bay-dehr] *c* miner

**gruvedrift** [GROO-veh-drift] *c*
mining

**gryte** [GREW-teh] *c* pot

**grøft** [grurft] *c* ditch

**grønn** [grurnn] *adj* green

**grønnsak** [GRURNN-sark] *c*
vegetable

**grønnsaker** [GRURNN-sahk-ehr]
*pl* greens *pl*

**grønnsakshandler** [GRURNN-
sarks-hahnd-lehr] *c*
greengrocer

**grå** [graw] *adj* grey

**grålilla** [GRAW-lil-lah] *adj* mauve

* **gråte** [GRAW-teh] *v* weep; cry

**Gud** [gewd] God

**gudstjeneste** [GEWTS-tyay-nehs-
teh] *c* worship

**guide** [gighd] *c* guide

**gul** [gewl] *adj* yellow

**gulbrun** [GEWL-brewn] *adj* fawn

**gull** [gewll] *nt* gold

**gullgruve** [GEWLL-grew-veh] *c*
goldmine

**gullsmed** [GEWLL-smeh] *c*
goldsmith; jeweller

**gulrot** [GEWL-root] *c* carrot

**gulsott** [GEWL-soott] *c* jaundice

**gulv** [gewlv] *nt* floor

**gulvteppe** [GEWLV-tehp-peh] *nt*

carpet

**gummi** [GEWM-mi] *c* rubber

**gunstig** [GEWN-stig] *adj*
favourable

**gurgle** [GEWR-gleh] *v* gargle

**gutt** [gewtt] *c* boy; lad

**guvernante** [gew-vehr-NAHN-teh]
*c* governess

**guvernør** [gew-vehr-NURR] *c*
governor

**gyldig** [YEWL-dig] *adj* valid

**gyllen** [YEWL-lehn] *adj* golden

**gymnas** [gewm-NARS] *nt*
grammar school

**gymnastikk** [gewm-nah-STIKK] *c*
gymnastics *pl*

**gymnastikkbukse** [gewm-nah-
STIK-book-seh] *c* trunks *pl*

**gymnastikksal** [gewm-nah-
STIKK-sahl] *c* gymnasium

**gynekolog** [gew-neh-koo-LAWG] *c*
gynaecologist

**gynge** [YEWNG-eh] *v* rock

* **gå** [gaw] *v* go; walk

* **gå av** [gaw arv] *v* retire

* **gå bort** [gaw boort] *v* go away

* **gå foran** [gaw FOR-ahn] *v*
precede

* **gå forbi** [gaw for-BEE] *v* pass by

* **gå fottur** [go FOOT-tewr] *v* hike

* **gå gjennom** [gaw YEHNN-oom] *v*
go through; pass through;
review

* **gå hjem** [gaw yehmm] *v* go
home

* **gå i land** [gawi lahnn] *v*
disembark; land

* **gå inn** [gaw inn] *v* go in

* **gåa inn** [gaw inn] *v* enter

* **gå med på** [go may po] *v* agree

**gå ned** [gaw nayd] *v* descend

* **gå ombord** [gaw om-BOOR] *v*
embark

**gå over** [gaw OV-ehr] *v* cross over

* **gå på ski** [go po shee] *v* ski
* **gå på skøyter** [go po SHURI-tehr] *v* skate
* **gå ut** [gaw ewt] *v* go out
**gård** [gawr] *c* farm; yard
**gås** [gaws] *c* (*pl* **gjess**) goose
**gåte** [GAW-teh] *c* puzzle
**gått av ledd** [gott ahv lehdd] *adj* dislocated

* **ha** [har] *v* have
* **ha mellomrom** [har MEHL-loom-room] *v* space
* **ha på seg** [har paw say] *v* wear
**ha råd til** [hah rawd til] *v* afford
* **ha til hensikt** [har til HEHN-sikt] *v* intend
**hage** [HAR-geh] *c* garden
**hagl** [HAHG-gehl] *nt* hail
**haike** [HIGH-keh] *v* hitchhike
**haiker** [HIGH-kehr] *c* hitchhiker
**hake** [HAR-keh] *c* chin
**hale** [HAR-leh] *v* tug; *c* tail
**halmtak** [HAHLM-tark] *nt* thatch
**hals** [hahls] *c* throat; neck
**halsbånd** [HAHLS-bonn] *nt* necklace
**halsesyke** [HAHL-seh-sew-keh] *c* sore throat
**halspastiller** [HAHLS-pah-stil-lehr] *pl* cough-drops *pl;* cough-lozenges *pl*
**halte** [HAHLL-teh] *v* limp
**halv** [hahll] *adj* half
**halv pris** [hahll prees] *c* half price
**halv takst** [HAHLL tahkst] *c* half fare
**halvdel** [HAHLL-dehl] *c* half
**halvere** [hahll-VAY-reh] *v* halve
**halvmåneformet** [HAHLL-mo-neh-for-meht] *adj* crescent
**halvsirkel** [HAHL-sir-kehl] *c* semicircle
**halvt** [hahlt] *adv* half
**halvveis** [HAHL-vays] *adv* midway
**halvøy** [HAHLL-uri] *f* peninsula
**ham** [hahmm] *pron* him
**hammer** [HAHN-mehr] *c* (*pl* **hammere**) hammer
**han** [hahnn] *pron* he
**handel** [HAHN-dehl] *c* trade; commerce
**handle** [HAHN-dleh] *v* shop
**handlebag** [HAHN-dleh-bæg] *c* shopping bag
**handling** [HAHND-ling] *c* deed; plot; action; act
**hann-** [hahnn] *pref* male
**hans** [hahnns] *adj* his
**hanske** [HAHNN-skeh] *c* glove
**hard** [harr] *adj* hard
**hardt** [hahrt] *adv* hard
**harmløs** [HAHRM-lurs] *adj* harmless
**harsk** [hahrshk] *adj* rancid
**hasardspill** [HAR-sahrd-spill] *nt* gambling
**hast** [hahst] *c* haste
**hastverk** [HAHST-værk] *c* hurry
**hat** [hart] *nt* hate
**hate** [HAR-teh] *v* hate
**hatt** [hahtt] *c* hat
**haug** [how] *c* heap
**hav** [harv] *nt* sea
**havn** [hahvn] *c* seaport; port; harbour
**havneanlegg** [HAHV-neh-ahn-lehg] *nt* docks *pl*
**havre** [HAHV-reh] *c* oats *pl*
**hebraisk** [heh-BRAR-isk] *nt* Hebrew
**hede** [HAY-deh] *c* heath
**heftet bok** [HEHF-teht book] *c* paper-back
**heftplaster** [HEHFT-plahs-tehr] *nt*

adhesive tape

**heis** [hays] *c* lift; elevator

**hekk** [hehkk] *c* hedge

**hel** [hayl] *adj* whole

**helbrede** [hehll-BRAY-deh] *v* heal; cure

**helbredelse** [hehl-BRAY-dehl-seh] *c* recovery

**heldig** [HEHL-dig] *adj* fortunate; lucky

**hele** [HAY-leh] *nt* whole

**helgen** [HEHL-gehn] *c* saint

**helgenskrin** [HEHL-gehn-skrin] *nt* shrine

**helikopter** [heh-li-KOP-tehr] *nt* helicopter

**helkornbrød** [HAYL-koorn-brur] *nt* wholemeal bread

**hell** [HEHLL] *nt* luck

**Hellas** [HEHLL-ahs] Greece

**helle** [HEHL-leh] *v* slope; pour

**hellende** [HAYLL-ehn-deh] *adj* sloping

**heller** [HEHL-lehr] *adv* rather

**hellig** [HEHLL-ig] *adj* sacred; holy

**helligdag** [HEHL-li-dahg] *c* holiday

**helling** [HEHL-ling] *c* gradient; incline; slope

**helse** [HAYL-seh] *c* health

**helseattest** [HEHL-seh-ah-TEHST] *c* health certificate

**helt** [hehlt] *c* hero; *adv* wholly; quite

**helt sikkert** [haylt SIK-kehrt] without fail

**helvete** [HEHLL-veh-teh] *nt* hell

**hemmelig** [HEHM-meh-lig] *adj* secret

**hemmelighet** [HEHM-meh-lig-heht] *c* secret

**hemorroider** [hehm-moo-REE-dehr] *pl* haemorrhoids *pl*; piles *pl*

**hempe** [HEHM-peh] *c* tab

**hende** [HEHN-neh] *v* happen; occur

**hendelse** [HEHN-dehl-seh] *c* occurrence; happening; incident

**hendig** [HEHN-di] *adj* handy

**henge** [HEHNG-eh] *v* hang

**hengekøye** [HEHNG-eh-kuri-eh] *c* hammock

**hengelås** [HEHNG-eh-laws] *c* padlock

**henger** [HEHNG-ehr] *c* hanger

**hengiven** [HEHN-yiv-ehn] *adj* devoted

**hengsel** [HEHNG-sehl] *nt* (*pl* **hengsler**) hinge

**henne** [HEHN-neh] *pron* her

**hennes** [HEHN-nehs] *adj* her

**henrivende** [HEHN-riv-ehn-deh] *adj* enchanting; delightful

**henrykt** [HEHN-rewkt] *adj* delighted

**hensikt** [HEHN-sikt] *c* purpose; intention

**hensynsfull** [HEHN-sewns-fewll] *adj* considerate

**hente** [HEHN-teh] *v* fetch

**henvise til** [HEHN-vee-seh til] *v* refer to

**henvisning** [HEHNN-vees-ning] *c* reference

**her** [hæær] *adv* here

**herberge** [HÆR-bær-geh] *nt* hostel

**hermetikk** [hær-meh-TIKK] *c* tinned food

**hermetisk** [hær-MAY-tisk] *adj* canned

**herre** [HÆR-reh] *c* gentleman

**herregård** [HÆR-reh-gawr] *c* manor house; mansion

**herretoalett** [HÆR-reh-toa-ah-lehtt] *nt* men's room

**hes** [hays] *adj* hoarse
**hest** [hehst] *c* horse
**hestekrefter** [HEHS-teh-krehf-tehr] *pl* horse-power
**hesteveddeløp** [HEHS-teh-vehd-deh-lurp] *nt* horse-race
**het** [hayt] *adj* hot
**heve** [HAY-veh] *v* draw; raise; cash
**hevelse** [HAY-vehl-seh] *c* swelling
**hi-fi-** [high figh] *pref* hi-fi
**hikke** [HIK-keh] *c* hiccup
**hilse** [HIL-seh] *v* greet
**hilse velkommen** [HIL-seh vehl-KOM-mehn] *v* welcome
**hilsen** [HIL-sehn] *c* greetings *pl*; regards *pl*; respects *pl*
**himmel** [HIM-mehl] *c* sky; heaven
**himmelsk** [HIMM-ehlsk] *adj* heavenly
**hindre** [HIN-dreh] *v* hinder; prevent
**hindring** [HIN-dring] *c* obstacle
**hissighet** [HIS-si-hayt] *c* temper
**historie** [hi-STOO-ri-eh] *c* history
**historiker** [hi-STOO-ri-kehr] *c* historian
**historisk** [hi-STOO-risk] *adj* historic; historical
**hittegods** [HIT-teh-goots] *nt* lost and found
**hittegodskontor** [HIT-teh-goots-koon-toor] *nt* lost property office
**hittil** [HIT-til] *adv* so far
**hjelp** [yehlp] *c* aid; help
* **hjelpe** [YEHL-peh] *v* help; aid; assist
**hjelpsom** [YEHLP-som] *adj* helpful
**hjem** [yehmm] *nt* home
**hjemlengsel** [YEHM-lehng-sehl] homesickness
**hjemme** [YEHM-meh] *adv* at home
**hjemmelaget** [YEHM-meh-lah-geht] *adj* home-made
**hjemsted** [YEHMM-stehd] *nt* domicile
**hjerne** [YÆR-neh] *c* brain
**hjernerystelse** [YÆR-neh-rewst-ehl-seh] *c* concussion
**hjerte** [YÆR-teh] *nt* heart
**hjertelig** [YÆR-teh-lig] *adj* hearty; cordial
**hjertemuslinger** [YÆR-teh-mewsh-ling-ehr] *pl* cockles *pl*
**hjerter** [YÆRT-ehr] *pl* hearts *pl*
**hjord** [yoord] *c* herd
**hjort** [yoort] *c* deer *inv*
**hjul** [yewl] *nt* wheel
**hjørne** [YURR-neh] *c* corner
**hobby** [HOB-bi] *c* hobby
**hockey** [HOK-ki] *c* hockey
**hode** [HOO-deh] *nt* head
**hodekulls** [HOO-deh-kewlls] *adv* headlong
**hodepine** [HOO-deh-pi-neh] *c* headache
**hodepute** [HOO-deh-pew-teh] *c* pillow
**hofte** [HOF-teh] *c* hip
**hofteholder** [HOF-teh-hol-lehr] *c* girdle
* **holde** [HOL-leh] *v* hold; keep
* **holde fast ved** [HOL-leh fahst veh] *v* hold on
* **holde oppe** [HOL-leh OP-peh] *v* hold up
* **holde seg fra** [HOL-leh say frar] *v* keep off
* **holde utkikk etter** [HOL-leh EWT-khik EHT-tehr] *v* watch for
**holdeplass** [HOL-leh-plahss] *c* stop
**holdning** [HOLD-ning] *c* attitude
**Holland** [HOLL-lahnn] *nt* Holland
**hollandsk** [HOLL-ahnsk] *adj*

Dutch

**hollender** [holl-EHN-dehr] *c* Dutchman

**honning** [HON-ning] *c* honey

**honorar** [hoo-noo-RARR] *nt* fee

**hopp** [hopp] *nt* jump

**hoppe** [HOP-peh] *v* hop; jump

**horisont** [hoo-ri-SONT] *c* horizon

**horisontal** [hoo-ri-son-TARL] *adj* horizontal

**hoste** [HOOS-teh] *c* cough; *v* cough

**hostemikstur** [HOOS-teh-miks-tewr] *c* cough-mixture

**hotell** [hoo-TEHLL] *nt* hotel

**hoved-** [HOO-vehd] *pref* chief; principal; primary; main

**hovedgate** [HOO-vehd-gar-teh] *f* main street

**hovedkvarter** [HOO-vehd-kvahr-tehr] *nt* headquarters

**hovedlinje** [HOO-vehd-lin-yeh] *c* main line

**hovedstad** [HOO-vehd-stard] *c* (*pl* ∼steder) capital

**hovedstasjon** [HOO-vehd-stah-shoon] *c* central station

**hovedvei** [HOO-vehd-vay] *c* main road; thoroughfare

**hovmester** [HAWV-mehs-tehr] *c* head-waiter; steward

**hud** [hewd] *c* skin; complexion

**hudkrem** [HEWD-krehm] *c* skin cream

**hukommelse** [hew-KOM-mehl-seh] *c* memory

**hul** [hewl] *adj* hollow

**hule** [HEW-leh] *c* cave

**hull** [hewll] *nt* hole

**humle** [HOOM-leh] *c* hops *pl*

**hummer** [HOOM-mehr] *c* lobster

**humor** [HEW-moor] *c* humour

**humoristisk** [hew-moo-RIST-isk] *adj* humorous

**humpet** [HOOM-peht] *adj* bumpy

**humør** [hew-MURR] *nt* spirit

**hun** [hewnn] *pron* she

**hun-** [hewnn] *pref* female

**hund** [hewnn] *c* dog

**hunderem** [HEWN-neh-rehm] *c* lead

**hundre** [HEWN-dreh] *adj* hundred

**hurtig** [HEWR-tig] *adj* hasty; fast; rapid; prompt; quick

**hurtigtog** [HEWR-tig-tawg] *nt* express train

**hus** [hews] *nt* house

**husarbeid** [HEWS-ahr-bayd] *nt* housework

**huse** [HEW-seh] *v* lodge

**hushjelp** [HEWS-yehlp] *c* maid; housemaid

**husholderske** [HEWS-hol-dehr-skeh] *c* housekeeper

**husholdning** [HEWS-hold-ning] *c* housekeeping

**huske** [HEWS-keh] *v* memorize; remember

**husmor** [HEWS-moor] *c* housewife

**husrom** [HEWS-room] *nt* accommodations *pl*

**husstand** [HEWS-stahnn] *c* household

**hva** [var] *pron* what

**hva annet** [var AHN-neht] what else

**hva enn** [var ehnn] *pron* whatever

**hvelvet** [VEHL-veht] *adj* arched

**hvelving** [VEHL-ving] *c* arch; vault

**hvem** [vehm] *pron* whom; who

**hvem som enn** [vehm som ehnn] *pron* whoever

**hver** [væær] *adj* every; each

**hver natt** [vurr nahtt] nightly

**hver time** [væær TEE-meh] *adv* hourly

**hverandre** [væær-AHN-dreh] *pron* each other

**hverdag** [VÆÆR-darg] *c* weekday

**hvesse** [VEHS-seh] *v* sharpen

**hvete** [VAY-teh] *c* wheat

**hvetebolle** [VAY-teh-bol-leh] *c* bun

**hvetebrødsdager** [VAY-teh-brurds-dah-gehr] *pl* honeymoon

**hvile** [VEE-leh] *v* rest; *c* rest

**hvilehjem** [VEE-leh-yehm] *nt* rest-house

**hvilken** [VIL-kehn] *pron* which; *adj* whichever

**hvilket** [VIL-keht] *pron* (→ **hvilken**)

**hvis** [viss] *conj* if

**hvis ikke** [vis IK-keh] *conj* unless

**hviske** [VIS-keh] *v* whisper

**hvisking** [VIS-king] *c* whisper

**hvit** [veet] *adj* white

**hvithet** [VEET-heht] *c* whiteness

**hvitløk** [VEET-lurk] *c* garlic

**hvitting** [VIT-ting] *c* whiting

**hvor** [voor] where

**hvor enn** [voor ehnn] *conj* wherever

**hvor som helst** [voor som hehlst] *adv* anywhere

**hvordan** [VWR-dahn] *adv* how

**hvorfor** [VOOR-for] *adv* why; what for

**hvorfra** [VOOR-frah] *adv* wherefrom

**hygienisk** [hew-gi-AYN-isk] *adj* hygienic

**hylle** [HEWL-leh] *c* shelf

**hyperoksyd** [HEW-pehr-ok-sewd] *c* peroxide

**hyppig** [HEWP-pig] *adj* frequent

**hyppighet** [HEWP-pig-hayt] *c* frequency

**hyssing** [HEWSS-ing] *c* twine

**hysterisk** [hews-TAY-risk] *adj* hysterical

**hytte** [HEWT-teh] *c* hut; chalet; cottage; cabin

**hæl** [hæœl] *c* heel

**høflig** [HURF-lig] *adj* civil; polite

**høne** [HUR-neh] *f* hen

**høre** [HUR-reh] *v* hear

**hørsel** [HURRSH-ehl] *c* hearing

**høst** [hurst] *c* autumn

**høy** [huri] *nt* hay; *adj* high; tall; loud

**høyde** [HURI-deh] *c* altitude; height

**høyderygg** [HURI-deh-rewgg] *c* ridge

**høyere** [HURI-eh-reh] *adj* superior

**høyere læreinstitusjon** [HURI-eh-reh LÆÆ-reh-in-sti-tew-SHOON] *c* college

**høyland** [HURI-lahnn] *nt* upland

**høyre** [HURI-reh] *adj* right

**høyrød** [HURI-rur] *adj* crimson

**høysesong** [HURI-seh-song] *c* high season; peak season

**høysnue** [HURI-snew-eh] *c* hay-fever

**høyspenningsmast** [HURI-spehn-nings-mahst] *c* pylon

**høyt** [hurit] *adv* aloud

**høytidelig** [huri-TEE-deh-lig] *adj* solemn

**høyttaler** [HURIT-tah-lehr] *c* loud-speaker

**høyvann** [HURI-vahnn] *nt* high tide

**hånd** [honn] *c* (*pl* hender) hand

**hånd-** [honn] *pref* manual

**håndarbeid** [HONN-ahr-bayd] *nt* needlework

**håndarbeide** [HONN-ahr-bay-deh] *nt* handwork

**håndbagasje** [HONN-bah-gah-sheh] *c* hand baggage

**håndbok** [HONN-book] *c* (*pl*

**~bøker)** handbook
**håndbrems** [HONN-brehms] *c* hand-brake
**håndflate** [HONN-flah-teh] *c* palm
**håndfull** [HONN-fewll] *c* handful
**håndkle** [HONN-kleh] *nt* (*pl* **~klær**) towel
**håndkrem** [HONN-krehm] *c* hand cream
**håndlaget** [HONN-lah-geht] *adj* handmade
**håndledd** [HONN-lehdd] *nt* wrist
**håndskrift** [HONN-skrift] *c* handwriting
**håndtak** [HONN-tark] *nt* handle
**håndtere** [honn-TAY-reh] *v* handle
**håndvask** [HONN-vahsk] *c* washbasin
**håndverk** [HONN-værk] *nt* handicraft
**håndveske** [HONN-vehs-keh] *c* handbag; grip; bag
**håp** [hawp] *nt* hope
**håpe** [HAW-peh] *v* hope
**håpefull** [HAW-peh-fewll] *adj* hopeful
**hår** [hawr] *nt* hair
**hårbørste** [HAWR-burrsh-teh] *c* hairbrush
**hårklipp** [HAWR-klipp] *c* haircut
**hårkrem** [HAWR-kraym] *c* hair cream
**hårnett** [HAWR-nehtt] *nt* hairnet
**hårnål** [HAWR-nawl] *c* hairpin
**hårolje** [HAWR-ol-yeh] *c* hair-oil
**hårruller** [HAWR-rewl-lehr] *pl* hair rollers *pl;* curlers *pl*
**hårskill** [HAWR-shill] *c* parting
**hårspenne** [HAWR-spehn-neh] *c* bobby-pin; hairgrip
**hårtørreapparat** [HAWR-turr-reh-ahp-pah-RART] *nt* hair-dryer
**hårvann** [HAWR-vahnn] *nt* hair

tonic

**i** [ee] *prep* in
**i aften** [i AHF-tehn] *adv* tonight
**i beste fall** [i BEHS-teh fahll] at best
**i det hele** [i deh HAY-leh] *adv* altogether
**i det minste** [i deh MIN-steh] at least
**i fellesskap** [i FEHL-lehs-skarp] *adv* jointly
**i forbindelse med** [i for-BINN-ehl-seh meh] connected with
**i forretninger** [i for-REHT-ning-ehr] on business
**i full fart** [i fewll fahrt] *adv* in a hurry
**i følge** [i FURL-geh] *prep* according to
**i hvert fall** [i vært fahll] at any rate; *adv* anyway
**i løpet av natten** [i LUR-peh arv NAHT-tehn] overnight
**i mellomtiden** [ee MEHL-lom-tee-dehn] *adv* meanwhile
**i morgen** [i MOR-gehn] *adv* tomorrow
**i orden** [ee OR-dehn] in order
**i tide** [i TEE-deh] *adv* in time
**i uorden** [i EW-or-dehn] *adj* out of order
*** iaktta** [i-AHKT-tah] *v* observe; watch
**iakttagelse** [i-AHKT-tar-gehl-seh] *c* observation
**ibenholt** [EE-behn-holt] *c* ebony
**idag** [i-DARG] *adv* today
**idé** [i-DAY] *c* idea
**ideal** [i-deh-ARL] *nt* ideal
**ideell** [i-deh-AYLL] *adj* ideal
**identifisering** [i-dehn-ti-fi-SAYR-ing] *c* identification

**identisk** [i-DEHN-tisk] *adj*
identical

**identitet** [i-dehn-ti-TAYT] *c*
identity

**identitetskort** [i-dehn-ti-TAYTS-kort] *nt* identity card

**idiom** [i-di-OOM] *nt* idiom

**idiomatisk** [i-di-oo-MAR-tisk] *adj*
idiomatic

**idiot** [i-di-OOT] *c* idiot

**idrettsmann** [EED-raytts-mahnn]
*c* (*pl* ~**menn**) sportsman

**igjen** [i-YEHNN] *adv* again

**ignorere** [ig-noo-RAY-reh] *v*
ignore

**igår** [i-GAWR] yesterday

**ikke** [IK-keh] *adv* not

**ikke desto mindre** [IK-kay DEHS-too MIN-dreh] *adv* nevertheless

**ikke for fotgjengere** [IK-keh for FOOT-yehng-eh-reh] no
pedestrians

**ikke lenger** [IK-keh LEHNG-ehr]
no longer

**ikke mer** [IK-keh mayr] no more

**ilandstigning** [i-LAHNN-stig-ning]
*c* landing

**ild** [ill] *c* fire

**ildsfarlig** [ILLS-farr-li] *adj*
inflammable

**ildsted** [ILL-stehd] *nt* hearth;
fireplace

**illegal** [I-leh-garl] *adj* illegal

**illeluktende** [IL-leh-lookt-ehn-deh] *adj* smelly

**illustrasjon** [i-lew-strah-SHOON] *c*
illustration

**illustrere** [il-lew-STRAY-reh] *v*
illustrate

**ilmelding** [EEL-mehll-ing] *c*
despatch

**imens** [i-MEHNS] in the meantime

**imidlertid** [i-MID-lehr-tid] *conj*
however

**immigrant** [i-mi-GRAHNT] *c*
immigrant

**immigrere** [i-mi-GRAY-reh] *v*
immigrate

**immunitet** [i-mew-ni-TAYT] *c*
immunity

**imperium** [im-PAY-ri-ewm] *nt*
empire

**imponere** [im-poo-NAY-reh] *v*
impress

**imponerende** [im-poo-NAYR-ehn-eh] *adj* impressive; imposing

**importavgift** [im-PORT-ahv-yift] *c*
import duty

**importere** [im-por-TAY-reh] *v*
import

**importert** [im-por-TAYRT] *adj*
imported

**importvarer** [im-PORT-vah-rehr]
*pl* imports *pl*

**importør** [im-por-TURR] *c*
importer

**impuls** [im-PEWLS] *c* impulse

**impulsiv** [IM-pewls-iv] *adj*
impulsive

**imøtekommende** [i-MUR-teh-kom-meh-neh] *adj* obliging

**inder** [IN-dehr] *c* Indian

**India** [IN-di-ah] *nt* India

**indirekte** [IN-dir-ehk-teh] *adj*
indirect

**individ** [in-di-VEED] *nt* individual

**individuell** [in-di-vi-dew-EHLL]
*adj* individual

**indre** [IND-reh] *adj* inner; inside;
internal

**indrefilet** [IN-dreh-fi-lay] *c*
tenderloin steak

**industri** [in-dew-STREE] *c*
industry

**industriell** [in-dew-stri-EHLL] *adj*
industrial

**infanteri** [in-fahn-teh-REE] *nt*
infantry

infinitiv [in-FI-ni-tiv] c infinitive

inflasjon [in-flah-SHOON] c inflation

influensa [in-flew-EHN-sah] c influenza; flu

informasjon [in-for-mah-SHOON] c information

informasjonskontor [in-for-mah-SHOONS-koon-toor] nt inquiry office

informere [in-for-MAY-reh] v inform

infrarød [IN-frah-rurd] adj infra-red

ingefær [ING-eh-fæær] c ginger

ingen [ING-ehn] pron none; no one; nobody; no

ingen av dem [ING-ehn arv dehm] neither

ingeniør [ing-sheh-ni-URR] c engineer

ingensteds [ING-ehn-stayds] adv nowhere

ingenting [ING-ehn-ting] c nil; nothing

ingrediens [in-greh-di-EHNS] c ingredient

injeksjon [in-yehk-SHOON] c injection

inkludert [inn-klew-DAYRT] adj included

inklusive [INN-klew-see-veh] adj inclusive

inkompetent [IN-koom-peh-tehnt] adj incompetent

inn [inn] adv in

inn i [inn i] prep into

innbilt [INN-bilt] adj imaginary

innbinding [INN-binn-ing] c binding

innblande [INN-blahn-neh] v involve

innblanding [INN-blahn-ning] c interference

innbringende [INN-bring-eh-neh] adj profitable

innbygger [INN-bewg-gayr] c inhabitant

inne [IN-neh] adv indoors; inside

innehaver [IN-neh-hah-vehr] c bearer

inneholde [IN-neh-hol-leh] v contain

innendørs [IN-nehn-durrs] adj indoor

innenfor [INN-ehn-for] prep within

innenlandsk [INN-ehn-lahnsk] adj domestic

innfatning [INN-faht-ning] c frames pl

innflytelse [inn-FLEWT-ehl-seh] c influence

innflytelsesrik [inn-FLEWT-ehl-sehs-rik] adj influential

innfødt [INN-furt] adj native

innføre [INN-fur-reh] v introduce

innføring [INN-fur-ring] c introduction

inngang [INN-gahng] c entry; way in

innhold [INN-hol] nt contents pl

innhylle seg [IN-hewl-leh say] v wrap up

innkjøp [INN-khurp] nt shopping

innkommende [INN-kom-mehn-deh] adj incoming

innkomst [INN-komst] c revenue

innlysende [INN-lew-seh-neh] adj obvious

innover [INN-ov-ehr] adv inwards

innpakning [INN-pahk-ning] c packing

innpakningspapir [INN-pahk-nings-pah-peer] nt wrapping paper

* innse [INN-say] v realise

innside [INN-si-deh] c interior

**innsjø** [INN-shur] *c* lake

**innsjøbredd** [INN-shur-brehdd] *c* lakeside

**innskipning** [INN-ship-ning] *c* embarkation

\* **innskrive** [INN-skri-veh] *v* list

\* **innskrive seg** [INN-skree-veh say] *v* register

\* **innskyte** [INN-shew-teh] *v* insert

**inntekt** [INN-taykt] *c* income; earnings *pl*

**inntektsskatt** [INN-tehkts-skahtt] *c* income-tax

**inntil** [IN-til] *prep* until

**inntrykk** [INN-trewkk] *nt* impression

**innvending** [INN-vehn-ning] *c* objection

**innviklet** [INN-vik-leht] *adj* complex

**innvoller** [INN-vol-lehr] *pl* bowels *pl*; insides *pl*

**innvåner** [INN-vo-nehr] *c* resident

**insekt** [IN-sehkt] *nt* insect

**insektmiddel** [IN-sehkt-mid-dehl] *nt* insect repellent

**insektsdrepende middel** [IN-saykts-dray-peh-neh MID-dehl] *nt* (*pl* midler) insecticide

**insektstikk** [IN-sehkt-stikk] *nt* insect bite

**insistere** [in-si-STAY-reh] *v* insist

**inskripsjon** [in-skrip-SHOON] *c* inscription

**inspeksjon** [in-spehk-SHOON] *c* inspection

**inspektør** [in-spayk-TURR] *c* inspector

**inspisere** [in-spi-SAY-reh] *v* inspect

**installasjon** [in-stahl-lah-SHOON] *c* installation

**installere** [in-stahll-AY-reh] *v* install

**institusjon** [in-sti-tew-SHOON] *c* institution

**institutt** [in-sti-TEWTT] *nt* institute

**instruktør** [in-strewk-TURR] *c* instructor

**instrument** [in-strew-MEHNT] *nt* instrument

**instrumentbord** [in-strew-MEHNT-boor] *nt* dash-board

**intakt** [in-TAHKT] *adj* intact; unbroken

**intellekt** [in-tehl-LAYKT] *nt* intellect

**intellektuell** [in-tehl-lehk-tew-EHLL] *adj* intellectual

**intelligens** [in-tehl-li-GEHNS] *c* intelligence

**intelligent** [in-tehl-li-GEHNT] *adj* intelligent

**intens** [in-TAYNS] *adj* intense

**interessant** [in-tehr-ehs-SAHNG] *adj* interesting

**interesse** [in-tehr-EHS-seh] *c* interest

**interessere** [in-tehr-ehss-AY-reh] *v* interest

**interessert** [in-tehr-ehs-SAYRT] *adj* interested

**internasjonal** [IN-tehr-nah-shoo-NARL] *adj* international

**intervju** [in-tehr-VYEW] *nt* interview

**intetkjønns** [IN-teht-khurns] *pref* neuter

**intim** [in-TEEM] *adj* intimate

**invadere** [in-vah-DAY-ray] *v* invade

**invalid** [in-vah-LEED] *c* invalid

**investere** [in-vehs-TAY-reh] *v* invest

**investering** [in-vehs-TAYR-ing] *c*

investment
**investor** [in-VEHS-toor] *c* investor
**invitasjon** [in-vi-tah-SHOON] *c*
invitation
**invitere** [in-vi-TAY-reh] *v* invite;
ask
**Irland** [EER-lahnn] *nt* Ireland
**irlender** [EER-lehn-dehr] *c* Irish
**irritabel** [ir-ri-TAR-behll] *adj*
irritable
**irritere** [ir-ri-TAY-reh] *v* irritate;
annoy
**irriterende** [ir-ri-TAY-reh-neh]
*adj* annoying
**irsk** [irshk] *adj* Irish
**is** [ees] *c* ice
**isbar** [EES-barr] *c* soda-fountain
**isbre** [EES-breh] *c* glacier
**isdrikk** [EES-drikk] *c* iced drink
**iskald** [EES-kahll] *adj* freezing
**iskrem** [EES-krehm] *c* ice-cream
**Island** [EES-lahnn] *nt* Iceland
**isolasjon** [i-soo-lah-SHOON] *c* .
isolation
**isolator** [i-SOO-LAR-toor] *c*
insulator
**isolere** [i-soo-LAY-reh] *v* insulate
**isolering** [i-soo-LAY-ring] *c*
insulation
**isolert** [i-SOO-LAYRT] *adj* isolated
**ispose** [EES-poo-seh] *c* icebag
**Israel** [EES-rah-ehl] *nt* Israel
**israeler** [is-rah-AY-lehr] *c* Israeli
**israelsk** [is-rah-AYLSK] *adj*
Israeli
**istedenfor** [i-STAY-dehn-for] *prep*
instead of
**isvann** [EES-vahnn] *nt* ice-water
**især** [i-SÆÆR] *adv* especially
**Italia** [i-TAR-li-ah] *nt* Italy
**italiener** [i-tah-li-AY-nehr] *c*
Italian
**italiensk** [i-tah-li-AYNSK] *adj*
Italian

**ivrig** [EEV-rig] *adj* eager; anxious

**ja** [yar] yes
**jade** [YAR-deh] *c* jade
**jage** [YAR-geh] *v* hunt
**jakke** [YAHK-keh] *c* jacket
**jakt** [yahkt] *c* hunt
**januar** [yah-new-ARR] *c* January
**Japan** [yah-PARN] *nt* Japan
**japaner** [yah-PAR-nehr] *c*
Japanese
**japansk** [yah-PAHNSK] *adj*
Japanese
**jazz** [yahss] *c* jazz
**jeep** [yeep] *c* jeep
**jeg** [yay] *pron* I
**jeger** [YAY-gehr] *c* hunter
**jekk** [yehkk] *c* jack
**jern** [yæærn] *nt* iron
**jernbane** [YÆRN-bar-neh] *c*
railway; railroad
**jernbaneferje** [YÆRN-bah-neh-
fær-yeh] *c* train-ferry
**jernbanevogn** [YÆRN-bah-neh-
vongn] *c* coach
**jernvarehandel** [YÆRN-vah-reh-
hahn-dehl] *c* hardware store
**jernvarer** [YÆÆRN-vah-rehr] *pl*
hardware
**jernverk** [YÆÆRN-værk] *nt*
ironworks
**jersey** [YURR-shi] *c* jersey
**jetfly** [YEHTT-flew] *nt* jet
**jevn** [yehvn] *adj* level; smooth
**jockey** [YOK-i] *c* jockey
**jod** [yod] *c* iodine
**joker** [YWI-kehr] *c* joker
**jolle** [YOL-leh] *c* dinghy
**jomfru** [YOOM-frew] *c* virgin
**jord** [yoor] *c* ground; earth; soil;
land
**jordbruk** [YOOR-brewk] *nt*
agriculture

**jordbær** [YOOR-bær] *nt*
strawberry

**jorden** [YOOR-ehn] *c* Earth

**jordlapp** [YOOR-lahpp] *c* plot

**jordskjelv** [YOOR-shehlv] *nt*
earthquake

**jordvoll** [YOOR-voll] *c* mound

**journalist** [shoor-nah-LIST] *c*
journalist

**journalistikk** [shoor-nah-li-STIKK] *c* journalism

**jugoslav** [yew-goo-SHLARV] *c*
Jugoslav; Yugoslav

**Jugoslavia** [yew-goo-SHLAR-vi-ah] *nt* Yugoslavia; Jugoslavia

**jugoslavisk** [yew-goo-SHLARV-isk] *adj* Jugoslav

**jul** [yewl] *c* Xmas; Christmas

**juli** [YEW-li] *c* July

**jumper** [YWM-pehr] *c* jumper

**jungel** [YOONG-ehl] *c* jungle

**juni** [YEW-ni] *c* June

**jury** [YEW-rew] *c* jury

**jøde** [YUR-deh] *c* Jew

**jødisk** [YURD-isk] *adj* Jewish


**kabaret** [kah-bah-RAY] *c* cabaret

**kafé** [kah-FAY] *c* café

**kafeteria** [kah-feh-TAY-ri-ah] *c*
cafeteria; self-service
restaurant

**kaffe** [KAHF-feh] *c* coffee; café

**kaffekolbe** [KAHF-feh-kol-beh] *c*
percolator

**kai** [kigh] *c* quay; wharf

**kakao** [kah-KAR-oo] *c* cocoa

**kake** [KAR-keh] *c* cake

**kaki** [KAR-ki] *c* khaki

**kald** [kahll] *adj* cold

**kalender** [kah-LEHN-dehr] *c* (*pl*
kalendrer) calendar

**kalkulere** [kahl-kew-LAY-reh] *v*
calculate

**kalkun** [kahl-KEWN] *c* turkey

**kalori** [kah-loo-REE] *c* calorie

**kalv** [kahlv] *c* calf

**kalvebrissel** [KAHL-veh-briss-ehl] *c* sweetbread

**kalvekjøtt** [KAHL-veh-khurtt] *nt*
veal

**kalveskinn** [KAHL-veh-shinn] *nt*
calfskin

**kam** [kahm] *c* comb

**kamera** [KAR-meh-rah] *nt*
camera

**kamgarn** [KAHMM-gahrn] *nt*
worsted

**kammusling** [KAHM-mews-ling] *c*
scallop

**kamp** [kahmp] *c* fight; match

**Kanada** [KAH-nah-dah] *nt*
Canada

**kanadier** [kah-NAR-di-ehr] *c*
Canadian

**kanadisk** [kah-NARD-isk] *adj*
Canadian

**kanal** [kah-NARL] *c* canal;
channel

**kanin** [kah-NEEN] *c* rabbit

**kanne** [KAHN-neh] *c* can

**kano** [KAR-noo] *c* canoe

**kanon** [kah-NOON] *c* gun

**kanskje** [KAHN-sheh] *adv* maybe;
perhaps

**kant** [kahnt] *c* verge; edge; rim

**kapasitet** [kah-pah-si-TAYT] *c*
capacity

**kapell** [kah-PEHLL] *nt* chapel

**kapital** [kah-pi-TARL] *c* capital

**kapp** [kahpp] *c* cape

**kappe** [KAHP-peh] *c* cloak

**kapre** [KARP-reh] *v* hijack

**kapsel** [KAHP-sehl] *c* (*pl* kapsler)
capsule

**kaptein** [kahp-TAYN] *c* captain

**kar** [karr] *nt* vessel

**karaffel** [kah-RAHFF-ehl] *c* (*pl*

**karafler)** carafe

**karakter** [kah-rahk-TAYR] *c*
character

**karakterisere** [kah-rahk-teh-ri-SAY-reh] *v* characterize

**karakteristisk** [kah-rahk-tehr-IS-tisk] *adj* characteristic

**karamell** [kah-rah-MEHLL] *c*
caramel; toffee

**karantene** [kahr-ahn-TAY-neh] *c*
quarantine

**karat** [kah-RART] *c* carat

**karbolsåpe** [kahr-BOOL-so-peh] *c*
carbolic soap

**karbonpapir** [kahr-BOON-pah-pir] *nt* carbon paper

**kardialgi** [kahr-di-ahl-GEE] *c*
heartburn

**karneval** [KARR-neh-vahl] *nt*
carnival

**karpe** [KAHR-peh] *c* carp

**karri** [KAHR-ri] *c* curry

**karrière** [kahr-ri-ÆÆ-reh] *c*
career

**kart** [KAHRT] *nt* map

**kartong** [kahr-TONG] *c* carton

**kaserne** [kah-SÆR-nay] *c*
barracks *pl*

**kasino** [kah-SEE-noo] *nt* casino

**kasjmir** [kahsh-MEER] *c*
cashmere

**kasse** [KAHS-seh] *c* pay-desk

**kasserer** [kahss-AY-rehr] *c (f*
**kassererske)** cashier

**kastanjenøtt** [kah-STAHN-yeh-nurtt] *c* chestnut

**kaste** [KAHS-teh] *v* cast; throw;
toss

**kaste et blikk** [KAHS-teh eht
blikk] *v* glance

**kaste opp** [KAHS-teh opp] *v* vomit

**katakombe** [kah-tah-KOOM-beh]
*c* catacomb

**katalog** [kah-tah-LAWG] *c*
catalogue; directory

**katarr** [kah-TAHRR] *c* catarrh

**katastrofe** [kah-tah-STROO-feh] *c*
disaster

**katedral** [kah-teh-DRARL] *c*
cathedral

**kategori** [kah-teh-goo-REE] *c*
category; denomination

**katolsk** [kah-TOOLSK] *adj*
Catholic

**katt** [kahtt] *c* cat

**kausjon** [kow-SHOON] *c* bail

**kaviar** [kah-vi-ARR] *c* caviar

**kelner** [KEHL-nehr] *c* wine-waiter

**kennel** [KEHN-nehll] *c* kennel

**keramikk** [KHEH-rah-mikk] *c*
ceramics *pl*

**kidskinn** [KID-shinn] *nt* kid

**kikkert** [KHIK-kehrt] *c* binoculars
*pl*

**kilde** [KHIL-deh] *c* spring

**kile** [KHEE-leh] *c* wedge

**kilo** [KHEE-loo] *nt* kilogram

**kilometer** [KHEE-loo-meh-tehr] *c*
kilometre

**Kina** [KHI-nah] *nt* China

**kineser** [khi-NAY-sehr] *c* Chinese
*inv*

**kinesisk** [khi-NAY-sisk] *adj*
Chinese

**kinin** [khi-NEEN] *c* quinine

**kinn** [khinn] *nt* cheek

**kinnben** [KHINN-bayn] *nt* cheek-bone

**kinnskjegg** [KHINN-shehgg] *nt*
sideburns *pl*

**kino** [KHI-noo] *c* cinema; film

**kiosk** [khosk] *c* kiosk

**kirke** [KHIR-keh] *c* church

**kirkegård** [KHIR-keh-gawr] *c*
churchyard

**kirketårn** [KHIR-keh-torn] *nt*
steeple

**kirsebær** [KHI-sheh-bæær] *nt*

cherry

**kirurg** [khi-REWRG] *c* surgeon

**kiste** [KHIS-teh] *c* chest

**kjede** [KHAY-deh] *v* bore; tire

**kjedeforretning** [KHEH-deh-for-reht-ning] *c* chain-store

**kjedelig** [KHAY-deh-lig] *adj* boring; dull

**kjeks** [khehks] *c* biscuit; cracker

**kjele** [KHAY-leh] *c* kettle

**kjeller** [KHEHL-lehr] *c* cellar; basement

**kjemi** [kheh-MEE] *c* chemistry

**kjemme** [KHEHM-meh] *v* comb

**kjempe** [KHEHM-peh] *v* fight; struggle

**kjenne** [KHEHN-neh] *v* know

**kjenne igjen** [KHEHN-neh i-YEHN] *v* recognise

**kjennelse** [KHEHN-nehl-seh] *c* verdict

**kjent** [khehnt] *adj* noted

**kjerne-** [KHÆÆR-neh] *pref* nuclear

**kjerne** [KHÆÆR-neh] *c* essence

**kjerre** [KHÆR-reh] *c* cart

**kjertel** [KHÆR-tehl] *c* (*pl* **kjertler**) gland

**kjeve** [KHEH-veh] *c* jaw

**kjole** [KHOO-lay] *c* frock; dress

**kjæledyr** [TYÆÆ-leh-dewr] *nt* pet

**kjær** [khææær] *adj* dear

**kjærlig** [KHÆÆR-lig] *adj* affectionate

**kjærlighet** [KHÆÆR-lig-heht] *c* love

**kjærlighetsfortelling** [KHÆÆR-lig-hehts-for-tehl-ling] *c* love-story

**kjøkken** [KHURK-kehn] *nt* kitchen

**kjøkkensjef** [KHURK-kehn-shayf] *c* chef

**kjøleskap** [KHUR-leh-skahp] *nt* refrigerator; fridge

**kjølig** [KHUR-lig] *adj* chilly; cool

**kjønn** [khurnn] *nt* sex; gender

**kjønnssykdom** [KHURNNS-sewk-dom] *c* venereal disease

**kjøp** [khurp] *nt* purchase

**kjøpe** [KHUR-peh] *v* purchase; buy

**kjøper** [KHUR-pehr] *c* buyer; purchaser

**kjøpmann** [KHURP-mahnn] *c* (*pl* **menn**) shopkeeper; tradesman

* **kjøpslå** [KHURP-shlaw] *v* bargain

**kjøre** [KHUR-reh] *v* ride; drive

**kjøre forbi** [KHUR-reh for-BEE] *v* overtake

**kjøre fort** [KHUR-reh foort] *v* speed

**kjøre inn** [KHUR-reh in] *v* pull in

**kjøretur** [KHUR-reh-tewr] *c* drive

**kjøretøy** [KHUR-reh-turi] *nt* vehicle

**kjøring** [KHUR-ring] *c* driving

**kjøtt** [khurtt] *nt* flesh; meat

**klage** [KLAR-geh] *c* complaint; *v* complain

**klandre** [KLAHN-dreh] *v* blame

**klappe** [KLAHP-peh] *v* clap

**klar** [klarr] *adj* clear; apparent

**klare seg uten** [KLAH-reh say EWT-ehn] *v* do without

* **klargjøre** [KLARR-yur-reh] *v* clarify

**klasse** [KLAHS-seh] *c* class

**klasseværelse** [KLAHS-seh-vær-ehl-seh] *nt* classroom

**klassisk** [KLAHS-isk] *adj* classical

**klatre** [KLAHT-reh] *v* climb

**klatring** [KLAHT-ring] *c* climb

**kle av seg** [klay ahv say] *v* undress

**kle på** [klay po] *v* dress

**klebe** [KLAY-beh] *v* stick

**klebrig** [KLAYB-rig] *adj* sticky

**klesbørste** [KLAYS-bursh-teh] *c* clothes-brush

**kleshenger** [KLAYS-hehng-ehr] *c* coat-hanger

**klient** [kli-EHNT] *c* client

**klima** [KLEE-mah] *nt* climate

**klinikk** [kli-NIKK] *c* clinic

**klippe** [KLIP-peh] *c* cliff; rock

**klo** [kloo] *c* (*pl* **klør**) claw

**kloakkrør** [kloo-AHKK-rurr] *nt* drain

**klode** [KLOO-deh] *c* globe

**klok** [klook] *adj* wise

**klokke** [KLOK-keh] *c* clock; bell

**klokken tolv** [KLOK-kehn toll] midday; noon

**klokkerem** [KLOK-keh-rehmm] *c* watch-strap

**klore** [KLOO-reh] *v* scratch

**kloss** [kloss] *c* block

**klosset** [KLOS-eht] *adj* awkward; clumsy

**kloster** [KLOS-tehr] *nt* convent; monastery

**klubb** [klewbb] *c* club

**klubbe** [KLEWB-beh] *c* club

**klumpet** [KLOOM-peht] *adj* lumpy

**klype** [KLEW-peh] *v* pinch

**klær** [klæær] *npl* clothes *pl*

**kløe** [KLUR-eh] *c* itch

**kløve** [KLUR-veh] *v* split

**kløver** [KLURV-ehr] *pl* club

**knagg** [knahgg] *c* peg

**knapp** [knahpp] *adj* scarce; *c* button

**knappe opp** [KNAHP-peh opp] *v* unbutton

**knappenål** [KNAHP-peh-nawl] *c* pin

**knapphet** [KNAHPP-hayt] *c* scarcity

**knapphull** [KNAHP-hewl] *nt* buttonhole

**knapt** [knahpt] *adv* barely

**kne** [knay] *nt* (*pl* **knær**) knee

**knekt** [knehkt] *c* knave; jack

* **knele** [KNAY-leh] *v* kneel

**knipetang** [KNEE-peh-tahng] *c* (*pl*~**tenger**) pliers *pl*

**kniplinger** [KNIP-ling-ehr] *pl* lace

**kniv** [kneev] *c* knife

**knoke** [KNOO-kay] *c* knuckle

**knokkel** [KNOK-kehl] *c* (*pl* **knokler**) bone

**knopp** [knop] *c* bud

**knurre** [KNEWR-reh] *v* grumble

**knuse** [KNEW-seh] *v* crash; crush

**knute** [KNEW-teh] *c* knot

**knutepunkt** [KNEW-teh-poonkt] *nt* junction

**knytte opp** [KNEWT-teh opp] *v* untie

**knyttneve** [KNEWTT-nay-veh] *c* fist

**knyttneveslag** [KNEWT-neh-veh-SHLARG] *nt* punch

**koagulere** [koo-ah-gew-LAY-reh] *v* coagulate

**kobber** [KOB-behr] *nt* copper

**kodein** [koo-deh-EEN] *c* codeine

**koffein** [kof-feh-EEN] *c* caffeine

**koffert** [KOOF-ehrt] *c* case; bag; trunk; suitcase

**koke** [KOO-keh] *v* boil

**kokebok** [KOO-keh-book] *c* (*pl* ~**bøker**) cookery-book

**kokende vann** [KOO-kehn-deh vahnn] *nt* boiling water

**kokk** [kokk] *c* (*f* **kokke**) cook

**kokosnøtt** [KOO-koos-nurtt] *c* coconut

**koks** [koks] *c* coke

**kokt** [kookt] *adj* boiled

**koldkrem** [KOLL-kraym] *c* cold cream

**koldtbord** [KOLT-boor] *nt* cold buffet; buffet

**kolje** [KOL-yeh] *c* haddock

**kollega** [kool-LAY-gah] *c* colleague

**kollidere** [kool-li-DAY-reh] *v* collide

**kollisjon** [kool-li-SHOON] *c* collision; crash

**koloni** [koo-loo-NEE] *c* colony

**kolossal** [koo-loo-SARL] *adj* tremendous

**koma** [KOO-mah] *nt* coma

**kombinasjon** [koom-bi-nah-SHOON] *c* combination

**kombinere** [koom-bi-NAY-reh] *v* combine

**komedie** [koo-MAY-di-eh] *c* comedy

**komfyr** [koom-FEWR] *c* cooker

**komiker** [KOO-mi-kehr] *c* comedian

**komisk** [KOO-misk] *adj* comic

**komité** [koo-mi-TAY] *c* committee

**kommandere** [koom-mahn-DAY-reh] *v* command

* **komme** [KOM-meh] *v* come

* **komme tilbake** [KOM-meh til-BAR-keh] *v* get back

**kommende** [KOAM-meh-neh] *adj* oncoming

**kommentar** [koom-mayn-TARR] *c* comment

**kommentere** [koom-mehn-TAY-reh] *v* comment

**kommersiell** [koom-mær-si-EHLL] *adj* commercial

**kommisjon** [koom-mi-SHOON] *c* commission

**kommode** [koom-moo-deh] *c* bureau

**kommunal** [koom-moo-NARL] *adj* municipal

**kommune** [koom-MEW-neh] *c* commune

**kommunestyre** [koom-MEW-neh-stew-reh] *nt* municipality

**kommunisme** [koom-mew-NIS-meh] *c* communism

**kommunist** [koom-mew-NIST] *c* communist

**kompanjong** [koom-pahn-YONG] *c* associate

**kompass** [koom-PAHSS] *nt* compass

**kompetent** [koom-peh-TAYNT] *adj* capable

**kompleks** [koom-PLEHKS] *nt* complex

**kompliment** [koom-pli-MAHNG] *c* compliment

**komponist** [koom-poo-NIST] *c* composer

**komposisjon** [koom-poo-si-SHOON] *c* composition

**kondensator** [koon-dehn-SAR-toor] *c* condenser

**kondensert melk** [koon-dehn-SAYRT mehlk] *c* condensed milk

**konditor** [koon-DEE-toor] *c* confectioner

**konditori** [koon-di-too-REE] *nt* pastry shop

**konduktør** [koon-dewk-TURR] *c* conductor; ticket collector

**kone** [KOO-neh] *f* wife

**konfeksjons-** [koon-fehk-SHOONS] *pref* ready-made

**konfidensiell** [koon-fi-dehn-si-EHLL] *adj* confidential

**konge** [KONG-eh] *c* king

**kongelig** [KONG-eh-lig] *adj* royal

**kongerike** [KONG-eh-ri-keh] *nt* kingdom

**kongress** [kon-GREHSS] *c* congress

**konkurranse** [koon-kewr-AHNG-seh] *c* competition

**konkurrent** [koon-kewr-EHNT] *c* competitor

**konkylie** [koon-KEW-li-eh] *c* sea-shell

**konsentrasjon** [koon-sehn-trah-SHOON] *c* concentration

**konsentrere** [koon-sehn-TRAY-reh] *v* concentrate

**konsert** [koon-SEHRT] *c* concert

**konsertsal** [koon-SEHRT-sarl] *c* concert hall

**konservativ** [koon-SEHR-vah-tiv] *adj* conservative

**konservator** [koon-sær-VAR-toor] *c* curator

**konstruere** [koon-strew-AY-reh] *v* construct

**konstruksjon** [koon-strewk-SHOON] *c* construction

**konsul** [KOON-sewl] *c* consul

**konsulat** [kon-sew-LART] *nt* consulate

**konsultasjon** [koon-sewl-tah-SHOON] *c* consultation

**kontakte** [koon-TAHK-teh] *v* contact

**kontaktlinser** [koon-TAHKT-lin-sehr] *pl* contact lenses *pl*

**kontanter** [koon-TAHNT-ehr] *pl* cash

**kontinent** [koon-ti-NEHNT] *nt* continent

**konto** [KON-too] *c* account

**kontor** [koon-TOOR] *nt* office

**kontorarbeide** [koon-TOOR-ahr-bay-deh] *nt* office work

**kontorist** [koon-toor-IST] *c* clerk

**kontortid** [koon-TOOR-teed] *c* office hours *pl*

**kontra** [KOON-trah] *prep* versus

**kontrakt** [koon-TRAHKT] *c* contract

**kontrast** [koon-TRAHST] *c* contrast

**kontroll** [koon-TROLL] *c* control

**kontrollere** [koon-troall-AY-reh] *v* control; check in; supervise

**kontrollør** [koon-troll-URR] *c* supervisor; usher

**konvolutt** [KW-vw-LEWTT] *c* envelope

**kopi** [koo-PEE] *c* copy; print

**kopp** [kopp] *c* cup

**kopper** [KOP-pehr] *pl* smallpox

**kor** [koor] *nt* choir

**korall** [koo-RAHLL] *c* coral

**kordfløyel** [KORD-fluri-ehl] *c* corduroy

**korint** [koo-RINT] *c* currant

**kork** [kork] *c* cork; stopper

**korketrekker** [KOR-keh-trehk-kehr] *c* corkscrew

**korn** [koorn] *nt* grain

**kornåker** [KOORN-ok-ehr] *c* (*pl* ~åkrer) cornfield

**korpulent** [kor-pew-LEHNT] *adj* stout

**korridor** [KOOR-ri-door] *c* corridor

**kors** [korsh] *nt* cross

**korsett** [kor-SEHTT] *nt* corset

**kort** [kort] *adj* short; brief; *nt* card

**kortslutning** [KORT-slewt-ning] *c* short circuit

**kortspill** [KORT-spill] *nt* cards *pl*

**kortstokk** [KORT-stokk] *c* deck; pack of cards

**kortvarehandel** [KORT-vahreh-hahn-dehl] *c* haberdashery

**kortvarehandler** [KORT-vah-REH-HAHND-lehr] *c* haberdasher

**koselig** [KOO-seh-li] *adj* cosy

**kosmetikk** [koos-meh-TIKK] *c* cosmetics *pl*

**kost og losji** [kost o loo-SHEE] room and board; board and lodging; bed and board

**koste** [KOS-teh] *v* cost

**kostnad** [KOST-nard] *c* cost

koøye [KOO-uri-eh] *nt* porthole

krabbe [KRAHB-beh] *c* crab

kraft [krahft] *c* power; force

kraftstasjon [KRAHFT-stah-shoon] *c* power station

krage [KRAR-geh] *c* collar

krageben [KRAR-geh-bayn] *nt* collar-bone

krampe [KRAHM-peh] *c* cramp

kran [krarn] *c* tap

kranium [KRAR-ni-ewm] *nt* (*pl* kranier) skull

kratt [krahtt] *nt* scrub

krav [krarv] *nt* claim; requirement

kreditt [kreh-DITT] *c* credit

kredittkort [kray-DITT-kort] *nt* credit card; charge plate

kreft [krehft] *c* cancer

krem [kraym] *c* cream

kremgul [KRAYM-gewl] *adj* cream

krenke [KREHN-keh] *v* trespass

krenkende [KREHN-kehn-day] *adj* offensive

kreps [krehps] *c* crayfish

kreve [KRAY-veh] *v* claim; require; demand

kreve for meget [KRAY-veh for MAY-geht] *v* overcharge

krig [kreeg] *c* war

kristen [KRIS-tehn] *c* (*pl* kristne) Christian

Kristus [KRIS-tews] *c* Christ

kritiker [KREE-ti-kehr] *c* critic

kritisk [KREE-tisk] *adj* critical

kro [kroo] *c* tavern

krok [krook] *c* hook

krom [kroom] *c* chromium

kronblad [KROON-blar] *nt* petal

krone [KROO-neh] *c* crown

kronisk [KROO-nisk] *adj* chronic

kropp [kropp] *c* body

krukke [KROOK-keh] *c* jar.

krus [krews] *nt* mug

krusifiks [krew-si-FIKS] *nt* crucifix

krydder [KREWD-dehr] *nt* seasoning; spice

krydret [KREWD-reht] *adj* spicy; spiced

krympe [KREWM-peh] *v* shrink

krypdyr [KREWP-dewr] *nt* reptile

* krype [KREW-peh] *v* creep

krysse av [KREWS-seh arv] *v* tick

krystall [krew-STAHLL] *c* crystal

krøll [krurll] *c* curl

krølle [KRURL-leh] *v* curl

krøllet [KRURL-leht] *adj* curly

ku [kew] *f* (*pl* kyr) cow

kubbe [KEWB-beh] *c* log

kulde [KEWL-leh] *c* chill; cold

kule [KEW-leh] *c* sphere

kulepenn [KEW-leh-pehnn] *c* Biro; ballpoint-pen

kull [kewll] *nt* coal

kultivert [kewl-ti-VAYRT] *adj* cultured

kultur [kewl-TEWR] *c* culture

kunde [KEWN-deh] *c* customer

kundekonto [KEWN-deh-kon-too] *c* charge account

kunne [KEWN-neh] *v* can; may

* kunngjøre [KEWNN-yur-reh] *v* announce

kunngjøring [KEWNN-yurr-ing] *c* announcement; notice; public notice

kunnskap [KEWNN-skahp] *c* knowledge

kunst [kewnst] *c* art

kunstgalleri [KEWNST-gahl-leh-ree] *nt* art gallery; gallery

kunstig [KEWNN-stig] *adj* artificial

kunstner [KEWNST-nehr] *c* artist

kunstnerisk [KEWNST-neh-risk] *adj* artistic

kunstsamling [KEWNST-sahm-

ling] *c* art collection
**kunstutstilling** [KEWNST-ewt-stil-ling] *c* art exhibition
**kunstverk** [KEWNST-værk] *nt* work of art
**kupong** [kew-PONG] *c* coupon
**kuppel** [KEWP-pehl] *c* dome
**kur** [kewr] *c* cure
**kuriositet** [kew-ri-oo-si-TAYT] *c* curio
**kurs** [kewrs] *c* exchange rate
**kursiv** [kewr-SEEV] *c* italics *pl*
**kursted** [KEWR-stayd] *nt* spa
**kurv** [kewrv] *c* basket; hamper
**kusine** [kew-SEE-neh] *f* cousin
**kusma** [KOOS-mah] *c* mumps
**kvadrat** [kvah-DRART] *nt* square
**kvadratisk** [kvah-DRAR-tisk] *adj* square
**kvalifikasjon** [kvah-li-fi-kah-SHOON] *c* qualification
**kvalifisere seg** [kvah-li-fi-SAY-reh say] *v* qualify
**kvalitet** [kvah-li-TAYT] *c* quality
**kvalme** [KVAHL-meh] *c* nausea
**kvantitet** [kvahn-ti-TAYT] *c* quantity
**kvartal** [kvahr-TARL] *nt* block
**kvartals-** [kvahr-TARLS] *pref* quarterly
**kvarter** [kvahr-TAYR] *nt* quarter
**kveg** [kvayg] *nt* cattle
**kveite** [KVAY-teh] *c* halibut
**kveld** [kvehll] *c* evening
**kvern** [kvæærn] *c* mill
**kvinne** [KVIN-neh] *c* woman
**kvinnelig** [KVIN-neh-lig] *adj* feminine
**kvinnelig kontrollør** [KVIN-neh-li koon-tro-LURR] *c* usherette
**kvise** [KVEE-seh] *c* pimple
**kvist** [kvist] *c* twig
**kvittering** [kvit-TAY-ring] *c* receipt

**kvote** [KVOO-teh] *c* quota
**kylling** [KHEWL-ling] *c* chicken
**kyndig** [KHEWN-di] *adj* skilled
**kyss** [khewss] *nt* kiss
**kysse** [KHEWS-seh] *v* kiss
**kyst** [khewst] *c* seacoast; seaside; coast
**kø** [kur] *c* queue; line
**kølle** [KURL-leh] *c* mallet
**køye** [KURI-eh] *c* sleeping-berth; berth
**kål** [kawl] *c* cabbage

* **la** [lar] *v* let
**laboratorium** [lah-boo-rah-TOO-ri-ewm] *nt* (*pl* **laboratorier**) laboratory
**lade opp** [LAR-deh opp] *v* recharge
**lag** [larg] *nt* team
* **lage** [LAR-geh] *v* make
**lage mat** [LAR-geh mart] *v* cook
**lage rot** [LAR-geh root] *v* muddle up
**lager** [LAR-gehr] *nt* (*pl* **lagre**) stock; store
**laget av** [LAR-geht arv] made of
**laget på bestilling** [LAR-geht po beh-STIL-ling] *adj* made-to-order
**lagre** [LARG-reh] *v* stock; store
**lagring** [LARG-ring] *c* storage
**laken** [LAR-kehn] *nt* sheet
**lakk** [lahkk] *c* lacquer
**lakris** [lah-KREES] *c* liquorice
**laks** [lahks] *c* salmon
**lakserolje** [lahk-SAYR-ol-yeh] *c* castor-oil
**lam** [lahm] *adj* lame; paralysed
**lamme** [LAHM-meh] *v* paralyse
**lammekjøtt** [LAHM-meh-khurtt] *nt* lamb
**lampe** [LAHM-peh] *c* lamp

**lampeskjerm** [LAHM-peh-shærm]
*c* lampshade

**land** [lahnn] *nt* land; country

**landet** [LAHN-neh] *nt*
countryside; country

**landevei** [LAHN-neh-vay] *c*
causeway

**landgang** [LAHNN-gahng] *c*
gangway

**landlig** [LAHNN-lig] *adj* rural

**landmerke** [LAHNN-mær-keh] *nt*
landmark

**landsby** [LAHNNS-bew] *c* village

**landsens** [LAHN-sehns] *adj* rustic

**landskap** [LAHNN-skarp] *nt*
scenery; landscape

**landsmann** [LAHNNS-mahnn] *c* (*pl*
~menn) countryman

**landsted** [LAHNN-stehd] *nt*
country house

**lang** [lahng] *adj* long

**langbukser** [LAHNG-book-sehr] *pl*
slacks *pl*

**langs** [lahngs] *prep* along

**langsom** [LAHNG-som] *adj* slow

**lapp** [lahpp] *c* patch

**lappe** [LAHP-peh] *v* patch

**last** [lahst] *c* load; cargo

**laste** [LAHS-teh] *v* load

**lastebil** [LAHS-teh-beel] *c* lorry;
truck

**lasterom** [LAHS-teh-room] *nt*
hold

* **late som** [LAR-teh som] *v*
pretend

**Latin-Amerika** [lah-TEEN-ah-
meh-ri-kah] *nt* Latin
American; Latin America

**latin-amerikansk** [lah-TEEN-ah-
meh-ri-kahnsk] *adj* Latin
American

**latter** [LAHT-tehr] *c* laughter;
laugh

**latterlig** [LAHT-tehr-lig] *adj*
ridiculous

**lav** [larv] *adj* low

**lavland** [LARV-lahnn] *nt* lowland

**lavsesong** [LARV-seh-song] *c* low
season

**lavvann** [LARV-vahnn] *nt* low tide

* **le** [lay] *v* laugh

**ledd** [lehdd] *nt* joint

**lede** [LAY-deh] *v* guide; lead;
direct

**ledelse** [LAY-dehl-seh] *c*
management

**ledende** [LAYD-ehn-deh] *adj*
leading

**ledig** [LAY-dig] *adj* vacant;
unoccupied

**ledning** [LAYD-ning] *c* flex

**legal** [leh-GARL] *adj* legal

**legasjon** [lay-gah-SHOON] *c*
legation

**lege** [LAY-geh] *c* physician;
doctor

**legekontor** [LAY-geh-koon-toor]
*nt* surgery

**legeundersøkelse** [LAY-geh-ewn-
nehr-sur-kehl-seh] *c* medical
examination

* **legge** [LEHG-geh] *v* lay

* **legge merke til** [LEHG-geh MÆR-
keh til] *v* pay attention to;
notice

* **legge seg nedpå** [LEHG-geh say
NAYD-po] *v* lie down

* **legge vekt på** [LEHG-geh vehkt
po] *v* stress

**leggevann** [LEHG-geh-vahnn] *nt*
setting lotion

**lei for** [lay for] *adj* sorry

**leie** [LAY-eh] *c* rental; rent; *v* rent;
hire

**leieboer** [LAY-eh-boo-ehr] *c*
tenant; lodger

**leiekontrakt** [LAY-eh-koon-
trahkt] *c* lease

leilighet [LAY-li-heht] c
apartment; flat

leir [layr] c camp

leire [LAY-reh] c clay

leke [LAY-keh] v play

lekeplass [LAY-keh-plahss] c
playground; recreation ground

leketøy [LAY-keh-turi] nt toy

leketøysforretning [LAY-keh-
turis-for-reht-ning] c toyshop

lekkasje [lehkk-AR-sheh] c leak

lekke [LEHK-keh] v leak

lekkerbisken [LEHK-kehr-bis-
kehn] c delicacy

lekse [LEHK-seh] c lesson

leksikon [LEHK-si-kon] nt
encyclopaedia

lem [lehm] c limb

lene seg [LAY-neh say] v lean

lenestol [LAY-neh-stool] c
armchair; easy chair

lengde [LAING-deh] c length

lengdegrad [LEHNG-deh-grard] c
longitude

lenger borte [LEHNG-ehr BOOR-
teh] adj farther

lengre [LEHNG-reh] adj longer

lengsel [LEHNG-sehl] c (pl
lengsler) longing

lengte etter [LEHNG-teh EHT-tehr]
v long for

lenke [LEHN-keh] c chain

leppe [LEHP-peh] c lip

leppepomade [LEHP-peh-poo-
mar-deh] c lipsalve

leppestift [LEHP-peh-stift] c
lipstick

lerret [LÆ-reht] nt screen

lese [LAY-seh] v read

leselampe [LAY-seh-lahm-peh] c
reading-lamp

lesesal [LAY-seh-sarl] c reading-
room

lesning [LAYS-ning] c reading

lesse av [LEHS-seh ahv] v unload

*lete etter [LAY-teh EHT-tehr] v
hunt for; search; look for

leting [LAYT-ing] c search

lett [lehtt] adj light; easy

lett måltid [lehtt MAWL-tid] nt
light meal; snack

lettet [LEHT-teht] adj relieved

letting [LEHT-ting] c take-off

leve [LAY-veh] v live

levende [LAYV-ehn-deh] adj live;
alive

lever [LEH-vehr] c liver

levere [leh-VAY-reh] v deliver

levering [leh-VAY-ring] c delivery

levestandard [LAY-veh-stahn-
dahr] c standard of living

levetid [LAY-veh-tid] c lifetime

li [lee] c hillside

liberal [li-beh-RARL] adj liberal

*lide [LEE-deh] v suffer

lidelse [LEED-ehl-seh] c
suffering; ailment

*ligge [LIG-geh] v lie

lighter [LIGH-tehr] c lighter

lik [leek] adj like; alike

like [LEE-keh] v like

like godt [LEE-keh gott] v fancy

like overfor [LEE-kay AW-vehr-
for] prep opposite

like ved [LEE-keh vay] adv next-
door

likedan [LEE-keh-dahn] adv
alike

likestrøm [LEE-keh-strurm] c
direct current

likeså [LEE-keh-so] adv likewise

likevel [LEE-keh-vehl] adv still;
conj yet

likhet [LEEK-heht] c equality;
similarity

likne [LIK-neh] v resemble

liknende [LIK-neh-neh] adj
similar

**liktorn** [LEEK-toorn] *c* corn
**lim** [leem] *c* gum; *nt* glue
**limon** [li-MOON] *c* lime
**lin** [leen] *c* linen
**lindre** [LIN-dreh] *v* relieve
**lindring** [LINN-dring] *c* relief
**linjal** [lin-YARL] *c* ruler
**linje** [LIN-yeh] *c* line; extension
**linse** [LIN-seh] *c* lens
**lintøy** [LEEN-turil] *nt* linen
**lisser** [LIS-sehr] *c* laces *pl*
**liste** [LIS-teh] *c* list
**litegrann** [LEE-teh-grahnn] *nt* a little
**liten** [LEE-tehn] *adj* little; small
**liten haug** [LEE-tehn how] hillock
**liten landsby** [LEE-tehn LAHNNS-bew] *c* hamlet
**liten pakke** [LEE-tehn PAHK-keh] *c* packet
**liten tønne** [LEE-tehn TURN-neh] *c* keg
**liter** [LEE-tehr] *c* litre
**litt etter litt** [litt EHT-tehr litt] little by little
**litt mer** [litt mehr] some more
**litteratur-** [li-teh-rah-TEWR] *pref* literary
**litteratur** [lit-teh-rah-TEWR] *c* literature
**liv** [leev] *nt* life; living
**livfull** [LEEV-fewll] *adj* vivid
**livlig** [LIV-lig] *adj* lively; brisk
**livsforsikring** [LIVS-for-sik-ring] *c* life insurance
**livsviktig** [LIVS-vik-ti] *adj* vital
**lodd** [lodd] *c* lot
**loddrett** [LOD-reht] *adj* perpendicular
**logikk** [loo-GIKK] *c* logic
**lojal** [loo-YARL] *adj* loyal
**lokal** [loo-KARL] *adj* local
**lokalisere** [loo-kah-li-SAY-reh] *v* locate

**lokalsamtale** [loo-KARL-sahm-tar-leh] *c* local call
**lokaltog** [loo-KAHLI-tawg] *nt* local train
**lokk** [lokk] *nt* lid
**lokomotiv** [loo-koo-moo-TEEV] *nt* locomotive
**lomme** [LOOM-meh] *c* pocket
**lommebok** [LOOM-meh-book] *c* (*pl* ~bøker) pocket-book; wallet
**lommekam** [LOOM-meh-kahm] *c* pocket-comb
**lommekniv** [LOOM-meh-kneev] *c* pocket-knife; penknife
**lommelykt** [LOOM-meh-lewkt] *c* torch; flash-light
**lommetørkle** [LOOM-meh-TURR-kleh] *nt* (*pl* ~tørklær) handkerchief
**lommeur** [LOOM-meh-ewr] *nt* pocket-watch
**lord** [lord] *c* lord
**losji** [loo-SHEE] *nt* lodgings *pl*
**losse** [LOS-seh] *v* discharge
**lotion** [LOA-shehn] *c* lotion
**lotteri** [lot-teh-REE] *nt* lottery
**lov** [lawv] *c* law
**love** [LAW-veh] *v* promise
**lovlig** [LAWV-lig] *adj* lawful
**LP-plate** [EHL-peh-plar-teh] *c* long-playing record
**lue** [LEW-eh] *c* cap
**luft** [lewft] *c* air
**luft-** [lewft] *pref* pneumatic
**lufte** [LOOF-teh] *v* air
**luftkondisjoneringsapparat** [LEWFT-koon-di-shoo-nay-rings-ahp-pah-rart] *nt* air conditioner
**luftkondisjonert** [LEWFT-koon-di-shoo-nayrt] *adj* air conditioned
**luftpost** [LEWFT-post] *c* air mail

luftputefartøy [LEWFT-pew-teh-fahr-turi] *nt* hovercraft

luftsyke [LEWFT-sew-keh] *c* air sickness

lukke [LOOK-keh] *v* close; shut

lukke opp [LOOK-keh op] *v* unlock

lukket [LOOK-keht] *adk* closed

luksuriøs [lewk-sew-ri-URS] *adj* luxurious

luksus [LEWK-sews] *c* luxury

lukt [lewkt] *c* odour; smell

lukte [LOOK-teh] *v* smell

lumbago [lewm-BAR-goo] *c* lumbago

lund [lewnn] *c* grove

lune [LEW-neh] *nt* fancy

lunge [LOONG-eh] *c* lung

lungebetennelse [LOONG-eh-beh-tehn-nehl-seh] *c* pneumonia

lunken [LEWNG-kehn] *adj* lukewarm; tepid

lunsj [lurnsh] *c* luncheon; lunch

lunsjtid [LURNSH-teed] *c* lunch time

ly [lew] *nt* shelter

lyd [lewd] *c* sound

lyddemper [LEWD-dehm-pehr] *c* silencer

\* lyde [LEW-deh] *v* sound

lydig [LEW-dig] *adj* obedient

lydighet [LEW-dig-hayt] *c* obedience

lydtett [LEWD-tehtt] *adj* soundproof

lykke [LEWK-keh] *c* happiness

lykkelig [LEWK-keh-lig] *adj* happy

lykkes [LEWK-kehs] *v* get on; succeed

lykkønske [LEWKK-urn-skeh] *v* compliment

lykkønskninger [LEWKK-urnsk-ning-ehr] *pl* congratulations *pl*

lykt [lewkt] *c* lantern

lyktestolpe [LEWK-teh-stol-peh] *c* lamp-post

lyn [lewn] *nt* lightning

lyng [lewng] *c* heather

lyngmo [LEWNG-moo] *c* moor

lys [lews] *nt* light; *adj* light; bright

lysbilde [LEWS-bil-deh] *nt* slide

lysende [LEW-sehn-deh] *adj* luminous

lyserød [LEW-seh-rur] *adj* pink

lyshåret [LEWS-ho-reht] *adj* fairhaired

lyskaster [LEWS-kahs-tehr] *c* headlamp; headlight

lyspære [LEWS-pæ-reh] *c* light bulb; bulb

lystig [LEWS-tig] *adj* jolly

lytte [LEWT-teh] *v* listen

lytter [LEWT-tehr] *c* listener

lær [læær] *nt* leather

lærd [lærd] *c* scholar

lære [LÆÆ-reh] *v* learn; *c* teachings *pl*

lærebok [LÆÆ-reh-book] *c* (*pl* ~bøker) textbook

lærer [LÆÆ-rehr] *c* (*f* ~inne) teacher; schoolteacher

løfte [LURF-teh] *nt* promise; *v* lift

løftestang [LURF-teh-stahng] *c* lever

løgn [lurin] *c* lie; lying

løk [lurk] *c* onion

lønn [lurnn] *c* salary; wages *pl*

lønnet [LURN-neht] *adj* salaried

lønnstager [LURNNS-tah-gehr] *c* employee

løp [lurp] *nt* course

løpe [LUR-peh] *v* run

lørdag [LURR-dahg] *c* Saturday

løs [lurs] *adj* loose

løse [LUR-say] *v* detach; solve; unfasten

**løsne** [LURS-neh] *v* undo; loosen
**løsning** [LURS-ning] *c* solution
**lån** [lawn] *nt* loan
**låne** [LAW-neh] *v* borrow
**låne ut** [LAW-neh ewt] *v* lend
**lår** [lawr] *nt* thigh
**lås** [laws] *c* lock
**låse** [LAW-seh] *v* lock
**låse inne** [LAW-seh IN-neh] *v* lock up
**låve** [LAW-veh] *c* barn

**madrass** [mahd-RAHSS] *c* mattress
**mage** [MAR-geh] *c* stomach
**mage-** [MAR-geh] *pref* gastric
**mager** [MAR-gehr] *adj* lean
**magesmerter** [MAR-geh-smær-tehr] *pl* stomach ache
**magesår** [MAR-geh-sor] *nt* gastric ulcer
**magi** [mah-GEE] *c* magic
**magnetisk** [mahg-NAY-tisk] *adj* magnetic
**mai** [migh] *c* May
**mais** [mighs] *c* maize
**maiskolbe** [MIGHS-kol-beh] *c* corn-on-the-cob
**makrell** [mah-KREHLL] *c* mackerel
**makt** [mahkt] *c* might; power
**malaria** [mah-LAR-ri-ah] *c* malaria
**male** [MAR-leh] *v* grind
**maler** [MAR-lehr] *c* painter
**maleri** [mah-leh-REE] *c* painting
**malerkasse** [MAR-lehr-kahs-seh] *c* paintbox
**maling** [MAR-ling] *c* paint
**malt** [marlt] *adj* painted
**man** [mahn] *pron* one
**mandag** [MAHN-dahg] *c* Monday
**mandarin** [mahn-dah-REEN] *c* mandarin; tangerine

**mandel** [MAHN-dehl] *c* almond
**mandler** [MAHN-dlehr] *pl* tonsils *pl*
**mange** [MAHNG-eh] *adj* many
**mangel** [MAHNG-ehl] *c* (*pl* mangler) lack; shortage
**mangelfull** [MAHNG-ehl-fewll] *adj* defective
**mangle** [MAHNG-leh] *v* lack
**manglende** [MAHNG-leh-neh] *adj* missing
**manikyr** [mah-ni-KEWR] *c* manicure
**manikyrere** [mah-ni-kew-RAY-reh] *v* manicure
**mann** [mahn] *c* (*pl* menn) man
**mannskap** [MAHNN-skahp] *nt* crew
**mansjetter** [mahn-SHEHT-tehr] *pl* cuffs *pl*
**mansjettknapper** [mahn-SHEHTT-knahp-pehr] *npl* cuff-links *pl*; links *pl*
**manufakturhandler** [mah-new-fahk-TEWR-hahnd-lehr] *c* draper
**manufakturvarer** [mah-new-fahk-TEWR-vah-rehr] *npl* drapery
**manuskript** [mah-noo-SKRIPT] *nt* manuscript
**margarin** [mahr-gah-REEN] *c* margarine
**marinert** [mah-ri-NAYRT] *adj* pickled
**mark** [mahrk] *c* grounds *pl;* field; worm
**marked** [MAHR-kehd] *nt* market
**marmelade** [mahr-meh-LAR-deh] *c* marmalade
**marmor** [MAHR-moor] *c* marble
**mars** [mahrsh] *c* March
**marsj** [mahrsh] *c* march

**marsjere** [mahr-SHAI-reh] *v* march

**mascara** [MAHS-kah-rah] *c* mascara

**maskin** [mah-SHEEN] *c* machine

**maskineri** [mah-shi-neh-REE] *nt* machinery

**maskinskrevet** [mah-SHEEN-skreh-veht] *adj* typewritten

* **maskinskrive** [mah-SHEEN-skri-veh] *v* type

**maskinskriverske** [mah-SHEEN-skri-vehr-skeh] *c* typist

**maskott** [MAHS-kott] *c* lucky charm

**maskulin** [mahs-kew-LEEN] *adj* masculine

**massasje** [mah-SAR-sheh] *c* massage

**masse** [MAHS-seh] *c* mass; lot; plenty; bulk

**massemøte** [MAHS-seh-mur-teh] *nt* rally

**masseproduksjon** [MAHS-seh-proo-dook-shoon] *c* mass-production

**massere** [mah-SAY-reh] *v* massage

**massiv** [MAHS-seev] *adj* massive

**massør** [mah-SURR] *c* (*f* massøse) masseur

**mat** [mart] *c* food

**mate** [MAR-teh] *v* feed

**matematikk** [mah-teh-mah-TIKK] *c* mathematics

**materiale** [mah-teh-ri-AR-leh] *nt* matter

**matforgiftning** [MART-for-yift-ning] *c* food poisoning

**matlagning** [MART-lahg-ning] *c* cooking

**matolje** [MART-ol-yeh] *c* salad oil

**matt** [mahtt] *adj* dull

**matte** [MAHT-teh] *c* mat

**matvareforretning** [MART-vah-reh-for-reht-ning] *c* grocery

**matvarehandler** [MART-vah-reh-hahnd-lehr] *c* grocer

**matvarer** [MART-vah-rehr] *pl* groceries *pl; npl* food-stuffs *pl*

**maur** [mowr] *c* ant

**med** [meh] *prep* with

**med buss** [meh bewss] by bus

**med fly** [meh flew] by air

**med hensyn til** [meh HEHN-sewn til] *prep* regarding; considering; towards; as regards

**med strømmen** [may STRURM-mehn] *adv* downstream

**med toget** [meh TAWG-eht] by train

**medalje** [meh-DAHL-yeh] *c* medal

**meddele** [MAY-deh-leh] *v* communicate

**meddelelse** [MAYD-dehl-ehl-seh] *c* communication; message

**medfølelse** [MAYD-fur-lehl-seh] *c* sympathy

**medfølende** [MAYD-fur-leh-neh] *adj* sympathetic

**medisin** [meh-di-SEEN] *c* drug; medicine; pharmaceuticals *pl*

**medisinsk** [meh-di-SEEN-sk] *adj* medical

**medlem** [MAYD-lehm] *nt* member

**medlemskap** [MAYD-lehm-skahp] *nt* membership

**medlidenhet** [mayd-LEE-dehn-heht] *c* pity

**medregnet** [MAYD-ray-neht] *adj* all in

**medskyldig** [MAYD-shewl-di] *c* accessary

**meg** [may] *pron* me; myself

**meget** [MAY-geht] *adv* very; much

**meieri** [may-eh-REE] *c* dairy

**meisel** [MAYS-ehl] *c* (*pl* meisler)

chisel

**meisle** [MAYS-leh] *v* carve

**mekaniker** [meh-KAR-ni-kehr] *c* mechanic

**mekanisk** [meh-KAR-nisk] *adj* mechanical

**mekanisme** [meh-kah-NIS-meh] *c* mechanism

**meksikaner** [mehks-i-KAR-nehr] *c* Mexican

**meksikansk** [mehks-i-KARNSK] *adj* Mexican

**mektig** [MEHK-tig] *adj* mighty; powerful

**mel** [mayl] *nt* flour

**melk** [mehlk] *c* milk

**melkeaktig** [MEHL-keh-ahk-ti] *adj* milky

**melkebar** [MEHL-keh-barr] *c* milk-bar

**melkemann** [MEHL-keh-mahnn] *c* milkman

**mellom** [MEHL-lom] *prep* between

**mellometasje** [MEHL-lom-eh-TAR-sheh] *c* mezzanine

**mellomspill** [MEHL-lom-spill] *nt* interlude

**mellomste** [MEHL-lom-steh] *adj* middle

**mellomtid** [MEHL-lom-teed] *c* interval

**mellomtiden** [MEHL-loom-ti-dehn] *c* interim

**melodi** [meh-loo-DEE] *c* tune; melody

**melodisk** [meh-LOO-disk] *adj* tuneful

**melodrama** [meh-loo-DRAR-mah] *nt* melodrama

**melon** [meh-LOON] *c* melon

**men** [mehn] *conj* but

**mene** [MAY-neh] *v* mean

**mengde** [MEHNG-deh] *c* amount; crowd

**menighet** [MAY-ni-heht] *c* congregation

**mening** [MAY-ning] *c* meaning; opinion

**meningsløs** [MAY-nings-lurs] *adj* meaningless; senseless

**menneske** [MEHN-neh-skeh] *nt* human being

**menneskehet** [MEHN-neh-skeh-heht] *c* humanity; mankind

**menneskelig** [MEHN-neh-skeh-lig] *adj* human

**mens** [mehns] *conj* while

**mental** [mehn-TARL] *adj* mental

**meny** [meh-NEW] *c* menu

**mer og mer** [mayr og mayr] more and more

**merkbar** [MEHRK-barr] *adj* noticeable

**merke** [MÆR-keh] *v* mark; *nt* mark; tick; brand

**merke med forbokstaver** [MÆR-keh meh-FOR-book-stahv-ehr] *v* initial

**merkelapp** [MÆR-keh-lahpp] *c* tag

**merkelig** [MÆR-keh-lig] *adj* funny

**merkverdig** [mærk-VÆR-dig] *adj* curious

**meslinger** [MEHS-ling-ehr] *pl* measles

**messe** [MEHSS-eh] *c* Mass

**messing** [MEHS-sing] *c* brass

**mester** [MEHS-tehr] *c* master

**mesterverk** [MEHS-tehr-værk] *nt* masterpiece

**mestre** [MEHS-treh] *v* master

**metall** [meh-TAHLL] *nt* metal

**metall-** [meh-TAHLL] *pref* metal

**metalltråd** [meh-TAHLL-tro] *c* wire

**meter** [MAY-tehr] *c* metre

**metode** [meh-TOO-deh] *c* method

**metodisk** [meh-TOO-disk] *adj* methodical

**metrisk** [MAYT-risk] *adj* metric

**Mexico** [MEHK-si-koo] *nt* Mexico

**middag** [MID-dahg] *c* dinner

**middel** [MID-dehl] *c* (*pl* **midler**) means *pl*

**middel-** [MID-dehl] *pref* medium

**middelaldersk** [MID-dehl-ahl-dehrshk] *adj* mediaeval

**Middelhavet** [MID-dehl-harv-eht] *nt* Mediterranean

**middelklasse** [MID-dehl-klahs-seh] *c* middle-class

**midje** [MID-yeh] *c* waist

**midler** [MID-lehr] *pl* means *pl*

**midlertidig** [MID-lehr-ti-dig] *adj* temporary

**midnatt** [MID-nahtt] *c* midnight

**midtsommer** [MITT-som-mehr] *c* midsummer

**migrene** [mig-RAY-neh] *c* migraine

**mikrofon** [mik-roo-FOON] *c* microphone

**mikser** [MIK-sehr] *c* mixer

**milantall** [MEEL-ahn-tahll] *nt* mileage

**mild** [mill] *adj* mild; gentle

**mile** [mighl] *c* mile

**milesten** [MEE-leh-stayn] *c* milestone

**militær-** [mi-li-TÆÆR] *pref* military

**milk-shake** [MILK-shayk] *c* milk-shake

**million** [mi-li-OON] *c* million

**millionær** [mil-yoo-NÆÆR] *c* millionaire

**min** [min] *adj* my

**min herre** [meen HÆR-reh] *sir*

**mindre** [MIN-dreh] *adj* minor; less

**mindretall** [MIN-dreh-tahll] *nt* minority

**mindreårig** [MIN-dreh-or-ig] *adj* under-age

**mine** [MEE-neh] *adj* (→ **min**)

**mineral** [mi-neh-RARL] *nt* mineral

**mineralvann** [mi-neh-RARL-vahnn] *nt* mineral water

**miniatyr** [mi-ni-ah-TEWR] *c* miniature

**minimum** [MEE-ni-moom] *nt* minimum

**minne på** [MIN-neh paw] *v* remind

**minnesmerke** [MIN-nehs-mehr-keh] *nt* memorial

**minneverdig** [MIN-neh-vehr-dig] *adj* memorable

**minske** [MIN-skeh] *v* lessen; decrease

**minst** [minst] *adj* least

**minus** [MEE-noos] *prep* minus

**minutt** [mi-NOOTT] *nt* minute

**mirakel** [mi-RAR-kehl] *nt* miracle

**mirakuløs** [mi-rah-kew-LURS] *adj* miraculous

**misbillige** [MIS-bil-li-geh] *v* disapprove

**misfarget** [MIS-fahr-geht] *adj* discoloured

**misfornøyd** [MIS-for-nurid] *adj* displeased; discontented

\* **misforstå** [MIS-for-sto] *v* misunderstand

**misforståelse** [MIS-for-sto-ehl-seh] *c* misunderstanding

**misforstått** [MIS-for-stott] *adj* mistaken

**mishage** [MIS-hah-geh] *v* displease

**mislike** [MIS-lee-keh] *v* dislike

\* **mislykkes** [MISS-lewk-kehs] *v* fail

**mistanke** [MIS-tahn-keh] *c* suspicion

**miste** [MIS-teh] *v* lose

**mistenkelig** [mis-TEHNK-eh-li] *adj* suspicious

**misunnelse** [mis-EWN-nehl-seh] *c* envy

**mitt** [mit] *adj* (→ **min**)

**modell** [moo-DEHLL] *c* model

**moden** [MOO-dayn] *adj* mature; ripe

**modenhet** [MOO-dehn-heht] *c* maturity

**moderat** [moo-deh-RART] *adj* moderate

**moderne** [moo-DÆR-neh] *adj* modern; fashionable

**modifisere** [moo-di-fi-SAY-reh] *v* modify

**modig** [MOO-dig] *adj* courageous; brave

**modist** [moo-DIST] *c* milliner

**mohair** [moo-HAYR] *c* mohair

**molo** [MOO-loo] *c* jetty

**monopol** [moo-noo-POOL] *nt* monopoly

**monoton** [moo-noo-TOON] *adj* monotonous

**monument** [moo-new-MEHNT] *nt* monument

**mor** [moor] *c* (*pl* **mødre**) mother

**moral** [moo-RARL] *c* morals *pl*; morality

**moralsk** [moo-RARLSK] *adj* moral

**morbær** [MOOR-bæær] *nt* mulberry

**mord** [moord] *nt* murder

**more** [MOO-reh] *v* amuse

**morfin** [moor-FEEN] *c* morphia

**morgen** [MOR-gehn] *c* morning

**morgenkåpe** [MOR-gehn-kaw-peh] *c* dressing gown

**moro** [MOO-roo] *c* fun

**morsmål** [MOORS-mawl] *nt* mother tongue; native language

**morsom** [MOOR-som] *adj* amusing; funny; enjoyable

**mort** [moort] *c* roach

**mosaikk** [moo-sah-IKK] *c* mosaic

**moské** [moos-KAY] *c* mosque

**mot** [moot] *prep* against; towards; *nt* courage

**mot strømmen** [moot STRURM-mehn] *adv* upstream

**motbydelig** [moot-BEW-deh-li] *adj* disgusting

**mote** [MOO-teh] *c* fashion

**motell** [moo-TEHLL] *nt* motel

**motor** [MOO-toor] *c* motor; engine

**motorbåt** [MOO-toor-bawt] *c* motorboat

**motorhjelm** [MOO-toor-yehlm] *c* hood

**motorstopp** [MOO-toor-stop] *nt* breakdown

**motorsykkel** [MOO-toor-sewk-kehl] *c* motorcycle

**motsatt** [MOOT-sahtt] *adj* opposite; contrary

* **motsette seg** [MOOT-seht-teh say] *v* oppose

* **motsi** [MOOT-si] *v* contradict

* **motta** [MOOT-tah] *v* receive; accept

**mottakelse** [MOOT-tah-kehl-seh] *c* reception

**mottaker** [MOOT-tah-kehr] *c* payee

**mugge** [MEWG-geh] *c* jug

**mulig** [MEW-lig] *adj* possible

**mulighet** [MEW-lig-heht] *c* possibility; facilities *pl*

**multe** [MEWL-teh] *c* mullet

**multiplikasjon** [mool-ti-pli-kah-SHOON] *c* multiplication

**multiplisere** [mool-ti-pli-SAY-reh] *v* multiply

**munk** [moonk] *c* monk

**munn** [moonn] *c* mouth

**munnvann** [MOONN-vahnn] *nt* mouthwash

**munter** [MEWN-tehr] *adj* merry; gay; cheerful

**munterhet** [MEWN-tehr-heht] *c* gaiety

**muntlig** [MEWNT-li] *adj* verbal; oral

**mus** [mews] *c* mouse

**museum** [moo-SAY-oom] *nt* museum

**musical** [MYEW-si-kæl] *c* musical comedy

**musikalsk** [moo-si-KARLSK] *adj* musical

**musiker** [MOO-si-kehr] *c* musician

**musikk** [moo-SIKK] *c* music

**musikkhandel** [moo-SIKK-hahn-dehl] *c* music shop

**musikkinstrument** [moo-SIKK-in-stroo-mehnt] *nt* musical instrument

**muskat** [mews-KART] *c* nutmeg

**muskel** [MOOS-kehl] *c* muscle

**musling** [MOOS-ling] *c* mussel; clams *pl*

**muslingskall** [MEWS-ling-skahll] *nt* shell

**musselin** [moos-seh-LEEN] *c* muslin

**musserende** [mew-SAY-reh-neh] *adj* sparkling

**mutter** [MOOTT-ehr] *c* nut

**mygg** [mewgg] *c* mosquito

**myggestikk** [MEWG-geh-stikk] *nt* mosquito bite

**myggnett** [MEWGG-nehtt] *nt* mosquito net

**myk** [mewk] *adj* soft

**mynt** [mewnt] *c* coin; token

**mynte** [MEWN-teh] *c* mint

**myntsprekk** [MEWNT-sprehk] *c* slot

**myrde** [MEWR-deh] *v* murder

**mysterium** [mews-TAY-ri-ewm] *nt* mystery

**mystisk** [MEWS-tisk] *adj* mysterious

**myte** [MEW-teh] *c* myth

**møbler** [MURB-lehr] *pl* furniture

**møblere** [murb-LAY-reh] *v* furnish

**møblert leilighet** [murb-LAYRT LAY-lig-hayt] furnished flat

**møblert rom** [murb-LAYRT room] *nt* furnished room

**møll** [murll] *c* moth

**møller** [MURL-lehr] *c* miller

**mønster** [MURNS-tehr] *nt* pattern

**mør** [murr] *adj* tender

**mørbrad** [MURR-brahd] *c* sirloin

**mørk** [murrk] *adj* dark

**mørke** [MURR-keh] *nt* gloom

**møte** [MUR-teh] *v* encounter; meet; *nt* meeting

**møtested** [MUR-teh-stayd] *nt* meeting-place

**måke** [MAW-keh] *c* seagull

**mål** [mawl] *nt* measure; goal

**måle** [MAW-leh] *v* measure

**målebånd** [MAW-leh-bonn] *nt* tape-measure

**måler** [MAWL-ehr] *c* gauge; meter

**målestokk** [MAW-leh-stokk] *c* scale

**målmann** [MAWL-mahnn] *c* (*pl* ~menn) goalkeeper

**måltid** [MAWL-tid] *nt* meal

**måne** [MAW-neh] *c* moon

**måned** [MAW-nehd] *c* month

**månedlig** [MAW-nehd-lig] *adj* monthly

**måneskinn** [MAW-neh-shinn] *nt* moonlight

**måte** [MAW-teh] *c* manner; way

**måtte** [MOT-teh] *v* have to; need; must

**nabo** [NAR-boo] *c* neighbour
**nabolag** [NAR-boa-larg] *nt* neighbourhood; vicinity
**naken** [NAR-kehn] *adj* naked
**narkotika** [nahr-KOO-ti-kah] *pl* narcotic
**nasjon** [nah-SHOON] *c* nation
**nasjonal** [nah-shoo-NARL] *adj* national
**nasjonaldrakt** [nah-shoo-NARL-drahkt] *c* national dress
**nasjonalitet** [nah-shoo-nah-li-TAYT] *c* nationality
**nasjonalpark** [nah-shoo-NARL-pahrk] *c* national park
**nasjonalsang** [nah-shoo-NARL-sahng] *c* national anthem
**natt** [nahtt] *c* night
**nattakst** [NAHT-tahkst] *c* night-rate
**nattfly** [NAHTT-flew] *c* night-flight
**nattkjole** [NAHTT-khoo-leh] *c* nightdress
**nattklubb** [NAHTT-kloobb] *c* night-club
**nattkrem** [NAHTT-kraym] *c* night-cream
**nattog** [NAHT-tawg] *nt* night train
**natur** [nah-TEWR] *c* nature
**naturlig** [nah-TEWR-lig] *adj* natural
**naturligvis** [nah-TEWR-lig-vees] *adv* of course
**naturskjønn** [nah-TEWR-shurnn] *adj* scenic
**navigasjon** [nah-vi-gah-SHOON] *c* navigation
**navigere** [nah-vi-GAY-reh] *v* navigate
**navn** [nahvn] *nt* name

**nede** [NAY-deh] *adv* below
**nedenunder** [NAY-dehn-ewn-nehr] *adv* downstairs
**Nederland** [NAY-dehr-lahn] *nt* Netherlands *pl*
**nederlandsk** [NAY-dehr-lahnsk] *adj* Dutch
**nedgang** [NAYD-gahng] *c* decrease
**nedover** [NAYD-ov-ehr] *adv* down; downwards
**nedover bakke** [NAYD-ov-ehr BAHK-keh] *adv* downhill
**nedre** [NAYD-reh] *adj* lower
**nedstigning** [NAYD-stig-ning] *c* descent
**negativ** [NAY-gah-tiv] *nt* negative; *adj* negative
**neger** [NAY-gehr] *c* negro
**negl** [nayl] *c* nail
**neglebørste** [NAY-leh-BURRSH-teh] *c* nail-brush
**neglefil** [NAY-leh-feel] *c* nail-file
**neglesaks** [NAY-leh-sahks] *c* nail-scissors *pl*
**neglisje** [nehg-li-SHAY] *c* negligee
**nei** [nay] no
**nekte** [NEHK-teh] *v* deny
**neon** [NAY-oon] *c* neon
**neppe** [NEHP-peh] *adv* scarcely; hardly
**nerve** [NÆR-veh] *c* nerve
**nervøs** [nær-VURS] *adj* nervous
**nes** [nays] *nt* isthmus; headland
**nese** [NAY-seh] *c* nose
**nesebor** [NAY-seh-bor] *nt* nostril
**nesevis** [NAY-seh-vis] *adj* impudent
**neste** [NEHS-teh] *adj* next
**nesten** [NEHS-tehn] *adv* nearly; almost
**nett** [nehtt] *nt* mesh; net
**nettverk** [NEHTT-vurrk] *nt* network

**neuralgi** [nehv-rahl-GEE] *c*
neuralgia

**nevne** [NEHV-neh] *v* name;
mention

**nevrose** [nehv-ROO-seh] *c*
neurosis

**nevø** [neh-VUR] *c* nephew

**ni** [nee] *adj* nine

**niende** [NEE-ehn-deh] *adj* ninth

**niese** [ni-AY-seh] *c* niece

**nikk** [nikk] *nt* nod

**nitten** [NIT-tehn] *adj* nineteen

**nittende** [NIT-tehn-deh] *adj*
nineteenth

**nitti** [NIT-ti] *adj* ninety

**noe** [NOO-eh] *pron* anything;
something; *adv* somewhat

**noen** [NOO-ehn] *adj* some; any;
*pron* someone; somebody;
anyone; anybody

**nonne** [NON-neh] *c* nun

**nonsens** [NON-sehns] *nt*
nonsense

**nord** [noor] *c* north

**nordlig** [NOOR-lig] *adj* northern;
northerly

**nordmann** [NOOR-mahnn] *c* (*pl*
~menn) Norwegian

**nordover** [NOOR-aw-vehr] *adv*
northwards

**nordvest** [noor-VEHST] *c* north-
west

**nordøst** [noor-URST] *c* north-east

**Norge** [NOR-geh] *nt* Norway

**normal** [nor-MARL] *adj* normal

**norsk** [norshk] *adj* Norwegian

**notat** [nw-TART] *nt* entry; note

**notere** [noo-TAY-reh] *v* notice

**notisbok** [noo-TEES-boak] *c*
notebook

**notispapir** [noo-TEES-pah-peer]
*nt* notepaper

**november** [noo-VEHM-behr] *c*
November

**null** [newll] *nt* zero

**nummer** [NOOM-mehr] *nt* number

**ny** [new] *adj* new

**ny forsyning** [new for-SEW-ning]
*c* refill

**nyanse** [new-AHNG-seh] *c* shade

**nybegynner** [NEW-beh-yewn-
nehr] *c* beginner

**nyhet** [NEW-heht] *c* news

**nyheter** [NEW-heh-tehr] *pl* news

**nylig** [NEW-lig] *adv* lately; *adj*
recent

**nylon** [NIGH-lon] *nt* nylon

**nyre** [NEW-reh] *c* kidney

**nys** [news] *nt* sneezing

* **nyse** [NEW-seh] *v* sneeze

**nysgjerrig** [new-SHÆRR-ig] *adj*
curious; inquisitive

* **nyte** [NEW-tay] *v* enjoy

**nytte** [NEWT-teh] *c* utility; benefit

**nyttig** [NEWT-tig] *adj* useful

**nyttår** [NEWTT-awr] *nt* New Year

**nyttårsdag** [NEWTT-awrs-dahg] *c*
New Year's Day

**nær** [næær] *adj* near

**nærende** [NÆÆR-ehn-deh] *adj*
nutritious

**næringsdrivende** [NÆÆ-rings-
dri-veh-neh] *c* trader

**nærliggende** [NÆR-lig-gehn-deh]
*adj* neighbouring; nearby

**nærme seg** [NÆR-meh say] *v*
approach

**nærmere** [NÆR-meh-reh] *adj*
nearer

**nærmest** [NÆR-mehst] *adj*
nearest

**nærsynt** [NÆÆR-sewnt] *adj*
short-sighted

**nærvær** [NÆÆR-vær] *nt* presence

**nødstilfelle** [NURDS-til-fehl-leh]
*nt* emergency

**nødutgang** [NURD-ewt-gahng] *c*
emergency exit

**nødvendig** [nurd-VEHN-dig] *adj*
necessary

**nødvendighet** [nurd-VEHN-dig-heht] *c* necessity

**nøkkel** [NURK-kehl] *c* (*pl* **nøkler**)
key

**nøkkelhull** [NURK-kehl-hewll] *nt*
keyhole

**nøkkelknippe** [NURK-kehl-knip-peh] *nt* bunch of keys

**nøle** [NUR-leh] *v* hesitate

**nøtt** [nurtt] *c* nut

**nøyaktig** [nuri-AHK-tig] *adj*
accurate; exact; precise; *adv*
exactly

**nøytral** [nuri-TRARL] *adj* neutral

**nå** [naw] *adv* now; *v* reach

**nå og da** [naw og dar] now and
then; *adv* occasionally

**nål** [nawl] *f* needle

**når** [nor] *adv* when

**når enn** [nawr ehnn] *conj*
whenever

**nåtildags** [NAW-til-dahgs] *adv*
nowadays

**nåværende** [NAW-vææ-rehn-deh]
*adj* present; current

**obligatorisk** [ob-li-gah-TOOR-isk]
*adj* compulsory; obligatory

**observatorium** [ob-sehr-vah-TOO-ri-oom] *nt* observatory

**offentlig** [OF-fehnt-lig] *adj* public

**offentliggjørelse** [OF-fehnt-lig-yur-rehl-seh] *c* public
announcement

**offer** [OF-fehr] *nt* sacrifice;
casualty

**offiser** [of-fi-SAYR] *c* officer

**offisiell** [of-fi-si-EHLL] *adj* official

**ofte** [OF-teh] *adv* often

**og** [o] *conj* and

**og så videre** [o so VEE-deh-reh]
and so on

**også** [OG-so] *adv* also; as well; too

**okse** [OOK-seh] *c* ox

**oksekjøtt** [OOK-seh-khurtt] *nt*
beef

**oktober** [ok-TAW-behr] *c* October

**olabukser** [OO-lah-book-sehr] *pl*
jeans *pl*

**oldtid** [OLL-tid] *c* antiquity

**oliven** [OO-LEE-vehn] *c* olive

**olivenolje** [OO-LEE-vehn-ol-yeh] *c*
olive oil

**olje** [OL-yeh] *c* oil

**oljekilde** [OL-yeh-khil-deh] *c* oil-
well

**oljemaleri** [OL-yeh-mah-lehr-ree] *nt* oil-painting

**oljet** [OL-yeht] *adj* oily; greasy

**oljetrykk** [OL-yeh-trewkk] *nt* oil
pressure

**om** [om] *prep* about; *conj*
whether

**om . . . . eller** [om EHL-lehr]
whether . . . or

**om dagen** [om DAR-gehn] by day

**om natten** [om NAHT-tehn] by
night

**omadressere** [OM-ahd-rehs-say-reh] *v* readdress

**ombord** [om-BOOR] *adv* aboard

**omdanne** [OM-dahn-neh] *v*
transform

**omegn** [OM-ayn] *c* surroundings
*pl*

**omfatte** [OM-faht-teh] *v* include;
comprise

**omfattende** [OM-faht-tehn-deh]
*adj* extensive

**omfavne** [OM-fahv-neh] *v*
embrace; hug

* **omgi** [OM-yee] *v* surround;
encircle

**omgivelser** [om-YEE-vehl-sehr]
*pl* setting

**omgivende** [OM-yi-veh-neh] *adj* surrounding

* **omgå** [OM-gaw] *v* bypass

**omgås** [OM-gos] *v* associate

**omkostning** [OM-kost-ning] *c* charge

**omkring** [om-KRING] *adv* about

**omreisende** [OM-rays-ehn-deh] *adj* itinerant

**område** [OM-ro-deh] *nt* area; region; sphere

**omsetning** [OM-seht-ning] *c* turnover

**omsetningsskatt** [OM-seht-nings-skahtt] *c* turnover tax; purchase tax

**omslutte** [OM-shlewt-teh] *v* circle

**omstendigheter** [om-STEHN-dig-heh-tehr] *pl* circumstances *pl*

**omstridd** [OM-stridd] *adj* controversial

**omtale** [OM-tar-leh] *c* mention

**omvei** [OM-vay] *c* detour; bypass

**ond** [wnn] *adj* evil; wicked

**ondskapsfull** [OON-skahps-fewl] *adj* vicious

**onkel** [OONGK-ehl] *c* uncle

**onsdag** [OONS-dahg] *c* Wednesday

**opal** [OO-PARL] *c* opal

**opera** [OO-peh-rah] *c* opera house; opera

**operasjon** [oo-peh-rah-SHOON] *c* operation; surgery

**operette** [oo-pay-REHT-teh] *c* operetta

**opp** [op] *adv* up

**opp og ned** [opp aw nayd] up and down

**oppbevaring** [OPP-beh-vah-ring] *c* left luggage office

**oppblåsbar** [OPP-blos-bahr] *adj* inflatable

**oppdage** [OAPP-dah-geh] *v* detect; discover

**oppdagelse** [opp-DARG-ehl-seh] *c* discovery

**oppdiktning** [OPP-dikt-ning] *c* fiction

* **oppdra** [OPP-drar] *v* rear

**oppe på** [OP-peh paw] *prep* on top of

**oppfinne** [OPP-fin-neh] *v* invent

**oppfinnelse** [opp-FIN-nehl-seh] *c* invention

**oppfinner** [OPP-fin-nehr] *c* inventor

**oppføre seg** [OPP-fur-reh say] *v* act; behave

**oppførsel** [OPP-furr-shehl] *c* behaviour; manners *pl*

* **oppgi** [OPP-yi] *v* give up

**opphisselse** [OPP-his-sehl-seh] *c* excitement

**opphissende** [OPP-his-sehn-deh] *adj* exciting

**oppholdstillatelse** [OPP-hols-til-LAR-tehl-seh] *c* residence permit

**oppholdt** [OPP-holt] *adv* detained

**opphøre** [OPP-hur-reh] *v* cease; expire

**oppkast** [OPP-kahst] *nt* vomiting

**opplyse** [OPP-lew-seh] *v* illuminate

**opplysning** [OP-lews-ning] *c* illumination

**opplysningen** [n] enquiry-office

**oppløselig** [opp-LUR-seh-lig] *adj* soluble

**oppløsning** [OPP-lurs-ning] *c* solution

**oppmerksom** [opp-MURRK-soam] *adj* aware

**oppmerksomhet** [opp-MÆRK-som-heht] *c* attention

**oppmuntre** [OPP-mewnt-reh] *v* cheer

oppnå [OPP-no] *v* achieve; gain

oppover [OPP-aw-vehr] *adv*
upwards

oppoverbakke [OPP-ov-ehr-
bahk-keh] *adv* uphill

* opprette [OPP-reht-teh] *v*
institute

opprettholde [OPP-reht-hol-leh] *v*
maintain

opprettstående [OPP-rehtt-sto-
ehn-deh] *adj* upright

oppriktig [opp-RIK-tig] *adj*
sincere

oppringning [OPP-ring-ning] *c*
call

opprinnelig [opp-RINN-eh-lig] *adj*
initial

opprinnelse [opp-RIN-nehl-seh] *c*
origin

oppskrift [OPP-skrift] *c* recipe

oppskåret [OPP-skaw-reht] *adj*
sliced

oppstigning [OPP-steeg-ning] *c*
ascent

* oppstå [OPP-sto] *v* arise

opptatt [OAPP-tahtt] *adj* occupied;
engaged

opptegnelse [OPP-tay-nehl-seh] *c*
memo

oppvakt [OPP-vahkt] *adj* bright

oppvarming [OPP-vahr-ming] *c*
heating

oppvarte [OPP-vahr-teh] *v* wait
upon

optiker [OP-ti-kehr] *c* optician

oransje [oo-RAHNG-sheh] *adj*
orange

ord [oor] *nt* word

ordbok [OOR-book] *c* (*pl* ~bøker)
dictionary

ordentlig [OR-dehnt-lig] *adj* tidy;
neat

ordfører [OOR-fur-rehr] *c*
chairman

ordinere [or-di-NAY-reh] *v*
prescribe

ordne [ORD-neh] *v* settle; arrange

ordspråk [OOR-sprok] *nt* proverb

organisasjon [or-gah-ni-sah-
SHOON] *c* organisation

organisere [or-gah-ni-SAY-reh] *v*
organize

organisk [or-GAR-nisk] *adj*
organic

orientalsk [o-ri-ehn-TARLSK] *adj*
Oriental

Orienten [o-ri-AYN-tehn] Orient

orientere seg [o-ri-ehn-TAY-reh
say] *v* orientate

original [ori-gi-NARL] *adj* original

orkan [or-KARN] *c* hurricane

orkester [or-KEHS-tehr] *nt*
orchestra; band

orkesterplass [or-KEHS-tehr-
plahss] *c* orchestra seat

orlon [OOR-lon] *c* orlon

ornament [oor-nah-MEHNT] *nt*
ornament

ornamental [oor-nah-mehn-
TARL] *adj* ornamental

ortodoks [or-too-DOKS] *adj*
orthodox

osean [oo-seh-ARN] *nt* ocean

oss [oss] *pron* us; ourselves

ost [oost] *c* cheese

ouverture [oo-vehr-TEW-ray] *c*
overture

oval [w-VARL] *adj* oval

ovenfor [ov-ehn-for] *prep* above;
*adv* above

ovenpå [AW-vehn-paw] *adv*
overhead; upstairs

over [AW-vehr] *adj* over; *prep*
over; *adv* over

over alt [AW-vehr ahlt] *adv*
throughout

overall [AW-vehr-oll] *c* overalls *pl*

overalt [ov-ehr-AHLT] *adv*

everywhere

**overanstrenge** [AW-vehr-ahn-strehng-eh] v overwork

**overbevise** [ov-ehr-beh-vi-seh] v convince

**overbevisning** [ov-ehr-beh-VEES-ning] c conviction

**overbord** [aw-vehr-BOOR] adv overboard

**overdreven** [ov-ehr-dreh-vehn] adj extravagant

**overdrive** [ov-ehr-dri-veh] v exaggerate

**overenskomst** [AW-vehr-ehns-komst] c settlement

**overflate** [AW-vehr-flar-teh] c surface

**overgang** [ov-ehr-gahng] c crosswalk

**overhale** [AW-vehr-har-leh] v overhaul

**overhodet** [o-vehr-HOO-deh] adv at all

**overkøye** [AW-vehr-kuri-eh] c upper berth

**overleve** [ov-ehr-leh-veh] v survive

**overlevelse** [ov-ehr-lehv-ehl-seh] c survival

**overlærer** [AW-vehr-læ-rehr] c schoolmaster

**overraske** [AW-vehr-rahs-keh] v surprise

**overraskelse** [AW-vehr-rahsk-ehl-seh] c surprise

**overraskende** [AW-vehr-rahs-kehn-eh] adj surprising

**overrasket** [AW-vehr-rahs-keht] adj surprised

* **overse** [AW-vehr-say] v overlook

**overseng** [AW-vehr-sehng] c upper bed

* **oversette** [ov-ehr-seht-teh] v translate

**oversettelse** [ov-ehr-sehtt-ehl-seh] c translation

**oversetter** [ov-ehr-sehtt-ehr] c translator

**overside** [AW-vehr-si-deh] c upside

**oversjøisk** [AW-vehr-shur-isk] adj overseas

* **overskride** [ov-ehr-skri-deh] v exceed

**overskrift** [AW-vehr-skrift] c heading; headline

**overskudd** [AW-vehr-skewdd] nt surplus

**oversvømmelse** [ov-ehr-svurmm-ehl-seh] c flood

* **overta** [ov-ehr-tah] v take charge of

**overtale** [AW-vehr-tar-leh] v persuade

**overtid** [AW-vehr-teed] c overtime

**overtrett** [AW-vehr-trehtt] adj overtired

**overveie** [ov-ehr-vay-eh] v consider

**overvekt** [AW-vehr-vehkt] c overweight; excess baggage

* **overvinne** [AWV-ehr-vin-neh] v defeat

**ovn** [ovn] c stove

**padle** [PAHD-leh] v paddle

**padleåre** [PAHD-leh-aw-reh] c paddle

**Pakistan** [PAH-ki-starn] c Pakistan

**pakistaner** [pah-ki-STAR-nehr] c Pakistani

**pakkasse** [PAHK-kahs-seh] c packing case

**pakke** [PAHK-keh] c parcel; package

**pakke inn** [PAHK-keh inn] *v* pack; wrap

**pakke opp** [PAHK-keh opp] *v* unwrap; unpack

**pakke sammen** [PAHK-keh SAHM-mehn] *v* pack up

**palass** [pah-LAHSS] *nt* palace

**palme** [PAHL-meh] *c* palm

**panne** [PAHN-neh] *c* pan; forehead

**pantelåner** [PAHN-teh-law-nehr] *c* pawnbroker

* **pantsette** [PAHNT-seht-teh] *v* pawn

**panty** [PÆN-tew] *c* panty-girdle

**papir** [pah-PEER] *nt* paper

**papirer** [pah-PEE-rehr] *pl* papers *pl*

**papirhandler** [pah-PEER-hahn-dlehr] *c* stationer

**papirkurv** [pah-PEER-kewrv] *c* wastepaper-basket

**papirlommetørkle** [pah-PEER-loom-meh-turr-kleh] *nt* kleenex

**papirpose** [pah-PEER-poo-seh] *c* paper-bag

**papirserviett** [pah-PEER-sær-vi-ehtt] *c* paper napkin

**papirvarer** [pah-PEER-var-rehr] *pl* stationery

**papp** [pahpp] *c* cardboard

**pappa** [PAHP-pah] *c* daddy

**par** [parr] *nt* couple; pair

**parade** [pah-RAR-deh] *c* parade

**parafin** [pah-rah-FEEN] *c* paraffin

**parallell** [pah-rah-LEHLL] *adj* parallel

**paraply** [pah-rah-PLEW] *c* umbrella

**parasoll** [pah-rah-SOLL] *c* sunshade

**parfyme** [pahr-FEW-meh] *c* perfume

**park** [pahrk] *c* park

**parkere** [pahr-KAY-reh] *v* park

**parkering** [pahr-KAY-ring] *c* parking

**parkering forbudt** [pahr-KAY-ring for-BOOTT] no parking

**parkeringsavgift** [pahr-KAY-rings-arv-yift] *c* parking fee

**parkeringslys** [pahr-KAY-rings-lews] *c* parking light

**parkeringsplass** [pahr-KAY-rings-plahss] *c* park; car park

**parkeringssone** [pahr-KAY-rings-soo-neh] *c* parking zone

**parkeringstid** [pahr-KAY-rings-teed] *c* parking time

**parkett** [pahr-KEHTT] *c* stall

**parkometer** [pahr-koo-MAY-tehr] *nt* parking meter

**parlament** [pahr-lah-MEHNT] *nt* parliament

**parlør** [pahr-LURR] *c* phrase book

**parti** [pahr-TEE] *nt* side

**partner** [PAHRT-nehr] *c* partner

**parykk** [pah-REWKK] *c* wig

**pasient** [pah-si-EHNT] *c* patient

**pass** [pahss] *nt* pass; passport

**passasjer** [pahs-sah-SHAYR] *c* passenger

**passasjerbåt** [pahs-sah-SHAYR-bot] *c* liner

**passe** [PAHS-seh] *v* look after; suit; fit

**passe seg for** [PAHS-seh say for] *v* watch out; mind

**passende** [PAHSS-ehn-deh] *adj* appropriate; suitable; convenient

**passere** [pah-SAY-reh] *v* pass

**passfoto** [PAHSS-foo-too] *nt* passport photograph

**passiv** [PAHSS-iv] *adj* passive

**passkontroll** [PAHSS-koon-troll] *c* passport control

**pasta** [PAHS-tah] *c* paste

**pastinakk** [pahs-ti-NAHKK] *c* parsnip

**patriot** [paht-ri-OOT] *c* patriot

**patron** [pah-TROON] *c* cartridge

**patrulje** [paht-ROOL-yeh] *c* patrol

**pattedyr** [PAHT-teh-dewr] *nt* mammal

**pause** [POW-seh] *c* pause; intermission

**pave** [PAR-veh] *c* pope

**paviljong** [pah-vil-YONG] *c* pavilion

**peanøtt** [PEH-ah-nurtt] *c* peanut

**pedal** [peh-DARL] *c* pedal

**pedikyr** [peh-di-KEWR] *c* pedicure

**pels** [pehls] *c* fur coat

**pelsvarehandler** [PEHLS-vah-reh-HAHND-lehr] *c* furrier

**pelsverk** [PEHLS-værk] *nt* fur

**pen** [payn] *adj* handsome; good-looking; nice; pretty

**penger** [PEHNG-ehr] *npl* money

**pengeseddel** [PAYNG-eh-sehdd-ehl] *c* note; bank-note

**penicillin** [peh-ni-si-LEEN] *nt* penicillin

**penn** [pehnn] *c* pen

**pensel** [PEHNN-sehl] *c* paintbrush

**pensjon** [pahng-SHOON] *c* pension

**pensjonat** [pahng-shoo-NART] *nt* pension; boarding house; guest-house

**pensjonert** [pahng-shoo-NAYRT] *adj* retired

**pensjonær** [pahng-shoo-NÆÆR] *c* boarder

**pepper** [PEHPP-ehr] *c* pepper

**peppermynte** [pehp-pehr-MEWN-teh] *c* peppermint

**pepperrot** [PEHP-pehr-root] *c* horse-radish

**per dag** [pær darg] per day

**per person** [pær pær-SOON] per person

**per år** [pær awr] *adv* per annum

**perfekt** [pehr-FEHKT] *adj* perfect

**periode** [peh-ri-OO-deh] *c* period; term

**periodevis** [peh-ri-OO-deh-vis] *adv* periodically

**perle** [PÆR-leh] *c* pearl

**perlekjede** [PÆR-leh-khai-deh] *nt* beads *pl*

**perlemor** [PÆR-leh-moor] *c* mother-of-pearl

**perm** [PÆRM] *c* cover

**permanent** [pær-mah-NEHNT] *adj* permanent; *c* perm

**permanent press** [pær-mah-NEHNT prehss] *c* permanent press

**perrong** [pæ-RONG] *c* platform

**persienne** [pær-si-EHN-neh] *c* blind

**persille** [pehr-SIL-leh] *c* parsley

**person** [pær-SOON] *c* person

**personale** [pær-soo-NAR-leh] *nt* personnel; staff

**personlig** [pær-SOON-lig] *adj* personal

**personlighet** [pær-SOON-lig-heht] *c* personality

**personsamtale** [pær-SOON-sahm-tah-leh] *c* personal call

**persontog** [pehr-SOON-tawg] *nt* passenger train

**petroleum** [peht-ROO-leh-oom] *c* petroleum; *nt* kerosene

**pianist** [piah-NIST] *c* pianist

**piano** [pi-AR-noo] *nt* piano

**piccolo** [PIK-koo-loo] *c* pageboy

**pickles** [PIK-ehls] *pl* pickles *pl*

**piggvar** [PIG-vahr] *c* turbot

**pike** [PEE-keh] *c* girl

**pikenavn** [PEE-keh-nahvn] *nt* maiden name

**pikkolo** [PIKK-oo-loo] *c* bellboy

**piknik** [PIK-nik] *c* picnic

**pil** [peel] *f* arrow

**pilar** [pi-LARR] *c* pillar

**pilegrim** [PEE-leh-grim] *c* pilgrim

**pilgrimsreise** [PIL-grims-ray-seh] *c* pilgrimage

**pille** [PIL-leh] *c* pill

**pilot** [pi-LOOT] *c* pilot

**pimpesten** [PIM-peh-stayn] *c* pumice stone

**pinse** [PIN-seh] *c* Whitsuntide

**pinsett** [pin-SEHTT] *c* tweezers *pl*

**pipe** [PEE-peh] *c* pipe

**piperenser** [PEE-peh-rehn-sehr] *c* pipe cleaner

**pipetobakk** [PEE-peh-too-bahkk] *c* pipe tobacco

**pirre** [PIR-reh] *v* excite

**pisk** [pisk] *c* whip

**pistol** [pis-TOOL] *c* pistol

**pittoresk** [pit-too-REHSK] *adj* picturesque

**plan** [plarn] *c* plan; arrangements *pl*

**planet** [plah-NAYT] *c* planet

**planetarium** [plah-neh-TAR-ri-oom] *nt* planetarium

**planke** [PLAHN-keh] *c* plank; board

* **planlegge** [PLARN-lehg-geh] *v* plan

**planovergang** [PLARN-ov-ehr-gahng] *c* level crossing

**plantasje** [plahn-TAR-sheh] *c* plantation

**plante** [PLAHN-teh] *c* plant; *v* plant

**plantevekst** [PLAHN-teh-vehkst] *c* vegetation

**plasere** [plah-SAY-reh] *v* place

**plass** [plahss] *c* square; station

**plaster** [PLAHS-tehr] *nt* Band-Aid

**plastikk** [PLAHS-tikk] *c* plastic

**plateforretning** [PLAR-teh-for-reht-ning] *c* record shop

**platespiller** [PLAR-teh-spil-lehr] *c* record player

**platina** [PLAR-ti-nah] *c* platinum

**plattformbillett** [PLAHTT-form-bil-lehtt] *c* platform ticket

**plettfri** [PLEHTT-free] *adj* stainless; spotless

**plog** [plwig] *c* plough

**plombering** [ploom-BAY-ring] *c* filling

**plomme** [PLWM-meh] *c* plum

**pluss** [plooss] *prep* plus

**plutselig** [PLEWT-seh-lig] *adj* sudden

**plystre** [PLEWS-treh] *v* whistle

**poengsum** [po-EHNG-sewm] *c* score

**polere** [poo-LAY-reh] *v* polish

**polise** [poo-LEE-seh] *c* policy

**politi** [poo-li-TEE] *nt* police *inv*

**politibetjent** [poo-li-TEE-beh-tyehnt] *c* policeman

**politiker** [poo-LEE-ti-kehr] *c* politician

**politikk** [poo-li-TIKK] *c* policy; politics *pl*

**politisk** [poo-LEE-tisk] *adj* political

**politistasjon** [poo-li-TEE-stah-shoon] *c* police-station

**ponni** [PON-ni] *c* pony

**poplin** [POP-lin] *nt* poplin

**popmusikk** [POP-mew-sikk] *c* pop music

**populær** [po-pew-LÆÆR] *adj* popular

**porselen** [por-seh-LAYN] *nt* porcelain; china

**porsjon** [poor-SHOON] *c* portion; helping

**port** [poort] *c* gate

**portier** [poor-ti-ÆÆR] *c* door-keeper

**portnøkkel** [POORT-nurk-kehl] *c* latchkey

**porto** [POR-too] *c* postage

**portrett** [poor-TREHTT] *nt* portrait

**Portugal** [POOR-tew-garl] *nt* Portugal

**portugiser** [poor-tew-GEE-sehr] *c* Portuguese

**portugisisk** [por-tew-GEE-sisk] *adj* Portuguese

**pose** [POO-seh] *c* bag

**positiv** [POO-si-tiv] *nt* positive; *adj* positive

**post** [post] *c* post; mail

**postanvisning** [POST-ahn-vis-ning] *c* money order; postal order

**postbud** [POST-bewd] *nt* postman

**poste** [POS-teh] *v* post; mail

**poste restante** [POS-teh reh-STAHNG-seh] poste restante

**postisj** [pos-TEESH] *c* hair piece

**postkasse** [POST-kahs-seh] *c* pillar-box; mail-box; letterbox

**postkontor** [POST-koon-toor] *nt* post-office

**postnummer** [POST-noom-mehr] *nt* zip code

**postvesen** [POST-vay-sehn] *nt* postal service

**potet** [poo-TAYT] *c* potato

**praksis** [PRAHK-sis] *c* practice

**prakt** [prahkt] *c* glory

**praktfull** [PRAHKT-fewll] *adj* gorgeous; magnificent

**praktisere** [prahk-ti-SAY-reh] *v* practise

**praktisk** [PRAHK-tisk] *adj* practical

**prat** [prart] *c* chat

**preferanse** [preh-feh-RAHNG-seh] *c* preference

**premie** [PRAY-mi-eh] *c* prize

**preposisjon** [preh-poo-si-SHOON]

*c* preposition

**presenning** [preh-SEHNN-ing] *c* tarpaulin

**presentasjon** [preh-sahng-tah-SHOON] *c* introduction

**presentere** [preh-sahng-TAY-reh] *v* introduce; present

**president** [preh-si-DEHNT] *c* president

**presis** [preh-SEES] *adv* on time

**press** [prehss] *c* pressing

**presse** [PREHS-seh] *v* press; *c* press

**presserende** [prehs-SAY-rehn-deh] *adj* pressing; urgent

**presserende karakter** [pray-SAY-rehn-deh kah-rahk-TAYR] *c* urgency

**presset** [PREHS-seht] *adj* pressed

**prest** [prehst] *c* priest; clergyman; vicar; minister

**prestasjon** [prays-tah-SHOON] *c* achievement

**prestegård** [PREHS-teh-gawr] *c* parsonage; vicarage; rectory

**prevensjonsmiddel** [preh-vahng-SHOONS-mid-dehl] *nt (pl* ~**midler**) contraceptive

**prins** [prins] *c* prince

**prinsesse** [prin-SEHS-seh] *c* princess

**prinsipp** [prin-SIPP] *nt* principle

**prioritetslån** [pri-oo-ri-TAYTS-lawn] *nt* mortgage

**pris** [prees] *c* price

**prisliste** [PREES-lis-teh] *c* price list

**privat** [pri-VART] *adj* private

**privateiendom** [pri-VART-ay-ehn-dom] *c* private property

**privathus** [pri-VART-hews] *nt* private house

**privatliv** [pri-VART-liv] *nt* privacy

**privatlærer** [pri-VART-læ-rehr] *c*

tutor
**problem** [proo-BLAYM] *nt*
  problem
**produksjon** [proo-dewk-SHOON] *c*
  production; output
**produkt** [proo-DEWKT] *nt* product;
  produce
**produsent** [proo-dew-SEHNT] *c*
  producer
**profesjonell** [proo-feh-shoo-
  NEHLL] *adj* professional
**professor** [proo-FEHS-soor] *c*
  professor
**profitt** [proo-FITT] *c* profit
**program** [proo-GRAHM] *nt*
  programme
**progressiv** [PROO-greh-siv] *adj*
  progressive
**promenade** [proo-meh-NAR-deh]
  *c* promenade
**pronomen** [proo-NOO-mehn] *nt*
  pronoun
**propaganda** [proo-pah-GAHN-
  dah] *c* propaganda
**propell** [proo-PEHLL] *c* propeller
**proporsjon** [proo-por-SHOON] *c*
  proportion
**prosent** [pro-SEHNT] *c* percent
**prosentdel** [pro-SEHNT-dayl] *c*
  percentage
**prosjekt** [pro-SHEHKT] *nt* project
**prospekt** [proo-SPEHKT] *nt*
  prospectus
**prospektkort** [proo-SPEHKT-kort]
  *nt* picture postcard
**protest** [proo-TEHST] *c* protest
**protestant-** [proo-teh-stahnt]
  *pref* Protestant
**protestere** [proo-teh-STAY-reh] *v*
  protest; object
**provinsiell** [proo-vin-si-EHLL] *adj*
  provincial
**prøve** [PRUR-veh] *c* sample; test; *v*
  try on; test

**prøverom** [PRUR-veh-room] *nt*
  fitting room
**prøving** [PRUR-ving] *c* fitting
**psykiater** [sew-ki-AR-tehr] *c*
  psychiatrist
**psykoanalytiker** [SEW-koo-ah-
  nah-LEW-ti-kehr] *c*
  psychoanalyst; analyst
**psykolog** [sew-koo-LAWG] *c*
  psychologist
**psykologi** [sew-koo-loo-GEE] *c*
  psychology
**psykologisk** [sew-koo-LAW-gisk]
  *adj* psychological
**public relations** [PURB-lik reh-
  LAY-shehns] *pl* public relations
  *pl*
**publikasjon** [pewb-li-kah-SHOON]
  *c* publication
**publikum** [PEWB-li-kewm] *nt*
  public; audience
**publisitet** [pewb-li-si-TAYT] *c*
  publicity
**pudder** [POOD-dehr] *nt* powder
**pudderdåse** [PEWD-dehr-do-seh]
  *c* compact
**pudderkvast** [PEWD-dehr-kvahst]
  *c* powder-puff
**pullover** [POOLL-o-vehr] *c*
  pullover
**puls** [pewls] *c* pulse
**pumpe** [POOM-peh] *v* pump; *c*
  pump
**pumpernikkel** [PEWM-pehr-nikk-
  ehl] *c* pumpernickel
**pund** [pewnn] *nt* pound
**pung** [poong] *c* pouch; purse
**punkt** [pwnkt] *nt* point
**punktering** [poonk-TAY-ring] *c*
  puncture; blow-out; flat
**punktert** [poongk-TAYRT] *adj*
  punctured
**punktlig** [poonkt-lig] *adj*
  punctual

**punktum** [PEWNK-tewm] *nt* full
stop

**purpurfarget** [PEWR-pewr-fahr-
geht] *adj* purple

**puss** [pews] *nt* trick

**pust** [pewst] *c* breath

**puste** [PEWS-teh] *v* breathe

**pute** [PEW-teh] *c* cushion; pad

**putevar** [PEW-teh-varr] *nt*
pillowcase

**pyjamas** [pew-SHAR-mahs] *c*
pyjamas *pl*

**pynte seg** [PEWN-teh say] *v* dress
up

**pære** [PÆÆ-reh] *c* pear

**pølse** [PURL-seh] *c* sausage

**på** [paw] *prep* upon

**på den andre siden av** [po dehn
AHN-dreh SEE-dehn ah] *prep*
beyond; across

**på den andre siden** [po dehn
AHN-dreh SI-dehn] *adv* across

**på ferie** [po FAY-ri-eh] on holiday

**på forskudd** [po FOR-skewdd] *adv*
in advance

**på grunn av** [paw grewnn arv]
*prep* owing to

**på grunn av** [po groonn arv] on
account of; because of

**på hodet** [po HWI-deh] upside
down

**på høyre side** [po HURI-reh SEE-
deh] right-hand

**på ingen måte** [po ING-ehn MAW-
teh] by no means

**på kreditt** [po kreh-DITT] on
credit

**på langs** [paw lahngs] *adv*
lengthways

**på noen som helst måte** [po NOO-
ehn som hehlst MO-teh] *adv*
anyhow

**på prøve** [po PRUR-veh] on
approval

**på vegne av** [po VAY-neh arv] on
behalf of

**påkrevd** [PO-krehvd] *adj*
requisite

**pålitelig** [po-LEE-teh-lig] *adj*
reliable; trustworthy

**påske** [PAW-skeh] *c* Easter

**påskudd** [PAW-skewdd] *nt*
pretence

* **påta seg** [PAW-tah say] *v*
undertake

**påvirke** [PO-vir-keh] *v* influence;
affect

**rabarbra** [rah-BAHR-brah] *c*
rhubarb

**rabatt** [rah-BAHTT] *c* rebate;
discount

**racket** [rah-KEHTT] *c* racquet

**radiator** [rah-di-AR-toor] *c*
radiator

**radio** [RAR-di-oo] *c* radio;
wireless

**radiosending** [RAR-di-oo-SEHN-
nning] *c* broadcast

**radius** [RAR-di-ews] *c* radius

**rakett** [rah-KEHTT] *c* rocket

**ramme** [RAHM-meh] *c* frame

**rampe** [RAHM-peh] *c* ramp

**ran** [rarn] *nt* robbery

**rand** [rahnn] *c* margin

**rane** [RAR-neh] *v* rob

**rang** [rahng] *c* rank

**ransel** [RAHN-sehl] *c* knapsack

**ransmann** [RARNS-mahnn] *c*
robber

**rapport** [rah-PORT] *c* record;
report

**rapportere** [rah-por-TAY-reh] *v*
report

**rar** [rarr] *adj* odd

**rase** [RAR-seh] *c* race

**rase-** [RAR-seh] *pref* racial

**rase** [RAR-seh] *nt* breed

**rasende** [RARS-ehn-deh] *adj*
furious

**raseri** [rah-seh-REE] *nt* anger

**rask** [rahsk] *adj* swift

**rastløs** [RAHST-lurs] *adj* restless

**ratt** [rahtt] *nt* steering-wheel

**rayon** [RAY-on] *nt* rayon

**redd** [rehdd] *adj* afraid

**redde** [REHD-deh] *v* rescue; save

**reddik** [REHDD-ik] *c* radish

**rederi** [reh-deh-REE] *nt* shipping
line

**redning** [REHDD-ning] *c* rescue

**redningsmann** [REHD-nings-
mahnn] *c* saviour

**redsel** [REHD-sehl] *c* fright

**redselsfull** [REHD-sehls-fewll] *adj*
horrible

**redskap** [REHD-skarp] *nt*
implement; utensil

**reduksjon** [reh-dewk-SHOON] *c*
reduction

**redusere** [reh-dew-SAY-reh] *v*
reduce

**refleks** [reh-FLEHKS] *c* reflection

**reflektere** [reh-flayk-TAY-reh] *v*
reflect

**reflektor** [reh-FLEHK-toor] *c*
reflector

**regatta** [reh-GAHT-tah] *c* regatta

**regel** [RAY-gehl] *c* regulation

**regelmessig** [RAY-gehl-mehs-sig]
*adj* regular

**regent** [reh-GEHNT] *c* ruler

**regional** [reh-gi-OO-NARL] *adj*
regional

**register** [reh-GIS-tehr] *nt* index

**registrere** [reh-gi-STRAY-reh] *v*
record

**registrering** [reh-gist-RAY-ring] *c*
registration

**registreringskort** [reh-gist-RAY-
rings-kort] *nt* registration

form

**regjere** [reh-YAY-reh] *v* rule;
govern

**regjering** [reh-YAY-ring] *c*
government; reign

**regn** [rayn] *nt* rain

**regn-** [rayn] *pref* rainy

**regnbue** [RAYN-bew-eh] *c*
rainbow

**regnbyge** [RAYN-bew-geh] *c*
rainfall

**regne** [RAY-neh] *v* reckon; rain

**regnfrakk** [RAYN-frahkk] *c*
raincoat; mackintosh

**regning** [RAY-ning] *c* arithmetic;
check; bill

**regnvann** [RAYN-vahnn] *nt* rain-
water

**regulere** [reh-goo-LAY-reh] *v*
regulate

**reir** [rayr] *nt* nest

**reise** [RAY-seh] *c* journey; travel;
voyage; *v* pull out; travel

**reise omkring** [RAY-seh om-
KRING] *v* tour

**reise seg** [RAY-seh say] *v* rise

**reisebyrå** [RAY-seh-bew-raw] *nt*
travel agent; travel agency

**reiseforsikring** [RAY-seh-for-sik-
ring] *c* travel insurance

**reisehåndbok** [RAY-seh-honn-
book] *c* (*pl* ~bøker) guidebook

**reisende** [RAYS-ehn-deh] *c*
traveller

**reiser** [RAY-sehr] *pl* travelling

**reiserute** [RAY-seh-rew-teh] *c*
itinerary

**reisesjekk** [RAY-seh-shehkk] *c*
traveller's cheque

**reiseutgifter** [RAY-seh-ewt-yif-
tehr] *pl* travelling expenses *pl*

**reke** [RAY-keh] *c* prawn; shrimp

**rekke** [REHK-keh] *c* row; rank;
file

**rekkevidde** [REHK-keh-vid-deh] *c* range

**rekkverk** [REHKK-vehrk] *nt* railing

**reklame** [reh-KLAR-meh] *c* commercial

**rekommandere** [reh-koom-mahn-DAY-reh] *v* register

**rekommandert brev** [reh-KOOM-mahn-DAYRT brayv] *nt* registered letter

**rekreasjonssenter** [rehk-reh-ah-SHOONS-sehnt-ehr] *nt* (*pl* ~sentra) recreation centre

**rekrutt** [rehk-ROOTT] *c* recruit

**rektangel** [rehk-TAHNG-ehl] *nt* rectangle

**rektangulær** [rehk-tahng-gew-LÆÆR] *adj* rectangular

**rektor** [REHK-toor] *c* headmaster

**relativ** [REH-lah-tiv] *adj* relative

**relieff** [reh-li-EHFF] *nt* relief

**religion** [reh-li-gi-OON] *c* religion

**religiøs** [reh-li-gi-URS] *adj* religious

**relikvie** [reh-LEE-kvi-eh] *c* relic

**rem** [rehmm] *c* strap

**remisse** [reh-MIS-seh] *c* remittance

**remittere** [reh-mit-TAY-reh] *v* remit

**remse** [REHM-seh] *c* strip

**ren** [rayn] *adj* clean; pure

**rengjøring** [RAYN-yur-ring] *c* cleaning

**rengjøringsmiddel** [RAYN-yur-rings-mid-dehl] *nt* (*pl* ~midler) cleaning fluid; detergent

**rennende vann** [REHNN-ehn-deh vahnn] running water

**rennestein** [REHN-neh-stayn] *c* gutter

**rense** [REHN-seh] *v* clean

**renseri** [rehn-seh-REE] *nt* dry-cleaner

**rente** [REHN-teh] *c* interest

**rep** [rayp] *nt* rope

**reparasjon** [reh-pah-rah-SHOON] *c* repairs *pl*

**reparasjonsverksted** [reh-pah-rah-SHOONS-værk-stayd] *nt* repair shop

**reparere** [reh-pah-RAY-reh] *v* repair; fix; mend

**representasjon** [reh-preh-sehn-tah-SHOON] *c* representation

**representativ** [reh-preh-SEHN-tah-teev] *adj* representative

**representere** [reh-preh-sehn-TAY-reh] *v* represent

**reproduksjon** [RAY-proo-dewk-shoon] *c* reproduction

**reprodusere** [RAY-proo-doo-sai-reh] *v* reproduce

**republikansk** [reh-poob-li-KARNSK] *adj* republican

**republikk** [reh-poo-BLIKK] *c* republic

**resepsjon** [reh-sehp-SHOON] *c* reception office

**resepsjonsdame** [reh-sehp-SHOONS-dah-meh] *c* receptionist

**resept** [reh-SEHPT] *c* prescription

**reservedekk** [reh-SÆR-veh-dehkk] *nt* spare tyre

**reservedel** [reh-SÆR-veh-dehl] *c* spare part

**reservedeler** [reh-SÆR-veh-deh-lehr] *pl* spares *pl*

**reservehjul** [reh-SÆR-veh-YEWL] *nt* spare wheel

**reservere** [reh-sær-VAY-reh] *v* reserve

**reservering** [reh-sær-VAY-ring] *c* reservation

**reservert** [reh-sær-VAYRT] *adj*

reserved
**reservert plass** [reh-sær-VAYRT
plahss] reserved seat
**reservoar** [reh-sær-voo-ARR] *nt*
reservoir
**respektabel** [reh-spehk-TAR-
behl] *adj* respectable
**respektere** [reh-spehk-TAY-reh]
*v* respect
**respektiv** [REH-spayk-tiv] *adj*
respective
**rest** [rehst] *c* remainder;
remnant; rest
**restaurant** [rehs-tow-RAHNG] *c*
restaurant
**resterende** [rehs-TAY-rehn-deh]
*adj* remaining
**resultat** [reh-sewl-TART] *nt* result
**resultere** [reh-sewl-TAY-reh] *v*
result
**resymé** [reh-sew-MAY] *nt*
summary
**retning** [REHT-ning] *c* direction
**retningsviser** [REHT-nings-vee-
sehr] *c* indicator; trafficator
**rett** [rehtt] *c* dish; course; *adv*
straight; *adj* straight
**rett frem** [rehtt frehm] straight
ahead
**rette** [REHT-teh] *v* correct
**rettferdig** [rehtt-FÆR-di] *adj* fair;
just
**rettferdighet** [rehtt-FÆR-dig-
heht] *c* justice
**rettighet** [REHTT-ig-hayt] *c* rights
*pl*
**rettsak** [REHT-sark] *c* trial
**retusjere** [reh-tew-SHAY-reh] *v*
touch up
**rev** [rayv] *c* fox; *nt* reef
**revers** [reh-VÆRSH] *c* reverse
**revidere** [reh-vi-DAY-reh] *v*
revise
**revisjon** [reh-vi-SHOON] *c*

revision
**revmatisme** [rehv-mah-TIS-meh]
*c* rheumatism
**revolusjon** [reh-voo-loo-SHOON] *c*
revolution
**revolver** [reh-VOL-vehr] *c* gun
**revy** [reh-VEW] *c* revue
**revyteater** [reh-VEW-teh-ah-tehr]
*nt* music hall
**ribben** [RIB-behn] *nt* rib
**ridning** [REED-ning] *c* riding
**rift** [rift] *c* tear
**rik** [reek] *adj* wealthy; rich
**rikdom** [REEK-dom] *c* riches *pl;*
wealth
**riks-** [riks] *pref* imperial
**rikstelefonsamtale** [RIKS-teh-
leh-foon-sahm-tah-leh] *c*
trunk-call
**riksvei** [RIKS-vay] *c* highway
**riktig** [RIK-tig] *adj* right; correct;
proper
**rille** [RIL-leh] *c* groove
**rim** [reem] *nt* rhyme
**ring** [ring] *c* ring
**ringe** [RING-eh] *v* ring
**ringe opp** [RING-eh opp] *v* ring
up; call up; call
**ringe til** [RING-eh til] *v* phone
**ringeklokke** [RING-eh-klok-keh]
*c* door-bell
**ringing** [RING-ing] *c* ring
**ris** [rees] *c* rice
**risikabel** [ri-si-KAR-behl] *adj*
risky
**risiko** [REE-si-koo] *c* risk
**ristet brød** [RIS-teht brur] *nt*
toast
* **rive** [REE-veh] *v* tear
**ro** [roo] *v* row
**robåt** [ROO-bawt] *c* rowing-boat
**rock-and-roll** [rokk æn roll] *c*
rock-and-roll
**rogn** [rongn] *c* roe

**rolig** [ROO-lig] *adj* calm; tranquil

**rom med frokost** [room meh FROO-kost] bed and breakfast

**roman** [roo-MARN] *c* novel

**romanforfatter** [roo-MARN-for-faht-tehr] *c* novelist

**romanse** [roo-MAHNG-seh] *c* romance

**romantisk** [roo-MAHN-tisk] *adj* romantic

**romerbad** [ROO-mehr-bahd] *nt* Turkish bath

**rommelig** [ROOM-meh-lig] *adj* roomy; spacious

**rop** [roop] *nt* shout; call

**rope** [ROO-peh] *v* call; shout

**ror** [roor] *nt* rudder

**ros** [roos] *c* praise

**rosa** [ROO-sah] *adj* rose

**rose** [ROO-seh] *c* rose; *v* praise

**rosenkrans** [ROO-sehn-krahns] *c* rosary

**rosenkål** [ROO-sehn-kol] *c* sprouts *pl*; Brussels-sprouts *pl*

**rosin** [roo-SEEN] *c* raisin

**rot** [root] *c* root; muddle; *nt* mess

**rote** [ROO-teh] *v* mess up

**rotte** [ROT-teh] *f* rat

**rouge** [rewsh] *c* rouge

**rubin** [roo-BEEN] *c* ruby

**rugge** [REWG-geh] *v*

**ruiner** [rew-EE-nehr] *pl* ruins *pl*

**rulett** [rew-LEHT] *c* roulette

**rull** [rooll] *c* roll

\***rulle** [REWL-leh] *v* roll

**rulleskøyteløp** [ROOL-leh-shuri-teh-lurp] *nt* roller-skating

**rullestein** [REWL-leh-stayn] *c* boulder

**rulletrapp** [REWL-leh-trahpp] *c* escalator

**rund** [rewnn] *adj* round

**rund sum** [rewnn sewmm] *c* lump sum

**rundkjøring** [REWNN-khurr-ing] *c* roundabout

**rundstykke** [ROONN-stewk-keh] *nt* roll

**rundt** [rewnnt] *adv* around; *prep* around

**rundt håndtak** [rewnnt HONN-tahk] *nt* knob

**rundtur** [REWN-tewr] *c* tour

**runway** [RURN-vay] *nt* runway

**rushtid** [RURSH-teed] *c* rush-hour

**rust** [rewst] *c* rust

**rusten** [ROOS-tehn] *adj* rusty

**rustfritt stål** [REWST-fritt stawl] *nt* stainless steel

**rute** [ROO-teh] *c* route

**ruter** [REW-tehr] *pl* diamonds *pl*

**rutine** [roo-TEE-neh] *c* routine

**rydding** [REWDD-ing] *c* clearing

**rye** [REW-eh] *c* rug

**rygg** [rewgg] *c* back

**rygge** [REWG-geh] *v* reverse

**ryggrad** [REWGG-rahd] *c* spine

**ryggsekk** [REWGG-sehkk] *c* rucksack; haversack

**ryggsmerter** [REWGG-smehr-tehr] *npl* backache

**rykte** [REWK-teh] *nt* rumour

**rype** [REW-peh] *c* grouse *inv*

**ryste** [REWS-teh] *v* shake

**rytme** [REWT-meh] *c* rhythm

**rytter** [REWTT-ehr] *c* rider

**rød** [rur] *adj* red

**rødbete** [RUR-beh-teh] *c* beetroot

**Røde Kors** [RUR-deh kors] *nt* Red Cross

**røk** [rurk] *c* smoke

**røke** [RUR-keh] *v* smoke

**røkekupé** [RUR-keh-kew-pay] *c* smoking compartment

**røker** [RUR-kehr] *c* smoker

**røkerom** [RUR-keh-room] *nt* smoke-room

**røkfri** [RURK-fri] *adj* smokeless

**røkt** [rurkt] *adj* smoked

**røktåke** [RURK-to-keh] *c* smog

**røntgenbilde** [RURNT-gehn-bil-deh] *nt* X-ray

**rør** [rurr] *nt* tube

**røre** [RUR-reh] *v* stir

**rørledning** [RURR-layd-ning] *c* pipe

**rørlegger** [RURR-layg-gehr] *c* plumber

**røspette** [RUR-speht-teh] *c* plaice

**røyking forbudt** [RURREW-king for-BOOTT] no smoking

**rå** [raw] *v* advise; *adj* raw; uncooked

**råd** [rawd] *nt* council; advice

**rådhus** [RAWD-hews] *nt* town hall

* **rådspørre** [RAWD-spurr-reh] *v* consult

**råmateriale** [RAW-mah-teh-ri-ar-leh] *nt* raw material

**safe** [sayf] *c* safe

**safir** [sah-FEER] *c* sapphire

**saft** [sahft] *c* squash; juice

**saftig** [SAHF-tig] *adj* juicy; mellow

**sag** [sarg] *c* saw

**sak** [sark] *c* case; matter

**sakarin** [sah-kah-REEN] saccharin

**sakfører** [SARK-fur-rehr] *c* solicitor; attorney

**saks** [sahks] *c* scissors *pl*

**saktne farten** [SAHK-neh FAHRT-ehn] *v* slow down

**sal** [sarl] *c* saddle; hall

**salami** [sah-LAR-mil] *c* salami

**salg** [sahlg] *nt* sale

**salgbar** [SAHLG-barr] *adj* saleable

**salme** [SAHL-meh] *c* hymn

**salong** [sah-LONG] *c* salon; lounge

**salt** [sahlt] *nt* salt; *adj* salty

**saltkar** [SAHLT-karr] *nt* saltcellar

**salve** [SAHL-veh] *c* salve; ointment

**samarbeid** [SAHM-ahr-bayd] *nt* co-operation

**samarbeidsvillig** [SAHM-ahr-bayds-vil-lig] *adj* co-operative

**samfunn** [SAHM-fewnn] *nt* community; society

**samle** [SAHM-leh] *v* collect

**samler** [SAHM-lehr] *c* collector

* **samles** [SAHM-lehs] *v* gather

**samling** [SAHM-ling] *c* collection

**samme** [SAHM-meh] *adj* same; equal

**sammen** [SAHM-mehn] *adv* together

**sammenlikne** [SAHM-mehn-lik-neh] *v* compare

**sammenlikning** [SAHM-mehn-lik-ning] *c* comparison

**samtale** [SAHM-tah-leh] *c* conversation; talk

**samtidig** [sahm-TEE-dig] *adj* contemporary; simultaneous

**samtykke** [SAHM-tewk-keh] *nt* consent; *v* consent

**samvittighet** [sahm-VITT-ig-heht] *c* conscience

**sand** [sahnn] *c* sand

**sandal** [sahn-DARL] *c* sandal

**sandet** [SAHN-eht] *adj* sandy

**sang** [sahng] *c* song

**sanger** [SAHNG-ehr] *c* singer; vocalist

**sanitetsbind** [sah-ni-TAYTS-binn] *nt* sanitary napkin

**sanitær** [sah-ni-TÆÆR] *adj* sanitary

**sann** [sahnn] *adj* true

**sannferdig** [sahn-FÆR-di] *adj* truthful

**sannhet** [SAHNN-heht] *c* truth

**sannsynlig** [sahn-SEWN-lig] *adj* probable; *adv* likely

**sans** [sahns] *c* sense

**sardin** [sahr-DEEN] *c* sardine; pilchard

**sateng** [sah-TEHNG] *c* satin

**sau** [sow] *c* sheep *inv*

**sauekjøtt** [SOW-eh-khurtt] *nt* mutton

**savne** [SAHV-neh] *v* miss

**savnet** [SAHV-neht] *c* missing person

**scene** [SAY-neh] *c* stage; *nt* scene

**scooter** [SKEW-tehr] *c* scooter

**score** [SKAW-reh] *v* score

* **se** [say] *v* see; look

* **se opp** [say opp] *v* look out

* **se på** [say po] *v* look at

* **se ut til** [say ewt til] *v* appear

**sedvanlig** [sehd-VARN-lig] *adj* usual

**seg** [say] *pron* themselves; himself; herself

**segl** [sayl] *nt* seal

**seier** [SAY-ehr] *c* victory

**seig** [sayg] *adj* tough

**seil** [sayl] *nt* sail

**seilbar** [SAYL-barr] *adj* navigable

**seilbåt** [SAYL-bawt] *c* sailing boat

**seile** [SAY-leh] *v* sail

**seilerforening** [SAY-lehr-for-eh-ning] *c* yacht club

**seilfly** [SAYL-flew] *nt* glider

**seiling** [SAYL-ling] *c* yachting

**sekk** [sehkk] *c* sack

**sekretær** [seh-kreh-TÆÆR] *c* secretary

**seks** [sayks] *adj* six

**seksjon** [sehk-SHOON] *c* section

**seksten** [SAY-stehn] *adj* sixteen

**sekstende** [SAY-stehn-deh] *adj* sixteenth

**seksti** [SEHKS-ti] *adj* sixty

**sekund** [seh-KEWNN] *nt* second

**sekundær** [seh-kewn-DÆÆR] *adj* secondary

* **selge** [SEHL-geh] *v* sell

* **selge i detalj** [SEHL-geh i deh-TAHLY] *v* retail

**selleri** [sehl-leh-REE] *c* celery

**selskap** [SEHLL-skahp] *nt* company; society; party

**selskapsantrekk** [SEHLL-skahps-ahn-trehkk] *nt* evening dress

**selskapsreise** [SEHLL-skahps-ray-seh] *c* conducted tour

**selters** [SEHL-tehrs] *c* seltzer

**selv** [sehll] *pron* entrance; yourselves; yourself; himself; herself; themselves; myself; oneself

**selv om** [sehl om] *conj* though

**selvbetjening** [SEHLL-beh-tyeh-ning] *c* self-service

**selvbetjeningsvaskeri** [SEHLL-beh-tyeh-nings-vahs-keh-ri] *nt* launderette

**selvisk** [SEHLL-visk] *adj* selfish

**selvmord** [SEHLL-moord] *nt* suicide

**selvstendig** [sehll-STEHN-dig] *adj* independent; self-employed

**selvstyre** [SEHLL-stew-reh] *nt* self-government

**sement** [seh-MEHNT] *c* cement

**semikolon** [SAY-mi-koo-lon] *nt* semicolon

**semsket skinn** [SEHM-skeht SHINN] *nt* suede

**sen** [sayn] *adj* late

**senat** [seh-NART] *nt* senate

**senator** [seh-NAR-toor] *c* senator

**sende** [SEHN-neh] *v* send; transmit

**sende av sted** [SEHN-neh ahv stayd] *v* dispatch

**sende avsted** [SEHN-neh ahv-STAYD] *v* send off

**sende bort** [SEHN-neh boort] *v* dismiss

**sende bud etter** [SEHN-neh bewd EHT-tehr] v send for

**sende tilbake** [SEHN-neh til-BAR-keh] v send back

**sending** [SEHN-ning] c transmission

**senere** [SAY-neh-reh] adv later

**senest** [SAYN-ehst] adv latest; at the latest

**seng** [sehng] f bed

**sengetøy** [SEHNG-eh-turi] pl bedding

**sennep** [SEHN-ehp] c mustard

**sensasjon** [sehn-sah-SHOON] c sensation

**sensasjonell** [sehn-sah-shoo-NEHLL] adj sensational

**sensor** [SEHN-soor] c censor

**sensur** [sehn-SEWR] c censorship

**sentimental** [sehn-ti-mehn-TARL] adj sentimental

**sentral** [sehn-TRARL] adj central

**sentralbord** [sehn-TRARL-boor] nt switchboard

**sentralborddame** [sehn-TRARL-boor-dar-meh] c operator

**sentralfyring** [sehn-TRARL-few-ring] c central heating

**sentralisere** [sehn-trah-li-SAY-reh] v centralize

**sentrum** [SEHN-trewm] nt (pl sentra) centre; town centre

**september** [sehp-TEHM-behr] September

**septisk** [SEHP-tisk] adj septic

**seremoni** [seh-reh-moo-NEE] c ceremony

**serie** [SAY-ri-eh] c series

**serum** [SAY-rewm] nt serum

**serveringsavgift** [sehr-VAY-rings-ahv-yift] c service charge

**serviett** [sehr-vi-EHTT] c serviette; napkin

**servitrise** [sær-vi-TREE-seh] c waitress

**servitør** [sær-vi-TURR] c waiter

**sesongkort** [seh-SONG-kort] nt season ticket

**sete** [SAY-teh] nt seat

**setning** [SAYT-ning] c sentence

**sett** [sehtt] nt set

* **sette** [SEHT-teh] v set; put

* **sette i banken** [SEHT-tay i BAHNK-ehn] v bank

* **sette i gang** [SEHT-teh i gahng] v launch

* **sette i garasje** [SEHT-teh i gahr-AR-sheh] v garage

* **sette i stand til** [SEHT-teh i stahnn til] v enable

* **sette inn** [SEHT-teh inn] v check

* **sette merkelapp på** [SEHT-teh MÆR-keh-lahpp po] v label

* **sette opp** [SEHT-teh opp] v erect

* **sette seg** [SEHT-teh say] v sit down

**sette smak på** [SEHT-teh smark po] v flavour

**severdighet** [seh-VÆR-dig-hayt] c sights pl

**shampoo** [SHAHM-poo] c shampoo

**shorts** [shorts] pl shorts pl

* **si** [see] v say

**side** [SEE-deh] c side; page

**sidelys** [SEE-deh-lews] nt sidelight

**siden** [SEE-dehn] conj since; prep since; adv since

**sifong** [si-FONG] c siphon; syphon

**sigar** [si-GARR] c cigar

**sigarbutikk** [si-GARR-bew-tikk] c cigar-store

**sigarett** [si-gah-REHTT] c cigarette

**sigarettenner** [si-gah-REHT-tehn-nehr] c cigarette-lighter

**sigarettetui** [si-gah-REHTT-ehtew-i] *nt* cigarette-case

**sigarettfilter** [si-gah-REHTT-fil-tehr] *nt* filter tip

**sigarettmunnstykke** [si-gah-REHTT-mewnn-stewk-keh] *nt* cigarette-holder

**signal** [sig-NARL] *nt* signal

**signalhorn** [sig-NARL-hoorn] *nt* horn

**signatur** [sig-nah-TEWR] *c* signature

**sigøyner** [si-GURI-nehr] *c* gypsy

**sikker** [SIK-kehr] *adj* sure; secure; safe; certain

**sikkerhet** [SIK-kehr-heht] *c* safety

**sikkerhetsbelte** [SIK-kehr-hehts-behl-teh] *nt* safety belt; seat belt

**sikkerhetsnål** [SIK-kehr-hehts-nawl] *c* safety pin

**sikkert** [SIK-kehrt] *adv* surely

**sikring** [SIK-ring] *c* fuse

**sikt** [sikt] *c* visibility

**sikte** [SIK-teh] *v* aim; *nt* aim

**sild** [sill] *f* herring

**silke-** [SIL-keh] *c* silk

**silke-** [SIL-keh] *pref* silken

**silkepapir** [SIL-keh-pah-peer] *nt* tissue paper

**similismykker** [SEE-mi-li-smewk-kehr] *pl* costume jewellery

**simpel** [SIM-pehl] *adj* mean

**sin** [seen] *adj* (→ **hans**)

**sindig** [SIN-di] *adj* sedate

**sine** [SEE-neh] *adj* (→ **sin**); their

**sink** [sink] *c* zinc

**sinn** [sinn] *nt* mind

**sint** [sint] *adj* angry

**sirkulasjon** [sir-kew-lah-SHOON] *c* circulation

**sirkus** [SIR-kews] *nt* circus

**sirup** [SEE-rewp] *c* syrup

**sist** [sist] *adj* terminal; last

**sitat** [si-TART] *nt* quotation

**sitere** [si-TAY-reh] *v* quote

**sitron** [si-TROON] *c* lemon

**sitte** [SIT-teh] *v* sit

**sittende** [SIT-tehn-deh] *adj* seated

**sitteplass** [SIT-teh-plahss] *c* seat

**situasjon** [si-tew-ah-SHWIN] *c* situation

**siv** [seev] *nt* reed; rush

**sivil** [si-VEEL] *adj* civil

**sivilisasjon** [si-vi-li-sah-SHOON] *c* civilization

**sivilperson** [si-VEEL-pehr-soon] *c* civilian

**sjakk** [shahkk] *c* chess

**sjal** [sharl] *nt* shawl

**sjalottløk** [shah-LOTT-lurk] *c* scallion

**sjalu** [shah-LEW] *adj* jealous

**sjanser** [SHAHNG-sehr] *pl* odds *pl*

**sjef** [shayf] *c* boss

**sjekk** [shehkk] *c* check; cheque

**sjekkhefte** [SHEHKK-hayf-teh] *nt* cheque-book; check-book

**sjel** [shayl] *c* spirit; soul

**sjelden** [SHEHL-dehn] *adv* seldom; *adj* rare; infrequent

**sjette** [SHEHT-teh] *adj* sixth

**sjokk** [shokk] *nt* shock

**sjokkere** [shok-AY-reh] *v* shock

**sjokkerende** [shok-AYR-ehn-deh] *adj* shocking

**sjokolade** [shoo-koo-LAR-deh] *c* chocolate

**sjokoladeforretning** [shoo-koo-LAR-deh-for-rayt-ning] *c* sweetshop

**sjø~** [shur] *pref* maritime

**sjøbilde** [SHUR-bil-deh] *nt* seascape

**sjøfugl** [SHUR-fewl] *c* sea-bird

**sjømann** [SHUR-mahnn] *c* (*pl* -

menn) sailor; seaman

**sjøpinnsvin** [SHUR-pin-sveen] *nt* sea-urchin

**sjøsyke** [SHUR-sew-keh] *c* seasickness

**sjøvann** [SHUR-vahnn] *nt* sea-water

**sjøveien** [SHUR-vay-ehn] *adv* by sea

**sjåfør** [sho-FURR] *c* chauffeur

**skade** [SKAR-deh] *c* damage; injury; harm; *v* injure; harm; hurt

**skadelig** [SKAR-deh-lig] *adj* hurtful; harmful

**skadeserstatning** [SKAR-dehs-ær-staht-ning] *c* indemnity

**skadet** [SKAR-deht] *adj* injured; damaged

**skaffe** [SKAHF-feh] *v* provide

**skaffe husrom** [SKAHF-feh HEWS-room] *v* accommodate

**skalldyr** [SKAHLL-dewr] *nt* shell-fish

**skallet** [SKAHL-leht] *adj* bald

**skam** [skahmm] *c* shame

**skamfull** [SKAHMM-fewll] *adj* ashamed

**skap** [skarp] *nt* cupboard

**skape** [SKAR-peh] *v* create

**skapning** [SKARP-ning] *c* creature

**skarlagen** [skahr-LARG-ehn] *adj* scarlet

**skarp** [skahrp] *adj* sharp; keen

**skatt** [skahtt] *c* tax; treasure

**skattefri** [SKAHT-teh-fri] *adj* tax-free

* **skattlegge** [SKAHTT-lehg-geh] *v* tax

**ski** [shee] *c* ski

**skibukser** [SHEE-book-sehr] *pl* ski-pants *pl*

**skifte** [SHIF-teh] *v* switch

**skiheis** [SHEE-hays] *c* ski-lift

**skihopp** [SHEE-hopp] *nt* ski-jump

**skikk** [shikk] *c* usage

**skikkelse** [SHIKK-ehl-seh] *c* figure

**skille** [SHIL-leh] *v* separate

**skillevei** [SHIL-leh-vay] *c* fork

**skilsmisse** [SHILS-mis-seh] *c* divorce

**skilt** [shilt] *adj* divorced

**skiløper** [SHEE-lur-pehr] *c* skier

**skiløping** [SHEE-lur-ping] *c* skiing

**skinke** [SHIN-keh] *c* ham

**skinne** [SHIN-neh] *v* shine; *c* splint

**skip** [sheep] *nt* ship

**skipe** [SHEE-peh] *v* ship

**skipsfart** [SHIPS-fahrt] *c* sailing

**skisse** [SHIS-seh] *c* sketch

**skissebok** [SHIS-seh-book] *c* (*pl* ~bøker) sketchbook

**skissere** [shi-SAY-reh] *v* sketch; design

**skistaver** [SHEE-stah-vehr] *pl* ski-poles *pl*

**skistøvler** [SHEE-sturv-lehr] *pl* ski boots *pl*

**skitt** [shitt] *c* dirt

**skitten** [SHIT-tehn] *adj* dirty; soiled; unclean; filthy

**skive** [SHEE-veh] *c* slice; rasher

**skje** [shay] *c* spoon; spoonful

**skjebne** [SHEHB-neh] *c* fate; fortune

**skjegg** [shehgg] *nt* beard

**skjelett** [sheh-LEHTT] *nt* skeleton

**skjelle ut** [SHAYL-leh ewt] *v* scold

**skjelne** [SHEHL-neh] *v* distinguish

* **skjelve** [SHEHL-veh] *v* shiver; tremble

**skjelvende** [SHEHL-vehn-deh] *adj* shivery

**skjema** [SHAY-mah] *nt* scheme

**skjerf** [shærf] *nt* scarf

**skjerm** [shærm] *c* screen

**skjorte** [SHOOR-teh] *c* shirt

**skjul** [shewl] *nt* shed

* **skjære** [SHÆÆ-reh] *v* cut; carve

**skjæringspunkt** [SHÆÆR-ings-pewnkt] *nt* intersection

**skjønnhetspleie** [SHURNN-hehts-play-eh] *c* beauty treatment

**skjønnhetssalong** [SHURNN-hehts-sah-long] *c* beauty salon; beauty parlour

**skjønt** [shurnnt] *conj* although

**skjør** [shurr] *adj* fragile

**skjørt** [shurrt] *nt* skirt

**sko** [skoo] *c* shoe

**skodde** [SKOD-deh] *c* shutter

**skoforretning** [SKOO-for-eht-ning] *c* shoe-shop

**skog** [skoog] *c* forest; wood

**skogstrakt** [SKOOGS-trahkt] *c* woodland

**skokrem** [SKOO-kraym] *c* shoe polish; polish

**skole** [SKOO-leh] *c* school

**skolebestyrer** [SKOO-leh-beh-stew-rehr] *c* principal

**skolegutt** [SKOO-leh-gewtt] *c* schoolboy

**skolepike** [SKOO-leh-pi-keh] *c* schoolgirl

**skolisse** [SKOO-lis-seh] *c* shoe-lace

**skomaker** [skoo-MAR-kehr] *c* shoemaker

**skopuss** [SKOO-pewss] *c* shoe-shine

**skorpe** [SKOR-peh] *c* crust

**skorstein** [SKOR-stayn] *c* chimney

**skotsk** [skotsk] *adj* Scottish; Scotch

**skotte** [SKOT-teh] *c* Scot

**Skottland** [SKOTT-lahnn] *nt* Scotland

**skotøy** [SKOO-turi] *nt* footwear

**skramme** [SKRAHM-meh] *c* scratch

**skrap** [skrarp] *nt* junk

**skrape** [SKRAR-peh] *v* scrape; grate

**skredder** [SKREHD-dehr] *c* tailor

**skreddersydd** [SKREHD-dehr-sewdd] *adj* tailor-made

**skrell** [skrehl] *nt* peel

**skrelle** [SKREHL-leh] *v* peel

**skremme** [SKREHM-meh] *v* frighten; scare

**skremt** [skrehmt] *adj* frightened

**skrift** [skrift] *c* writing

**skriftlig** [SKRIFT-li] *adv* in writing

**skrik** [skreek] *nt* scream; cry; shriek

* **skrike** [SKREE-keh] *v* shriek; cry; scream

**skritt** [skrit] *nt* pace

* **skrive** [SKREE-veh] *v* write

* **skrive bakpå** [SKRI-veh BAHK-po] *v* endorse

* **skrive seg inn** [SKREE-veh say inn] check in

**skrivebord** [SKREE-veh-boor] *nt* desk

**skrivemaskin** [SKREE-veh-mah-sheen] *c* typewriter

**skrivemaskinpapir** [SKREE-veh-mah-sheen-pah-pir] *nt* typing paper

**skrivepapir** [SKREE-veh-pah-peer] *nt* writing paper

**skrivepapirblokk** [SKREE-veh-pah-pir-blokk] *c* writing pad

**skru** [skrew] *v* screw

**skru løs** [skrew lurs] *v* unscrew

* **skru på** [skrew paw] *v* turn on

**skrubbe** [SKREWB-beh] *v* scrub

**skrue** [SKREW-eh] *c* screw

**skruestikke** [SKREW-stik-keh] *c*

clamp

**skrujern** [SKREW-yærn] *nt*
screwdriver

**skrukke** [SKROOK-keh] *v* crease

**skrunøkkel** [SKREW-nurk-kehl] *c*
(*pl* **-nøkler**) wrench

**skrå** [skraw] *adj* slanting

**skråne** [SKRAW-neh] *v* slant

**skråning** [SKRAW-ning] *c* bank

**skudd** [skewdd] *nt* shot

**skuddår** [SKEWDD-awr] *nt* leap-
year

**skuespill** [SKEW-eh-spill] *nt* play;
spectacle

**skuespiller** [SKEW-eh-spil-lehr] *c*
actor

**skuespillerinne** [SKEW-eh-spil-
lehr-IN-neh] *c* actress

**skuespillforfatter** [SKEW-eh-spill-
for-fahtt-ehr] *c* playwright

**skuff** [skooff] *c* drawer

**skuffe** [SKEWF-feh] *v* disappoint

**skuffet** [SKEWF-feht] *adj*
disappointed

**skulder** [SKEWL-dehr] *c* shoulder

* **skulle** [SKEWL-leh] *v* shall

**skulptur** [skewlp-TEWR] *c*
sculpture

**skumring** [SKEWM-ring] *c*
twilight; dusk

**skur** [skewr] *c* shower

**skurd** [skewr] *c* carving

**skvette** [SKVEHT-teh] *v* splash

**skvettskjerm** [SKVEHTT-shærm] *c*
fender; mud-guard

**sky** [shew] *adj* timid; shy; *c* cloud

**skybrudd** [SHEW-brewdd] *nt*
cloudburst

**skyet** [SHEW-eht] *adj* cloudy

**skygge** [SHEWG-geh] *c* shadow;
shade

**skyggefull** [SHEWG-geh-fewll] *adj*
shady

**skyld** [shewll] *c* blame

**skylde** [SHEWL-leh] *v* owe

**skyldig** [SHEWL-dig] *adj* guilty

**skylling** [SHEWLL-ing] *c* rinse

**skynde seg** [SHEWN-neh say] *v*
hurry; hasten

**skyskraper** [SHEW-skrah-pehr] *c*
sky-scraper

* **skyte** [SHEW-teh] *v* shoot

* **skyve** [SHEW-veh] *v* push

**skøyeraktig** [SKURI-ehr-ahk-tig]
*adj* mischievous

**skøyte** [SHURI-teh] *c* skate

**skøytebane** [SHURI-teh-bah-neh]
*c* skating-rink; rink

**skøyteløping** [SHURI-teh-lurp-
ning] *c* skating

**skål** [skawl] *c* saucer; bowl; toast

**sladder** [SHLAHD-dehr] *c* gossip

**sladre** [SHLAHD-reh] *v* gossip

**slag** [shlarg] *nt* blow; battle;
lapel

**slaganfall** [SHLARG-ahn-fahll] *nt*
stroke

**slager** [SHLAR-gehr] *c* hit

**slakter** [SHLAHK-tehr] *c* butcher

**slang** [shlahng] *c* slang

**slange** [SHLAHNG-eh] *c* inner tube

**slank** [shlahngk] *adj* slender;
slim

**slapp** [shlahpp] *adj* limp

**slappe av** [SHLAHP-peh arv] *v*
relax

**slaps** [shlahps] *nt* slush

**slave** [SHLAR-veh] *c* slave

**slede** [SHLAY-deh] *c* sledge; sleigh

**slektning** [SHLAYKT-ning] *c*
relative

**slem** [shlaymm] *adj* naughty

**slentre** [SHLEHN-treh] *v* stroll

**slepe** [SHLAY-peh] *v* tow

**slepebåt** [SHLAY-peh-bot] *c* tug

**slett ikke** [shlehtt IK-keh] not at
all

**slette** [SHLAYT-teh] *c* plain

slettvar [SHLEHTT-varr] c brill

slik [shleek] adv so; such; thus; adj such

slik som [shleek som] such as

* slippe [SHLIP-peh] v drop; let

slippe inn [SHLIP-peh inn] v admit

slips [shlips] nt necktie; tie

* slite ut [SHLEE-teh ewt] v wear out

sliten [SHLEE-tehn] adj weary

slokke [SHLOOK-keh] v put out

slum [shlewm] c slum

slutning [SHLEWT-ning] c conclusion

slutt [shlewtt] c end; finish

slutte [SLEWT-teh] v finish; end; quit

slør [shlurr] nt veil

sløse [SHLUR-seh] v waste

sløsing [SHLUR-sing] c waste

sløv [shlurv] adj blunt

sløyfe [SHLURI-feh] c bow tie

* slå [shlaw] v beat; strike; hit

* slå av [shlaw ahv] v switch off

* slå et nummer [shlaw eht NOOM-mehr] v dial

* slå i stykker [shlo i STEWK-kehr] v break

* slå leir [shlo layr] v camp

* slå ned [shlaw nayd] v knock down

* slå opp [shlaw opp] v look up

* slå på [shlaw po] v switch on

* slå seg ned [shlaw say nayd] v settle down

slående [SHLAW-ehn-deh] adj striking

smak [smark] c taste; flavour

smake [SMAR-keh] v taste

smakløs [SMARK-lurs] adj tasteless

smal vei [smarl vay] c lane

smargd [smah-RAHGD] c emerald

smart [smarrt] adj smart

smed [smay] c smith

smelte [SMEHL-teh] v melt

smeltet [SMEHL-teht] adj melted

smertefri [SMÆR-teh-free] adj painless

smertefull [SMÆR-teh-fooll] adj painful

smertelig [SMÆR-teh-lig] adj distressing

smette [SMEHT-teh] v slip

smil [smeel] nt smile

smile [SMEE-leh] v smile

sminke [SMIN-keh] c make-up

smitte [SMIT-teh] v infect; c infection

smittsom [SMITT-som] adj infectious; contagious

smoking [SMO-king] c dinner jacket; tuxedo

smug [SMEWG] nt alley

smugle [SMEWG-leh] v smuggle

smule [SMEW-leh] c crumb

smult [smewlt] c lard

smykke [SMEWK-keh] nt jewel

smykker [SMEWK-kehr] pl jewellery

smør [smurr] nt butter

smørbrød [SMURR-brur] nt sandwich

* smøre [SMUR-reh] v grease; lubricate

smøreolje [SMUR-reh-ol-yeh] c lubrication oil

smøring [SMUR-ring] c lubrication

smøringssystem [SMUR-rings-sews-taym] nt lubrication system

småfisk [SMAW-fisk] pl whitebait

småpenger [SMAW-pehng-ehr] pl petty cash; small change

småstein [SMAW-stayn] c pebble

snackbar [SNÆKK-bahr] c snack-

bar
**snakke** [SNAHK-keh] v talk
**snart** [snarrt] adv shortly; soon;
presently
**snegl** [snayl] c snail
**snekker** [SNEHK-kehr] c
carpenter
**snittsår** [SNITT-sawr] nt cut
*** sno** [snoo] v twist; wind
**snor** [snoor] c string
**snorkel** [SNOR-kehl] c (pl
**snorkler**) snorkel
**snu om** [snew om] v turn round
**snuble** [SNEWB-leh] v slip
**snurre** [SNEWR-reh] v spin
*** snyte** [SNEW-teh] v cheat
**snø** [snur] c snow; v snow
**snødekket** [SNUR-dehk-keht] adj
snowy
**snøskred** [SNUR-skrayd] nt
avalanche
**snøstorm** [SNUR-storm] c
snowstorm; blizzard
**sodavann** [SOO-dah-vahnn] nt
soda-water
**sofa** [SOO-fah] c sofa; couch
**sogn** [songn] nt parish
**sogneprest** [SONG-neh-prehst] c
rector
**sokk** [sokk] c sock
**sol** [sool] c sun
**solbrenthet** [SOOL-brehnt-heht] c
suntan; sunburn
**solbriller** [SOOL-bril-lehr] pl
sunglasses pl
**solbær** [SOOL-bæær] nt black-
currant
**soldat** [sool-DART] c soldier
**solid** [soo-LEED] adj solid
**solistkonsert** [soo-LIST-koon-
sehrt] c recital
**sollys** [SOOL-lews] adj sunny; nt
sunlight
**solnedgang** [SOOL-nehd-gahng] c

sunset
**sololje** [SOOL-ol-yay] c suntan oil
**soloppgang** [SOOL-opp-gahng] c
sunrise
**solskinn** [SOOL-shinn] nt
sunshine
**solstikk** [SOOL-stikk] nt
sunstroke
**som** [som] pron that; which:
who; prep like; conj as
**som om** [som om] as if
**som regel** [som RAY-gehl] as a
rule; in general
**som svar** [som svarr] in reply
**sommer** [SOM-mehr] c
summertime; summer
**sommerfugl** [SOM-mehr-fewl] c
butterfly
**sone** [SOO-neh] c zone
**sope** [SOO-peh] v sweep
**sopp** [sop] c mushroom
**sorg** [sorg] c grief; sorrow
**sort** [sort] c sort; kind
**sortere** [sor-TAY-reh] v sort
**sosial** [soo-si-ARL] adj social
**sosialistisk** [soo-si-ahl-IS-tisk]
adj socialist
**sosisser** [soo-SIS-sehr] pl
sausages pl
*** sove** [SAW-veh] v sleep
**sovende** [SOV-ehn-deh] adj
asleep
**sovepille** [SAW-veh-pil-leh] c
sleeping-pill
**sovepose** [SAW-veh-poo-seh] c
sleeping-bag
**sovesal** [so-veh-sarl] c dormitory
**sovevogn** [SAW-veh-vongn] c
Pullman car; sleeping-car
**soveværelse** [so-veh-væær-ehl-
seh] nt bedroom
**spade** [SPAR-eh] c spade
**Spania** [SPAR-ni-ah] nt Spain
**spanjol** [spahn-YOOL] c Spanish

**spann** [spahnn] *nt* bucket; pail

**spansk** [spahnsk] *adj* Spanish

**spar** [sparr] *c* spades *pl*

**spare** [SPAR-reh] *v* save; economize

**sparebank** [SPAR-reh-bahnk] *c* savings bank

**sparepenger** [SPAR-reh-pehng-ehr] *pl* savings *pl*

**sparke** [SPAHR-keh] *v* kick

**spaserstokk** [spah-SAYR-stokk] *c* walking-stick

**spasertur** [spah-SAYR-tewr] *c* walk

**spebarn** [SPAY-bahrn] *nt* infant

**speil** [spayl] *nt* mirror; looking-glass

**spenne** [SPEHN-neh] *c* buckle

**spenning** [SPEHNN-ing] *c* tension; voltage

**spesialisere seg** [speh-si-ah-li-SAY-reh say] *v* specialise

**spesialist** [speh-si-ahl-IST] *c* specialist

**spesialitet** [speh-si-ah-li-TAYT] *c* speciality

**spesiell** [speh-si-EHLL] *adj* special; particular

**spiker** [SPEE-kehr] *c* nail

**spill** [spill] *nt* game

**spille om penger** [SPIL-leh om PEHNG-ehr] *v* gamble

**spillemerke** [SPIL-leh-mær-keh] *nt* chip

**spiller** [SPIL-lehr] *c* player

**spillkort** [SPILL-kort] *pl* playing-cards *pl*

**spillopper** [SPIL-op-ehr] *pl* mischief

**spinat** [spi-NART] *c* spinach

* **spinne** [SPIN-neh] *v* spin

**spise** [SPEE-seh] *v* eat

**spise middag** [SPEE-seh MID-dahg] *v* dine

**spise ute** [SPEE-seh EW-teh] *v* eat out

**spiselig** [SPEE-seh-lig] *adj* edible

**spiseskje** [SPI-seh-sheh] *c* tablespoon

**spisestue** [SPEE-seh-STEW-eh] *c* dining room

**spisevogn** [SPEE-seh-vongn] *c* dining car

**spiskammer** [SPIS-kahm-mehr] *nt* larder

**spiss** [spis] *adj* pointed; *c* point; tip

**splint** [splint] *c* splinter

**spor** [spoor] *nt* track

**sport** [spoort] *c* sport

**sportsjakke** [SPOORTS-yahk-keh] *c* sports jacket

**sportsklær** [SPOORTS-klæær] *pl* sportswear

**sportsvogn** [SPOORTS-vongn] *c* sports car

**sporvogn** [SPOOR-vongn] *c* streetcar; tram

**spre** [spray] *v* spread; scatter

**sprekk** [sprehkk] *c* crack

* **sprekke** [SPREHK-keh] *v* burst

**sprengstoff** [SPREHNG-stoff] *nt* explosive

* **springe** [SPRING-eh] *v* leap

**springfjær** [SPRING-fyæær] *c* spring

**spritapparat** [SPREET-ahp-pah-raht] *c* spirit stove

**sprø** [sprur] *adj* crisp

**sprøyte** [SPRURI-teh] *c* syringe

**sprøyte inn** [SPRURI-teh inn] *v* inject

**sprøyteflaske** [SPRURI-tay-flahs-keh] *c* atomizer

**språk** [sprawk] *nt* language; speech

**spyd** [spewd] *nt* spire

**spytte** [SPEWT-teh] *v* spit

spøk [spurk] c joke

spøkelse [SPURK-ehl-seh] nt ghost; spirit

* spørre [SPURR-reh] v query; enquire

spørre- [SPURR-reh] pref interrogative

* spørre [SPURR-reh] v ask

* spørre ut [SPURR-reh ewt] v interrogate

spørretevling [SPURR-reh-tehv-ling] c quiz

spørsmål [SPURRSH-mol] nt question; query; inquiry; enquiry

spørsmålstegn [SPURRSH-mols-tayn] nt question mark

stabel [STAR-behl] c pile

stabil [stah-BEEL] adj stable

stable [STAHB-leh] v pile

stadion [STAR-di-oon] nt stadium

stadium [STAR-di-ewm] nt (pl stadier) stage

stakitt [stah-KITT] nt fence

stamfar [STAHMM-fahr] c ancestor

stamme [STAHM-meh] c trunk; tribe

standard- [STAHN-dahr] pref standard

stang [stahng] c (pl stenger) rod; bar; pole

stanse [STAHN-seh] v pull up; halt

start [stahrt] c start

starte [STAHR-teh] v take off

starter [STAHRT-ehr] c starter

stasjon [stah-SHOON] c depot; station

stasjonsmester [stah-SHOONS-mehs-tehr] c station master

stat [start] c state

Statene [STAR-teh-neh] pl States, the pl

statsadministrasjon [STARTS-ahd-mi-ni-strah-shoon] c civil service

statsborger [STARTS-bor-gehr] c citizen

statsborgerskap [STARTS-bor-gehr-skarp] nt citizenship

statsmann [STARTS-mahnn] c (pl ~menn) statesman

statsminister [STARTS-mi-nis-tehr] c premier

statsråd [STARTS-rod] c minister

statstjenestemann [STARTS-tyay-neh-steh-mahnn] c (pl ~menn) civil servant

statue [STAR-tew-eh] c statue

status [STAR-tews] c balance sheet

stave [STAR-veh] v spell

stavelse [STARV-ehl-seh] c syllable

stavemåte [STAR-veh-mo-teh] c spelling

stearinlys [steh-ah-REEN-lews] nt candle

sted [stayd] nt spot; site; place

stedfortreder [STAYD-for-tray-dehr] c deputy

steinbrudd [STAYN-brewdd] nt quarry

steinet [STAY-neht] adj rocky

steintøi [STAYN-turi] nt pottery

steke [STAY-keh] v fry

stekeovn [STAY-keh-ovn] c oven

stekepanne [STAY-keh-pahn-neh] c saucepan

stekt [stehkt] adj fried

stemme [STEHM-meh] c vote; voice; v vote

stemning [STEHM-ning] c mood; atmosphere

stempel [STEHM-pehl] nt piston

stempelstang [STEHM-pehl-stahng] c piston-rod

sten [stayn] c stone

stenet [STAY-neht] adj stony

**stenge av** [STEHNG-eh arv] *v* cut off; turn off

**stenge inne** [STEHNG-eh IN-neh] *v* shut

**stengetid** [STEHNG-eh-teed] *c* closing time

**stengods** [STAYN-goots] *nt* earthenware

**stengt** [stehngt] *adj* shut

**stenograf** [steh-noo-GRARF] *c* stenographer

**stenografi** [steh-noo-grah-FEE] *c* shorthand

**stentøy** [STAYN-turi] *nt* crockery

**sterilisere** [steh-ri-li-SAY-reh] *v* sterilize

**sterilisert** [steh-ri-li-SAYRT] *adj* sterilized

**sterk** [stærk] *adj* strong

**sti** [stee] *c* trail; path

**stiftelse** [STIF-tehl-say] *c* foundation

**stige** [STEE-geh] *c* ladder

* **stige av** [STEE-geh arv] *v* get off

* **stige opp** [STEE-geh opp] *v* ascend

* **stige på** [STEE-geh paw] *v* get on

**stikk** [stikk] *nt* engraving; bite; sting

* **stikke** [STIK-keh] *v* sting

* **stikke innom** [STIK-keh INN-om] *v* drop in; pop in

**stikkelsbær** [STIK-kehls-bæær] *nt* gooseberry

**stikkontakt** [STIK-koon-tahkt] *c* plug

**stikkpille** [STIKK-pil-leh] *c* suppository

**stil** [steel] *c* style

**stille** [STIL-leh] *adj* still; quiet

**stille diagnose** [STIL-leh di-ahg-NOO-seh] *v* diagnose

**stille inn** [STIL-leh inn] *v* tune in

**Stillehavet** [STIL-leh-har-veht] *nt* Pacific Ocean

**stillestående** [STIL-leh-sto-ehn-deh] *adj* stationary

**stillhet** [STILL-heht] *c* silence

**stilling** [STIL-ling] *c* position

**stimulans** [sti-mew-LAHNGS] *c* stimulant

**sting** [sting] *nt* stitch

**stipend** [sti-PEHND] *nt* scholarship

**stipulere** [sti-pew-LAY-reh] *v* stipulate

**stirre** [STIR-reh] *v* stare; gaze

**stiv** [steev] *adj* stiff

**stive** [STEE-veh] *v* starch

**stivelse** [STEEV-ehl-seh] *c* starch

* **stjele** [STYAY-leh] *v* steal

**stjerne** [STYÆR-neh] *c* star

**stoff** [stoff] *nt* fabric; material

**stokk** [stokk] *c* stick

**stol** [stool] *c* chair

**stole på** [STOO-leh paw] *v* rely; trust

**stolpe** [STOL-peh] *c* post

**stolt** [stolt] *adj* proud

**stolthet** [STOLT-hayt] *c* pride

* **stoppe** [STOP-peh] *v* darn; stop

**stoppegarn** [STOP-peh-garrn] *nt* darning wool

**stor** [stwir] *adj* big; large; great

**stor størrelse** [stoor STURR-rehl-seh] *c* outsize

**storartet** [STOOR-ahr-teht] *adj* superb

**Storbritannia** [STOOR-bri-tahn-niah] *nt* Great Britain

**storm** [storm] *c* gale; storm

**stormfull** [STORM-fewl] *adj* stormy

**stormlykt** [STORM-lewkt] *c* hurricane lamp

**storslått** [STOOR-shlott] *adj* grand

**straff** [strahff] *c* punishment

**straffe** [STRAHF-feh] *v* punish

**straks** [strahks] *adv* right away; straight away; immediately; at once

**stram** [strahm] *adj* tight

**stramme** [STRAHM-may] *v* tighten

**strand** [strahnn] *c* (*pl* **strender**) shore; seashore; beach

**strandsnegl** [STRAHN-snayl] *c* winkle

**streik** [strayk] *c* strike

**streike** [STRAY-keh] *v* strike

* **strekke ut** [STREHK-keh ewt] *v* extend

**strekning** [STREHK-ning] *c* extension cord; stretch

**streng** [strehng] *adj* strict; severe; harsh

**stress** [strehss] *nt* stress

**strikke** [STRIK-keh] *v* knit

**strikkearbeid** [STRIK-keh-ahr-bayd] *c* knitting

**strikkejakke** [STRIK-keh-yahk-keh] cardigan

**stripe** [STREE-peh] *c* stripe

**stripet** [STREE-peht] *adj* striped

**struktur** [strewk-TEWR] *c* structure; texture

* **stryke** [STREW-keh] *v* iron

**strykefri** [STREW-keh-free] *adj* wash and wear; drip-dry

**strykejern** [STREW-keh-yææærn] *nt* iron

**strøm** [strurm] *c* current

**strømbryter** [STRURM-brew-tehr] *c* switch

**strømpe** [STRURM-peh] *c* stocking

**strømpebukse** [STRURM-peh-book-seh] *c* panty-hose

**strømpeholder** [STRURM-peh-hol-lehr] *c* suspender belt

**strå** [straw] *nt* straw

**stråle** [STRAW-leh] *c* ray

**strålende** [STRAW-lehn-eh] *adj* glorious

**student** [stew-DEHNT] *c* student

**studere** [stew-DAY-reh] *v* study

**studerværelse** [stew-DAYR-vær-ehl-seh] *nt* study

**studium** [STEW-di-oom] *nt* (*pl* **studier**) study

**stum** [stewmm] *adj* dumb

**stund** [stewn] *c* while

**stup** [stewp] *nt* precipice

**stusse** [STEWS-seh] *v* trim

**stygg** [stewgg] *adj* ugly

**stykke** [STEWK-keh] *nt* piece; lump

**styre** [STEW-reh] *nt* board

**styreanordning** [STEW-reh-ahnn-ord-ning] *c* controls *pl*

**styring** [STEWR-ing] *c* steering

**styrke** [STEWR-keh] *c* strength

**styrkemiddel** [STEWR-keh-mid-dehl] *nt* tonic

**styrte** [STEWR-teh] *v* rush

**stø** [stur] *adj* steady

**støpejern** [STUR-peh-yæærn] *nt* cast-iron

**støpsel** [STURP-sehl] *nt* socket

**større** [STURR-reh] *adj* bigger; major

**størrelse** [STURRR-ehl-seh] *c* size

**størst** [stursht] *adj* biggest

**støt** [sturt] *nt* bump

**støtdemper** [STURT-dehm-pehr] *c* shock absorber; fender

**støte** [STUR-teh] *v* bump

**støte på** [STUR-teh paw] *v* run into; come across; knock against

**støtfanger** [STURT-fahng-ehr] *c* bumper

**støtte** [STURT-teh] *c* support; *v* support

**støv** [sturv] *nt* dust

**støvel** [STURV-ehl] *c* (*pl* **støvler**) boot

**støvet** [STUR-veht] *adj* dusty

**støvsuger** [STURV-sewg-ehr] *c*
vacuum cleaner

**støy** [sturi] *c* noise

**støyende** [STURI-eh-neh] *adj*
noisy

\* **stå** [staw] *v* stand

\* **stå i kø** [staw i kur] *v* queue

\* **stå opp** [staw opp] *v* get up

**stål** [STAWL] *nt* steel

**substans** [sewb-STAHNS] *c*
substance

**substantiv** [SOOB-stahn-teev] *nt*
noun

**suge** [SEW-geh] *v* suck

**suite** [SVI-teh] *c* suite

**sukker** [SOOK-kehr] *nt* sugar

**sukkersyke** [SOOK-kehr-sew-
keh] *c* diabetes

**sukre** [SOOK-reh] *v* sweeten

**suksess** [sewk-SAY] *c* success

**sult** [sewlt] *c* hunger

**sulten** [SEWL-tehn] *adj* hungry

**sum** [sewm] *c* sum; amount

**summere** [sewmm-AY-reh] *v* add

**sump** [sewmp] *c* marsh

**sumpet** [SOOM-peht] *adj* marshy

**sunn** [sewnn] *adj* healthy;
wholesome

**suppeskje** [SEWP-peh-shay] *c*
soupspoon

**suppetallerken** [SEWP-peh-tahll-
ær-kehn] *c* soup-plate

**sur** [sewr] *adj* sour

**surfbrett** [SURRF-brehtt] *nt*
surfboard

**surstoff** [SEWR-stoff] *nt* oxygen

**suvenir** [sew-veh-NEER] *c*
souvenir

**svak** [svark] *adj* weak; feeble

**svakhet** [SVARK-heht] *c* weakness

**svamp** [svahmp] *c* sponge

**svar** [svarr] *nt* reply; answer

**svare** [SVAR-reh] *v* answer; reply

**svart** [svahrt] *adj* black

**svartebørs** [SVAHRT-teh-bursh] *c*
black market

**Sveits** [svayts] Switzerland

**sveitser** [SVAYT-sehr] *c* Swiss

**sveitsisk** [SVAYT-sisk] *adj* Swiss

**svelge** [SVEHL-geh] *v* swallow

**svelle** [SVEHL-leh] *v* swell

**svensk** [svehnsk] *adj* Swedish

**svenske** [SVEHN-skeh] *c* Swede

**sverd** [sværd] *nt* sword

**Sverige** [SVEHR-yeh] *nt* Sweden

**svette** [SVEHT-teh] *c* sweat;
perspiration; *v* sweat ;
perspire

**svigerfar** [SVEE-gehr-farr] *c*
father-in-law

**svigerforeldre** [SVEE-gehr-for-
ehld-ray] *pl* parents-in-law *pl*

**svigerinne** [svi-gehr-IN-neh] *c*
sister-in-law

**svigermor** [SVEE-gehr-moor] *c* (*pl*
~mødre) mother-in-law

**svigersønn** [SVEE-gehr-surnn] *c*
son-in-law

**svik** [sveek] *nt* fraud

**svimmel** [SVIM-mehl] *adj* giddy;
faint; dizzy

**svimmelhet** [SVIM-mehl-heht] *c*
giddiness; vertigo

**svinekjøtt** [SVEE-neh-khurtt] *nt*
pork

**svinelær** [SVEE-neh-læær] *nt*
pigskin

**sving** [sving] *c* turning; turn

**svinge** [SVING-eh] *v* swing

**sviske** [SVIS-keh] *c* prune

**svoger** [SVO-gehr] *c* brother-in-
law

**svulst** [svewlst] *c* tumour

**svær** [svæær] *adj* huge; bulky

**svømme** [SVURM-meh] *v* swim

**svømmebasseng** [SVURM-meh-
bahss-ehng] *nt* swimming pool

**svømmer** [SVURM-mehr] *c*

swimmer

**svømming** [SVURM-ming] *c*
swimming

**sy** [sew] *v* sew

**sy på** [sew po] *v* sew on

**syk** [sewk] *adj* sick; ill

**sykdom** [SEWK-dom] *c* illness;
sickness; disease

**sykehus** [SEW-keh-hews] *nt*
hospital

**sykepleierske** [SEW-keh-play-
ehr-skeh] *c* nurse

**sykestue** [SEW-keh-stew-eh] *c*
infirmary

**sykkel** [SEWK-kehl] *c* (*pl* **sykler**)
bicycle

**syklist** [sewk-LIST] *c* cyclist

**syklus** [SEWK-lews] *c* (*pl* **sykler**)
cycle

**sylinder** [sew-LIN-dehr] *c*
cylinder

**symaskin** [SEW-mah-sheen] *c*
sewing-machine

**symfoni** [sewm-foo-NEE] *c*
symphony

**symptom** [sewmp-TOOM] *nt*
symptom

**syn** [sewn] *nt* sight; outlook

**synagoge** [sew-nah-GOO-geh] *c*
synagogue

**synd** [sewn] *c* pity

**synes** [SEW-nehs] *v* think; seem

\* **synge** [SEWNG-eh] *v* sing

\* **synke** [SEWN-keh] *v* sink

**synlig** [SEWN-lig] *adj* visible

**synonym** [sew-noo-NEWM] *nt*
synonym

**syntetisk** [sewn-TAY-tisk] *adj*
synthetic

**system** [sews-TAYM] *nt* system

**systematisk** [sews-teh-MAR-tisk]
*adj* systematic

**sytten** [SEWTT-ehn] *adj* seventeen

**syttende** [SEWTT-ehn-deh] *adj*
seventeenth

**sytti** [SEWT-ti] *adj* seventy

**syv** [sewv] *adj* seven

**syvende** [SEW-veh-neh] *adj*
seventh

**særskilt** [SÆÆR-shilt] *adv* in
particular

**søke** [SUR-keh] *v* seek

**søker** [SUR-kehr] *c* view-finder

**søle** [SUR-leh] *v* spill; *c* mud

**sølet** [SUR-leht] *adj* muddy

**sølv** [surll] *nt* silver

**sølvaktig** [SURLL-ahk-ti] *adj*
silvery

**sølvsmed** [SURLL-smay] *c*
silversmith

**sølvtøy** [SURLL-turi] *nt* silverware

**søm** [surm] *c* sewing; seam

**sømløs** [SURM-lurs] *adj* seamless

**søndag** [SURN-dahg] *c* Sunday

**sønn** [surnn] *c* son

**sønnedatter** [SURN-neh-daht-
tehr] granddaughter

**sønnesønn** [SURN-neh-surnn] *c*
grandson

**søppel** [SURP-pehl] *nt* garbage

**sør** [surr] *c* south

**Sør-Afrika** [SURR-ahf-ri-kah] *nt*
South Africa

**sørge for** [SURR-geh for] *v* see to

**sørlig** [SURR-lig] *adj* southern

**sørover** [SURR-ov-ehr] *adv*
southwards

**sørvest** [surr-VEHST] *c* south-west

**sørøst** [surr-URST] *c* south-east

**søster** [SURS-tehr] *c* (*pl* **søstre**)
sister

**søt** [surt] *adj* sweet

**søtsaker** [SURT-sah-kehr] *pl*
sweets *pl*; candy

**søvn** [survn] *c* sleep

**søvnig** [SURV-nig] *adj* sleepy

**søvnløshet** [SURVN-lurs-heht] *c*
insomnia

**søyle** [SURI-leh] *c* column

**så** [saw] *conj* so that; so; *adv* so; then; *v* sow

**så snart som** [so snarrt som] as soon as

**såkalt** [SAW-kahlt] *adj* so-called

**såle** [SAW-leh] *c* sole

**såpe** [SAW-peh] *c* soap

**såpepulver** [SAW-peh-pewl-vehr] *nt* soap powder

**sår** [sawr] *adj* sore; *nt* wound; ulcer

**såre** [SAW-reh] *v* wound

* **ta** [tar] *v* take

* **ta bort** [tah boort] *v* take away

* **ta eksamen** [tah ehks-AR-mehn] *v* graduate

* **ta en pause** [tar ayn POW-seh] *v* pause

* **ta feil** [tar fayl] *v* mistake

* **ta hånd om** [tah honn om] *v* attend

* **ta i besittelse** [tar i bay-SITT-ehl-seh] *v* occupy

* **ta ille opp** [tar IL-leh op] *v* resent

* **ta med ut** [tah meh EWT] *v* take out

* **ta opp** [tar opp] *v* pick up

* **ta på** [tar paw] *v* put on

* **ta seg av** [tar say arv] *v* deal with

* **ta seg i vare** [tar say i-VAR-reh] *v* beware

* **ta solbad** [tah SOOL-bahd] *v* sunbathe

* **ta ut** [tah ewt] *v* take out

* **ta vare på** [tah VAR-reh po] *v* take care of

**tabell** [tah-BEHLL] *c* table

**tablett** [tah-BLEHTT] *c* tablet

**tak** [tark] *nt* roof; ceiling

**takk** [tahkk] *c* thanks *pl*

**takke** [TAHK-keh] *v* thank

**takknemlig** [tahkk-NEHM-lig] *adj* thankful; grateful

**takknemlighet** [tahk-NEHM-lig-heht] *c* gratitude

**taksameter** [tahk-sah-MAY-tehr] *nt* taximeter

**taksere** [tahk-SAY-reh] *v* price

**tale** [TAR-leh] *v* speak; *c* speech

**tale til** [TAR-leh til] *v* address

**talkum** [TAHL-kewm] *nt* talcum powder

**tallerken** [tahl-LEHR-kehn] *c* plate; dish

**tallrik** [TAHLL-reek] *adj* numerous

**tallskive** [TAHLL-shi-veh] *c* dial

**talong** [tah-LONG] *c* counterfoil; stub

**tam** [tahm] *adj* tame

**tampong** [tahm-PONG] *c* tampon

**tang** [tahng] *c* (*pl* tenger) tongs *pl*

**tank** [tahnk] *c* tank

**tankbåt** [TAHNK-bawt] *c* tanker

**tankefull** [TAHNG-keh-fewll] *adj* thoughtful

**tann** [tahnn] *c* (*pl* tenner) tooth

**tannbørste** [TAHNN-burrsh-teh] *c* toothbrush

**tannkjøtt** [TAHNN-khurtt] *nt* gum

**tannkrem** [TAHNN-kraym] *c* toothpaste

**tannlege** [TAHNN-leh-geh] *c* dentist

**tannpine** [TAHNN-pee-neh] *c* toothache

**tannpirker** [TAHNN-pir-kehr] *c* toothpick

**tannprotese** [TAHNN-proo-tay-seh] *c* denture

**tannpulver** [TAHNN-pewl-vehr] *nt* tooth-powder

**tante** [TAHN-teh] *c* aunt

**tap** [tarp] *nt* loss
**tape** [tayp] *c* scotch tape
**tariff** [tah-RIFF] *c* tariff
**tarm** [tahrm] *c* intestine
**taus** [tows] *adj* silent
**te** [tay] *c* tea
**teater** [teh-AR-tehr] *nt* theatre
**teglstein** [TEHGL-stayn] *c* brick
**tegn** [tayn] *nt* sign; indication
**tegne** [TAY-neh] *v* draw
**tegnestift** [TAY-neh-stift] *c* drawing pin; thumbtack
**tegning** [TAY-ning] *c* drawing
**tekanne** [TAY-kahn-neh] *c* teapot
**tekniker** [TEHK-ni-kehr] *c* technician
**teknikk** [tehk-NIKK] *c* technique
**teknisk** [TEHK-nisk] *adj* technical
**tekopp** [TAY-kopp] *c* teacup
**tekst** [tehkst] *c* text
**tekstil** [tehk-STEEL] *c* textile
**telefon** [teh-leh-FOON] *c* telephone; phone
**telefondame** [teh-leh-FOON-dah-meh] *c* telephonist; telephone operator
**telefonkatalog** [teh-leh-FOON-kah-tah-log] *c* telephone book; telephone directory
**telefonkiosk** [teh-leh-FOON-khosk] *c* telephone booth
**telefonoppringning** [teh-leh-FOON-opp-ring-ning] *c* telephone call
**telefonrør** [teh-leh-FOON-rurr] *nt* receiver
**telefonsentral** [teh-leh-FWIN-sehn-trarl] *c* exchange
**telegrafere** [teh-leh-grah-FAY-reh] *v* telegraph; cable
**telegram** [teh-leh-GRAHMM] *nt* cable; telegram
**teleobjektiv** [TAY-leh-ob-yehk-tiv] *nt* telephoto lens *pl*

*** telle** [TEHL-leh] *v* count
**telt** [tehlt] *nt* tent
**tempel** [TEHM-pehl] *nt* temple
**temperatur** [tehm-peh-rah-TEWR] *c* temperature
**tenke over** [TEHNG-keh AW-vehr] *v* think over
**tenke på** [TEHNG-keh po] *v* think of; think about
**tenker** [TEHNG-kehr] *c* thinker
**tenkning** [TEHNGK-ning] *c* thought
**tenne** [TEHN-neh] *v* light
**tenning** [TEHN-ning] *c* ignition
**tennis** [TEHN-is] *c* tennis
**tennisbane** [TEHNN-is-bah-neh] *c* tennis court; court
**tennissko** [TEHN-nis-skoo] *pl* sneakers *pl*
**tennmagnet** [TEHNN-mahng-NAYT] *c* magneto
**tennplugg** [TEHNN-plewgg] *c* sparking-plug
**tenåring** [TAYN-aw-ring] *c* teenager
**teori** [teh-oo-RI] *c* theory
**teppe** [TEHP-peh] *nt* blanket
**terapi** [teh-rah-PEE] *c* therapy
**termometer** [tehr-moo-MAY-tehr] *nt* thermometer
**termosflaske** [TEHR-moos-flahs-keh] *c* thermos; vacuum flask
**terning** [TÆÆR-ning] *c* cube; dice
**terpentin** [tær-pehn-TEEN] *c* turpentine
**terrasse** [tehrr-AHS-seh] *c* terrace
**terylen** [teh-rew-LAYN] *c* Terylene
**tesalong** [TAY-sah-long] *c* tea-shop
**teservise** [TAY-sehr-vi-seh] *nt* tea-set
**teskje** [TAY-shay] *c* teaspoonful;

teaspoon

**testamente** [tehs-tah-MEHN-teh] *nt* will

**tett** [tehtt] *adj* dense

**tettpakket** [TEHTT-pahk-keht] *adj* crowded

**tevling** [TEHV-ling] *c* contest

**ti** [tee] *adj* ten

**tid** [teed] *c* time

**tidevann** [TEE-deh-vahnn] *nt* tide

**tidlig** [TEE-lig] *adv* early; *adj* early

**tidligere** [TEED-li-geh-reh] *adj* former; previous; past; *adv* formerly; before

**tidsskrift** [TITS-skrift] *nt* periodical; magazine; journal; review

**tie** [TEE-eh] *v* keep quiet

**tiende** [TEE-ehn-deh] *adj* tenth

* **tigge** [TIG-geh] *v* beg

**tigger** [TIG-gehr] *c* beggar

**til** [till] *conj* till; *prep* till; to

**til eksempel** [til ehks-EHM-pehl] for example; for instance

**til enhver tid** [til ehn-VÆÆR teed] at any time

**til fots** [til foots] on foot; walking

**til leie** [til LAY-eh] for hire

**til salgs** [til sahlgs] for sale

**til side** [til SEE-deh] *adv* aside

**til siden** [til SEE-dehn] *adv* sideways

**til å begynne med** [til o beh-YEWN-neh meh] at first

**tilbake** [til-BAR-keh] *adv* back

**tilbakebetale** [til-BAR-keh-beh-tar-leh] *v* repay; refund

**tilbakebetaling** [til-BAR-keh-beh-TAR-ling] *c* refund; repayment

**tilbakeflyvning** [til-BAR-keh-flewv-ning] *c* return flight

**tilbakekomst** [til-BAR-keh-komst] *c* return

**tilbakereise** [til-BAR-keh-ray-seh] *c* return journey

**tilbakeslag** [til-BAR-keh-shlarg] *nt* reverse

**tilbakevise** [til-BAR-keh-vi-seh] *v* reject

* **tilbe** [TIL-beh] *v* worship

**tilbehør** [TIL-beh-hurr] *nt* equipment; accessories *pl*

* **tilbringe** [TIL-bring-eh] *v* spend

**tilbud** [TIL-bewd] *nt* offer

* **tilby** [TIL-bew] *v* offer

**tilfeldig** [til-FEHLL-dig] *adj* accidental; incidental

**tilfeldigvis** [til-FEHL-dig-vis] *adv* by chance

**tilfelle** [TIL-fehl-leh] *nt* chance; case

**tilfreds** [til-FREHDS] *adj* satisfied; content

**tilfredsstille** [TIL-frehds-stil-leh] *v* satisfy

**tilfredsstillelse** [TIL-frehts-stil-ehl-seh] *c* satisfaction

**tilgang** [TIL-gahng] *c* access

* **tilgi** [TIL-yee] *v* forgive

**tilgivelse** [TIL-yee-vehl-seh] *c* pardon

**tilgjengelig** [til-YEHNG-eh-lig] *adj* available

**tilhøre** [TIL-hur-reh] *v* belong

**tillaget** [TIL-lahg-eht] *adj* cooked

* **tillate** [TIL-lah-teh] *v* allow; permit

**tillatelse** [til-LAR-tehl-seh] *c* permit; licence

**tillatt** [TIL-lahtt] *adj* allowed

**tillegg** [TIL-lehgg] *nt* extras *pl*; surcharge

**tilleggsavgift** [TIL-lehggs-ahv-yift] *c* cover charge

**tillit** [TIL-lit] *c* trust

**tillitsfull** [TIL-lits-fewll] *adj*

confident

**tilnærmelsesvis** [til-NÆR-mehl-sehs-vis] *adv* approximately

**tilpasse** [TIL-pahs-seh] *v* adjust

**tilsiktet** [TIL-sik-teht] *adj* intentional

**tilskuer** [TIL-skew-ehr] *c* spectator

**tilslutte** [TIL-slewt-teh] *v* plug in

**tilstand** [TIL-stahnn] *c* state

**tilstedeværende** [til-STAY-deh-væe-reh-neh] *adj* present

**tilstrekkelig** [til-STREHK-keh-lig] *adj* enough; sufficient; adequate

**tilståelse** [TIL-sto-ehl-seh] *c* confession

**tilsvarende** [TIL-svahr-ehn-deh] *adj* equivalent

* **tiltrekke** [TIL-trehk-keh] *v* attract

**tiltrekkende** [TIL-trehkk-ehn-deh] *adj* attractive

**tiltrekning** [TIL-trehk-ning] *c* attraction

**time** [TEE-meh] *c* hour

**timetabell** [TI-meh-tah-behll] *c* timetable; schedule

**timian** [TEE-mi-ahn] *c* thyme

**tinde** [TIN-neh] *c* peak

**ting** [ting] *c* thing

**tingest** [tingst] *c* gadget

**tinn** [tinn] *nt* pewter

**tinnfolie** [TINN-foo-li-eh] *c* tinfoil

**tirsdag** [TEERS-dahg] *c* Tuesday

**tittel** [TITT-ehl] *c* (*pl* titler) title

**tjene** [TYAY-neh] *v* earn; serve

**tjener** [TYAY-nehr] *c* servant; valet

**tjeneste** [TYAY-nehs-teh] *c* favour

**to** [too] *adv* two

**to ganger** [too GAHNG-ehr] *adv* twice

**toalett** [too-ah-LEHTT] *nt* toilet;

wash-room; lavatory

**toalettpapir** [too-ah-LEHTT-pah-pir] *nt* toilet-paper

**toalettsaker** [too-ah-LEHTT-sar-kehr] *pl* toiletry

**toalettveske** [too-ah-LEHTT-vehs-keh] *c* toilet-case

**tobakk** [too-BAHKK] *c* tobacco

**tobakkshandler** [too-BAHKKs-hahn-dlayr] *c* tobacconist

**tobakkspung** [too-BAHKKs-poong] *c* tobacco pouch

**todelt** [TOO-dehlt] *adj* two-piece

**todelt kjørebane** [TOO-dehlt KHUR-reh-bar-neh] *c* dual carriage-way

**tog** [tawg] *nt* train

**tolk** [tolk] *c* interpreter

**tolke** [TOL-keh] *v* interpret

**toll** [toll] *c* duty; Customs *pl*

**tollavgift** [TOLL-ahv-yift] *c* Customs duty

**tolldeklarasjon** [TOLL-deh-klah-rah-SYOON] *c* declaration

**tollfri** [TOLL-fri] *adj* duty-free

**tollinspektør** [TOLL-in-spehk-turr] *c* Customs officer

**tollkammer** [TOLL-kahm-mehr] *nt* Customs house

**tollkontroll** [TOLL-koon-troall] *c* Customs examination

**tollpliktig** [TOLL-plik-tig] *adj* dutiable

**tolv** [toll] *adj* twelve

**tolvte** [TOLF-teh] *adj* twelfth

**tom** [toom] *adj* empty

**tomat** [too-MART] *c* tomato

**tommelfinger** [TOMM-ehl-fing-ehr] *c* (*pl* ~fingrer) thumb

**tone** [TOO-neh] *c* tone

**tonn** [tonn] *nt* ton

**topp** [topp] *c* top; summit; peak

**torden-** [TOOR-dehn] *pref* thundery

**torden** [TOOR-dehn] c thunder

**tordenvær** [TOOR-dehn-væær] nt thunderstorm

**torn** [toorn] c thorn

**torsdag** [TAWRS-dahg] c Thursday

**torsk** [torshk] c cod

**torv** [torv] nt market place

**total** [too-TARL] adj total

**totalisator** [too-tah-li-SAR-toor] c totalizator; betting office

**totalsum** [too-TARL-sewm] c total

**tradisjon** [trah-di-SHOON] c tradition

**tradisjonell** [trah-di-shoo-NEHLL] adj traditional

**trafikk** [trah-FIKK] c traffic

**trafikklys** [trah-FIKK-lews] nt traffic light

**trafikkork** [trah-FIK-kork] c traffic jam; jam

**tragedie** [trah-GAY-dieh] c tragedy

**tragisk** [TRAR-gisk] adj tragic

**trailer** [TRIGH-lehr] c trailer

**trakt** [trahkt] c funnel; locality

**traktor** [TRAHK-toor] c tractor

**trang** [trahng] adj narrow; close

**transaksjon** [trahns-ahk-SHOON] c transaction

**transatlantisk** [TRAHNS-aht-lahnt-isk] adj transatlantic

**transformator** [trahns-for-MAR-toor] c transformer

**transistor** [trahn-SIS-toor] c transistor

**transport** [trahns-PORT] c transportation

**transportabel** [trahns-por-TAR-behll] adj portable

**transportere** [trahns-poort-AY-reh] v transport

**trapp** [trahpp] c stairs pl; staircase

**trass i** [trahss i] prep in spite of; in spite of

**travel** [TRAR-vehl] adj busy

**travelhet** [TRAR-vehl-heht] c bustle

**tre** [tray] nt (pl trær) tree; wood; adj three; v thread

**tre-** [tray] pref wooden

**tre fjerdedels** [treh FYÆR-deh-dehls] adj three-quarter

**tredje** [TRAY-dyeh] adj third

**trekant** [TRAY-kahnt] c triangle

**trekantet** [TRAY-kahn-teht] adj triangular

**trekk** [trehkk] c draught

* **trekke** [TREHK-keh] v draw; pull

* **trekke fra** [TREHK-keh frar] v deduct; subtract

* **trekke opp** [TREHK-keh opp] v uncork

* **trekke tilbake** [TREHK-keh til-BAR-keh] v withdraw

* **trekke ut** [TREHK-keh ewt] v extract

**trekning** [TREHK-ning] c draw

**trekull** [TRAY-kewll] nt charcoal

**trene** [TRAY-neh] v train

**trening** [TRAY-ning] c training

**trett** [trehtt] adj tired

**trette** [TREHT-teh] v quarrel; argue; c quarrel; row; argument

**tretten** [TREHTT-ehn] adj thirteen

**trettende** [TREHTT-ehn-deh] adj thirteenth; tiring

**tretti** [TREHT-ti] adj thirty

**trettiende** [TREHT-ti-ehn-deh] adj thirtieth

**tribune** [tri-BEW-neh] c stand

**trikot** [tri-KOO] c tights pl

**trikotasje** [tri-koo-TAR-sheh] c hosiery

**trinn** [trinn] nt step

**trist** [trist] adj sad

**triumf** [tri-EWMF] c triumph

**triumferende** [tri-ewmf-AYR-ehn-deh] *adj* triumphant

**tro** [trwi] *c* faith; belief; *v* believe

**trofast** [TROO-fahst] *adj* faithful

**trolleybuss** [TROL-lay-bewss] *c* trolley-bus

**tropene** [TROO-peh-neh] *pl* tropics *pl*

**tropisk** [TROO-pisk] *adj* tropical

**tropper** [TROP-pehr] *pl* troops *pl*

**tross** [tros] *prep* despite

**true** [TREW-eh] *v* threaten

**truende** [TREW-ehn-deh] *adj* threatening

**trumf** [troomf] *c* trump

**trusel** [TREWSS-ehl] *c* thread

**truser** [TREW-sehr] *pl* briefs *pl*

**trykk** [trewk] *nt* print; pressure

**trykke** [TREWK-keh] *v* press; print

**trykkende** [TREWK-keh-neh] *adj* stuffy

*** trå** [traw] *v* step

**tråd** [traw] *c* thread

**tuberkulose** [tew-behr-kew-LOO-seh] *c* tuberculosis

**tunfisk** [TEWN-fisk] *c* tuna

**tung** [tewng] *adj* heavy

**tunge** [TOONG-eh] *c* tongue

**tungnem** [TOONG-nehm] *adj* slow

**tunika** [TEW-ni-kah] *c* tunic

**tunnel** [TEWNN-ehl] *c* tunnel

**tur** [tewr] *c* trip

**turbin** [tewr-BEEN] *c* turbine

**turbojet** [TEWR-boo-yeht] *c* turbojet

**turisme** [tewr-IS-meh] *c* tourism

**turist** [tew-RIST] *c* tourist

**turistklasse** [tew-RIST-klahs-seh] *c* tourist class

**turistkontor** [tew-RIST-koon-toor] *nt* tourist office

**turner** [TEWR-nehr] *c* gymnast

**turnsko** [TEWRN-skoo] *pl* gym shoes *pl*

**tur-retur** [TEWR-reh-TEWR] *c* round trip

**tur-returbillet** [TEWR-reh-TEWR-bil-eht] *c* return ticket

**tusen** [TEW-sehn] *adj* thousand

**tut** [tewt] *c* nozzle

**tute** [TEW-teh] *v* hoot

**tvile** [TVEE-leh] *v* doubt

**tvilling** [TVILL-ing] *c* twins *pl*

**tvilsom** [TVEEL-som] *adj* doubtful

*** tvinge** [TVING-eh] *v* compel; force

**tweed** [tveed] *c* tweed

**tydelig** [TEW-deh-lig] *adj* evident

**tygge** [TEWG-geh] *v* chew

**tyggegummi** [TEWG-gay-gewm-mi] *c* chewing gum; gum

**tykk** [tewkk] *adj* thick; fat

**tykkelse** [TEWKK-ehl-seh] *c* thickness

**tynn** [tewn] *adj* thin; sheer

**type** [TEW-peh] *c* type

**typisk** [TEW-pisk] *adj* typical

**tyr** [tewr] *c* bull

**tyrefektning** [TEW-reh-fehkt-ning] *c* bullfight

**tyrefektningsarena** [TEW-reh-fehkt-nings-ah-RAY-nah] *c* bull-ring

**tyrker** [TEWR-kehr] *c* Turk

**Tyrkia** [TEWR-ki-ah] *nt* Turkey

**tyrkisk** [TEWR-kisk] *adj* Turkish

**tysk** [tewsk] *adj* German

**tysker** [TEWS-kehr] *c* German

**Tyskland** [TEWSK-lahnn] *nt* Germany

**tyv** [tewv] *c* thief

**tyve** [TEW-veh] *adj* twenty

**tyvende** [TEWV-ehn-deh] *adj* twentieth

**tyveri** [tew-veh-REE] *nt* theft

**tøffel** [TURF-fehl] *c* (*pl* tøfler) slipper

**tømmer** [TURM-mehr] *nt* timber

**tønne** [TURN-neh] *c* barrel

**tørke** [TURR-keh] *c* drought; *v* wipe

**tørket** [TURR-keht] *adj* dried

**tørr** [turrr] *adj* dry

**tørre** [TURR-reh] *v* dry

**tørreapparat** [TURR-reh-ahp-pah-raht] *c* dryer

**tørrense** [TURR-rehn-seh] *v* dry-clean

**tørrmelk** [TURRR-mehlk] *c* powdered milk

**tørst** [turrsht] *c* thirst; *adj* thirsty

**tøvær** [TUR-væær] *nt* thaw

**tøy** [turi] *nt* cloth

**tøye ut** [TURI-eh ewt] *v* stretch

**tøyle** [TURI-leh] *v* curb

**tå** [taw] *c* (*pl* tær) toe

**tåke** [TAW-keh] *c* fog

**tåket** [TAWK-eht] *adj* foggy

**tåle** [TAW-leh] *v* bear

**tålmodig** [tol-MOO-dig] *adj* patient

**tålmodighet** [tol-MOO-dig-hayt] *c* patience

**tåpelig** [TAW-peh-lig] *adj* silly; foolish

**tåre** [TAW-reh] *c* tear

**tårn** [tawrn] *nt* tower


**uantakelig** [ew-ahn-TAR-keh-lig] *adj* unacceptable

**uavbrutt** [EW-ahv-brewtt] *adj* continuous

**uavhengighet** [ew-ahv-HAYNG-ig-heht] *c* independence

**ubebodd** [EW-beh-bood] *adj* uninhabited

**ubeboelig** [ew-beh-BOO-eh-lig] *adj* uninhabitable

**ubegrenset** [EW-beh-grehn-seht] *adj* unlimited

**ubehagelig** [ew-beh-HAR-geh-lig]

*adj* unpleasant; disagreeable; awkward

**ubekvem** [EW-beh-kvehmm] *adj* uncomfortable

**ubeleilig** [ew-beh-LAY-lig] *adj* inconvenient

**ubemyndiget** [EW-beh-mewn-di-geht] *adj* unauthorized

**ubeskyttet** [EW-beh-shewtt-eht] *adj* unprotected

**ubestemt** [EW-beh-stehmt] *adj* uncertain; indefinite

**ubetalt** [EW-beh-tahlt] *adj* unpaid

**ubetydelig** [ew-beh-TEW-deh-lig] *adj* insignificant; petty; slight

**ubrukt** [EW-brewkt] *adj* unused

**udannet** [EW-dahnn-eht] *adj* rude

**udugelig** [ew-DEW-eh-li] *adj* inefficient

**uegnet** [EW-ay-neht] *adj* unsuitable

**uerfaren** [EW-ehr-farr-ehn] *adj* inexperienced

**ufaglært** [EW-fahg-lært] *adj* unskilled

**uforberedt** [EW-for-beh-rehtt] *adj* unprepared

**uforklarlig** [ew-for-KLARR-lig] *adj* unaccountable

**uformell** [EW-for-mehll] *adj* informal; casual

**uforskammet** [EW-for-skahm-meht] *adj* impertinent

**uforskammethet** [EW-for-skahm-meht-heht] *c* impertinence

**ufortjent** [EW-for-tyaynt] *adj* unearned

**uframkommelig** [ew-frahm-KOM-meh-lig] *adj* impassable

**ufullkommen** [EW-fewll-kom-mehn] *adj* imperfect

**ufullstendig** [EW-fewll-stehn-dig] *adj* incomplete

**ugift** [EW-yift] *adj* unmarried;

single

**ugjestfri** [EW-yehst-fri] *adj*
inhospitable

**ugras** [EW-grars] *nt* weed

**ugunstig** [EW-gewns-tig] *adj*
unfavourable

**uhelbredelig** [ew-hehl-BRAY-deh-lig] *adj* incurable

**uheldig** [ew-HAYL-dig] *adj*
unfortunate; unlucky;
unsuccessful

**uhell** [EW-hehll] *nt* misfortune

**uhyre** [EW-hew-reh] *adj* vast

**uhøflig** [ew-HURF-lig] *adj*
impolite

**ujevn** [EW-yehvn] *adj* uneven;
rough

**uke** [EW-keh] *c* week

**ukentlig** [EW-kehnt-lig] *adj*
weekly

**ukjent** [EW-khehnt] *adj* unknown

**uklar** [EW-klahr] *adj* indistinct;
dim

**uklok** [EW-klook] *adj* unwise

**uknuselig** [ew-KNEW-seh-li] *adj*
unbreakable

**ukorrekt** [EW-koor-rehkt] *adj*
incorrect

**ukultivert** [EW-kewl-ti-vehrt] *adj*
uncultivated

**ukvalifisert** [EW-kvah-li-fi-sehrt]
*adj* unqualified

**uleilighet** [ew-LAY-lig-heht] *c*
inconvenience

**ulempe** [EW-lehm-peh] *c*
disadvantage; nuisance

**uleselig** [ew-LAY-seh-lig] *adj*
illegible

**ulik** [EW-lik] *adj* unequal

**ulike** [EW-li-keh] *adj* odd

**ull** [ewll] *c* wool

**ull-** [ewll] *pref* woollen

**ulovlig** [ew-LAWV-lig] *adj*
unlawful

**ultrafiolett** [EWLT-rah-fi-oo-lehtt]
*adj* ultra-violet

**ulv** [ewlv] *c* wolf

**ulykke** [EW-lewk-keh] *c* accident

**ulykkelig** [ew-LEWK-keh-lig] *adj*
unhappy

**ulært** [EW-lært. *adj* uneducated

**umake** [EW-mah-keh] *c* pains *pl*

**umoderne** [EW-moo-dær-neh]
*adj* out of date

**umulig** [ew-MEW-lig] *adj*
impossible

**umøblert** [EW-murb-lehrt] *adj*
unfurnished

**unaturlig** [EW-nah-tewr-lig] *adj*
unnatural

**under** [EWN-nehr] *adv*
underneath; beneath; *prep*
under; during; below

**underbukse** [EWN-nehr-book-seh] *c* shorts *pl*

**underbukser** [EWN-nehr-book-sehr] *pl* underpants *pl*; panties
*pl*

**undergrunns-** [EWN-nehr-grewnns] *pref* underground

**undergrunnsbane** [EWN-nehr-grewnns-BAH-neh] *c*
Underground; subway

**underholde seg** [EWN-nehr-hol-leh say] *v* amuse

**underholdende** [ewn-nehr-HOL-dehn-deh] *adj* entertaining

**underholdning** [ewn-nehr-HOLD-ning] *c* entertainment

**underkjole** [EWN-nehr-khoo-leh]
*c* slip

**underkøye** [EWN-nehr-kuri-eh] *c*
lower berth

**underlagskrem** [EWN-nehr-lahgs-krehm] *c* foundation
cream

**underlegen** [EWN-nehr-leh-gehn]
*adj* inferior

**underlig** [EWN-dehr-lig] *adj* queer

**underskudd** [EWN-nehr-skewdd] *nt* deficit

**understreke** [EWN-nehr-stray-keh] *v* underline; emphasize

**understrøm** [EWN-nehr-strurm] *c* undertow

**undersøke** [EWN-nehr-sur-keh] *v* examine

**undersøkelse** [EWN-nehr-surk-ehl-seh] *c* check-up

**undersått** [EWN-nehr-sott] *c* subject

**undertegne** [EWN-nehr-tay-neh] *v* sign

**undertegnet** [EWN-nehr-tay-neht] *adj* undersigned

**undertittel** [EWN-nehr-tit-tehl] *c* (*pl* ~titler) sub-title

**undertrøye** [EWN-nehr-truri-eh] *c* undershirt

**undertøy** [EWN-nehr-turi] *nt* underwear

**undervanns-** [EWN-nehr-vahnns] *pref* underwater

**undervise** [EWN-nehr-vi-seh] *v* instruct; teach

**undervisning** [ewn-nehr-VEES-ning] *c* instruction

**undervurdere** [EWN-nehr-vewr-deh-reh] *v* underestimate

**undre seg** [EWN-dreh say] *v* wonder; marvel

**ung** [oong] *adj* young

**ung gjedde** [ewng YEHD-deh] *c* pickerel

**ungarer** [ewng-GAR-rehr] *c* Hungarian

**Ungarn** [EWNG-gahrn] Hungary

**ungarsk** [ewng-GARRSK] *adj* Hungarian

**ungdom** [oONG-dom] *c* youth

**ungdoms-** [EWNG-doms] *pref* juvenile

**ungdomsherberge** [oONG-doms-hær-bær-geh] *nt* youth hostel

**unge** [oONG-eh] *c* kid

**ungkar** [oONG-karr] *c* bachelor

**uniform** [ewni-FORM] *c* uniform

**univers** [ew-ni-VÆRS] *nt* universe

**universell** [ew-ni-vær-SEHL] *adj* universal

**universitet** [ew-ni-vær-si-TAYT] *nt* university

**universitetslektor** [ew-ni-vær-si-TAYTS-lehk-toor] *c* lecturer

* **unngå** [EWNN-go] *v* avoid

**unnskylde** [EWNN-shewl-leh] *v* excuse

**unnskyldning** [EWNN-shewll-ning] *c* apology

* **unnslippe** [EWNN-shlip-peh] *v* escape

**unntagen** [ewnn-TARG-ehn] *prep* except

**unntak** [EWNN-tahk] *nt* exception

**unnvære** [EWNN-væ-reh] *v* spare

**unyttig** [EW-newt-tig] *adj* useless

**unødvendig** [EW-nurd-vehn-dig] *adj* unnecessary

**unøyaktig** [EW-nuri-ahk-tig] *adj* inexact; inaccurate

**uoppdaget** [EW-opp-dahg-eht] *adj* undiscovered

**uoppriktig** [EW-opp-rik-tig] *adj* insincere

**uordentlig** [EW-or-dehnt-lig] *adj* untidy

**uoverkommelig** [EW-ov-ehr-kom-meh-lig] *adj* prohibitive

**upassende** [EW-pahss-ehn-deh] *adj* improper

**upopulær** [EW-poo-pew-lær] *adj* unpopular

**uproduktiv** [EW-proo-dewk-tiv] *adj* unproductive

**upålitelig** [EW-po-li-teh-lig] *adj* untrustworthy; unreliable

**ur** [ewr] *nt* watch
**uregelmessig** [EW-rehg-ehl-mehs-sig] *adj* irregular
**urett** [EW-rehtt] *c* injustice; wrong; *adj* wrong
**urettferdig** [EW-rehtt-fær-dig] *adj* unfair; unjust
**urimelig** [ew-REE-meh-li] *adj* unreasonable; absurd
**urin** [ew-REEN] *c* urine
**urmaker** [EWR-mah-kehr] *c* watchmaker
**uro** [EW-roo] *c* unrest
**urolig** [ew-ROO-li] *adj* uneasy
**urt** [ewrt] *c* herb
**usann** [ew-sahnn] *adj* untrue
**usannsynlig** [ew-sahnn-SEWN-lig] *adj* unlikely; improbable
**usedvanlig** [ew-sehd-VARN-lig] *adj* exceptional; extraordinary
**uselvisk** [EW-sehll-visk] *adj* unselfish
**usett** [EW-sehtt] *adj* unseen
**usikker** [EW-sikk-ehr] *adj* unsafe
**uskadd** [EW-skahdd] *adj* unhurt
**uskyldig** [ew-SKEWLL-dig] *adj* innocent
**usolgt** [EW-sollt] *adj* unsold
**uspiselig** [ew-SPEE-seh-lig] *adj* inedible
**ustabil** [EW-stah-beel] *adj* unsteady
**usunn** [EW-sewnn] *adj* unsound; unhealthy; insanitary
**usynlig** [ew-SEWN-lig] *adj* invisible
**ut** [ewt] *adv* out
**utad** [EWT-ard] *adv* outwards
**utakknemlig** [EW-tahkk-nehm-lig] *adj* ungrateful
**utbre** [EWT-breh] *v* expand
**utbredt** [EWT-brehtt] *adj* widespread
* **utbryte** [EWT-brew-teh] *v* exclaim

**utdanne** [EWT-dahn-neh] *v* educate
**utdannelse** [EWT-dahn-nehl-seh] *c* education
**ute** [EW-teh] *adv* outdoors
**ute av stand** [EW-teh ahv stahnn] *adj* unable
**ute av stand** [EW-teh arv stahnn] *adj* incapable
**ute av syne** [EW-teh arv SEW-neh] out of sight
**ute av veien** [EW-teh arv VAY-ehn] out of the way
* **utelate** [EW-teh-lar-teh] *v* omit; leave out
**utelukke** [EW-teh-lewk-keh] *v* exclude
**utelukkende** [EW-teh-lewk-kehn-deh] *adj* exclusive
**uten** [EW-tehn] *prep* without
**uten forpliktelser** [EW-tehn for-PLIKT-ehl-sehr] without obligation
**uten sammenligning** [EW-tehn SAHM-mehn-lig-ning] by far
**uten sjåfør** [EW-tehn shah-FURR] *adj* self-drive
**uten tvil** [EW-tehn tveel] without doubt
**utenat** [EW-tehn-aht] *adv* by heart
**utenbords** [EW-tehn-boors] *adj* outboard
**utenfor** [EW-tehn-for] *adv* outside
**utenfor sesongen** [EW-tehn-for seh-SONG-ehn] off season
**utenlands** [EW-tehn-lahnns] *adv* abroad
**utenlandsk** [EW-tehn-lahnsk] *adj* alien; foreign
**utflukt** [EWT-flewkt] *c* excursion
**utforske** [EWT-fosh-keh] *v* explore

utføre [EWT-fur-reh] v perform; carry out

utførlig [ewt-FURR-lig] adj detailed

utgang [EWT-gahng] c exit; way out

utgangspunkt [EWT-gahngs-pewnkt] nt starting point

utgave [EWT-gah-veh] c edition

* utgi [EWT-yi] v publish

utgift [EWT-yift] c expense

utgifter [EWT-yif-tehr] npl expenditure

utgravning [EWT-grarv-ning] c excavation

utilfredsstillende [EW-til-frehds-still-ehn-deh] adj unsatisfactory

utilfredsstilt [EW-til-frehts-stilt] adj dissatisfied

utilgjengelig [ew-til-YEHNG-eh-li] adj inaccessible

utilsiktet [EW-til-sik-teht] adj unintentional

utilstrekkelig [ew-til-STREHK-keh-lig] adj inadequate; insufficient

utkant [EWT-kahnt] c outskirts pl

utkast [EWT-kahst] nt design

utkoble [EWT-kob-leh] v disconnect

utlending [EWT-lehnn-ing] c foreigner

utløp [EWT-lurp] nt expiry

utmattet [EWT-maht-teht] adj exhausted

utmerket [EWT-mær-keht] adj excellent; splendid

utro [EW-troo] adj unfaithful

utrolig [ew-TROA-lig] adj incredible

utrop [EWT-rwp] nt exclamation

utrustning [EWT-roost-ning] c outfit

utsalg [EWT-sahlg] nt sales pl

utseende [EWT-say-ayn-deh] nt appearance; look

* utsette [EWT-seht-teh] v postpone; delay; put off

* utsette for [EWT-seht-teh for] v subject

utsettelse [EWT-sehtt-ehl-seh] c delay

utsikt [EWT-sikt] c view

utskuddsvare [EWT-skewdds-vah-reh] c reject

utslett [EWT-shlehtt] nt rash

utslette [EWT-shleht-teh] v extinguish

utslitt [EWT-shlitt] adj worn-out

utsolgt [EWT-solt] adj sold out

utstikker [EWT-stik-kehr] c pier

utstille [EWT-stil-leh] v show; exhibit

utstilling [EWT-still-ing] c exhibition

utstillingsdukke [EWT-stil-lings-dewk-keh] c mannequin

utstillingslokale [EWT-still-ings-loo-kah-leh] nt showroom

utstillingsvindu [EWT-stil-lings-vin-dew] nt shop-window

utstyr [EWT-stewr] nt kit; gear

utstyre [EWT-stew-reh] v equip

utsøkt [EWT-surkt] adj exquisite

uttale [EWT-tar-leh] v pronounce; c pronunciation

uttale galt [EWT-tar-leh garlt] v mispronounce

uttrekning [EWT-trehk-ning] c extraction

uttrykk [EWT-trewkk] nt expression; term; phrase

uttrykke [EWT-trew-keh] v express

utvalg [EWT-vahlg] nt variety; assortment; selection

utvalgt [EWT-vahlgt] adj select

**utvandre** [EWT-vahn-dreh] *v*
emigrate

**utvide** [EWT-vi-deh] *v* widen

**utvikle** [EWT-vik-leh] *v* develop

**utvikling** [EWT-vik-ling] *c*
development

**utålelig** [ew-TAW-leh-lig] *adj*
unbearable

**utålmodig** [ew-tol-MOO-dig] *adj*
impatient

**uunngåelig** [ew-ewnn-GAW-eh-
lig] *adj* unavoidable

**uunnværlig** [ew-ewnn-VÆÆR-lig]
*adj* essential

**uvanlig** [ew-VARN-lig] *adj*
unusual; uncommon

**uvant** [EW-vahnt] *adj*
unaccustomed

**uvedkommende** [EW-vehd-kom-
mehn-deh] trespasser

**uvel** [EW-vehll] *adj* unwell

**uvelkommen** [EW-vehl-kom-
mehn] *adj* unwelcome

**uvennlig** [EW-vehnn-lig] *adj*
unkind; unfriendly

**uventet** [EW-vehn-teht] *adj*
unexpected

**uviktig** [EW-vik-tig] *adj*
unimportant

**uvillig** [EW-vill-ig] *adj* unwilling

**uvirksom** [ew-VIRK-som] *adj* idle

**uvitende** [ew-VEET-ehn-deh] *adj*
ignorant; unaware

**uærlig** [EW-ær-li] *adj* dishonest;
crooked

**uønsket** [EW-urns-keht] *adj*
undesirable


**vade** [VAR-deh] *v* wade

**vadested** [VAR-deh-stayd] *nt* ford

**vaffel** [VAHF-fehl] *c* (*pl* **vafler**)
waffle

**vaffelkjeks** [VAHF-fehl-khehks] *c*
wafer

**vakanse** [vah-KAHN-seh] *c*
vacancy

**vakker** [VAHK-kehr] *adj* beautiful

**vaksinere** [vahk-si-NAY-reh] *v*
vaccinate; inoculate

**vaksinering** [vahk-si-NAYR-ing] *c*
inoculation; vaccination

**vakt** [vahkt] *c* guard; attendant

**vaktel** [VAHK-tehl] *c* quail

**vaktmann** [VAHKT-mahnn] *c*
warden

**vaktmester** [VAHKT-mehs-tehr] *c*
concierge

**vakuum** [VAR-kewm] *nt* vacuum

**valen** [VAR-lehn] *adj* numb

**valg** [vahlg] *nt* pick; election;
choice

**valgfri** [VAHLG-free] *adj* optional

**valnøtt** [VARL-nurtt] *c* walnut

**vals** [vahls] *c* waltz

**valuta** [vah-LEW-tah] *c* currency

**valutakurs** [vah-LEW-tah-
kewrsh] *c* rate of exchange

**vandre** [VAHN-dreh] *v* wander;
tramp

**vane** [VAR-neh] *c* habit

**vane-** [VAR-neh] *pref* habitual

**vane** [VAR-neh] *c* custom

**vanfør** [VAHN-furr] *adj* invalid

**vanilje** [vahn-IL-yeh] *c* vanilla

**vanlig** [VARN-lig] *adj* customary;
ordinary

**vann** [vahnn] *nt* water

**vannfarge** [VAHNN-fahr-geh] *c*
water-colour

**vannflaske** [VAHNN-flahs-keh] *c*
water-canteen

**vannkopper** [VAHNN-kop-pehr] *pl*
chicken-pox

**vannkran** [VAHNN-krarn] *c* faucet

**vannmelon** [VAHNN-meh-loon] *c*
watermelon

**vannski** [VAHNN-shee] *pl* water

skis *pl*
**vannstoff** [VAHNN-stoff] *nt*
hydrogen
**vanntett** [VAHNN-tehtt] *adj*
waterproof; rainproof
**vannvei** [VAHNN-vay] waterway
**vanskelig** [VAHN-skeh-lig] *adj*
difficult
**vanskelighet** [VAHN-skeh-lig-
heht] *c* difficulty
**vant** [vahnt] *adj* accustomed
**vanvittig** [vahn-VIT-tig] *adj* mad;
insane
**vare** [VAR-reh] *v* last
**varehus** [VAR-reh-hews] *nt*
warehouse; supermarket
**varemagasin** [VAR-reh-mah-gah-
seen] *nt* department store
**varemesse** [VAR-reh-mehs-seh] *c*
fair
**vareopptelling** [VAR-reh-opp-
tehl-ling] *c* inventory
**varer** [VAR-rehr] *pl* wares *pl*;
merchandise
**varevogn** [VAR-reh-vongn] *c*
pick-up; van
**variabel** [vah-ri-AR-behll] *adj*
variable
**variere** [vah-ri-AY-reh] *v* vary
**variert** [vah-ri-AYRT] *adj* varied
**varieté** [vah-ri-eh-TAY] *c* variety
show
**varietéteater** [vah-ri-eh-TAY-teh-
ar-tehr] *nt* variety theatre
**varig** [VARR-ig] *adj* lasting
**varm** [vahrm] *adj* warm
**varme** [VAHR-meh] *c* warmth;
heat; *v* warm
**varme opp** [VAHR-meh opp] *v*
heat
**varmeflaske** [VAHR-meh-flahs-
keh] *c* hot-water bottle
**varmeovn** [VAHR-meh-ovn] *c*
heater

**varmepute** [VAHR-meh-pew-teh]
*c* heating pad
**vase** [VAR-seh] *c* vase
**vaselin** [vah-seh-LEEN] *c* vaseline
**vask** [vahsk] *c* washing; laundry;
sink
**vaskbar** [VAHSK-bahr] *adj*
washable
**vaske** [VAHS-keh] *v* wash
**vaske opp** [VAHS-keh opp] *v* wash
up
**vaskemaskin** [VAHS-keh-mah-
sheen] *c* washing-machine
**vaskepulver** [VAHS-keh-pewl-
vehr] *nt* washing-powder
**vaskeri** [vahs-keh-REE] *nt*
laundry
**vaskestell** [VAHS-keh-stehl] *nt*
wash-stand
**vaskevannsbolle** [VAHS-keh-
vahnns-boal-leh] *c* basin
**vatt** [vahtt] *c* cotton-wool; watt
**vatteppe** [VAHT-tehp-peh] *nt* quilt
**ved siden av** [veh SEE-dehn arv]
*prep* beside; next to
**veddeløp** [VEHD-deh-lurp] *nt* race
**veddeløpsbane** [VEHD-deh-lurps-
bah-neh] *c* racecourse; race-
track; course
**veddeløpshest** [VEHD-deh-lurps-
hehst] *c* racehorse
**veddemål** [VEHD-deh-mawl] *nt*
bet
**veddemålsagent** [VEHD-deh-
mols-ah-GEHNT] *c* bookmaker
**vedlegg** [VAYD-lehgg] *nt*
enclosure
* **vedlegge** [VAYD-lehg-geh] *v*
enclose
**vedlikehold** [vehd-LEE-keh-holl]
*nt* upkeep; maintenance
**vegetarianer** [veh-geh-tah-ri-AR-
nehr] *c* vegetarian
**vegg** [vehgg] *c* wall

**veggedyr** [VEHG-geh-dewr] nt bug

**vei** [vay] c drive; road; way; approach

**veiarbeide** [VAY-ahr-bay-deh] nt road up

**veie** [VAY-eh] v weigh

**veikant** [VAY-kahnt] c wayside; roadside

**veikart** [VAY-kahrt] nt road map

**veikryss** [VAY-krewss] cross-roads

**veiskilt** [VAY-shilt] nt milepost

**veiviser** [VAY-vi-sehr] c signpost

**vekke** [VEHK-keh] v awake; wake

**vekkerklokke** [VEHK-kehr-klok-keh] c alarm clock

**veksel** [VEHK-sehl] c (pl **veksler**) draft

**vekselstrøm** [VEHK-shehl-strurm] c alternating current

**veksle** [VEHK-shleh] v change

**vekselkontor** [VEHK-shleh-koon-toor] nt money exchange; exchange office

**vekslende** [VEHK-shlehn-deh] adj alternate

**vekslepenger** [VEHK-shleh-pehng-ehr] npl change

**vekst** [vehkst] c growth

**vekt** [vehkt] c weight; weighing machine; scales pl

**velferd** [VEHL-færd] c welfare

**\* velge** [VEHL-geh] v elect; choose; pick

**velgjort** [VEHLL-yoort] adj well-made

**velkjent** [VEHL-khehnt] adj familiar

**velkommen** [vehl-KOM-mehn] adj welcome

**velkomst** [vehl-KOMST] c welcome

**vellykket** [VEHL-lewk-keht] adj successful

**veloverveid** [VEHL-ov-ehr-vayd] adj deliberately

**velsigne** [VEHL-SING-neh] v bless

**velsignelse** [vehl-SIG-nehl-seh] c blessing

**velsmakende** [VEHL-smah-kehn-eh] adj savoury; tasty

**velstand** [VEHL-stahn] c prosperity

**velvære** [VEHLL-væ-reh] nt comfort

**vemmelig** [VEHM-meh-lig] adj nasty

**vende** [VEHN-neh] v turn

**vende mot** [VEHN-nay moot] v face

**vende om** [VEHN-neh om] v turn back

**vende tilbake** [VEHN-neh til-BAR-keh] v go back; return

**vendepunkt** [VEHN-neh-pewnkt] nt turning point

**venn** [wehnn] c friend

**vennlig** [VEHNN-lig] adj friendly; kind

**vennskap** [VEHNN-skahp] nt friendship

**venstre** [VEHN-streh] adj left; left-hand

**vente** [VEHNN-teh] v await; expect; wait

**venteliste** [VEHN-teh-lis-teh] c waiting-list

**ventet** [VEHN-teht] adj due

**venteværelse** [VEHN-teh-væ-rehl-seh] nt waiting-room

**ventil** [vehn-TEEL] c valve

**ventilasjon** [vehn-ti-lah-SHOON] c ventilation

**ventilator** [vehn-ti-LAR-toor] c ventilator

**ventilere** [vehn-ti-LAY-reh] v ventilate

**venting** [VEHN-ting] c waiting

**veps** [vehps] *c* wasp

**veranda** [vær-AHN-dah] *c* veranda

**verb** [værb] *nt* verb

**verden** [VÆR-dehn] *c* world

**verdensberømt** [VÆR-dehns-behrurmt] *adj* world famous

**verdenskrig** [VÆR-dehns-kreeg] *c* world war

**verdensomspennende** [VÆRdehns-om-spehn-nehn-deh] *adj* world-wide

**verdensrom** [VÆR-dehns-room] *nt* space

**verdi** [vær-DEE] *c* worth; value

**verdifull** [vehr-DEE-fewll] *adj* valuable; precious

**verdiløs** [vær-DEE-lurs] *adj* worthless

**verdisaker** [vehr-DEE-sah-kehr] *pl* valuables *pl*

\* **verdsette** [VÆRD-seht-teh] *v* appreciate

**verdsettelse** [VÆRD-seht-tehlseh] *c* appreciation

**verk** [værk] *c* ache

**verke** [VÆR-keh] *v* ache

**verken...eller** [VEHR-kehn---ehllehr] neither â.â.â.ânor

**verksted** [VÆRK-stayd] *nt* workshop

**verktøy** [VÆRK-turi] *nt* tool

**verktøykasse** [VÆRK-turi-kahsseh] *c* tool-kit

**vernepliktig** [VÆR-neh-plik-tig] *adj* conscript

**verre** [VÆR-reh] *adv* worse; *adj* worse

**vers** [vær] *nt* verse

**versjon** [vær-SHOON] *c* version

**verst** [værsht] *adj* worst; *adv* worst

**vert** [vært] *c* host; landlord

**vertikal** [vehr-ti-KARL] *adj* vertical

**vertinne** [vært-IN-neh] *c* hostess; landlady

**vertshus** [VÆRTS-hews] *nt* inn; pub; public house; roadhouse

**vertshusholder** [VÆRTS-hewshol-lehr] *c* innkeeper

**vesen** [VAY-sehn] *nt* being

**vest** [vehst] *c* vest; west; waistcoat

**vestibyle** [vehs-ti-BEW-leh] *c* hall; lobby

**Vestindia** [vehst-IN-di-ah] *nt* West Indies *pl*

**vestlig** [VEHST-lig] *adj* western

**vestover** [VEHST-o-vehr] *adv* westwards

**veve** [VAY-veh] *v* weave; weaver

**vi** [vee] *pron* we

**via** [VEE-ah] *prep* via

**viadukt** [vi-ah-DEWKT] *c* viaduct

**vibrasjon** [vi-brah-SHOON] *c* vibration

**vibrere** [vi-BRAY-reh] *v* vibrate

**vid** [vee] *adj* wide

**vidde** [VID-deh] *c* width

**videre** [VEE-deh-reh] *adj* further

**vidunder** [vi-DOON-dehr] *nt* marvel

**vidunderlig** [vi-DOON-dehr-lig] *adj* marvellous; wonderful

**vie** [VEE-eh] *v* devote

**vielsesring** [VEE-ehl-sehs-ring] *c* wedding ring

**vifte** [VIF-teh] *c* fan

**vifterem** [VIF-teh-rehm] *c* fanbelt

**vik** [veek] *c* inlet

**vikle** [VIK-leh] *v* wind

**viktig** [vik-tig] *adj* important

**vilje** [VIL-yeh] *c* will

**vilkår** [VIL-kor] *pl* terms *pl*; *nt* condition

**vill** [vill] *adj* savage; wild; fierce

**villa** [VIL-lah] *c* villa

**\*ville** [VIL-leh] *v* will

**villig** [VIL-lig] *adj* willing

**vilt** [vilt] *nt* game

**vin** [veen] *c* wine

**vind** [vinn] *c* wind

**vindmølle** [VINN-murl-leh] *c* windmill

**vindstøt** [VINN-sturt] *nt* gust

**vindu** [VIN-dew] *nt* window

**vinflaske** [VEEN-flahs-keh] *c* wine bottle

**vinge** [VING-eh] *c* wing

**vinglass** [VEEN-glahss] *nt* wineglass

**vingård** [VEEN-gawr] *c* vineyard

**vinhandler** [VEEN-hahnd-lehr] *c* wine-merchant

**vinkart** [VEEN-kahrt] *nt* wine-list

**vinke** [VIN-keh] *v* wave

**vinkjeller** [VEEN-khehl-lehr] *c* wine-cellar

**vinmonopol** [VEEN-moo-noo-pool] *nt* off-licence

**\*vinne** [VIN-neh] *v* win

**vinnende** [VIN-nehn-eh] *adj* winning

**vinner** [VIN-nehr] *c* winner

**vinranke** [VEEN-rahng-keh] *c* vine

**vinter** [VIN-tehr] *c* winter

**vinterlig** [VIN-tehr-lig] *adj* wintry

**vintersport** [VIN-tehr-spoort] *c* winter sports *pl*

**virke** [VIR-keh] *v* work; operate

**virkelig** [VIR-keh-lig] *adj* actual; real; *adv* really

**virkning** [VIRK-ning] *c* effect

**virksom** [VIRK-som] *adj* efficient

**visdom** [VEES-dom] *c* wisdom

**vise** [VEE-seh] *v* display; show; point

**vise seg** [VEE-seh say] *v* appear

**visepresident** [VEE-seh-preh-si-dehnt] *c* vice-president

**visitt** [vi-SITT] *c* call

**visittkort** [vi-SITT-kort] *nt* card; visiting card

**viskelær** [VIS-keh-læær] *nt* eraser; rubber

**vispe** [VIS-peh] *v* whip

**visum** [VEE-sewm] *nt* visa

**vitamin** [vi-tah-MEEN] *nt* vitamin

**\*vite** [VEE-teh] *v* know

**vitenskap** [VEE-tehn-skahp] *c* science

**vitenskapelig** [vi-tehn-SKAR-peh-lig] *adj* scientific

**vitenskapsmann** [VEE-tehn-skahps-mahnn] *c* (*pl* ~**menn**) scientist

**vitne** [VIT-neh] *nt* witness

**vittig** [VIT-tig] *adj* witty

**vogn** [vongn] *c* wagon

**vokabular** [voo-kah-bew-LARR] *nt* vocabulary

**vokal** [VOO-KARL] *c* vowel

**voks** [voks] *c* wax

**vokse** [VOK-seh] *v* grow

**voksen** [VOK-sehn] *adj* grown-up; adult; *c* adult

**vokskabinett** [VOKS-kah-bi-nehtt] *nt* waxworks *pl*

**vold** [voll] *c* violence

**voldsom** [VOLL-som] *adj* violent

**voll** [voll] *c* embankment

**volt** [volt] *c* volt

**votter** [VOT-tehr] *pl* mittens *pl*

**vrak** [vrark] *nt* wreck

**vrikk** [vrikk] *nt* sprain

**vrikke** [VRIK-keh] *v* sprain

**vugge** [VEWG-geh] *c* cradle

**vulgær** [vewl-GÆÆR] *adj* vulgar

**vulkan** [vewl-KARN] *c* volcano

**vurdere** [vewr-DAY-reh] *v* value; evaluate; estimate

**vurdering** [vewr-DAY-ring] *c* estimate

**vær** [væær] *nt* weather
* **være** [VÆÆ-reh] *v* be
* **være av betydning** [VÆÆ-reh arv bay-TEWD-ning] *v* matter
* **være enig** [VÆÆ-ray AY-ni] *v* agree
* **være forskjellig** [VÆÆ-reh for-SHEHL-lig] *v* differ
* **være til stede ved** [VÆÆ-reh til STAY-deh veh] *v* attend
**være tilbøyelig til** [VÆÆ-reh til-BURI-eh-li til] *v* tend
* **være tilstrekkelig** [VÆÆ-reh til-STREHK-keh-li] *v* suffice
* **være uenig** [VÆÆ-reh ew-AYN-ig] *v* disagree
* **være umaken verd** [VÆÆ-reh EW-mah-kehn værd] *v* worthwhile (be)
' **være vant til** [VÆÆ-reh vahnt till] *v* used to (be)
* **være verd** [VÆÆ-reh værd] *v* worth (be)
**værelse** [VÆÆ-rehl-seh] *nt* room
**værelsesbetjening** [VÆÆ-rehl-sehs-beh-TYAY-ning] *c* room service
**værelsespike** [VÆR-ehl-sehs-pi-keh] *c* chambermaid
**værmelding** [VÆÆR-mehll-ing] *c* weather report
**væske** [VÆS-keh] *c* fluid
**våge** [VAW-geh] *v* dare
**våken** [VAW-kehn] *adj* awake
**våkne** [VAWK-neh] *v* wake up
**våningshus** [VO-nings-hews] *nt* farmhouse
**våpen** [VAW-pehn] *nt* weapon; arms *pl*
**vår** [vawr] *adj* (*pl* **våre**) our; *c* spring
**våre** [VAW-reh] *adj* (→ **vår**)
**vårt** [vort] *adj* (→ **vår**)
**vårtid** [VOR-tid] *c* springtime

**våt** [vawt] *adj* wet

**week-end** [VEEK-ehnn] weekend

**yacht** [yawt] yacht
**ydmyk** [EWD-mewk] *adj* humble
**yndig** [EWNN-dig] *adj* lovely
**yndling** [EWN-dling] *c* favourite
**ypperlig** [EWPP-ehr-lig] *adj* superlative
**yrke** [EWR-keh] *nt* business; trade
**ytre** [EWT-reh] *adj* exterior
**ytterfrakk** [EWT-tehr-frahkk] *c* overcoat
**ytterliggående** [EWT-tehr-li-go-ehn-deh] *adj* extreme
**ytterst** [EWT-ehrsht] *adj* utmost

**zoologi** [soo-oo-loo-GEE] *c* zoology
**zoologisk hage** [soo-oo-LAW-gisk HAR-geh] *c* zoo; zoological gardens *pl*
**zoom-linse** [SOOM-lin-seh] *c* zoom lens *pl*

**ærbødig** [ær-BUR-dig] *adj* respectful
**ære** [ÆÆ-reh] *c* honour
**ærede** [ÆÆ-reh-deh] *adj* honorable
**ærend** [ÆR-ehnd] *nt* errand
**ærgjerrig** [ær-YÆRR-ig] *adj* ambitious
**ærlig** [ÆÆR-li] *adj* honest; *adv* honestly
**ærlighet** [ÆÆR-lig-heht] *c* honesty

* **ødelegge** [UR-deh-lehg-geh] v
wreck; ruin; destroy; spoil
**ødeleggelse** [UR-deh-lehgg-ehl-
seh] c destruction
**ødsel** [URD-sehl] adj wasteful
**øiebrynsstift** [URI-eh-brewns-
stift] c eye-pencil
**øke** [UR-keh] v increase
**øke farten** [UR-keh FAHR-tehn] v
accelerate
**økning** [URK-ning] c increase
**økonom** [ur-koo-NOOM] c
economist
**økonomi** [ur-koo-noo-MEE] c
economy
**økonomisk** [ur-koo-NOO-misk]
adj economical; economic
**øks** [urks] c axe
**ømt sted** [urmt stayd] nt sore
**ønske** [URN-skeh] v desire; want;
wish; nt wish
**ønskelig** [URN-skeh-lig] adj
desirable
**øre** [UR-reh] nt ear
**øredobber** [UR-reh-dob-behr] pl
earrings
**ørepropp** [UR-reh-propp] c
earplug
**øreverk** [URREH-værk] c earache
**ørken** [URR-kehn] c desert
**ørret** [URRR-eht] c trout
**øsregn** [URS-rayn] nt downpour
**øst** [urst] c east
**Østerrike** [URST-ehr-ri-keh] nt
Austria
**østerriker** [URS-tehr-ri-kehr] c
Austrian
**østerriksk** [URST-ehr-riksk] adj
Austrian
**østers** [URS-tehrs] pl oyster
**østlig** [OAST-lig] adj eastern
**overføre** [OV-ehr-fur-reh] v
transfer
**øverst** [UR-vehrst] adj top

**øving** [URV-ing] c exercise
**øvre** [URV-reh] adj upper
**øy** [uri] f island
**øye** [URI-eh] nt (pl øyne) eye
**øyeblikk** [URI-eh-blikk] nt
instant; moment
**øyeblikkelig** [uri-eh-BLIK-keh-
lig] adj momentary;
immediate; adv instantly
**øyebryn** [URI-eh-brewn] nt
eyebrow
**øye-eple** [URI-eh-ehp-leh] nt
eyeball
**øyenlege** [URI-ehn-leh-geh] c
oculist
**øyeskygge** [URI-eh-shewg-geh] c
eye-shadow
**øyevipper** [URI-eh-vip-pehr] cpl
eyelash

**åbor** [OB-bor] c perch; bass
**ål** [awl] c eel
**åndedrag** [ON-deh-drarg] nt
breathing
**åpen** [AW-pehn] adj open
**åpne** [AWP-neh] v open
**åpne igjen** [AWP-neh i-YEHNN] v
reopen
**åpning** [AWP-ning] c opening; gap
**åpningstid** [AWP-nings-teed] c
business hours pl
**år** [awr] nt year
**åre** [AW-reh] c vein; oar
**åreknute** [AW-reh-knew-teh] c
varicose vein
**årgang** [AWR-gahng] c vintage
**århundre** [AWR-hewnn-dreh] nt
century
**årlig** [AWR-lig] adj yearly
**årsak** [AWR-sahk] c cause; reason
**årsdag** [ORS-dahg] c anniversary
**årstid** [AWRS-teed] c season
**åtte** [OT-teh] adj eight

**åttende** [OT-tehn-deh] *adj* eighth
**åtti** [OT-ti] *adj* eighty

# Menu Reader

## FOOD

**aftens** supper, evening dinner
**agurk** gherkin, pickle
  ~**salat** cucumber salad
**ananas** pineapple
**and** duck
**ansjos** anchovy
**appelsin** orange
**asparges** asparagus
  ~**topper** asparagus tips
**bacon** bacon
**bakt** baked
**bananer** bananas
**bankebiff** beef slices or chunks
sautéed in butter and left to
simmer in bouillon; served
with diced potatoes
**beefburger** chopped beef steak
**benløse fugler** beef olives served in
a piquant sauce
**betasuppe** mutton broth or stew
**biff** fillet of beef
  ~ **à la Lindstrøm** minced beef,
beetroot, potatoes and other
vegetables mixed together,
shaped into patties and fried;
served with fried onions and
piquant cream sauce
  ~ **med løk** beef and onions
  ~ **tartar** beef tartare, minced
raw beef
**biskopskake** "bishop's cake";
cake made of almonds and rai-
sins

**bjørnebær** blackberries
**blandete grønnsaker** mixed vege-
tables
**blodpudding** blood pudding, black
pudding
**blomkål** cauliflower
**bløtkake** rich, layer sponge cake
**blåbær** blueberries, whortleber-
ries; often served in a flour-
thickened soup
**bringebær** raspberries
**brisling** sprats
**brød** bread
**buljong** consommé, clear soup
**bønner** beans
**champignons** button mushrooms
**chateaubriand** thick steak of
prime beef (US choice or prime
porterhouse)
**dadler** dates
**dagens middag** day's menu
**dagens rett** day's special
**dessert** dessert, sweets
**druer** grapes
**dyrestek** roast venison
**eddik** vinegar
**egg** eggs
  ~ **og bacon** eggs and bacon
  **bløtkokte** ~ soft-boiled eggs
  ~**erøre** scrambled eggs
  **forlorne** ~ poached eggs
  **hardkokte** ~ hard-boiled eggs
  **kokte** ~ boiled eggs

**speil**~ fried eggs
**elg** elk
**eple** apple
**erter** peas
**ertesuppe** pea soup
**fasan** pheasant
**fenalår** cured mutton (sometimes smoked or salted), dried and hung
**fikner** figs
**filet** fillet
**fisk** fish
~ **eboller** fishballs served in white sauce; shrimp and curry sometimes added
~ **egrateng** fish soufflé
~ **epudding** flaked fish mixed into a white sauce
~ **på fat** fish fried or baked in sauce or sour cream
**flatbrød** thin wafers of rye and/or barley; hardtack
**fleskepannekake** pancakes with pork
**fleskepølse** pork sausages
**flyndrefilet** fillet of sole
**fløte** cream
~ **ost** a cream cheese similar to *mysost*
~ **vafler** waffles made of a rich batter with plenty of cream; often served with arctic cloudberries or jam
**forlorent** poached
**forretter** appetizers
**frokost** breakfast
**fromasj** mousse, pudding
**frukt** fruit
~ **salat** fruit cocktail
~ **terte** fruit tart
**fugl** fowl
**fyll** stuffing, forcemeat
**får** mutton
~ **i kål** lamb and cabbage stew

~ **efrikasse** fricassee of lamb
~ **estek** roast leg of lamb
**gammelost** a semi-hard cheese with a blue-veined grainy texture and strong flavour
**geitost, gjetost** a slightly sweet cheese made from goat milk and often blended with cow milk
**grapefrukt** grapefruit
**gravlaks** cured salmon, stored under pressure in the dark; served with dill and a pinch of salt
**gressløk** chives
**griljert** grilled, broiled
**grovbrød** rye bread, wholemeal or wholewheat bread
**grynsodd** barley soup
**grønnsaker** vegetables
**gulrøtter** carrots
**gås** goose
~ **elever** goose liver
~ **estek** roast goose
**hamburger** hamburger
**hare** hare
**hasselnøtter** hazelnuts
**helstekt** fried
**hjortetakk** a variety of doughnut
**honning** honey
~ **kake** honey cake
**hummer** lobster
**hvalbiff, hvalkjøtt,** whalemeat
**hveteboller** sweet rolls; often flavoured with cinnamon and raisins
**hvitting** whiting
**høns med ris** chicken, rice and seasoning
**inkludert** included
**service** ~ service included
**is** ice, water-ice, ice-cream, sherbet
~ **krem** ice-cream
**jordbær-**~**krem** strawberry ice-

cream
**sjokolade-~krem** chocolate ice-cream
**vanilje-~krem** vanilla ice-cream
**jordbær** strawberries
**julekake** cake with raisins, angelica, candied peel and cinnamon; sometimes a mild beer is added; the cake is generally spread with butter
**kaffekremkake** coffee-cream cake
**kake** cake
**kalkun** turkey
**kalv, kave-kjøtt** veal
   ~**e-kotelett** veal cutlet
   ~**e-medaljong** a small round fillet cut of roast veal
**kanel** cinnamon
**karamellpudding** caramel pudding
**karbonade** minced meat usually shaped into patties; sometimes encased in pastry dough
**kardemomme** cardamom
**karvekål** caraway sprouts
**kastanjer** chestnuts
**kirsebær** cherries
**kjeks** biscuits (US crackers or cookies)
**kjøtt** meat
   ~**boller** meat balls
   ~**farse** forcemeat
   ~**kaker** meat patties
   ~**pudding** minced-meat casserole
**kokosmakroner** coconut macaroons
**kokosnøtt** coconut
**kokt** cooked, baked
**koldtbord** a buffet of cold dishes such as meats, salads, cheeses, fish dishes
**korintekake** raisin cake
**korinter** raisins, sultanas
**krabbe** crab

**krem** cream
   **pisket** ~ whipped cream
**kreps** (freshwater) crayfish
**kringle** yeast cake with raisins and frosting; usually served with coffee
**kryddersild** soused herring
**kumler** potato dumplings
**kylling** chicken
   ~**ben** chicken leg, thigh
   ~**bryst** breast of chicken
   ~**vinge** chicken wing
**kål** cabbage
   ~**ruletter** cabbage leaves stuffed with minced meat
**laks** salmon
   **(ny)røket** ~ smoked salmon
**lam** lamb
   ~**me-bryst** breast of lamb
   ~**me-kotelett** lamb cutlet
   ~**me-skulder** shoulder of lamb
**lapskaus** thick stew of diced or minced meat (generally beef or pork), potatoes, onions and other vegetables
**lefse** thin potato pancakes
**lettstekt** roasted
**lever** liver
   ~**postei** liver sausage, liver purée, liver pâté
**lumper** thick potato pancakes
**lutefisk** codfish steeped in lye solution; served with white sauce and potatoes
**løk** onions
**makrell** mackerel
**mandelstenger** almond cake
**mandler** almonds
**marinert** marinated
**marmelade** jam
**medisterkaker** patties (usually made of minced pork)
**medium** medium done
**melkevelling** milk soup

**melon** melon

**menu, meny** table d'hôte, meal at a fixed price

**middag** early supper taken after 4 p.m.

**multer** arctic cloudberries

**muslinger** mussels

**mysost** a whey cheese similar to *gjetost* but made from goat milk

**mølje** codfish with liver and molasses (northern Norway)

**napoleonskake** napoleon (pastry)

**neslesuppe** nettle soup

**nyrer** kidneys

**nyrøket laks** smoked salmon

**nøkkelost** a semi-hard cheese similar to gouda but with a salty taste; may be flavoured with cloves

**nøtter** nuts

~ **assorterte** ~ assorted nuts

**nøtteterte** layer cake with nut filling

**oksefilet** fillet of beef

**oksehale** oxtail

~ **suppe** oxtail soup

**oksekjøtt** beef

**oksestek** roast beef

**omelett** omelet

~ **med champignons** mushroom omelet

~ **med frukt** fruit omelet with fruit like bananas or pineapple

~ **med skinke** ham omelet

**ost** cheese

~ **burger** cheeseburger, a minced beef patty topped with melted cheese and served in a bun

**pære** pear

**pai** pie

**pale** young coalfish, billard

**panert** braised

**pannekake** pancake

**pepper** pepper

~ **rot** horseradish

~ **rot-saus** horseradish sauce

**persille** parsley

**pinnekjøtt** pork placed on a bed of twigs and cooked over the embers (western Norway)

**plomme** plum

~ **grøt med fløtemelk** plum purée and cream

**plukkfisk** dried fish (usually cod or haddock) prepared in white sauce)

**polentagrøt** semolina pudding

**postei** pasty, pie

**potetchips** potato crisps (US potato chips)

**poteter** potatoes

**potetkaker** potato pancakes

**potetsalat** potato salad

**pultost** a soft, sometimes fermented cheese, usually flavoured with caraway seeds

**purre** leeks

**pølser** sausages

**rabarbra** rhubarb

**rakørret** trout, cleaned, salted and stored under pressure

**rapphøne** partridge

**redikker** radishes

**regningen** bill (US check)

**reinsdyr stek** roast reindeer

**reker** shrimp, prawns

**ribbe** rib steak of pork (eastern Norway)

**rips** currants

**ris** rice

~ **engrynslapper** rice pancakes

~ **grøt** rice pudding

**ristet** grilled, fried, roasted

**rogn** roe

**rosenkål** brussels sprouts

**rosiner** raisins

**rull** roast beef, marinated or roasted with spices
**rundstykker** rolls
**rype** ptarmigan
**rødgrøt** semolina with fruit sauce
**rødkål** red cabbage
**rødspette** plaice
**røket fisk** smoked fish
**rømmegrøt** sour cream porridge
**rå** raw
**salat** salad
  **agurk~** cucumber salad
  **fiske~** fish salad
  **kjøtt~** meat salad
  **potet~** potato salad
  **reke~** shrimp salad
**salt** salt
  **~sild** pickled herring
**sardiner** sardines
**saus** sauce
**selleri** celery
**semuljegrynspudding** semolina pudding
**sennep** mustard
**service inkludert** service included
**sild** herring
  **~eboller** herring balls
  **~egrynssuppe** herring soup
  **~esalat** herring salad
**sitron** lemon
  **~fromasje** lemon pudding
**sjokolade** chocolate
**sjøtunge** sole, flounder
**sjø-ørret** sea trout
**skalldyr** shellfish
**skinke** ham
  **rå ~** raw ham
  **røkt ~** smoked ham
**skjell** clam
**slange-agurk** cucumber
**smør** butter
  **~brød** large, open-face sandwich
**smultringer** doughnuts

**småkaker** biscuits (US cookies)
**snitte-bønner** french beans, green beans
**sopp** mushrooms
**speilegg** eggs, fried eggs
**spekemat** smoked, dried or salted meat (beef, mutton, pork, reindeer) served with scrambled eggs and chives
**spekeskinke** cured ham
**spinat** spinach
**stekt** fried (of fish)
  **~ geitekilling** roast kid goat
**stikkelsbær** gooseberries
**stuet** stewed (of fruit); puréed (of vegetables)
**sukker** sugar
**suppe** soup
  **asparges~** cream of asparagus
  **beta~** soup of meat, marrow bones, vegetables
  **cardinal~** soup of diced ham, noodles, cream
  **erte~** pea soup with bacon, pork, onions
  **grønnsak~** vegetable soup
  **kjøtt~** broth, bouillon
  **sodd ~** broth with (barley) grain, vegetables, meat (may be elk or moose)
  **spinat~** spinach soup
  **tomat~** tomato soup
**surkål** sauerkraut
**sursild** soused herring
**svin, svinekjøtt** pork
  **~e-kotelett** pork chop
  **~e-stek** roast pork
**svisker** prunes
**sylte (flesk)** pressed, spiced and rolled pork
**sylteagurk** gherkin, pickle
**tebrød** teacake (US coffee or sweet roll)
**terte** tart

**tilslørte bondepiker** bread and butter pudding
**timian** thyme
**tomat** tomato
**torsk** cod
  **saltet** ~ salted cod
  ~**etunger** codfish tongues, served with melted butter
**Trondhjemssuppe** dessert made from barley grains, dried raisins, prunes, cinnamon, sour cream, blackberry juice
**tunfisk** tunny (US tuna)
**tunge** tongue
**tyttebær** ligonberries, cranberries
**vafler** waffles
**vaktel** quail

**valnøtter** walnuts
**vannbakkels** cream puffs
**varm pølse** hot sausages
**vilt** game
  ~**saus** cream sauce made from game bouillon
**vinsuppe** wine soup
**vørtekake** spice cake
**wienerbrød** Danish pastry, sweet rolls
**øllebrød** beer soup
**ørret** trout
  **brun** ~ brown trout
  **regnbue-**~ rainbow trout
**østers** oysters
**ål** eel
**årfugl** black grouse

**akevitt** liquor, brandy, generally distilled from potatoes or barley; served cold
**ananassaft** pineapple juice
**aperitiff** aperitif
**appelsinsaft** orange juice
**brandy** brandy
**brennevin** liquor
**dram** a shot of *akevitt*
**fløte** cream
**fruktsaft** fruit juice
**gin** gin
**grapefruktsaft** grapefruit juice
**kaffe** coffee
   **~-doktor** coffee laced with brandy
   **expresso-~** expresso coffee
   **~ med fløte** coffee with cream
   **is-~** iced coffee
   **~-likør** liqueur with a juniper-berry base and coffee flavouring
   **svart ~** black coffee
**kakao** cocoa
**konjakk** cognac, brandy
**likør** liqueur
**melk** milk
   **kald ~** cold milk
   **varm ~** warm milk
**milkshake** milk shake
**mineralvann** mineral water

**pils** a mild beer
**pjolter** long drink of whisky and soda water
**portvin** port wine
**rum** rum
**sherry** sherry
**sjokolade** chocolate
**te** tea
   **~ med melk** tea with milk
   **~ med sitron** tea with lemon
**tomatsaft** tomato juice
**tonic** tonic
**vann** water
**vin** wine
   **hvit~** white wine
   **musserende ~** sparkling wine
   **rose~** rosé wine
   **rød~** red wine
   **sprudlende ~** sparkling wine
   **søt ~** sweet wine
   **tørr ~** dry wine
**vodka** vodka
**vørterøl** a non-alcoholic beer
**whisky (og soda)** whisky (and soda)
**øl** beer
   **bayer ~** half-dark lager beer
   **bokk ~** bock beer
   **export ~** the strongest beer available
   **pilsner ~** a mild beer

# NORWEGIAN ABBREVIATIONS

| | | |
|---|---|---|
| Adm. dir. | Administrerende direktør | General Director |
| A/S | aksjeselskap | Ltd., Inc. |
| bl.a. | blant annet | among other things |
| d. | død | died |
| do | ditto | ditto |
| Dr. | doktor | doctor |
| d.v.s. | det vil si | that is to say |
| E6 | Europavei 6 | European highway No. 6 |
| EF | Det Europeiske Fellesskap | European Economic Community (Common Market) |
| Eft. | etterfølgere | successors |
| EFTA | Det Europeiske Frihandelsområde | European Free Trade Association |
| e.Kr. | etter Kristi fødsel | A.D. |
| ekskl. | eksklusiv | not including |
| etc. | et cetera | and so on, etc. |
| f. | født | born |
| f.eks. | for eksempel | for instance |
| fj. | fjord | fjord |
| f.Kr. | før Kristi fødsel | B.C. |
| FN | Forente Nasjoner | United Nations |
| fork. | forkortelse | abbreviation |
| frk. | frøken | Miss |
| Gen. sekr. | Generalsekretær | General Secretary |
| ..gt. | gate | street |
| Hr. | Herr | Mr. |
| inkl. | inklusiv | including |
| innb. | innbyggere | inhabitants |
| KFUK | Kristelig Forening for Unge Kvinner | Y.W.C.A. |
| KFUM | Kristelig Forening for Unge Menn | Y.M.C.A. |
| kl. | klokka | o'clock |
| KNA | Kongelig Norsk Automobilforbund | Royal Norwegian Automobile Club |
| KNM | Kongelige Norske Marine | Royal Norwegian Navy |
| Kr | krone | crown |
| LO | Landsorganisasjonen i Norge | Trade Unions of Norway |

| | | |
|---|---|---|
| M.A. | Motorførernes Avholds-forbund | non-drinkers' automobile association |
| moms. | merverdiavgift | value added tax |
| M/s | motorskip | motor vessel |
| NAF | Norges Automobil-Forbund | Norwegian Automobile Union |
| NATO | Atlanterhavspakten | North Atlantic Treaty Organization |
| NB | Nota bene | please note |
| NMK | Norsk Motor Klubb | Norwegian Motor Club |
| Nr. | nummer | number |
| NRK | Norsk Rikskringkasting | Norwegian Broadcasting Service |
| NRK | Norges Røde Kors | Norwegian Red Cross |
| NSB | Norges Statsbaner | Norwegian State Railways |
| NTB | Norsk Telegrambyrå | Norwegian News Bureau |
| NUH | Norske Ungdomsherberger | Norwegian Youth Hostel |
| osv. | og så videre | and so on |
| P.S. | post-scriptum | postscript |
| ref | referanse | reference |
| siv. ing. | sivilingeniør | civil engineer |
| tlf. | telefon | telephone |
| ..vn | veien, vegen | road |

# TIME AND MONEY

**Time.** Time-tables employ the 24-hour system but Norwegians generally use the twelve-hour clock.

If you want to be specific you might say, for example:

*Klokken to om natten*　　Two o'clock in the morning
*Klokken åtte om morgenen*　Eight o'clock in the morning
*Klokken sju om kvelden*　　Seven o'clock in the evening

**Dates.** When referring to years you can say both *nitten-syttitre* (1973) (nineteen seventy-three) and *nitten hundre og syttitre* (nineteen hundred and seventy-three). When referring to something in ancient history the year should be written out thus: *i året åtte hundre og syttito* (872) (in the year eight hundred and seventy-two).

**Currency.** The basic unit is the Norwegian crown (*kroner*; abb.: kr) which is divided into 100 øre.

Coins:　　　1, 2, 5, 10, 25 and 50 øre; 1 and 5 kr.
Bank-notes:　10, 50, 100, 500 and 1000 kr.

As the rates of exchange fluctuate frequently, consult a local bank for currency information.

## BUSINESS HOURS

Business hours for shops and offices are different in summer and winter, shops and offices closing earlier in the summer season.

Though hours vary somewhat from one store to another, opening hours are generally from 8.30 a.m. to 4 or 5 p.m. (Note: closing time is a little earlier on Saturdays — 3 or 4 p.m. — and later on Fridays.) **Shops** remain open at midday. **Newsagents'** and **tobacconists'** kiosks stay open later, especially during the tourist season. All shops are closed on Sundays and national holidays.

**Banks** are open until 3 p.m., closed on Saturdays, Sundays and holidays. On Saturdays, **Post and Telegraph** offices are normally open for all services until 3 p.m.

**Telegrams** can be sent from a private telephone at any time.

In the main cities one of the **pharmacies** (in Norwegian: *Apotek*) normally has a night service.

**Office** hours are usually as follows: Monday—Friday, 9 a.m. (sometimes 8.30) to 5 p.m.

## HOLIDAYS

Only those days are cited below that are public holidays, when all schools, schools, banks, offices, stores and factories are closed.

| | | |
|---|---|---|
| January 1, 2 | **Nyttår** | New Year holidays |
| May 1 | **Arbeidets dag** | Labour Day |
| May 17 | **Nasjonaldag** | National Day |
| December 25, 26 | **Jul** | Christmas |
| **Movable dates:** | **Skjærtorsdag** | Maundy Thursday |
| | **Langfredag** | Good Friday |
| | **Annen påskedag** | Easter Monday |
| | **Kristi Himmelfartsdag** | Ascension Thursday |
| | **Annen pinsedag** | Whit Monday |

## TRAINS

Trains in Norway are operated by *Norges Statsbaner* (NSB: Norwegian State Railways) which also has quite an extensive bus network covering a considerable part of the country.

There are various types of trains. A sleeper can be had at a reasonable extra charge. Timetables can be obtained free of charge from NSB. Reservations are not normally necessary for short-distance travel but are recommended on long-distance trains, and during Christmas and Easter periods you should book your seat well ahead.

| | |
|---|---|
| **Utenlandstog** | International express, stopping at main stations only |
| **Ekspress** | Long-distance express stopping at main stations only; one class only |
| **Hurtigtog (Ht.)** | Long-distance express stopping at main stations only |
| **Lokaltog (Lt.)** | Local train stopping at all stations, unless otherwise indicated |
| **Forstadstog (Ft.)** | Suburban train |
| **Dagtog** | Long-distance day train |
| **Natt-tog** | Long-distance night train, composed mainly of sleeping-cars |
| **Sovevogn** | Sleeper consisting of compartments with two (1st class) and three (2nd class) beds and washing facilities; reservations necessary |
| **Spisevogn** | Dining-car |
| **Ekstratog** | Special trains, especially at Christmas and Easter and for special trips, etc. |
| **Persontog (Pt.)** | Passenger train |
| **Godstog (Gt.)** | Freight train |

## ROAD SIGNS

Road signs are standardized throughout Western Europe. The maximum speed in Norway is 80 km/h (50 m.p.h.) except on very few short stretches where it is 90. Other speed limits are clearly marked. There are frequent radar controls in Norway, and exceeding the speed limit is severely punished, even in the case of foreign tourists.

These are the most important road signs:

| | |
|---|---|
| **Dårlig vei (veg)** | Bad road |
| **Fotgjengerfelt** | Pedestrian crossing |
| **Gågate** | Pedestrian path |
| **Omkjøring** | Diversion (detour) |
| **Parkering forbudt** | No parking |
| **Privat parkering** | Private parking only |
| **Rasfare** | Avalanche area, falling rocks |
| **Skole** | School |
| **Smal/glatt/svinget vei (veg)** | Narrow/slippery/winding road |
| **Sprengning pågår- slå av radio-sender** | Blasting taking place, switch off radio transmitter |
| **Stopp Politi** | Stop, police |
| **Tenn lyset** | Use headlights |
| **Utkjørsel** | Lorry (truck) exit |
| **Veiarbeid (vegarbeid) pågår** | Road under repair |

# TELEPHONING

Telephone and telegraph services come under a different administration than the post, so do not expect to find a telephone in a post office! To make a telephone call look for the *Telegrafen* sign.

Although most of the country is served by an automatic network you will still have to call via the operator in certain parts of the country. The smaller operator-manned telephone exchanges are closed at night.

Long-distance and international calls can be made directly from any callbox that is linked to the automatic network. Direct dialling is generally cheaper than going via the operator.

When telephoning from a private phone ask the subscriber whether the call is local or not. Charges can vary within an area having the same *fjernvalgs-nummer* (area code).

Information about available services is given in the telephone directories *(telefonkatalogene)*.

If you have to ask for a number at your hotel, you will say for instance:

> *Kan jeg få Oslo …?*
> "I want to call … in Oslo."

## Spelling code

| | | | | | | | |
|---|---|---|---|---|---|---|---|
| A | Anne | H | Harald | O | Olivia | V | Enkel V |
| B | Bernhard | I | Ivar | P | Petter | W | Dobbel W |
| C | Cesar | J | Johan | Q | Qvintas | X | Xerxes |
| D | David | K | Karin | R | Rikard | Y | Yngling |
| E | Edith | L | Ludvig | S | Sigrid | Z | Zakarias |
| F | Fredrik | M | Martin | T | Theodor | Æ | Ærlig |
| G | Gustav | N | Nils | U | Ulrik | Ø | Østen |
| | | | | | | Å | Åse |

**Personal Data**

Passport Nos. ...........................................................................................................

.............................................................................................................................

Checking Account No. ...........................................................................................

Credit Card Nos. .....................................................................................................

.............................................................................................................................

Car Insurance : Company .......................................................................................

    Policy No. .......................................................................................................

Travel Insurance : Company ..................................................................................

    Policy No. .......................................................................................................

Blood Type ..............................................................................................................

Licence Plates Car ..................................................................................................

Chassis No. Car .......................................................................................................

.............................................................................................................................

.............................................................................................................................

.............................................................................................................................

.............................................................................................................................

.............................................................................................................................

.............................................................................................................................

Notes

## Personlige data

Passnummer...............................................................................

.............................................................................................

Sjekkonto nummer........................................................................

Kreditt kort nr. ..........................................................................

.............................................................................................

Bilforsikring : Selskap...................................................................

    Polise nr. ..........................................................................

Reiseforsikring : Selskap................................................................

    Polise nr...........................................................................

Trygdekasse nr. ..........................................................................

Blodtype ...................................................................................

Bilskilt......................................................................................

Chassis nr. for bilen .....................................................................

.............................................................................................

.............................................................................................

.............................................................................................

.............................................................................................

.............................................................................................

Notiser